儒佛仙 三敎一致 丹學指針

性命圭旨

尹 眞 人의 제자 씀

李 允 熙 풀어 옮김

알리는 말

『성명규지』는 전통적으로 내려오던 내단술(內丹術)을 집대성하여 압축 설명해 놓은 명나라 때의 중요한 책이다. 지은이는 알 수 없으며 그저 윤진인(尹眞人)의 제자가 손으로 써놓은 것이라고 전해질 뿐이다. 책의 앞부분에는 서기 1615년에 여영녕(余永寧)이 서문을 쓴 것이 붙어 있고 책 속에서는 호경재(胡敬齋: 1434~1484)와 나염암(羅念庵: 1505~1564)의 말을 인용하고 있는 것을 보아서는 윤진인의 제자라는 사람이 나염암과 같은 시대이거나 그 뒤 1615년 이전의 사람임을 알 수 있다.

책의 이름인『성명규지』는 본디 이름인『성명쌍수(性命雙修) 만신규지(萬神圭旨)』를 줄인 것으로서 정(精)·기(氣)·신(神)을 함께 수련하는 이른바 성명쌍수의 방법을 특히 강조하고 있는 입장임을 알 수 있게 한다.

성명쌍수야말로 내단(內丹) 수련의 핵심이 되는 방법이요 입장인데, 멀리 동한(東漢) 시대의『참동계(參同契)』에서 이미 터전정리는 완성되었으나 본격적으로 내단이라는 이름으로 씨 뿌려진 것은 수나라 때의 소현랑(蘇玄朗)에 의해서이다. 그 뒤 당나라 때의 최희범(崔希范)을 거쳐 종리권(鍾離權)과 여암(呂嵒)에 의하여 종려금단도라는 이름 아래 이론과 방법이 체계적으로 정리된다. 다시 송·금·원을 거치는 동안에 명(命)을 먼저 닦는 남종과 성

(性)을 먼저 닦으라는 북종으로 나뉘어서 크게 발전되어 오다가, 명나라 때
에 이르러서는 동파(東派)와 서파(西派) 및 무당도(武當道)가 일어나며 발전
적으로 종합되어 아주 무르익게 된다. 명나라 때에는 도교가 핍박을 받아
쇠퇴기에 들어섰지만, 오직 내단술만은 이론적 체계를 정비하면서 더욱
널리 전파되었다. 그리하여 어려운· 용어와 문장으로 된 종전의 단경도서
(丹經道書)들을 당시의 지식과 용어를 사용하고 특히 불교의 교리를 흡수함
으로써 보다 쉽고 시대에 맞는 해설을 하려는 노력이 생긴다. 그러한 것
가운데 대표적인 것이 바로 이『성명규지』인데, 이 책은 더욱 나아가서
그 어느 책보다도 유가(儒家)의 입장을 많이 반영함으로써 명실공히 유불
도 삼교일치(三敎一致)의 사상을 원리뿐만 아니라 실제 수련방법에까지 실
현시키고 있다. 이러한 사상을 삼일(三一) 사상이라 하는데, 그것은 유·불·
선(儒佛仙) 세 가르침을 하나로 보고, 정·기·신 세 보물이 하나 되는 진리
를 간파한 사상으로서 삼극(三極)이 하나[一]에서 나누어진다는『천부경(天
符經)』사상과도 통하는 것이다. 이러한 사정을 증명이나 하듯 이 책의 서
문 부분에는 도가의 사람뿐만 아니라 불가 특히 선종(禪宗)의 사람과 유가
의 서원(書院) 건립자들이 솥발처럼 참여하여 서문, 출판하게 된 내력 및
머리말을 쓰고 있다. 또한 이 책에 인용되고 있는 자료의 풍부함을 미루어
보면, 이 책의 저자는 많은 도서를 열람할 수 있는 자리 예컨대 나라의 도
서관 같은 곳에 있었지 않았는가 추측하게 된다.

   그와 같은 입장의 결과로 사전(辭典)이라고 해도 손색이 없을 정도로 많
은 용어와 선배들의 구결(口訣)과 책 구절들을 수집하여 편집함으로써『황
정경(黃庭經)』이 찾아 내놓은 바 우리 몸 속의 모든 신(神)들까지도 스스로
의 편집체제 속에 녹여넣는다. 그리고 나아가서 성명쌍수의 요체를 이루
는 원리는 다름 아니라 두 토(土)의 합일을 의미하는 圭(圭)자에 있음을 밝
히고 그 뜻을 책이름에 반영해 놓고 있다.

   이 책에서는 또한 편마다 그림을 그려 넣었을 뿐만 아니라 내단수련의
복잡하고 미묘한 과정을 아주 체계 있게 잘 정리하여 친절하고 자세하게

설명하고 있어서 지금까지의 어떤 책에서도 볼 수 없었던 친밀감을 느끼게 한다. 이 책에는 50여 개의 그림이 편집되어 있는데, 그 그림솜씨가 아주 뛰어나고 생동감이 있으며 글로써 표현할 수 없는 내용을 잘 표현하고 있어서, 도교문화 가운데 명대의 회화사(繪畵史)에서 차지하는 비중이 상당히 큰 것으로 인정받고 있기도 하다.

그 편집체제는 성명쌍수의 전 과정을 시작하고 → 통하고 → 이루어지고 → 완성하는 네 단계로 나누어 원(元) → 형(亨) → 이(利) → 정(貞)이라는 4집(集)으로 엮고, 다시 각 단계마다 수련과정을 잘게 나누어 절(節)을 만들고는 그림을 곁들이며 해설하고 있다.

역자는, 모든 단경(丹經) 책들은 결국 저편 언덕으로 건너가기 위한 뗏목에 지나지 않는다는 생각 아래, 철학적 개념의 정확성보다는 실제 수련에서 이용될 수 있는 내용의 전달이 중요하다고 생각하고 있다. 그래서 모든 용어를 힘닿는 데까지 우리말로 풀이함으로써 보다 많은 사람들이 쉽게 내용을 이해할 수 있기를 바랐다. 그리하여 시작에 해당하는 원집(元集)의 내용은 성명쌍수의 이론 및 원리의 해설이므로 「제1편 총론」, 통함에 해당하는 형집(亨集)의 내용은 내단으로 향하여 출발하는 방법에 해당하므로 「제2편 신선·부처의 세계로 뻗은 길」, 이루어짐에 해당하는 이집(利集)의 내용은 이미 보통 인간의 경지를 넘어선 단계에서의 수련방법이므로 「제3편 신선·부처의 세계」, 완성에 해당하는 정집(貞集)의 내용은 이미 신선·보살·부처의 세계로 들어선 뒤의 수련방법이므로 「제4편 신선·부처를 이루다」라고 풀었다. 비록 신선과 부처만을 제목에 나타내었으나 성인(聖人)도 당연히 그 안에 포함되어 있다. 각 편마다 세분되어 있는 절 이하도 모두 우리말로 풀어 옮겨놓았는데, 구체적 내용은 목차를 참조하기 바란다.

특히 이 책에는 많은 책이름과 사람이름이 수집되어 있으므로 그에 대한 주석(註釋)에 적지 않은 의의가 있다고 생각되어, 본문을 풀어놓은 다음에 각종 자료를 뒤지며 그 작업을 하여 이미 수년이 넘었으나 아직도 상당 분량이 밝혀지지 못한 채 남아 있다. 이 책은 그 저자의 표시를 단지 윤진인의 제자가 받아썼다고 함에 그쳤을 정도로 도가(道家) 본래의 은둔 사상에 철저하다. 그 참고자료의 수집대상도 공적으로 인정된 것에 한정하지 않고 숨어 수련하고 있던 도인과 스님들이 손으로 베껴 가지고 있던 것들까지 널리 참고하였음을 충분히 느끼게 하고 있다. 그리하여 기록된 책이름 가운데는 앞이나 뒷부분을 생략한 것들이나 어떤 책 속의 한 부분에 지나지 않은 것도 많다고 보이며, 거론된 사람의 이름 가운데는 국한된 세계에서 불리던 호(號)이거나 아니면 어떤 책 속에만 씌어 있어서 그 책을 모두 보지 않으면 알 수 없을 경우도 적지 않고, 국한된 세계에서만 알려졌던 숨은 도인들과 스님들도 많은 것으로 보인다. 본인의 능력 부족을 심히 부끄럽게 생각하며 일단 이대로를 책으로 이루어놓고 기회 있는 대로 모든 단경과 불교와 유교 수련 책들을 섭렵해 가며 중국 현지와의 연락 또는 답사를 통하여 차츰 보완할 수 있기를 바란다. 안타까운 일이다.

이 책이 미숙한 채로나마, 이 민족의 오랜 숙제인 민족정신계의 승화와 개천 이념에 따른 성인의 배출이라는 무거운 짐을 두 어깨에 지고서, 내단 곧 성명쌍수를 수련하고자 멀고 큰 뜻을 세우고 이생에서의 모든 것을 던져 진리의 길을 찾고 있거나 찾아든 적지 않은 현재의 출가 수련자들에게 가려운 곳을 긁어주는 효자손과 같은 구실을 할 수 있기를 바란다. 나아가서 사회생활을 하면서도 여러 가지 이유에 의하여 중국 도교나 내단 연양(煉養)의 원리와 방법을 연구하는 여러 선후배 동도(同道)들과 학자들, 특히 단전호흡으로 이미 이 길에 입문하였으나 좀더 뚜렷한 안내서를 갈망하고 있는 분들에게도 널리 읽힌다면, 본디 저술자의 높은 뜻이 어리석은 본인을 통하여 오늘날 한국에 다시 살아나는 일이 될 수도 있겠다.

끝까지 아쉬움이 남는 것은, 역자의 경지가 높지 않고 글솜씨가 무르녹지 못하여 좀더 젊고 어린 사람들에게도 쏙쏙 이해될 수 있는 풀이를 못하였다는 점이다. 뒷날의 숙제로 미루어둔다.

끝으로 이 책 풀이는 중국도교협회 여러분 특히 이양정(李養正) 옹과 장계우(張繼禹) 도장 두 분이 보내주신 여러 단경도서(丹經道書)와 『장외도서

(藏外道書)』, 『도교대사전(道教大辭典)』, 『중국도교기공양생사전(中國道教氣功養生辭典)』, 『중국전통기공학사전(中國傳統氣功學詞典)』에 크게 힘입었음을 밝혀서 감사의 마음을 전한다.

아울러 독서인구가 극히 적은 이 분야의 현실에 불구하고 사장될 형편에 빠졌던 이 책의 재간행을 결심해 준 도서출판 한울 김종수 대표와 이재연 이사에게도 그 공덕을 칭송하는 뜻을 표하지 않을 수 없다.

2005년 5월
수리산 아래 한 조그만 방안에서
풀어 엮은이가 알림

서 문

나는 젊었을 때 벌써 도가를 좋아하여 이 땅에 『성명규지』가 있음을 익히 들었으나 오랫동안 그 책을 보지 못하다가 경술년(1670년) 늦은 봄에 여한(興閑)과 약제(若濟) 두 형이 보여주는 것을 보게 되었다. 읽어 나가는 동안에 비로소 이 책이 윤진인(尹眞人)의 수제자가 손으로 받아쓴 것임을 헤아릴 수 있었는데, 그밖에는 이 책이 나온 곳을 찾을 길이 없다. 그러하였기 때문에 이제까지는 언제나 『중화집(中和集)』[1])과 『금단(金丹)○○』라는 책만을 가지고 도를 의논하였던 것이다.

참다운 신선을 찾는 이른바 도가(道家) 곧 현종(玄宗)에 관한 책을 말할 것 같으면, 수레에도 넘치고 방안에 다 쌓을 수도 없으며 그 내용도 넘치도록 많지만 그림과 이론을 함께 잘 늘어놓아서 공부를 익혀나가는 차례를 알기 쉽게 설명해 놓은 것은 이 책밖에 보지 못하였다. 자세하고 깔끔

---

1)『중화집(中和集)』: 원 이도순(李道純)이 쓴 내단 연양(煉養)의 책. 6권 2편의 그림, 시사(詩詞)와 논설로 되어 있고, 내용은 성명(性命)의 근원을 역(易)의 태극에 두고 유석도(儒釋道)를 중(中) 하나로 꿰고 있다. 『도장(道藏)』과 『도서전집(道書全集)』에 들어 있다.

한 내용과 뛰어난 짜임새가 해와 별처럼 빛나니, 이만한 책을 다시 얻어
보기는 쉽지 않을 것이다. 곧바로 『용호경』, 『참동계』, 『오진편』 등의 경
전과 어깨를 나란히 하고 같은 길을 같은 방법으로 나가고 있으니 참으로
참으로 훌륭한 글이요 찾아보기 어려운 책이다.

배우는 사람이 이를 얻어 가지고 채찍질을 해가면서 배워나간다면 어찌
앞서가신 큰 스승들의 뒤를 잇는 업적을 남기고 색신(色身)을 말미암아서
법신(法身)을 증명하는 일을 이루지 못할까 염려할 것인가? 나고 죽음이
있는 곳에서 그것이 없는 곳으로 이른다면 그것이 바로 궁극적 진리와 합
쳐지는 것일진대 이 책은 그에 도움이 되는 것이다.

그러나 모든 사람이 그것을 실천하지는 않으니, 알고 나서 그것을 닦는
사람을 성인이라 부르는 반면, 알고도 닦지 않는 사람을 어리석은 사람이
라고 부르게 된다. 이에 여한과 약제 두 분이 마음을 일으켜 자나깨나 이
책대로 닦아서 그 묘하고 훌륭한 뜻을 완전히 통하시고는 곧바로 인쇄하
여 출판하기로 의논을 모으셨다. 이제야 이 땅의 모든 사람들의 정수리에
서부터 발꿈치까지 통하는 침을 놓아서 곁가지로 빗나간 사람들의 잘못된
관습을 싹 쓸어 가지고 멀리멀리 물리치게 되었다.

나에게 서문을 부탁해 오니 부족하나마 이와 같은 몇 마디 말로써 이에
응하고자 한다.

청나라 강희(康熙) 경술(庚戌: 1670)년 3월
어느 경사스러운 날 수중당(守中堂)에서
자중(紫中) 이박(李樸)2) 씀

---

2) 이박: 명나라 말 청나라 초의 도사. 강소성 소주(蘇州) 사람이다. 자는 천목
(天木), 별호는 자중도인(紫中道人). 사람들은 충백 선생(沖白先生)이라 불렀
다. 저서로는 『환단종지(還丹宗旨)』, 『화후종원(火候宗源)』이 있다.

서 문

『성명규지』는 누가 지었는지 분명치 않고 윤진인의 높은 제자가 손으로 썼다고만 전해진다. 지금까지 세상에 전해지는 것이 드물었는데, 은유일(殷惟一)이 여러 해 동안 감추어두었던 것을 조약제(曹若濟)가 보고 기쁜 나머지 주여한(周興閑)에게 가져가서 함께 보았다. 다시 인쇄하여 출판하기로 하여 전우진(錢羽振)이 맡아서 이루기로 하고 책이 다 되자 나에게 서문을 쓰라 한다.

나는 이 길에 마음을 두고 걸어오기는 했으나 아직 이르렀다고는 할 수 없는 사람이니 감히 한마디인들 거들 수 있는 처지가 아니지만 억지로 말해본다면 다음과 같다.

세 종교가 솥발처럼 정립된 뒤로 서로 다른 말들만 하고 남의 말을 듣지 아니하며 서로 적을 대하듯 하고 날로 충돌하기만 하고 있다. 이 책만이 홀로 큰 진리를 싣고서 유교와 불교의 묘하고 훌륭한 가르침을 널리 통하게 하고 다시 중(中)으로써 그것을 요약하고 하나[一]로써 그것을 합치니, 본성을 다하고 생명에 이르는 이치가 서로 다른 길을 따라 같은 곳으로 돌아오게 되었다. 뜻이 미묘하기만 하다던 노자의 『도덕경』도 남김없이 바로잡고, 『주역』의 64괘와 석가의 『42장경』도 구슬을 꿰듯 한 줄로 통해

놓았다.

　도가(道家)의 입장에서만 말해보아도 96가지의 잘못된 길이 있고 3,600
가지의 옆길로 통하는 문이 있다. 돈을 좋아하는 무리들은 즐겨 외단을 달
이는 가마의 불을 이야기하고, 색을 낚는 패들은 여자에 대한 고운 말만
한다. 다시 말하면 곰이 나무를 오르듯 하고, 새가 다리를 뻗듯 하며, 용이
울고 범이 부르짖는다는 경전의 말들을 눈에 보이는 모습으로만 받아들여
본바탕과는 관계없는 일을 익히기만 한다는 것이다. 요사이 어떤 방술사
가 사람들에게 호흡법과 손가락 꼬는 방법으로 눈 깜짝할 사이에 관문을
연다고 가르쳐서 문득 웃다가 문득 울면서 팔다리를 이리저리 꼬아대니
보는 사람은 그 미친 듯 풍병이 든 듯함에 놀라지만, 그들은 신의 기술이
라고 스스로 자랑하고 있기도 하다. 참으로 우리를 슬프게 하는 일이다.

　이 책이 무성한 잡초를 일소해 버리고 분명한 이정표를 세워서 텅 빔에
이르고 변화와 움직임을 여의고 조용함을 지키며 태어나기 이전의 것을
거두어 모으니, 사특함을 내치고 다시 바름으로 돌아옴에서 진실로 강 한
가운데를 떠내려가는 하나의 표주박과 같다. 그 깔끔한 요점에 이르러서
는 특히 참된 뜻을 강조한 설명이 돋보인다. 사람에게 참된 뜻은 곧 참된
토(土)[3]에 해당하니, 움직임이 극에 달하여 다시 고요해질 때에는 이 뜻이
음(陰)에 속하게 되어 기(己)[4]라는 토(土)가 되고, 고요함이 극에 달하여 다
시 움직이게 될 때에는 이 뜻이 양(陽)에 속하게 되어 무(戊)라는 토가 된다.
기라는 토를 연마하는 사람은 이괘(離卦) 곧 해에 해당하는 수은[汞]을 얻
게 되고, 무라는 토를 연마하는 사람은 감괘(坎卦) 곧 달에 해당하는 납[鉛]
을 얻게 된다. 수은과 납이 본래의 곳으로 돌아가게 되면 금단(金丹)은 저
절로 맺히는 것이다. 무와 기를 포개면 토를 겹쳐놓은 모습인지라 그러한
뜻을 가져다가 규(圭)의 맛[旨]이라 하였으니, 지은이의 깊은 생각이 바로
『황정경(黃庭經)』과 서로 겉과 속을 이루고 있다.

---

　3) 토(土): 오행의 중심(中心)에 해당한다.
　4) 기(己): 10천간의 하나로서 무(戊)는 양토, 기(己)는 음토이다.

주여한이 이것을 닦고 나서 널리 퍼뜨리고자 귀 어두운 사람에게는 북을 두드려주고 눈 어두운 사람에게는 밝게 밝혀주니, 그 공덕이 또한 크다. 은유일과 조약제 두 분도 모두 「양생주(養生主)」5)에 밝은 분들인데 나만은 그저 말만 떠벌리기 잘할 뿐이다. 『장자』에서 "말을 잘하는 사람은 잘 알지 못하고 있는 것이다"라 한 것이 바로 이를 두고 이르는 듯하다.

청나라 강희 기유(己酉: 1669)년 첫여름에

오문(吳門)6) 우동(尤侗) 씀

---

5) 「양생주(養生主)」: 『장자』에 나오는 한 편의 글. 양생을 주제로 하고 있다.
6) 오문(吳門): 현재의 소주(蘇州).

『성명규지』를 출판하게 된 연기(緣起)

마을에 사는 오사명(吳思鳴) 씨가 신안(新安)[7]의 당태사(唐太史) 집에서
『성명규지』를 얻었는데, 바로 윤진인의 수제자가 쓴 것이었다. 몇 년 동안
넣어두던 어느 날 풍우(豊于) 거사에게 내보였더니 기뻐하며 그 "차례대로
정리된 공부가 모두 더할 데 없이 현묘한데 그림을 그려가며 설명을 해
놓아서 더욱 알차고 친절하다. 참으로 현문(玄門)에서 비밀로 하는 경전이
로다"라고 말하였다. 그러자 뜻을 같이하는 여러분이 나에게 안내하는 말
을 한마디 하라고 하였지만, 나는 이미 불교에 몸을 담아서 원(圓)으로써
최고 경지를 상징하는 오직 하나의 가르침만을 훌륭하다고 높여왔고 이
도(道)를 말하지 않은 지 오랜 사람이다.

색신은 유한하고 법성(法性)은 가없으니, 그 설명을 해놓은 것이 모두
색신(色身)을 위하여 헤아리는 것뿐인 것을 가지고, 법계(法界)를 내 몸으
로 삼고 크게 수행하는 사람이 어떻게 하면 본성과 생명을 이야기할 수
있을까?

법계를 버리고는 본성도 생명도 없으며 몸도 마음도 없어서 법에 따라

---

7) 신안(新安): 지명. 중국에는 여러 곳에 신안이라는 지명이 있는데, 이곳에서
   말하는 신안은 강소성에 있는 것이라고 생각된다.

서 원만하게 닦으면 곧바로 인류와 하늘의 스승이 되는 씨앗을 잇게 되는 것이다. 저 일곱 자 몸 속의 어느 한 빈 곳을 마음이라 말하는 사람은 제멋대로 닦아 지니는 것 모두가 업을 짓는 것으로서 한 번 뛰어넘어 곧바로 들어가는 가르침에는 당치도 않다.

스승의 말을 들어보면 수행하는 가르침에는 두 가지 문이 있는데, 하나는 법계로부터 돌아와서 색신을 다스리는 것이요, 하나는 색신으로부터 법계로 뚫고 나가는 것이다. 법계로부터 색신을 다스리는 것으로는 『화엄경(華嚴經)』이 자랑스럽고, 색신으로부터 법계로 뚫고 나가는 것으로는 『능엄(楞嚴)』의 모든 경전이 있다.

『성명규지』가 풀이하고 있는 것은 대부분 색신으로부터 나가는 것이기는 하나, 법계로 나감에 성공하고 나면 그제야 또다시 허공에 흩어 뿌려버리니 무슨 몸이니 마음이니 하는 것을 논할 길이 있겠는가? 가리키는 손가락으로 말미암아 달을 보라든가, 진리를 얻으면 그에 대한 해설은 잊어버리라는 가르침은 제대로 잘 수행하는 사람이라면 저절로 알게 되는 것이다.

거사께서 이를 세상에 흘러 퍼지게 하시고자 하는 뜻도 또한 이러한 점을 보신 것이 아니겠는가? 나도 그의 세상에 퍼시고자 하는 착한 뜻과 사명(思鳴) 씨가 보물처럼 간직하였던 처음의 심정을 저버릴 수 없어서 이렇듯 연기(緣起)를 써 가지고 이 길을 가는 사람들에게 물어본다.

명나라 만력 을묘(乙卯: 1615)년 음 5월
신안(新安)에서
진초자(震初子) 영녕(永寧) 여상길(余常吉) 씀

윤진인의 『성명규지전서』 머리말

　이 책은 윤진인의 수제자가 손으로 쓴 것이기는 하나 모두가 그 스승의 뜻을 풀어 설명해 놓은 것이다. 사이사이에 실려 있는 여러 그림과 설명 및 수행해 나가며 익혀야 할 절차들은 참으로 상세하여 남김이 없다고 말할 수 있다.

　현가(玄家)의 책이 수레에 다 싣지 못할 정도요 쌓아놓으면 천장에 닿을 정도로 많지만 그 아주 미묘하고 자세한 곳을 곧바로 가리켜 낸 것으로는 이 책만한 것이 없다. 진리에 살고자 하는 사람이 만일 이 책에 힘입어서 그 길로 들어설 수 있다면 성공이 어렵지만은 않을 것이다.

　친구 여상길은 명나라 덕종(德宗) 황제의 손자로서 "그 중요시하는 바가 저 한 몸에 그치니 곧 오래 사는 것[長生久視]일 뿐이어서 끝내 목숨 수(壽) 자를 떠나지 못한다"는 이유로 현교(玄敎)를 조금 억누르는 점이 없지 않은 사람이다. 그의 견해에는 확실히 옳은 바가 있지만, 오직 이 책에서만은 성의를 다하여 머리말을 써서 사람들을 타이르고 있다. 다만 그 말의 내용이 '한 번 뛰어넘어 곧바로 들어가서 인류와 하늘의 스승으로 되는 씨앗을 이어받으라'고 가르치고 있지만, 어찌 그것이 아무 까닭 없이 되는 대로 말한 것이겠는가?

　　그것을 받아들이는 바가 있으면 오래 살므로 말미암아 거듭 태어남에 이르고 거듭 태어남으로 말미암아 태어남이 없는 경지에 이르는 것이 어찌 불가능하다 하겠는가? 길은 서로 다르지만 돌아가는 곳은 같으며 생각은 백 가닥으로 나뉘지만 결론은 하나인 것이다. 진리에 어찌 둘이 있겠는가?

　　이 명나라 태조이신 고황제께서 세 종교를 말하시기를 "천하에는 두 진리가 없고 성인에게는 두 마음이 없다"고 하였다. 참으로 크도다 그 말씀이여! 그 이상의 말은 있을 수도 없으며 또한 백성 된 자로서는 한 마음으로 나라의 말씀을 받들 뿐 그보다 능가할 수도 없는 것이다.

　　아아, 세상 사람들은 나고 죽는 흐름 속에서 이리저리 떠돌아다니다가 어느 한 순간에 본성과 생명을 윤회의 그물 속으로 던져버리고 마는구나! 이 책을 얻어서 그대로 행하여 한번 깜짝 깨닫는다면 그 몸과 마음에 이루어지는 것이 적지 않을 것이니, 유가의 서원(書院)에서도 돌려보고 도가의 진인(眞人)들의 스승과 제자 사이에서도 전해주게 되면 반드시 칭찬과 감탄이 그치지 않을 것이다.

유가의 한 서원인

수선서원(首善書院)8)의 주인으로서

추원표(鄒元標) 씀

---

　8) 수선서원(首善書院): 1622년[명나라 천계(天啓) 2년]에 추원표가 북경 선무문 안에 세운 서원. 명나라 말에 천주교회당으로 변하였다.

차례

제 **1**편

총론 [元集]

1. 세 성인의 그림[三聖圖]

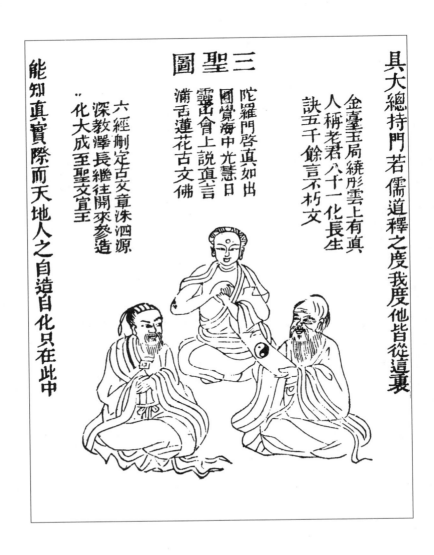

其大總持門若儒道釋之度我度他皆從這裏

金臺玉局繞彤雲上有眞
人稱老君八十一化長生
訣五千餘言示朽文

三聖圖

滿舌蓮花古文佛
靈山會上說眞言
圓覺海中光慧日
陀羅門啓眞如出

化大成至聖文宣王
深敎澤長繼往開來參造
六經制定古文章洙泗源

能知眞實際而天地人之自造自化只在此中

한량없이 깊고 많은 뜻을 가진 큰 진리의 말씀들을 모두 갖추었으니, 유가·불가·도가에서 나를 건지고 남을 건지는 것이 모두 이 속에서 나오는 것이며, 진리의 속알맹이도 알 수 있으니, 하늘과 땅과 사람이 스스로 이루어져 운행하고 변화되는 것이 오직 이 가운데 들어 있을 뿐이로다.

붉은 구름 속 신선세계는 금과 옥으로 되었는데, 그 위에 한 분 참사람[眞人]이 계시니, 태상노군이라! 『도덕경』 81장은 죽지 않는 비결이며 그 5천 글자는 영원히 썩지 않는 글이로다.

다라니의 문을 열어 진여를 드러내시니 원각의 바다 가운데 지혜의 빛은 해와 같도다. 영산의 모임에서 진리를 설법하시니 말씀마다 연꽃으로 변하신 분, 석가모니 부처시로다!

여섯 경전은 옛 글들을 간추려놓은 것이니, 수사(洙泗) 강물의 근원이 깊은 것처럼 가르침의 은택이 길기도 하다. 옛 것을 이어 앞날의 문을 열면서 우주의 운행 변화에 참여하신 분, 대성지성(大成至聖) 문선왕이시로다!

2. 큰 진리의 길을 설명함[大道說]

　　윗자리의 성인이신 포희(包羲)[1] 씨가 여덟 괘를 그려서 사람들에게 보여
주어 만 세대를 내려오면서 생명력을 기르는 방법을 알게 하셨고, 광성자
(廣成子)[2]는 황제(黃帝)[3]에게 "지극히 음하면 썰렁하고 지극히 양하면 번쩍
거리는데, 번쩍거리는 빛은 땅에서 피어나오고 썰렁한 기운은 하늘에서
나온다. 나는 너로 하여금 태양의 밝음보다 높은 곳으로 올라가게 하여 저
지극한 양의 근원에 이르게 하고, 또 깊은 어두움의 문으로 들어가게 하여

---

1) 포희(包羲): 중국 고대 삼황오제(三皇五帝) 가운데 첫째. 하늘과 땅의 모습을
　　살펴서 괘(卦)를 그렸다는 기록이 있다(『역』「계사전」). 일반적으로는 태호(太
　　皞) 복희(伏羲)씨라고 부르고 전설로 다루어지며, 고조선 제5세 환웅의 12째
　　아들이라는 설도 있다.
2) 광성자(廣成子): 중국 고대 신화 중의 신선. 뒤에 도교의 받듦을 받는다. 공동
　　산(崆峒山) 석실에 숨어 살았는데, 헌원(軒轅) 황제(黃帝)가 찾아가서 수도의
　　요점을 물었다고 전해진다.
3) 황제(黃帝): 도교에서 신으로 받드는 고대 전설적 인물. 성은 공손(公孫)이고
　　명은 헌원(軒轅)이며 유웅국(有熊國)의 임금 소전(少典)의 아들이라 한다. 15
　　세에 왕위를 계승하여 훌륭한 치적을 쌓았고, 뒤에 염제(炎帝)의 뒤를 이어
　　천하를 통일하였으며, 치우(蚩尤)와의 큰 전쟁에서는 서왕모(西王母)가 파견한
　　구천현녀(九天玄女)의 도움을 받기도 하였다. 명산을 돌아다니며 무광자(務光
　　子)·용성공(容成公)·광성자 등 신선을 찾아서 신선 되는 길을 묻고 왕옥산(王
　　屋山)에서 구정금단(九鼎金丹)을 불렀다. 그것이 성공하자 왕위를 버리고 청
　　구산(靑丘山)으로 들어가서 자부선생(紫府先生)을 뵙고 『삼황내문(三皇內文)』
　　을 받고, 또 청성산(靑城山)에서는 중황장인(中黃丈人)에게 '신선진일지법(神
　　仙眞一之法)'을 비밀리에 전수받고 다시 운태산(雲台山)에 올라 영선생(寧先
　　生)을 뵙고 『용교선경(龍蹻仙經)』을 받는다. 드디어 수산(首山)의 구리를 캐어
　　서 형산(荊山)에서 보정(寶鼎)을 완성하니, 하늘에서 용이 내려왔으므로 타고
　　올라가 신선이 되어 다섯 천제(天帝)의 하나로서 중앙에 자리하고 사방을 주
　　관한다. 양나라 도홍경(陶弘景)이 쓴 『진령위업도(眞靈位業圖)』에서 신선들의
　　자리를 매겼는데, '원포진인헌원황제(元圃眞人軒轅黃帝)'는 제3신 계열의 왼
　　쪽에 자리하고 있다. 『도장(道藏)』에 『황제음부경(黃帝陰符經)』과 『황제구정
　　신단경(黃帝九鼎神丹經)』이 실려 있다.

저 지극한 음의 근원에 이르게 도울 것이다"라고 말하였다. 헌원(軒轅) 황
제는 두 번 절하고 "광성자님의 하늘을 가르치심이로다"라고 말하였다. 주
공(周公)⁴⁾은 『역경(易經)』⁵⁾을 노래하면서 "인격 높은 사람은 종일토록 쉬지
않고 부지런하구나"⁶⁾라고 하였고, 공자(孔子)⁷⁾는 그에 날개를 달듯 해설을

---

4) 주공(周公): 성은 희(姬), 명은 단(旦). 주나라 무왕(武王)의 동생으로서 은나라
   를 정벌하고 주나라를 건국하는 데 큰 역할을 하였으며, 그 다음으로 성왕(成
   王)이 즉위하자 태사(太師)가 되었다. 주나라의 본래 제도에 의거하면서 은나
   라의 예를 참작하여 주나라의 예악 곧 모든 문물제도를 규정한다. 후세에 깊
   은 영향을 미치게 되는데, 주공의 정치사상은 경천(敬天)·명덕(明德)·보민(保
   民)을 주요 내용으로 하였다. 그가 죽자 성왕은 천자의 예악으로써 제사지냈
   고, 공자도 그를 존경하였다.
5) 『역경(易經)』: 일반적으로 오늘날 전해지는 『주역』의 경문 부분을 가리킨다.
   원래 『역』에는 『주역』 이전에 『귀장역(歸藏易)』과 『연산역(連山易)』이 있었
   으나 전해지지 않으며, 춘추 말기의 자하(子夏)가 썼다고 하는 『자하역전(子
   夏易傳)』조차 정확하지가 않으므로, 주공 당시의 『역경』의 구체적 내용이 어
   디까지인가는 명확하지 않다. 일반적으로 『주역』의 괘사(卦辭)와 효사(爻辭)
   가 주 문왕 및 주공 때에 이루어졌다고 인정되고 있다.
6) 인격 높은…… 부지런하구나: 군자종일건건(君子終日乾乾)[『주역』 「건괘」 셋
   째 효의 효사(爻辭)이다].
7) 공자(孔子): 기원전 551~479. 명은 구(丘), 자는 중니(仲尼). 중국 춘추 시대
   노나라 창평향(지금 산동성 곡부) 사람이다. 3세에 아버지를 잃고 어머니의
   교도(教導)를 받으며 자랐는데, 어려서부터 예를 학습하기를 좋아하였다. 17
   세에 어머니도 잃고 혼자 생계를 꾸리면서도 부지런히 학문을 하고 예를 익
   혔다. 20대에 널리 묻고 배웠으며[노담(老聃)에게 예를 물었다는 설도 있다]
   30대에는 이미 그의 주요 사상이 형성되었고 제자를 받아들이기 시작하였다.
   50대 초반까지 노나라의 벼슬을 하다가 실망스러운 일이 생겨서 노나라를 떠
   나 14년간 열국을 돌아다니게 된다. 68세에 계강자(季康子)의 힘을 입어 노나
   라에 돌아왔으나 노나라에서 끝내 그의 정치사상을 써주지 않았으므로 다시
   는 벼슬할 생각이 없어지고 오로지 고전문헌을 정리하고 제자를 모아 가르쳐
   서 나라를 다스릴 현재(賢才)들을 길러냈다. 73세의 나이로 서거하였다.
   그의 사상의 핵심은 인(仁)이고 그것을 표현시킨 것이 예(禮)이다. 그는 제자
   들에게 『시(詩)』·『서(書)』·『예(禮)』·『악(樂)』·『역(易)』·『춘추(春秋)』를 교재로
   하여 예(禮)·악(樂)·사(射)·어(御)·서(書)·수(數)를 가르쳤다. 그는 『시』를 정리
   하여 간추리고, 『서』를 정리 편찬하면서 해설하고, 『예』와 『악』도 정리하였
   으며 만년에는 『역』을 정리하면서 이른바 『십익(十翼)』을 보태었고, 『춘추』
   를 지었다. 그의 학문과 사상과 가르침은 이른바 유학(儒學)으로 정립되어서

하면서 "종일토록 쉬지 않고 부지런하다는 것은 진리의 길을 되풀이하고 되풀이한다는 것이다"[8]라고 하였다.

진리란 무엇인가?

하늘과 땅을 제자리에 있게 하고 만물을 기르는 것이라고 말하기도 하고, 해와 달을 그렇게 걸려 있게 하고 오행(五行)[9]을 이루어지게 하는 것이라고 말하기도 하며, 갠지스 강의 모래알보다 더 많은 것이라 하고, 하나의 짝도 없이 홀로 외로운 것이라고 하며, 우주의 거대한 기운 속으로 곧바로 들어가는가 하면 티끌 먼지에로 되돌아가기도 하는 것이라고 말한다. 우주의 운행 변화를 훌륭하게 잘 모아놓고 성스럽다 평범하다 하는 것을 훌쩍 뛰어넘어 있는 것이라 하는가 하면, 아직 어떤 기틀이나 경계도 조짐을 일으키지 않고 있는데 갑자기 신령스럽게 통하는 것이라고도 한다. 눈앞에서 죽이고 살림이 분명하고 도저히 그로부터 도망쳐 나갈 수 없는 것이라고도 하고, 아주 낮고 천함 속에 있으면서도 아주 높고 귀한 것이라고도 한다. 그 외에도 그윽하고 어두움에 있으면서도 더 이상 없이 높고 밝은 것이라, 잘게는 티끌 속에 들어가고 크게는 하늘과 땅을 끌어안는 것이라, 없음으로부터 있음에로 들어가는 것이라, 부처가 되고 신선이 되도록 하는 것이 진리라는 말들이 있다.

불경의 5,048권이 다 설명하지 못하였고, 『중용(中庸)』의 33장이 또한 막

오늘날까지 중국뿐만 아니라 주변국가의 전통문화를 이루고 있다. 그의 언행을 제자들이 적어놓은 『논어(論語)』는 우리의 최대 고전의 하나이다.

8) 종일토록 ……한다는 것이다: 종일건건, 반복도야(終日乾乾, 反復道也)[『역』「건괘」'상사(象辭)'에 나오는 말이다].

9) 오행(五行): 고대 특히 중국 춘추전국 시대에 이루어진 개념으로서 자연계 현상의 가장 기본적인 요소라고 생각되는 다섯 가지를 가리킨다. 물질을 가리킬 때도 있고 어떠한 과정을 가리킬 때도 있다. 다섯 가지는 수(水)·화(火)·목(木)·금(金)·토(土)인데[『서경(書經)』「홍범(洪範)」], 상호간에 상생(相生)·상극(相剋)하는 복합적 관계를 이룬다. 이 이론은 고대의 천문·역법(曆法)·수학·의학·단학·방술 등에 널리 원용되었으며 현대에까지도 중요한 자리를 차지하고 있다.

힘없이 설명하지 못하였으며, 『도덕경』 5천여 글자가 끝까지 설명하지 못한 곳, 그 진리라는 것이 도대체 무엇이냐?

한마디로 말하여 '기(氣)'10)이다.

원래 하나의 기가 서리고 모여서 하늘과 땅이 아직 생기기 전의 상태를 이루고, 헤아릴 수 없이 막막한 가운데 무엇인가 살아 움직이고 신령하면서도 지극히 묘한 것 이러한 것을 태을(太乙)11)이라, 아무것도 시작되기 이전의 시작의 시초라 진리의 길이라 한다. 그러므로 '시작이 없음'이라고 말한 것이다.

무릇 하늘과 땅이 시작할 때에는 하나의 기가 움찔거린다. 텅 비어 아무것도 없는 가운데 열림과 닫힘이 생기고, 암컷과 수컷이 서로 느껴서 부르고, 검은 것과 흰 것이 어우러져 엉기고, 있음과 없음이 서로 들추어내면서 뒤섞여 소용돌이치는 가운데 텅 비면서 지극히 성스러운 무엇이 근원을 품어안고 신령함을 지녀서, 신명(神明)이 변하여 어떤 존재로 나타나되

---

10) 기(氣): 고대 철학의 중요한 개념의 하나이다. 고대 철학가들은 자연계의 모든 물질이나 현상은 가장 근원적이고 눈에 보이지 않는 어떤 것으로 말미암아 비로소 이루어진다고 생각하였다. 그 어떤 것이 이론적으로 추론되는 원리라고 생각하는 사람들은 그것을 이(理)라는 개념으로 쓴다. 그 어떤 것이 너무나 미세하여 비록 추측이나 가설로 상정될 수밖에 없다 할지라도 어디까지나 최소단위의 근원적 물질이라고 생각하는 사람들은 그것을 기(氣)라는 개념으로 쓴다. 어떻든 우리가 접하는 자연계에는 이와 기가 따로 떨어져 있는 것이라곤 없고 그것이 혼융된 상태라는 점에는 의견이 합치한다. 사람에게서 기는 생명활동의 근원을 가리키는 선천기와 생명활동 현상을 가리키는 후천기와 다시 그것이 세분된 음식과 호흡의 종기(宗氣), 위기(衛氣), 영기(營氣), 장부(臟腑)의 기, 경맥(經脈)의 기 등으로 분석된다.

11) 태을(太乙): 태일(太一)과 같은 뜻이며 이곳에서는 천지 만물을 형성하는 원기를 가리키는 개념으로 쓰였다. 이 외에도 ① 오른쪽 눈에 있는 신(神)의 이름, ② 자미궁의 주 되는 별 이름, ③ 천제(天帝), ④ 천신(天神), ⑤ 회음혈(會陰穴), ⑥ 도(道)의 별칭, ⑦ 원시 또는 태고의 소박한 상태, ⑧ 종남산의 별칭, ⑨ 도교 궁관(宮觀)의 이름, ⑩ 한나라 장안의 궁궐 이름, ⑪ 도교 종파의 이름, ⑫ 사람 몸에서는 니환(泥丸), ⑬ 내단술에서 선천원기(先天元氣) 등을 가리키는 용어로 쓰인다.

어리둥절하여 잘 알아볼 수 없는 출발점을 이룬다. 이것이 태역(太易)¹²⁾이요, 무엇인가 시작되기 시작한 시초요, 진리가 흔[一]¹³⁾을 낳는 것이요, 원시(元始)라는 것이다.

하늘과 땅의 가장 큰 근원은 어떤가? 하나의 기가 이에서 쪼개지게 되니 참다운 주재자[眞宰]¹⁴⁾가 저절로 그 능력을 맡고 여러 빛들이 엇갈려 비치면서 늘어서고 모든 신령함이 장엄하면서도 고요하게 보호하는 가운데 음과 양으로 갈라져 나누어진다. 이것이 태극(太極)이며 하나에서 둘이 생겨남이고 하느님[虛皇]¹⁵⁾이라는 것이다.

음과 양이 이미 갈라지고 나면 하늘과 땅이 자리 잡고 사람이 길러진다. 이것이 둘에서 셋이 생겨난다는 것이고, 으뜸 되는 소용돌이[混元]¹⁶⁾라는

---

12) 태역(太易): 『열자(列子)』 「천서(天瑞)」 편에 나오는 말이다. 모양 있는 것은 모양 없음으로부터 생겨나는데, 그러기 위해서는 태역－태초(太初)－태시(太始)－태소(太紹)의 과정을 경과한다고 생각하였다. 태초란 기(氣)의 시발점이고, 태시란 형(形)의 시작이며, 태소란 질(質)의 비롯함을 가리키므로, 태역은 기가 시발하는 원인을 가리키는 뜻으로 쓰였으며, 막힘이 없이 두루 통하는 가장 궁극적인 원리라는 뜻을 함축하고 있다.

13) 흔[一]: ① 하늘과 땅과 만물이 생겨나고 이루어져서 정상적으로 운행 작용하게 되는 근본으로서 두루 타당한 본질을 가리킨다. 도(道)라는 개념과 같은 내용을 갖는다["도는 흔을 낳고 흔은 둘을 낳고 둘은 셋을 낳는다"(『도덕경』)거나, "태초에는 무(無)가 있었다. 유(有)도 없고 명(名)도 없는데 흔이 일어나게 되어 흔이 있게 되나 아직 형(形)은 나타나지 않는다"(『장자』 「천지」) 등 참조]. ② 내단술에서는 ㉠ 도(道)의 아들이요 만물의 어미이며 하늘과 땅의 근원인 선천일기(先天一氣), ㉡ 단전(丹田)의 별칭, ㉢ 단전에 있는 신(神) 등을 가리키는 용어로 쓰인다.

14) 주재자[眞宰]: 그저 '하늘'이라 풀기도 한다[『장자(莊子)』 「제물편(齊物篇)」 참조].

15) 하느님[虛皇]: 창조주에 해당하는 도교 신의 이름[도홍경, 『허장사비송(許長史碑頌)』 참조].

16) 으뜸 되는 소용돌이[混元]: 하늘과 땅으로 나누어지기 전의 기(氣)·형(形)·질(質)이 서로 뒤섞여 있는 상태를 말하는데, 이러한 소용돌이가 드러나기 이전의 보다 더 으뜸 된 상태를 혼원(混元)이라 하며, 그보다 또 더 으뜸 된 상태를 으뜸 된 드넓음이라는 뜻의 홍원(洪元)이라 한다[『태상노군개천경(太上老君開天經)』, 『역건착도(易乾鑿度)』 참조].

것이다.

양은 맑은 것으로서 위로 올라가 밝게 빛나게 되니 곧 해와 달과 별들이 벌려 있게 된다. 그러므로 하늘은 왼쪽으로 도는데 해와 달과 별들은 오른쪽으로 돈다. 양하여 맑은 것들은 위로 떠올라 양에서 모이니 바람과 구름이 움직이고 번개와 비가 생기는 것이다.

음은 탁한 것으로서 무겁고 엉기게 되니 땅을 이루어서 바다와 산이 우뚝하게 생기고 다섯 곡식17)과 풀과 나무가 힘차게 자라게 된다. 그러므로 산봉우리가 구름 위로 솟기도 하고 산과 호수가 기운을 통하게도 되는 것이다. 음과 양의 기운이 막혀서 통하지 않으면 눈과 서리가 맺히고 얼음이 얼게 되며, 음하여 탁한 것이 쌓여서 엉기게 되면 바위굴이 남모르는 곳에 감추어져서 깊고도 깊게 되는 것이다. 이리하여 다섯 곡식과 여덟 가지 돌18)로써 얽히고설키게 되는 것이다.

하늘과 땅 가운데서 음과 양의 바른 기운이 어우러지는 바에 의하여 성인이니 신선이니 부처니 서민이니 어진 사람이니 어리석은 사람이니 오래 사는 사람이니 일찍 죽는 사람이니 하는 것이 결정되어서, 태를 받아 나기도 하고 알에서 깨어 나오기도 하고 습기 찬 곳에서 저절로 변화되어 나

---

17) 다섯 곡식: 책에 따라 종류가 다르다. ① 벼·찰기장·매기장·콩·보리[『황경집주(皇經集注)』 참조], ② 벼·삼·콩·보리·팥, ③ 콩·보리·삼·벼·기장[『비급천금요방(備急千金要方)』 참조], ④ 찰기장·매기장·콩·보리·벼[『주례(周禮)』「하관(夏官)」 '직방씨(職方氏)'의 주(注) 참조]

18) 여덟 가지 돌: ① 연단술(煉丹術)에서 상용하는 여덟 가지 광물질: 일정하지 않다. ㉠朱砂·雄黃·雲母·空靑·硫黃·戎鹽·硝石·雌黃, ㉡石衆·石腦·流丹·流珠·飛節·黃子·石髓·桂英[『오악진형서론(五岳眞形序論)』 참조], ㉢朱·汞·硼·鹵·硝·鹽·硅·膽[『태고토태경(太古土兌經)』「서(序)」 참조], ㉣曾靑·空靑·石膽·砒霜·鹵砂·白鹽·白硅·牙硝[『제가신품단법(諸家神品丹法)』 참조], ㉤巴砂·越砂·雄黃·雌黃·曾靑·硅石·磁石·石膽[『구전류주신선구단경(九轉流珠神仙九丹經)』 참조], ② 내단술에서 비유로 쓰이는 여덟 가지 이름: ㉠水·火·土·腎·心·脾·精·氣·神(意)[袁仁林 『주역참동계주(周易參同契注)』 참조], ㉡八卦[劉一明, 『주역참동계주』 및 『탁약자(橐籥子)』「팔괘계상지명(八卦系象指明)」 참조].

오기도 하기를 그침이 없게 되는 것이다. 이것이 육합(六合)[19]이라는 것이
고 셋[三]에서 만물이 생겨난다는 것[20]이다.

사람은 하늘과 땅을 이루는 기운을 받아서 태어나서 자란다. 16세에 이
르면 세 효가 모두 양이 되니 어찌 더할 나위 없는 덕을 지닌 어른이 아니
겠는가? 그 뒤로 그 훌륭한 덕을 가려버리고자 하는 소식이 어느 날 아침
에 문득 찾아오게 되고 날마다 한 구멍씩 파내려가니 세 효에 꽉 차 있던
양(陽)이 우르르 몰려들어 달려나가게 되어 둘째 효가 음이 된다. 이로 말
미암아 건괘(乾卦)[21]가 순수함을 지키지 못하고 깨어져서 이괘(離卦)[22]가
되는가 하면 곤괘(坤卦)[23]에 품어져서 그 가운데를 채우고 감괘(坎卦)[24]가
된다.

만약 지극히 성스럽고 신의 능력을 갖춘 사람이라면 진리의 바탕인 태
극이 드러나는 까닭을 알 수 있고, 죽음과 삶의 근본이 시작되는 까닭도
알 수 있으며, 건과 곤 음과 양이 서로 올라타는 까닭도 알 수 있고, 하늘
의 수컷과 땅의 암컷이 어우르는 까닭도 알 수 있다. 그래서 건과 곤의 바

---

19) 육합(六合): 여섯 가지 뿌리를 갖고 이루어진 몸뚱이란 의미로 쓰였다[『문
    창대동선경(文昌大同仙經)』참조]. 이 외에도 ① 동서남북과 상하 여섯 방위,
    ② 시령(時令)의 합(孟春과 孟秋, 仲春과 仲秋, 季春과 季秋, 孟夏와 孟冬, 仲
    夏와 仲冬, 季夏와 季冬), ③ 월건(月建)과 일진(日辰)의 여섯 짝(子丑·寅亥·
    卯戌·辰酉·巳申·午未), ④ 두 눈썹 중간에서 위로 1촌(寸) 되는 곳에 있는 경
    혈, ⑤ 도교의 주문에 나오는 여섯 가지 부법(符法): 천합(天合)·지합(地合)·
    인합(人合)·귀합(鬼合)·용합(龍合)·괴합(怪合)[『도법회원(道法會元)』「육합주
    (六合呪)」참조] 등의 뜻으로 쓰인다.
20) 셋에서 만물이 생겨난다는 것: "진리의 길이 혼을 낳고 혼이 둘을 낳고 둘이
    셋을 낳고 셋이 만물을 낳는다"[『도덕경』「도화(道化)」참조]. 이 외에도 셋이
    란 수는 ①道·德·人[『태상노군허무자연본기경(太上老君虛無自然本起經)』참
    조], ②形體·神·氣[『태상노군허무자연본기경』참조), ③天·地·人[『태상노군
    허무자연본기경』참조) 등을 가리킬 때가 있다.
21) 건괘(乾卦): ☰
22) 이괘(離卦): ☲
23) 곤괘(坤卦): ☷
24) 감괘(坎卦): ☵

탕을 법으로 삼고 감과 이의 쓰임을 본받으며 음과 양의 자루를 붙잡아서
나고 죽음의 관문을 건너가며 감괘 가운데의 양을 가져다가 이괘 가운데
의 음에 채운다. 이괘의 음이 이미 채워지면 순수한 밝음을 다시 찾아서
건괘가 되는 것이다. 이때에는 건괘라는 으뜸을 보충하여 채워서 다시 가
로막혔던 어두운 마음을 온전하게 찾음으로써 어버이로부터 받아서 태어
났던 것을 온전하게 하고 하늘로부터 받아 가졌던 것을 온전하게 한다. 이
것이 둥글둥글 원만하게 되는 것이며 하나의 완전한 사람이 되는 것이다.

다시 높은 곳을 향하여 더욱 배우고 익히되 부지런하고 용감하여 게으
름이 없도록 하면 금단(金丹)[25]이 이루어져서 성태(聖胎)[26]가 원만해진다.
성태가 원만해지면 진인(眞人)[27]이 나타나고 진인이 나타나면 변화가 막힘

---

25) 금단(金丹): 내단(內丹) 곧 정기신(精氣神)이 융합된 선천기를 뜻한다. 다만
   금단을 이루는 재료 또는 과정을 설명하는 방법이나 용어는 책에 따라서 조
   금씩 다르기도 하다[『태상원보금정무위묘경(太上元寶金庭無爲妙經)』「오행
   장(五行章)」,『장생전경(長生詮經)』,『제진내단집요(諸眞內丹集要)』,『종려전
   도집(鍾呂傳道集)』「논단약(論丹藥)」,『선불합종어록(仙佛合宗語錄)』,『석의
   지미론(析疑指迷論)』「석의(析疑)」,『오진편(悟眞篇)』,『도서십이종(道書十二
   種)』「상언파의(象言破疑)」,『문창대동선경(文昌大同仙經)』,『수진태극혼원도
   서(修眞太極混元圖序)』,『영보필법(靈寶畢法)』「소련단약(燒煉丹藥)」 등 참
   조]. 이 외에 ① 입에 고이는 침[『삼동도사거산수연과(三洞道士居山修煉科)』
   「금단신방법품(金丹神方法品)」 참조], ② 유화수 · 납 · 유황 등을 혼합하고
   열을 가하여 금색의 약물을 얻어내는 연단술 또는 연금술에서 말하는 외단
   (外丹)[『포박자(抱朴子)』「내편(內篇)」 참조] 등을 가리킬 때도 있다.
26) 성태(聖胎): 내단 특히 신(神)과 기(氣)가 융합 응결한 것을 상징하는 또 하나
   의 용어로 쓰였다. 도태(道胎)라고 부르는 책도 있다[『혜명경(慧命經)』 참조].
   이 외에 ① 양 속에 들어 있는 음 곧 원신(元神)(『오진편』 참조), ② 태식(胎
   息)[『영검자주(靈劍子注)』 참조] 등을 가리킬 때도 있다.
27) 진인(眞人): 높은 경지에 오른 사람을 가리키는 용어이나 그 내용은 책에 따
   라 조금씩 다르다. ① 하늘과 땅 음양 변화의 법칙을 터득하고 정기신을 잘
   보전한 사람[『황제내경(黃帝內經)』「소문(素問)」「상고천진론(上古天眞論)」 참
   조], ② 신선이 된 사람[『장자(莊子)』「천하(天下)」 및「대종사(大宗師)」,『회
   남자(淮南子)』「본경훈(本經訓)」,『북악진군서성겸수묘기(北岳眞君敍聖兼修廟
   記)』 등 참조], ③ 이상적 인격을 갖춘 사람[『사기(史記)』,『태평경(太平經)』
   참조], ④ 애욕에 물들지 않는 사람[『대승묘림경(大乘妙林經)』「정혜품(淨慧

없게 될 뿐만 아니라 사라지고 드러남이 예측할 수 없게 되어 종리권(鐘離權),[28] 여순양(呂純陽),[29] 왕중양(王重陽),[30] 마단양(馬丹陽)[31] 등과 더불어 나

品)』 참조], ⑤ 공부와 덕업이 온전한 사람[『진진인어록(晋眞人語錄)』 참조], ⑥ 기의 운행과 응신(凝神)을 잘하는 사람[『장생전경(長生詮經)』 참조], ⑦ 도교에서 존경받는 사람에게 붙이는 존칭(당나라 때부터 행해졌으며 명나라에서는 정2품, 청나라 초에는 정3품이다가 건륭 때에 정5품으로 내렸다), ⑧ 수도의 경지가 높아서 마(魔)를 이겨낸 사람[『태상영보원양묘경(太上靈寶元陽妙經)』 참조], ⑨ 흔 곧 무위에로 돌아간 사람[『원시설선천도덕경주해(元始說先天道德經註解)』 참조], ⑩ 내단술에서 사용하는 상징적 이름으로서 금단(『오진편』 참조) 또는 원신[『주역참동계발휘(周易參同契發揮)』 참조], ⑪ 때로는 도교 학설 연구에 큰 성취가 있는 사람을 가리키기도 한다[『태극진인부령보재계위의제경요결(太極眞人敷靈寶齋戒威儀諸經要訣)』 참조].

28) 종리권(鐘離權): 전설적인 신선으로서 중국 민간신앙의 대상인 팔선(八仙)의 하나. 한종리(漢鍾離)라고도 부른다. 경조(京兆) 함양(咸陽: 지금 섬서성) 사람으로 종리는 성, 이름은 권, 자는 운방(雲房), 도호는 정양자(正陽子)라 한다. 뒤에 이름을 각(覺), 자를 적도(寂道)로 고쳤다. 원나라 때에 전진도(全眞道)에서 정양조사로 받들기 시작했고, 『금련정종기(金蓮正宗記)』에서는 북오조(北五祖)의 하나로 삼고 있다. 『열선전전(列仙全傳)』에 의하면 오대(五代) 때에 유한(劉漢)의 대장군이었다가 동화제군(東華帝君)의 전수를 받아 득도하였다고 한다. 여동빈의 스승이며 성명쌍수(性命雙修)론을 창도하였다고 인정받고 있다.

29) 여순양(呂純陽): 798~?. 당나라 때의 도사로 뒤에 도교에서 신선으로 받들게 되었으며, 중국 민간신앙의 대상인 팔선의 하나이다. 성은 여(呂), 이름은 암(岩), 자는 동빈(洞賓), 순양은 호이다. 일설에는 당나라 황족으로 본래 성이이(李)였으나 측천무후 때에 황족을 죽이고 달아나서 성을 고쳤다고도 한다. 종리권을 만나 열 가지 어려운 시험을 거친 뒤에 금액대단(金液大丹)과 『영보필법』을 전수받고, 다시 화룡진인(火龍眞人)을 만나 일월교배지법(日月交拜之法)과 천둔검법(天遁劍法)을 받아 득도 성선하고서 중생을 제도할 서원을 세웠다고 한다. 송나라 때에 묘통진인(妙通眞人), 원나라 때에 순양연정경화부우제군(純陽演政警化孚佑帝君)에 봉해졌으며, 전진도에 의하여 북오조의 하나로 받들어졌고, 그의 탄신일인 음력 4월 14일에는 지금도 기념 재초(齋醮)를 행한다. 그의 이름으로 된 저서가 매우 많은데, 그 중에는 가탁한 것이 많다. 저작으로 『여조전서(呂祖全書)』, 『구진상서(九眞上書)』, 『부우상제문집(孚佑上帝文集)』, 『부우상제천선금단심법(孚佑上帝天仙金丹心法)』 등이 있다.

30) 왕중양(王重陽): 1112~1170. 남송 말 금나라 때의 도사로 전진도를 창시하였다. 본래 이름은 중부(中孚), 자는 윤경(允卿)이었으나 뒤에 이름은 세웅(世雄), 자는 덕위(德威)로 고쳤다가 도교에 들어온 뒤에 다시 이름을 철(喆), 자

란히 하늘을 나는 것도 어렵지만은 않게 되는 것이다.

　어쩐 일인지, 세상 사람들은 이 진리의 길을 몰라서 한창 기운이 좋을 때에는 기를 줄을 모르고 기운이 빠지고서도 구원할 줄을 모른 채 하루하루를 거듭한다. 양은 다 없어지고 음만 남아서 죽음의 세계로 들어가 귀신

───────────────

를 지명(知明), 호를 중양자(重陽子)로 고쳤다. 스스로는 왕삼(王三) 또는 왕해풍(王害風)이라 불렀다. 조상은 섬서성 함양 지방의 오랜 대족(大族)이었는데 뒤에 종남현(終南縣) 유장촌(劉蔣村)에 옮겨 살았다. 20대에 무과에 급제하여 큰 경륜을 품었으나 제대로 등용되지 않자 사직하고 은거하였다. 40대 후반에 외유(外遊)하다 이인(異人)을 만나 수련의 진결(眞訣)을 받고 출가하였다. 남시촌(南時村)에 무덤을 파 만들고 수련하여 득도한 뒤 1167년에 산동성 곤유산(崑嵛山) 부근으로 들어가 뒷날 북칠진(北七眞)이 될 일곱 제자를 맞아들이고, 문등(文登)·영해(寧海)·복산(福山)·등주(登州: 현 蓬萊)·내주(萊州: 현 掖縣) 등지에 삼교칠보회(三敎七寶會)·금련회(金蓮會)·삼광회(三光會)·옥화회(玉華會) 등의 수도회를 세웠다. 그가 산동 영해에 있을 때 그 암자 이름을 전진당(全眞堂)이라 하였으므로 그에게 입도하는 사람들을 모두 전진도사라 부르게 되었는데 이것이 전진도교(全眞道敎)의 출발이었다. 1170년 변량[卞梁: 현 하남성 개봉]에서 우화하였고 제자들이 유해를 옛날 그가 살던 유장촌[현 섬서성 호현(戶縣) 조암진(祖庵鎭)]으로 옮겨 장례를 지냈는데, 뒤에 전진도에서는 이곳을 높여 조정(祖庭)이라 부른다. 원나라 세조 때에 중양전진개화진군(重陽全眞開化眞君), 무종 때에 중양전진개화보극제군(重陽全眞開化輔極帝君)에 봉해졌고, 전진도에서는 북오조의 하나로 받든다.
　그는 도교·유교·불교의 사상을 융합하여 삼교가 평등하다고 주장하면서 『도덕경』·『반야심경(般若心經)』·『효경(孝經)』을 전진도의 필수경전으로 삼고 특히 성명쌍수를 하되 성부터 닦으라고 가르쳤다. 저작으로는 『중양전진집(重陽全眞集)』, 『중양교화집(重陽敎化集)』, 『중양입교십오론(重陽入敎十五論)』 등이 있다.

31) 마단양(馬丹陽): 1123~1183. 중국 금나라 때 도사로 북칠진의 하나이다. 본래 이름은 종의(從義), 자는 의보(宜甫)였으나 뒤에 이름을 옥(鈺), 자를 단양자(丹陽子)로 고쳤다. 산동 영해현의 지방 대족(大族) 출신이었으나 1167년 왕중양이 영해에 왔을 때 그를 도와 전진당을 열고 많은 가산을 포기하고 제자가 되었다. 그 후 많은 수련을 하였고 왕중양이 우화하자 전진도 사업을 관장하여 제2대 교주가 되었으며, 전진도 우선파(遇仙派)의 시조이기도 하다. 원 세조에 의해 1269년에 단양포일무위진인(丹陽抱一無爲眞人)으로 봉해졌다. 저작으로는 『동현금옥집(洞玄金玉集)』, 『신광찬(神光燦)』, 『점오집(漸悟集)』 등이 있으며, 금나라 왕이중(王頤中)이 편집한 『단양진인어록(丹陽眞人語錄)』이 『도장(道藏)』에 실려 있다.

[鬼]32)이 되고 마는구나! 그래서 자양진인(紫陽眞人)33)께서는 "아……! 사람의 몸을 얻기는 어렵고 세월은 쉽사리 흘러가는데 모자라는 곳을 닦을 생각은 않고 지은 업(業)에 따라 주어지는 보답 속에 파묻혀서 스스로 일찍 반성하여 깨달음에 이르지 못하고 그저 타고난 수대로 죽기만을 기다리는 구나!"라고 탄식하였다. 만약 돌아갈 때가 되었을 때 한 생각 잘못 하면 곧장 지옥이나 아귀(餓鬼)나 축생의 세계에 떨어져서 티끌처럼 많은 시간을 지나도 벗어날 기회가 없게 되고 만다. 이렇게 된 뒤에 후회를 하면 무슨 소용이 있겠는가?

그러므로 세 종교의 성인(聖人)들께서 본성과 생명에 대한 가르침으로써 사람마다 알아들을 수 있는 문을 열어 배우고 익히게 하여 태어남과 죽음의 문제를 벗어나게 하였던 것이다.

---

32) 귀신[鬼]: 무릇 사람이 죽은 것 또는 죽은 뒤에 영험한 작용을 하는 혼백을 가리킨다.

33) 자양진인(紫陽眞人): 984~1082. 북송 때의 도사로 도교 내단파 남종(南宗)의 개산 조사이다. 성은 장(張), 이름은 백단(伯端), 자는 평숙(平叔)이었으나 뒤에 이름을 용성(用成), 호를 자양산인(紫陽山人)으로 고쳤다. 천태(天台: 현 절강성에 속함) 사람으로 어려서부터 유·석·도의 경서를 섭렵하였고, 형법(刑法)·수학(數學)·의약(醫藥)·복서(卜筮)·전진(戰陣)·천문(天文)·지리(地理) 등 방술도 깊이 연구하였다. 지방관리로 여러 해 있었으나 문득 한 사람의 부귀공명이 여러 사람의 고달픔임을 깨닫고 신선의 길을 걸을 마음을 일으켜 사무 보던 문서를 불살라 버렸다. 그 죄로 영남(嶺南)으로 귀양 갔다가 그 지방 수령이던 육세(陸詵)를 만나 그를 따라 사천성 성도(成都)로 들어간다. 그곳에서 진인을 만나 금단약물화후의 비결을 받고 득도한다. 1082년에 서세(逝世)하였는데, 뒤에 도교 남종의 오조(五祖)의 첫째로 받들어지고 있다. 그는 『주역참동계』에 담겨 있는 내단 사상을 이어받고 종리권으로부터 창도된 성명쌍수 이론을 선양하였는데, 명(命)을 먼저 닦아서 성(性)으로 올라간다고 주장하였다. 이 점에서 왕중양과 다르다. 그의 사상은 유가의 궁리진성(窮理盡性)과 불교의 돈오원통(頓悟圓通) 사상을 도교의 내단 연양(煉養) 이론으로 끌어들여, 교는 비록 셋으로 갈라져 있으나 진리는 하나임을 증명함으로써 세 종교를 융합하고 내단 이론을 과학적이면서 동시에 철학적으로 체계화하려는 것이었다. 저작으로는 『오진편』이 있는데, 그 뒤 큰 영향을 주었으며 많은 주석서가 나왔다. 그 외에도 『옥청금사청화비문금보내련단결(玉淸金笥靑華秘文金寶內煉丹訣)』, 『금단사백자(金丹四百字)』 등이 그의 이름으로 『도장』에 실려 있다.

유가(儒家)의 가르침은 사람으로 하여금 본성과 생명에 그대로 따르면서 우주 자연의 운행 변화에로 되돌아가도록 하는 것인데, 그 이치가 사회적 성격을 띠고 있다.

선종(禪宗)의 가르침은 사람으로 하여금 본성과 생명을 헛것이라고 봄으로써 큰 깨달음에로 뛰어오르게 하는 것인데, 그 뜻이 매우 높다.

도가(道家)의 가르침은 사람으로 하여금 본성과 생명을 닦아서 오래 살도록 하는 것인데, 그 내용이 아주 실제적이다.

가르침은 비록 셋으로 나뉘어 있지만 그 밟아나가는 길은 한 곳으로 모이게 되어 있다.

유가의 성인은 가르치기를,

"그대가 움직임을 멈춘 곳을 안정케 한다, 그 움직임을 멈추는 바를 높이 여긴다, 그 그칠 곳에서 멈춘다, 그 있어야 할 곳에 머무른다, 옛것을 이어받아 넓힌다, 몸가짐도 가지런하며 엄숙하고 마음가짐도 한결같고 한눈파는 일이 없도록 한다, 지극한 선(善)에 머무른다, 가운데 길이 탁 뚫려서 아래위로 통한다, 몸 안에 바른 자리가 잡힌다, 생각은 있어야 할 자리를 벗어나지 않는다, 발끝은 방향을 바꾸지 않는다, 하늘 아래에서 가장 넓은 곳에 머물러 산다, 하늘 아래에서 가장 바른 자리에 서 있다, 하늘 아래에서 가장 큰 길을 걷는다, 모든 것이 한 덩어리로 중(中)에 있게 된다, 참으로 순수하게 지극한 선에 이르게 된다"라든가, "정성이 다 이루어지는 곳, 몸 속의 텅 빈 공간 속에 즐거움이 있는 곳, 사방 한 치 속에 신명이 살고 있는 곳, 도덕과 의리가 들고나는 문, 생동감이 넘치는 땅"이라든가, "즐거움이 그 가운데 있다, 그 인(仁)하는 마음은 참으로 정성을 다하는 것이다, 그 연못은 참으로 깊고 조용하다, 그 하늘은 참으로 넓고도 넓다, 하늘은 인으로 돌아가지 않겠는가, 물러나 알기 어려운 곳으로 숨어버린다"라든가, "이런저런 생각을 하지 않는 하늘"이라든가, "아무런 인식도 지각도 없는 땅"이라고도 말한다. 이루 다 적을 수 없이 많으나 한마디로 말하면 이 본성과 생명의 길 아닌 것이 없다.

도가의 아득하고 묘한 가르침은,

"현과 빈(玄牝)의 문, 하늘과 땅의 뿌리, 몸을 낳는 곳, 생명을 되풀이하는 관문, 금단의 어미, 현관(玄關)의 구멍, 엉겨서 맺히는 곳, 호흡의 뿌리, 갑을(甲乙)의 제단, 무기(戊己)의 집, 마음의 원천, 본성의 바다, 신령한 집, 신령한 돈대, 봉래(蓬萊)섬, 주사(硃砂)를 담은 솥, 초승달 같은 화로, 신이 사는 방, 기가 웅크린 동굴, 흙가마, 곡신(谷神), 신령함의 뿌리, 칼자루, 감패와 이패가 어우르는 곳, 천 가지 만 가지로 변화하는 시발점, 태어남과 죽음이 서로 가로막혀 있지 않은 땅, 귀신이 기회를 엿보아도 깨뜨릴 수 없는 기틀" 등 이루 다 적을 수 없이 많으나 한마디로 말하면 이 본성과 생명의 길 아닌 것이 없다.

불가의 참선을 가르치는 말로는,

"둘이 아닌 이치의 문, 참으로 깊은 진리의 세계, 허공을 감추고 있는 것, 파도가 영원히 잠든 바다, 진실의 땅, 모든 선의 이치를 갖추고 있는 문, 건너편 언덕의 깨끗한 곳, 참된 경계의 마음자리, 극락의 나라, 중생 속에 감추어져 있는 여래, 사리(舍利)의 알맹이, 보살의 땅, 밝은 빛이 들어 있는 곳, 원만한 깨달음의 바다, 진리를 꿰뚫어보는 지혜의 언덕, 진리의 왕성(王城), 서쪽의 하늘나라, 텅 빈 가운데의 참된 틈, 이 하나의 마음을 한 곳에 둠, 연꽃으로 장엄한 바다, 다라니의 문, 움직임이 없는 도량, 깨달음의 저 언덕으로 닦아 나가는 곳" 등 이루 다 적을 수 없이 많으나 한마디로 말하면 이 본성과 생명의 길 아닌 것이 없다.

유가는 "마음을 보존하고 본성을 길러라"고 말하고, 도가는 "마음을 닦고 본성을 불리라"고 말하며, 불가는 "마음을 밝히고 본성을 보라"고 말한다. 마음이니 본성이니 하는 것은 본바탕을 가리키는 말이다.

유가에서 말하는 "중(中)을 잡으라"는 것은 이 본바탕의 중심을 잡으라는 것이고, 도가에서 말하는 "중을 지키라"는 것은 이 본바탕의 중심을 지키라는 것이며, 불가에서 말하는 "공(空)이니 중(中)이니" 하는 것은 이 본바탕인 중심은 본디 환하게 비었다는 것이다.

도가에서 말하는 "흔을 얻으라"는 것은 이 본바탕의 하나임을 얻으라는 것이고, 불가에서 말하는 "흔으로 돌아가라"는 것은 이 본바탕의 하나이므로 돌아가라는 것이며, 유가에서 말하는 "흔으로 꿰라"는 것은 이 본바탕이 하나로 꿰어져 있다는 것이다.

이에 우리는 중을 잡지 않고 흔으로 꿰지 않았다면 공자께서 어찌 성인되는 공부를 하여 공자가 되었을 것이며, 중을 지키고 흔을 얻지 않았다면 노자께서 어찌 단(丹)을 기르는 공부를 하여 노자가 되었을 것이며, 안을 비우고 흔으로 돌아가지 않았다면 석가께서 어찌 마음의 흐트러짐이 없는 공부를 하여 석가가 되었을 것인가 하는 점을 알게 된다.

이 본바탕이라는 것은 텅 비어 있고 아무런 조짐도 없는 것이건만 억지로 이름 붙여서 중(中)이라 안이라 부르는 것이며, 그 꼬투리가 드러남을 보고 억지로 이름하여 흔이라고 부르는 것이다. 중을 말하면 그 말 자체 안에 흔이 감추어져 있고, 흔을 말하면 그 말 자체로써 중의 쓰임이 되는 것이다. 그러므로 하늘은 이 본바탕을 얻어서 하늘다운 하늘이 되고 땅은 이것을 얻어서 땅다운 땅이 되며 사람은 이것을 얻어서 사람다운 사람이 되는 바이니, 하늘과 땅과 사람의 큰 진리의 길이 이 본바탕에 근원을 두고 있는 것이다. 옛적의 삼황오제(三皇五帝)는 이를 얻어 황제다운 황제가 되었으며, 성왕(聖王)들도 이를 얻어 임금다운 임금이 되었으니 옛 성군(聖君)들의 큰 진리의 길도 이에 근원을 두고 있었던 것이다. 성인은 이를 얻어 성인다운 성인이 되었으며, 태상(太上)은 이를 얻어 태상다운 태상이 되었으며, 부처는 이를 얻어 부처다운 부처가 되었으니, 성인과 진선(眞仙)과 부처의 큰 진리의 길도 이에 근원을 두고 있는 것이다. 옛 상고 시대에 진리의 길을 얻은 분[34]으로는 복희(伏羲)·신농(神農)·황제(黃帝) 같은 분들이

있고, 세상 명예를 버리고 숨어살면서 진리의 길을 얻은 분으로는 노자·
장자·관윤(關尹)35)같은 분들이 있고, 제후로서 진리의 길을 얻은 분으로는
장량(張良)36)·회남왕(淮南王)37) 같은 분들이 있으며, 산 속에서 진리의 길을
얻은 분으로는 종리권·여동빈·진희이(陳希夷)38) 같은 분들이 있었다.

---

34) 상고 시대에 진리의 길을 얻은 분: 인류 문화의 발상지마다 이러한 분들이
   있었다고 생각되는데, 조선에도 이러한 분들이 중국보다 결코 늦지 않은 시
   기에 있었다고 주장하는 학설이 상당히 있다. 오히려 중국보다 먼저라고 주
   장하는 학설도 있다.

35) 관윤(關尹): 전국 시대 도가의 인물로서 노자가 서쪽으로 숨을 때 함곡관을
   지키던 관헌이었다 한다. 성은 윤(尹), 이름은 희(喜), 자는 공문(公文)이라 하
   며, 주나라 대부(大夫)로서 내학(內學)을 잘하여 노자가 서쪽으로 오는 것을
   미리 알고 그를 세워 만나서 결국『도덕경』5천 자를 얻어내고는 함께 서쪽
   으로 숨었다고 전해진다[『고금도서집성(古今圖書集成)』 참조]. 도교에서는
   그를 높여 무상진인(無上眞人) 또는 문시진인(文始眞人)이라 부른다. 그의 이
   름으로 된『문시진경(文始眞經)』이 있는데, 역시『관윤자』라고도 부른다.

36) 장량(張良): ?~기원전 186. 전국 시대 말기에 한(漢) 고조(高祖)를 도와 항우
   를 이기고 한나라를 세운 인물로 유명하다. 자는 자방(子房)이며, 현재의 하남
   성과 산서성에 걸치는 한(韓)나라 사람이었다. 어려서 황석공(黃石公)에게서
   책을 받아 읽고는 도술을 할 수 있게 되어 한 고조를 도왔을 뿐만 아니라 기
   를 길러 신선이 되었다. 뒤에 용수원(龍首原)에 묻혔는데, 사람들이 그 묘를
   파보니 몸은 없어지고『소서(素書)』와『병략(兵略)』몇 장만 있었다. 사람들
   은 그가 비화등선(飛化登仙)하여 태청(太淸)에서 태상노군을 따라다니고 있다
   고 한다. 송나라 때에 능허진인(凌虛眞人)에 봉해진다. 그의 손자 장릉(張陵)
   도 득도하여 천사도(天師道)를 창립한다.

37) 회남왕(淮南王): 기원전 179~122. 한나라 때의 신선 유안(劉安)을 가리킨다.
   『열선전(列仙傳)』에 의하면, 그는 한 고조의 손자이자 여(厲) 왕 유장(劉長)의
   아들로서 그 뒤를 이어 회남왕에 봉해졌다 한다. 신선의 도를 좋아하여 많은
   방사(方士)들이 모여들어 신선술을 연구하였다. 특히 팔공(八公)들과 함께 연
   단술을 연구하였는데, 뒤에 그가 모함을 받아 한 무제의 조사를 받게 되자 팔
   공들이 단을 만들었다. 유안과 골육 근 300명이 그것을 먹고 승천하였으며
   약그릇을 핥은 개와 닭들도 비승하였다 한다.『내서(內書)』를 썼는데, 그 가
   운데「홍보(鴻寶)」편은 신선황백술에 관한 것이며「만화(萬華)」편은 변화의
   이치를 말한 것이다.

38) 진희이(陳希夷): ?~989. 북송 초의 도사로서 이름은 단(摶), 자는 도남(圖南)
   호는 부요자(扶搖子). 호주(亳州) 진원(眞源: 현 하남성 鹿邑) 사람으로 일찍이
   유가의 경전과 백가의 학설에 통하고는 경세제민에 뜻을 두었으나 뒤에 과거

진리의 길이 하늘과 땅에서 진인(眞人)·선인(仙人)·부처를 이루어낸 것을 역사를 내려오면서 헤아려보면 헤아릴 수 없이 많다. 모든 선인들을 모아 놓은 전기를 굽어살피게 되면 옛적부터 지금까지 하늘로 올라간 분이 십 만여 분이나 되고 수련할 자리를 골라 뽑은 것이 팔천여 곳이나 된다. 기 적을 행한 것으로는 자진(子晉)[39]이 신령한 난(鸞)새를 탔던 것과 금고(琴 高)[40]가 잉어를 타고 부리던 것 같은 것이 있고, 오래 산 것으로는 이탈(李 脫)이 스스로 800살이라고 했던 것[41]과 안기생(安期生)이 3천 살이 되도록 살았다고 여겨지는 것[42] 같은 것이 있다. 어떤 이는 세상에 머무르면서 몸 을 유지하고 어떤 이는 세상을 싫어하여 몸을 껍질처럼 벗어버리기도 하

에 실패하자 구도의 길로 들어서서, 명산을 두루 거치다가 무당산(武當山) 구 실암(九室岩)에서 20여 년간 복기(服氣) 벽곡(辟穀)을 했다. 뒤에 화산(華山)으 로 옮기고 여동빈과 벗으로 사귀었다. 그는 100여 일 오랫동안 잠들어 있는 방법으로 수련하였으므로 '은우수(隱于睡)'라고도 불렸으며, 송나라 태종의 믿음을 받아 희이선생이라는 사호를 받았다. 역학(易學)에 깊은 연구가 있어 서 「선천도(先天圖)」, 「용도(龍圖)」 등으로 역의 이치를 해설하였으며, 특히 그가 화산 석벽에 그려놓은 「무극도(無極圖)」는 내단 연양의 도가 역수(逆修) 의 이치로 이루어짐을 명백히 보여주고 있다. 뒤에 큰 영향을 주어서 주돈이 (周惇頤)의 「태극도(太極圖)」가 나오게 된 원인이었다는 학설도 있다. 많은 저 작이 있었으나 전해지지 않고 다만 『음진군환단가주(陰眞君還丹歌注)』만이 그의 이름으로 『도장』에 실려 있다.

39) 자진(子晉): 주나라 영(靈)왕의 태자로서 왕자교(王子喬)라고도 한다. 부구생 (浮丘生)이라는 도사를 만나 숭산(嵩山)에서 20년간 수련하였다. 뒤에 학(또는 鸞)을 타고 선계로 날아가 버리니 사람들은 그를 동백진인(桐柏眞人)이라고 불렀다(『열선전』).

40) 금고(琴高): 주 시대 말의 조(趙)나라 사람으로 도술을 잘하였다. 하루는 제 자들에게 "강에 들어가서 용을 잡아 가지고 며칠날 돌아오겠다"고 기약하고 는 물 속으로 들어갔다. 기약한 날이 되자 과연 붉은 잉어를 타고 나왔다. 한 달 있다가 다시 들어가더니 잉어를 타고 하늘로 올라가 버렸다(『열선전』).

41) 『진서주찰전(晉書周札傳)』에 나오는 이야기이다.

42) 안기생은 오랜 옛날에 진리의 길을 얻고 지금의 산동성 해변에서 약을 팔고 있다가 진시황을 만나서 사흘 동안 이야기를 하게 되는데, 이때 이미 1천 살 이었다. 진시황이 비단과 보물을 많이 주었지만 모두 내치고 돌아서 가면서 말하기를 "앞으로 천 년 뒤에 나를 봉래산 아래에서 찾으라"고 하였다 한다 (『열선전』).

였다. 그뿐만 아니라 진리의 길을 이루고서도 숨어서 그저 자신의 일만 하였을 뿐 세간에 이름 남기는 것을 달갑게 여기지 않은 사람들은 또 얼마나 많았던지 헤아릴 수가 없다. 이러한 까닭으로 깊은 산 묘하게 생긴 굴마다에는 대대로 사람이 그치지 않으면서 숨어 있기도 하고 드러나기도 하였지만 그 모두를 알아낼 수는 없는 일이다.

옛날에는 임금이나 벼슬 높은 사람이나 세력 많은 사람뿐만 아니라 남에게 굽실거리고 살아야 하는 아랫사람들에게조차 진리의 길이 보존되어 있었다. 주자(周子)[43]는 "하늘과 땅 사이에 가장 높은 것은 진리이고 가장 귀한 것은 진리의 실현이며 가장 얻기 어려운 것은 사람이다. 사람으로 가장 얻기 어려운 것은 진리와 그 실현을 몸에 지니는 것이다"라고 말하였다. 선배 철인들은 "사람의 몸을 얻기 어려운데 이제 얻었고 큰 진리의 길을 밝히기 어려운데 이제 밝혀졌으니, 이 몸을 이 생애에서 건지지 않고 어느 생애에 가서 건지려고 하는가?"라고 말하곤 하였다.

세상 사람들은 이 몸이라는 것이 헛것이며 환상이어서 네 가지 중요 물질이 잠시 합쳐진 물건임을 잘 모른다. 빠르기는 물거품 같고 부싯돌에서 튀는 불꽃 같아서 사람이 비록 100년을 산다고 하지만 일흔 살 되는 것도 예로부터 드문 일이라 하였다. 이제 이 오래가지 못하고 쉽게 부러지는 몸을 가지고 날마다 끝없이 예측하지 못할 일들을 쫓아다니며 한숨도 돌릴 겨를을 갖지 않고 빠르게 달려나가기만 하니, 생명이 아직 다하기도 전에 참다운 영혼은 이미 다른 껍질을 찾아서 떠나버린다. 이때가 되면 비록 벼슬이 최고로 높고 수입이 감당할 수 없이 많으며 집에 값을 따질 수 없는 보물들이 가득하고 방에 나라를 뒤흔들 미인들이 득실거려도 다 버려야 되고 자기의 것이 아니다. 자기의 것이라고 더불어 같이 갈 수 있는 것은 평소에 지어놓은 죄업뿐이다. 그러므로 "모든 것이 함께 가지 않게 되지만 오직 지어놓은 업만은 나를 따른다"는 말이 있게 되었다.

---

43) 주자(周子): 주소(周昭)가 쓴 『주자』라는 책인지 주돈이(周敦頤)인지 주자량(周子良)인지 확실하지 않다.

『회광집(回光集)』[44]에서는 "천 년 묵은 쇠나무에 꽃피기는 쉬워도 사람의 몸을 한번 잃고 다시 얻기는 어렵다"고 하였고, 『오진편(悟眞篇)』[45]에서는 "금을 산처럼 쌓아놓았다 하더라도 전생에 닦은 내력이 없다면 언제나 사서 가질 수 있는 것이 아니다"라 하였으며, 여순양께서는 "만 겁 동안 천 번 태어나면서 이 사람 몸을 얻은 것은 앞 세상에서 심어놓은 원인이 있었기 때문임을 알아야 한다. 빨리 깨달아서 미로 같은 강나루에서 벗어나서 윤회의 괴로움을 받지 않도록 하라"고 말하였다. 장자양(張紫陽)께서는 "가르침을 받지 않아 촛불이 바람에 꺼지니 여섯 세계[46]를 다람쥐 바퀴 돌듯 하여도 하늘을 원망하지 못한다"고 하였다. 이 말들을 거듭 새겨보노라면 어찌 넋을 잃고 멍해지지 않을 수 있겠는가?

사람이 윤회를 면하여 세상의 그물로 떨어지지 않으려면 금단을 닦고 불려서 하늘로 올라가는 신령한 사다리를 타고 보통사람의 세계를 뛰어넘는 길을 가는 것만한 것이 없다.

그 길은 아주 간단하고 아주 쉬워서 비록 어리석고 마음이 어두운 못난 사람일지라도 얻어서 실천하게 되면 그 자리에서 성스러운 곳으로 발을 들여놓게 된다. 그렇건만 세상에서 참을 닦는 사람들은 진리의 길에 뜻은 두었으되 오로지 정성을 다하지 못하기도 하고, 오로지 정성을 다하기는 하되 꾸준히 오래도록 지켜나가지 못하기도 하므로 배우는 사람은 많아도 이루는 사람은 적다. 『상서(尙書)』[47]에서는 "그것을 알기는 어렵지 않지만

---

44) 『회광집(回光集)』: 아직 미상(2004. 4. 15).
45) 『오진편(悟眞篇)』: 장백단이 지은 도교 내단의 공법에 관한 주요 경전이다. 송나라 1068~1082년 사이에 이루어졌으며, 『참동계』를 본받아 가부(歌賦)의 문체로 단경 특히 『음부경』과 『도덕경』의 현오(玄奧)한 뜻을 풀어놓았다. 장백단의 성명쌍수, 삼교귀일의 사상이 잘 나타나 있으며 후세에 큰 영향을 주어서 많은 주석서들이 나왔다.
46) 여섯 세계: 죽어서 머무르는 장소로 육도(六道)라고 하는데, 지옥·아귀·축생·수라·인간·하늘이라는 여섯 세계가 있다.
47) 『상서(尙書)』: 중국 상고 시대의 전장(典章)에 관한 문헌을 모아놓은 것으로서 현재 전해지는 경전 가운데 가장 오래된 것이다. 본래 수천 편에 달하던

행하는 것이 어렵다"고 하였고, 『도덕경』에서는 "훌륭한 선비는 진리의 길을 들으면 부지런히 그 길을 걸어간다. 듣고도 가지 않으면 진리를 어찌 이룰 수 있겠는가?"라고 하였다. 진니환(陳泥丸)[48]께서는 "내가 지난날 닦아 행하던 중에 참다운 방법을 얻어서 밤낮으로 익히기를 끊임없이 하였더니, 어느 날 아침 남모르는 사이에 행함이 가득 차게 되어 사방의 벽이 모두 찬 빛으로 밝은 궁궐이 되었다"고 말하였고, 마단양께서는 "스승의 은혜가 깊고도 무거워 끝내 갚기 어려웠기에 죽기를 맹세코 문을 싸 봉해 버리고 지극한 참을 불리게 되었다"고 말하였다. 이 두 분은 나고 죽는 일의 중대함과 그것이 덧없이 빠름을 생각하여 용감하게 앞으로만 나가는 마음을 일으키고 정(精)을 밀고 올라가는 힘을 찾아내어 실천하였던 것이다. 만약 이 큰 뜻을 세우지 않았다면 어찌 새 초롱 같은 이 세상을 벗어나서 하늘나라로 넘어 들어간 분이 되었겠는가? 『여조전서(呂祖全書)』[49]에

것을 공자가 간추려 정리하였는데, 진시황의 분서갱유로 말미암아 사라졌다가 뒤에 공자의 집 벽 속에서 발견되었다. 이것이 현재 『고문상서(古文尙書)』라고 불리며 전해지는 것이다. 한나라 때에 복생(伏生)에 의하여 전해진 것을 『금문상서(今文尙書)』라고 하는데, 현재는 전해지지 않는다. 우(虞)·하(夏)·상(商: 殷)나라 때와 서주(西周) 초기의 중요한 역사자료가 보존되어 있다. 죽백(竹帛)에 정사(政事)를 써놓은 것이기 때문에 『서(書)』라고만 불렸는데, 한나라 때에 『상서』라고 부르게 되었으며, 유가에서는 특히 높여서 『서경(書經)』이라 하였다.

48) 진니환(陳泥丸): ?~1213. 송나라 때 도사로서 중국 도교 내단파 남종 오조(五祖)의 하나. 이름은 남(楠), 자는 남목(南木), 호는 취허(翠虛). 혜주(惠州) 박라현(博羅縣: 현 광동성 惠陽 동쪽) 백수암(白水岩) 사람으로 여모산(黎姥山)에서 신인을 만나 『경소대뢰낭서(景霄大雷瑯書)』를 받아 뇌법(雷法)을 행하고, 뒤에 설도광(薛道光)에게서 「태을도규금단법결(太乙刀圭金丹法訣)」을 받아 익혀서 단도(丹道)를 이루었다. 항상 진흙과 부수(符水)를 섞어 환약을 지어 병자를 치료하였으므로 사람들이 진니환이라 불렀다. 뒤에 장사(長沙)에 정착하여 살았으며 그의 단법을 백옥섬(白玉蟾)에게 전하였다. 저작으로 『취허편(翠虛篇)』이 있는데, 남종의 전통을 이어받아서 방중술에 반대하고 독신 청수(淸修)를 주장하였다.

49) 『여조전서(呂祖全書)』: 여동빈의 문집으로 32권으로 되어 있다. 1740~1743년 사이에 황성서(黃誠恕)·유체서(劉體恕)·유음성(劉蔭誠)·유윤성(劉允誠) 등

"뼈아프게 2~3년 부지런히 하고 나면 가슴 시원하게 천만 겁을 산다"는 말이 있다.

무릇 하늘도 기울어지는 때가 있고 땅도 꺼지는 때가 있으며 산도 무너지는 때가 있고 바다도 마르는 때가 있지만, 오직 진리의 길만은 이루고 나면 나는 용을 타고 자줏빛 안개에 둘러싸여 하늘 밖을 날며 태허를 노닐게 된다. 우주 운행의 수(數)로도 그것을 제한하지 못하고 명(命)으로도 그것을 얽어놓지 못한다. 참답고 떳떳한 본바탕이 다하는 때가 없게 되는 것이다.

세상에서의 즐거움을 되돌아보건만 어떠한 것이 이만한 것이 있는가? 일찍이 『도덕경』을 살피니 이런 말이 있었다. "비록 한 아름이나 되는 둥근 옥이 있고 네 마리 말이 끄는 수레를 앞세운다 할지라도 조용히 앉아서 이 진리의 길을 나아가는 것만 못하다."

이것이 내가 진리의 길을 설명하는 글을 쓰게 된 이유이다.

의 회집(匯集)으로 만들어졌는데 후세의 도교계에 큰 영향을 주었다. 다만 그 속에는 여조의 저작임을 학문적으로 분명히 증명할 수 없는 것들도 들어 있다.

3. 본성과 생명을 설명함[性命說]

학문의 중대함으로 말하면 본성과 생명보다 더한 것이 없건만 그를 설명한 말들이 세상에 밝혀지지 못한 지 오래되었다.

무엇을 본성이라 하는가?

가장 근원이 되는 시초부터 영원까지 참으로 그러하게 변함이 없으면서 어떤 신령함이 빛나는 것이 바로 그것이다.

무엇을 생명이라 하는가?

태어나기 전부터 있는 지극한 정(精)이요 만물에 꽉 차 있는 어떤 기운이 바로 그것이다.

그런데 본성이 있으면 생명이 있게 되고 생명이 있으면 본성이 있게 되어 본성과 생명은 본래 나누어놓을 수 없는 것이다. 다만 그것이 하늘에 있으면 생명이라 하고 사람에 있으면 본성이라 하는 것일 뿐, 그것의 내용은 두 가지가 아니다. 더구나 본성은 생명 없이 존재할 수 없고 생명은 본성 없이 또한 보존될 수 없어서 그 둘의 이치는 완전히 하나로 녹아 있다. 그러므로 『역경(易經)』[50]에서는 "건(乾)[51]의 이치가 변화하여 각각의 본성

---

50) 『역경(易經)』: 괘(卦)에 관하여 설명하는 말들로 이루어진 책. 현재 우리가 보는 64괘로 된 『역경』은 『주역』이라고 하는 것으로 주나라 때 건(乾)괘를 주로 하여 정리된 것이다. 그보다 이전, 하(夏)나라 때에는 간(艮)괘를 주로 한 『연산역(連山易)』이 있었고 은(殷)나라 때에는 곤(坤)괘를 주로 한 『귀장역(歸藏易)』이 있었다는 기록은 있으나 전해지지 않는다. 현재의 『주역』은 64괘의 이름과 모습이 건괘로부터 미제(未濟)괘까지 늘어져 있고, 각 괘마다 괘 전체에 대한 풀이말[괘사(卦辭)]과 각 괘의 효(爻)에 대한 풀이말[효사(爻辭)]이 있고, 다시 그것을 더욱 풀이한 「단사(彖辭)」와 「상사(象辭)」가 있으며, 또한 그 전체에 관한 이론 및 설명인 「계사전(繫辭傳)」·「문언전(文言傳)」·「설괘전(說卦傳)」·「서괘전(序卦傳)」으로 되어 있다. 학자들간에 이설이 있으나, 전통적으로 괘의 이름과 모습은 복희씨가 하늘과 땅의 모습을 살펴 지었고 괘사와 효사는 문왕이 지었는데 이것을 『역경』이라 부르고, 그 나머지는 공자가 지었고 『십익(十翼)』이라 부른다고 인정되어 왔다. 그리고 이에 대한 연구

과 생명이 바르게 된다"라고 하였고, 『중용(中庸)』52)에서는 "하늘이 명한
것을 본성이라 한다"라고 하였던 것이다.

노자의 가르침을 따르는 집안에서는 그저 기(氣)를 생명이라 하고 생명
을 닦는 것을 최고로 알아서 오행의 수(水)에 해당하는 곳에서 현관(玄關)53)
을 찾는 것만으로 교를 세우니, 생명은 자세하게 말하지만 본성은 대충대
충 넘어가게 되었다. 이는 본성을 알고자 하지 않는 일이고 결국은 생명조
차도 모르게 된다. 석가의 가르침을 따르는 집안에서는 그저 신(神)54)을 본

방법 또는 응용태도에 따라 내용에 담긴 의리를 주로 하는 의리역학(義理易
學)과 괘와 효의 변화 유통하는 모습에 무게를 두는 상수역학(象數易學)으로
나뉘며, 다시 그 종합적 입장인 이수역학(理數易學)이 이루어졌다.

51) 건(乾): 모든 효가 양(陽)으로만 이루어져 있어서 모두 음으로만 이루어진 곤
(坤)과 반대이면서 짝을 이루어 나머지 62괘의 부모 노릇을 한다. 원형리정(元
亨利貞)과 강건(剛健)함을 의리로 삼고 천(天)·군(君)·마(馬)·수(首)·부(父)·옥
(玉)·금(金)·한(寒)·냉(冷) 등을 상징한다.
52) 『중용(中庸)』: 춘추 시대 공자의 손자 자사(子思)가 지은 것을 기본으로 하
여 진(秦)·한(漢) 사이 그의 제자들에 의하여 보충된 것으로 추측되는데, 『예
기(禮記)』의 한 편으로 들어 있다가 한나라 때에 단행본으로 세상에 나타나게
되었다. 그 뒤 송나라 때에 성리학이 발흥하면서 이 책 안에 담긴 사상철학이
바로 성리학의 그것임을 인정받게 되었다. 정(程)씨 형제는 이 책을 공자가
전한 심법(心法)이라고 하여 중시하였고, 주희는 마침내 『논어(論語)』·『맹자
(孟子)』·『대학(大學)』과 더불어 사서(四書)라 하고 『중용장구(中庸章句)』·『중
용혹문(中庸或問)』을 지어서 풀이하고 유가의 가장 중요한 기본경전으로 삼
았다. 그 뒤 중국 문화권에 큰 영향을 주었다.
53) 현관(玄關): 진리의 길로 들어가는 문을 가리킨다[『무상비요(無上秘要)』 참
조]. 이 외에도 ① 대장(大腸)의 사이[『도법회원(道法會元)』 참조], ② 단전
[『침구대성(針灸大成)』 참조], ③ 하관원(下關元), ④ 정해짐이 없고 현묘한
터널 곧 현빈의 문 또는 현규(玄竅)[『제진내단집요(諸眞內丹集要)』, 『선불합
종어록(仙佛合宗語錄)』 참조], ⑤ 외단(外丹)을 달일 때 수은과 납이 변화하
는 과정[『벽옥주사한림옥수괴(碧玉朱砂寒林玉樹蕢)』 참조] 등으로 쓰인다.
54) 신(神): 사람을 주재하는 불가사의한 활동 곧 원신(元神)을 가리킨다[『태상
노군청정경도주(太上老君淸淨經圖注)』 참조]. 의식(意識) 곧 식신(識神)과 구
별되는 뜻이다. 이 외에도 ① 신령(神靈), ② 미묘한 변화(『역』 「계사」), ③ 사
람의 정신과 의식[『순자(荀子)』 「천론(天論)」 참조], ④ 인체 생명활동의 총
칭, ⑤ 사유(思惟)활동[『장춘진인서유기(長春眞人西遊記)』 참조], ⑥ 물과 곡
식의 정기[『영추(靈樞)』 「평인절곡(平人絶穀)」 참조], ⑦ 신선, ⑧ 뇌의 오묘

성이라 하고 본성을 닦는 것을 최고로 알아서 이괘(離卦)에 해당하는 곳55)
에 마음을 흐트러짐 없이 모아놓고 있는 것만으로 교를 세우니, 본성은 자
세하게 말하지만 생명은 대충대충 넘어가게 되었다. 이는 생명을 알려 하
지 않는 일이고 결국은 본성조차도 모르게 된다. 그러니 어찌 본성과 생명
이 본래 서로 떨어지는 것이 아니고 도교와 불교에 원래부터 두 방향으로
갈라지는 목적지가 있는 것이 아님을 알 수 있겠는가? 신(神)과 기(氣)에 비
록 각각의 쓰임이 있기는 하지만 본성과 생명은 마땅히 둘 다 함께 닦아
야 하는 것이다. 오직 어진 이의 학문만이 마음을 보존하여서 본성을 기르
고 몸을 닦아서 생명을 온전히 하며 성인의 학문만이 본성을 다하여 생명
을 지극히 하고 있다.

　본성이라고 하는 것은 신의 시발점이다. 신이 본성에 근본을 두고 있으
나 본성은 아직 신이 시작되기 이전이며 신은 어떤 연유로인가 신령함을
지닌다.

　생명이라는 것은 기의 시발점이다. 기가 생명에 근본을 두고 있으나 생
명은 아직 기가 시작되기 이전이며 기는 어떤 연유로인가 생겨나고 생겨
난다.

　몸 가운데의 정(精)은 죽은 듯 고요하여 움직임이 없다. 강건하고 치우침
없이 바르며 순수한 것이 정이라는 것인데, 이것이 보존되면 바로 본성이
깃들이는 곳이요 생명의 뿌리가 되는 것이다.

　가운데의 신은 사물에 느껴서 마침내 통하게 된다. 기쁨이니 노함이니
슬픔이니 두려움이니 애착이니 증오니 탐욕이니 하는 것들인데, 이것이
보존되면 바로 생명이 깃들이는 곳이요 본성의 핵심이 되는 것이다.

　본성이 곧 마음인데, 하나의 신이 가운데에서 빛나고 있으며 생명이 곧

한 구조 또는 그 활동[『영추』「본신(本神)」, 『황정내경경(黃庭內景經)』, 『신
멸론(神滅論)』, 『맥망(脈望)』, 『태식경(胎息經)』 등 참조], ⑨ 내단, ⑩ 심(心)과
같은 것[『도법심전(道法心傳)』 참조] 등을 가리키는 뜻으로 쓰인다.
55) 상단전을 가리킨다.

몸인데 하나의 기가 두루 흐르고 있다.

그러므로 몸과 마음은 정과 신이 사는 집이고 정과 신은 본성과 생명의 뿌리내림이다. 본성이 발현되고 변화되어 나감은 마음에 달려 있고 생명이 발현되고 변화되어 나감은 몸에 달려 있다. 견해나 지식은 마음에서 나오고 깊고 얕은 생각은 마음이 본성을 일 시켜 부리는 것이다. 거동과 주거나 받거나 하는 것은 몸에서 나오고 말과 보고 듣는 것은 몸이 생명에 누를 끼치는 것이다.

생명에 몸의 누 끼침이 있게 되면 태어남과 죽음이 있게 되고 본성이 마음의 일 시킴을 받으면 가고 옴이 있게 된다. 태어나고 죽음이 있게 되면 생명을 지극히 할 수 없고 가고 옴이 있게 되면 본성을 다할 수 없다. 그러므로 하늘과 땅 사이에 가득 찬 것이 모두 태어나는 기운이고 자리를 나란히 하기도 하고 옆에서 돕기도 하면서 만물을 변화시키고 기르는 것은 그 생명이 흘러가면서 그침이 없는 것이다. 무릇 태어남의 이치는 생명 속에 갖추어 있는 것이다.

하늘과 땅에 가득 찬 것은 모두 신령한 깨달음을 지닌 밝은 빛인데, 이것이 위아래로 비추고 있으니, 해와 달은 본성이 밝게 빛나서 어둡지 않은 것이다. 무릇 깨달음을 일으키는 신령함은 본성에 근본을 두고 있는 것이다.

본성이 시작되기 전에 이미 나의 본성으로 하여금 본성이게 하는 것은 본성의 비롯함이요, 생명이 시작되기 전에 이미 나의 생명으로 하여금 생명이게 하는 것은 생명의 시초이다. 하늘에 있는 터널은 둥글어 본성을 갈무리하고 있고 땅에 있는 터널은 모나서 생명을 갈무리하고 있다. 텅 비고 신령함을 타고남으로써 본성을 이루고 하늘과 땅의 가운데에 있음으로써 생명을 온전히 한다. 본성이 이루어지고 생명이 온전하게 되면 그 가운데에 신이 있게 되니 생명의 꼭지를 으뜸 되는 기[元氣]라 하고 본성의 뿌리를 으뜸 되는 신[元神]이라 한다. 마음에는 신을 담아놓고 몸에는 기를 모아놓으면 그 가운데에 진리의 길이 있게 된다.

본성은 하늘로부터 타고난 본디의 성[本然之性]인데 태어난 뒤에 기를 재료로 하여 이루어진 성품[氣質之性]과 함께 넓은 의미의 성(性)에 포함되고, 생명은 태어나기 전에 미리 분수를 정하는 이른바 천명[分定之命]인데 태어난 뒤로 기의 생김새를 이루어 낸 목숨[形氣之命]과 함께 넓은 의미의 명(命)에 속한다. 인격 높은 사람은 하늘로부터 타고난 본성을 닦고 태어난 뒤에 기를 재료로 하고 있는 성품을 극복하며 태어난 뒤로 기의 생김새를 이루어내는 목숨을 닦아서 태어나기 전에 미리 분수를 정하였던 천명에로 돌아간다. 나누어 말하면 둘이지만 합하여 말하면 하나인데 그 가운데 쭉 통하는 이치가 있다.

이러하므로 신은 기에서 떨어져 나가지 않고 기는 신에서 떨어져 나가지 않아서 우리 몸의 신과 기가 합쳐진 뒤에는 우리 몸의 성과 명이 나타나는데, 다시 성은 명으로부터 떨어져 있지 않고 명은 성으로부터 떨어져 있지 않아서 우리 몸의 성과 명이 합쳐진 뒤에는 이 몸의 성이 비롯되기 이전의 성과 이 몸의 명이 시작되기 이전의 명이 나타나게 된다. 성이 비롯되기 이전의 성과 명이 시작되기 이전의 명이 곧 우리의 참 본성이요 생명이다. 나의 참 본성과 참 생명은 곧 하늘과 땅의 참 본성이요 참 생명이며 또한 텅 빈 우주 공간의 참 본성이요 참 생명이기도 하다.

그러므로 성인들께서는 나쁜 짓을 방지하고 마음을 흐트러짐 없이 한 곳에 머무르게 하며 진리를 깨닫는 공부를 잡고 지켜서 그 마음을 비우는가 하면 정과 기와 신을 불려서 그 몸을 보존하기도 하였다. 몸이 보존되면 생명의 터전이 영구히 확고해지고 마음이 비면 본성의 바탕이 언제나 변함없이 밝게 된다. 본성이 언제나 변함없이 밝으면 오는 것도 없고 가는 것도 없게 되고 생명이 영구히 확고해지면 무슨 죽음이니 태어남이니 하는 것이 없어진다. 더구나 죽어서 없어진다는 것이 겨우 뼈와 살로 된 몸 뚱이를 가리키는 경우에는 말할 것도 없다. 나의 참 본성이나 참 생명은 밤과 낮에 가로막힘이 없고 하늘과 땅에 짝하며 옛날부터 이제까지 꿰뚫고 있는 것이니 어찌 조금이라도 자지러진 적이 일찍이 있었겠는가?

풀이나 나무에 비추어보면, 뿌리로 돌아가 생명이 다시 살아나는 것인데 본성은 그 가운데 들어 있는 것이라 할 수 있다. 본성이면 신인데 꽃에 해당한다. 꽃이면 열매인데 생명 또한 그 가운데 들어 있다. 몸의 생김새 속에 있는 신으로부터 사람의 신 가운데의 본성에 이르는 것을 뿌리로 돌아가서 생명을 다시 한다고 말하는 것이다.

또한 남자와 여자가 정을 어우르는 것에 비유하면, 한 점 상서로운 것이 자궁에 떨어지니 기가 그것을 합하여 생명이 되는 것인데 본성은 그 사이에 보존되어 있는 것과 같다. 그것은 다름 아니라 하나의 음과 하나의 양이 서로 부딪쳐서 점 하나가 황중(黃中)[56] 속으로 떨어져 본성을 이룬다는 것이니, 바로 "묘하게 합하여 엉겨 있다"[57]거나 "예측할 수 없는 신"이라는 말이다. 이를 일러 본성과 생명이 묘하게 합함이라고 말한다.

그러한 묘하게 합쳐지는 진리의 길을 모르니 본성을 닦는 사람은 생명을 빠트려놓게 되고 또한 본성을 거느리게 되는 터널의 묘함도 알 수 없게 되니 어찌 그것을 불릴 수 있기를 바라겠는가? 미치거나 방탕함에 흘러들지 않으면 불 꺼진 공간에 빠지게 된다. 그 생명을 모르고서야 끝내 어디로 돌아간다는 말인가? 한편 생명을 닦는 사람은 본성을 빠트려놓게 되고 또한 생명을 만들어내는 일을 배우고 익힐 줄도 모르게 되니 어찌 그것을 지킬 수 있기를 바라겠는가? 억지로 지어내는 일에 달라붙지 않으면 아무것도 할 수 없음에 빠지게 된다. 그 본성을 모르고서야 강도처럼 들이닥치는 악운을 어찌 피할 수 있겠는가?

두 분[58]이 계시던 초창기에야 어찌 이와 같았겠는가? 석가께서는 서쪽에 태어나서 역시 금단의 진리를 얻어 본성과 생명을 함께 닦아 가장 위에 있는 가르침을 이루었기에 금선(金仙)[59]이라 불린다고 들었다. 여조께서도 "단지 본성만을 알고 생명을 모르면 이것이 닦아 행함에서 첫째가는

56) 황중(黃中): 중단전을 가리킨다.
57) 『태극도설』에 "무극의 참됨과 음양 오행의 알맹이가 묘하게 합쳐져 엉겨 있다[無極之眞, 二五之精, 妙合而凝]"라는 말이 있다.
58) 두 분: 노자와 석가를 가리킨다고 본다.
59) 금선(金仙): 금강과 같이 허물어지지 않는 신선이라는 뜻.

병(病)이다. 그저 전해 내려오는 본성만 닦고 단을 닦지 않으면 만 겁이 지나도 음한 영혼이 성인의 경지로 들어가기 어렵다"라고 말하였다. 어찌 다만 오늘날 도인(導引)[60]만을 하는 사람들이 몸 껍데기를 가지고 본성과 생명이라고 하는 것과 같을 것이며, 또한 어찌 다만 오늘날 신만을 불리거나 기만을 불리는 사람들이 신이나 기를 가지고 본성과 생명이라고 하는 것과 같을 것이며, 또한 다만 오늘날 성품만을 닦거나 목숨만을 닦는 사람들이 성품과 목숨을 가지고 본성과 생명이라고 하는 것과 같겠는가? 이러한 것들은 모두 본성과 생명에 도움이 되지 않을 뿐 아니라 해롭기조차 한 것이다. 본성과 생명의 참됨을 얻지 못하는 것이니 참으로 가슴 아픈 일이다.

그러므로 일찍이 말하기를 사람이 어머니의 뱃속에 있을 때에는 호흡이 서로 품고 있다. 그래서 어머니의 성품과 목숨이 나의 성품과 목숨이 될 뿐 스스로 성품과 목숨을 이루지 않는다. 아기집을 나와서 탯줄을 끊은 뒤에야 스스로 성품과 목숨을 이루지만 이 역시 참되고 언제나 변함없는 본성과 생명은 아니다. 반드시 스스로 성품과 목숨을 이룬 속에서 순수한 양으로 된 건괘와 같으면서 으뜸 되는 어떤 모습을 길러 이루어 한 점 참다운 영혼을 드러나게 하여야 한다.

눈에 보이는 생김새가 눈에 보이지 않는 신에 의지하니 생김새가 무너지지 않으며, 신이 본성에 의지하니 신이 꺼지지 않으며 본성을 알아서 그를 다하고 본성을 다하여 생명을 지극히 하는 것, 이것이 이른바 "텅 비어 아무것도 없는 본바탕은 다할 때가 없고 하늘과 땅은 허물어져도 이것은 허물어지지 않으니 본성과 생명을 거듭 세울 수 있고 하늘과 땅이나 해와

---

60) 도인(導引): 기를 이끌어 신체를 움직인다는 뜻인데, 고대부터 발전되어 온 일종의 체조운동이다. 신체운동과 호흡을 배합하여 기를 조화롭게 하고 신체를 부드럽게 함으로써 건강하고 오래 살려는 목적을 달성코자 하였다. 도교의 도인에 관한 비밀경전에는 1천여 가지 도인법이 있으며, 오늘날 기공(氣功)이라는 이름으로 널리 전파되고 있다.

달을 다시 만들 수 있다"는 것이다. 그러므로 도가에서는 이것을 모르면 옆길로 들어가는 문이라 하고, 불가에서는 바깥으로 나돌아 다니는 길이라 한다. 그러고서야 어찌 하늘과 땅이 진리의 길을 실현함에 합하고 태허(太虛)[61]와 더불어 같은 몸이 될 수 있겠는가?

아! 이에 이르러 본성과 생명에 대한 설명에 더 이상 남긴 뜻이 없게 되었다.

---

61) 태허(太虛): 본래는 태공(太空)을 가리키는 말이었다. 하늘과 땅이 모습을 드러내고 만물이 생겨나오는 원인이 되는 단계를 가리킨다[『태상원보금정무위묘경(太上元寶金庭無爲妙經)』「태허」 참조]. 이 외에도 철학적으로 기의 본바탕으로서 모습이 없는 것[『정몽(正蒙)』「태화(太和)」 참조]이란 뜻으로 쓰이기도 한다.

4. 죽음과 태어남을 설명함[死生說]

　사람들은 살아 있음을 좋아하고 죽음을 싫어하지만 죽음과 태어남에 대하여 아는 것은 없다. 그래서 태어남이라는 것이 어디로부터 오고 죽음이라는 것이 어디로 가는 것인지? 그저 목숨 앞에서 어지러이 뛰어다니고 꾀를 써서 일을 꾸미느라 생명의 길을 크게 허물어뜨리게 될 뿐 느긋하게 걸어갈 수 없게 된다. 그래서 죽은 뒤에 아득한 어디론가 굴러떨어져 죽음의 문을 깨뜨려내지는 못하고 끝내 윤회의 굴레에 떨어져 돌고 돌게 된다. 이 때문에 신선과 부처가 세상에 나와서 서둘러 하나의 큰 인연을 일으켜 사람들로 하여금 오고 가는 곳을 알게 하여 태어남과 죽음이라는 괴로운 바다로부터 천천히 이끌어내었던 것이다. 『역경』 「계사전」에서는 "시초의 근원을 캐고 종말을 따져서 밝혀냄으로써 죽음과 태어남에 대한 설명을 알게 된다"고 하였다.

　무릇 시작 없는 시초를 억지로 이름 붙여 건원(乾元)[62]이라 부르니 곧 부처께서 이룬 본래부터 있었고 헤아릴 수 없게 묘한 깨달음이라는 것이다. 끝남 없는 종말을 억지로 이름 붙여 진리의 저 언덕[63]이라 부르니 곧 부처께서 이룬 남김 없는 열반이라는 것이다. 태어나고 또 태어나는데, 그 태어나게 되는 까닭이 참으로 여기에 있고 죽고 또 죽게 되는데, 그 죽지 않는 까닭도 여기에 있다. 이를 모른다면 태어남을 따라 존재하다가 죽음을 따라 없어져서 윤회의 나쁜 길에 빠져, 때 없이 나왔다 사라지곤 하지 않을 사람이 없을 것이다.

　태어나는 것은 여덟 번째 의식의 신인 아뢰야(阿賴耶)가 주장하고 죽음도 역시 여덟 번째 의식의 신인 아뢰야가 주장한다. 어머니의 태에 들어갈 때

---

62) 건원(乾元): 『역경』 「건괘」에 나오는 말로서 건괘의 첫째 되는 덕이라는 뜻이며 만물이 그로부터 힘입어 시작되는 것을 가리킨다.
63) 『시경(詩經)』 「대아(大雅)」의 주에 나오는 도안(道岸)이라는 말.

에는 이 아뢰야식이 먼저 오고 몸을 버리고 떠날 때에는 이 여덟 번째 의식이 뒤에 떠난다. 그러므로 "갈 때는 뒤에 가고 올 때는 먼저 와서 주인 어른 노릇 한다"는 말이 있다. 경송(經頌)에서는 "착한 업은 밑에서부터 차가워지고 나쁜 업은 위에서부터 차가워지는데 둘 다 심장에 이르러 그 한 곳으로부터 같은 때에 몸을 버린다"라고 말하였다. 이때가 되면 마치 산 거북의 등껍질을 벗기듯, 산 자라를 끓는 국에 던져 넣듯, 몸을 이루고 있는 네 가지 요소인 흙과 물과 불과 바람이 각각 나뉘어 흩어지며 그러기 전에 신이 먼저 몸을 떠나버린다.

다만 온 세상이 화선지에 먹물을 뿌려놓은 듯하여 동인지 서인지 알아차릴 수 없고 위인지 아래인지 모르는 가운데 인연 있는 곳에서 오직 한 점 헛된 밝음만이 보이게 된다. 밝음이 보이면 색(色)이 나오게 되고 밝음이 나타나면 생각을 이루니, 애욕의 흐름은 씨앗이 되고 받아들이고자 하는 생각은 태가 되어 어머니의 몸 가운데 있는 곳으로 들어가서 기를 받고 바탕 되는 재료를 얻게 된다. 기를 받으면 단박 몸을 이루는 네 가지 요소를 갖추게 되어 차차로 몸의 기관들을 이루어가게 된다. 마음은 단박 마음을 이루는 네 가지 요소[64]를 갖추게 되어 차차로 여러 의식을 이루어가게 된다.

열 달 동안에 태가 완전해지고 자라서 때가 되면 땅과 하늘이 뒤집어지고 사람이 놀라며 아기집이 터져서 마치 산등성이를 걷다가 발을 잘못 디뎌 떨어지는 것 같은 모습으로 머리는 공중에 매달리고 발로는 노를 젓듯 하면서 나온다. '으앙' 하는 한 소리에 하늘이 내려준 생명의 참다운 근본은 태어나기 전부터 있던 어떤 터널에 가 붙어서 낮에는 두 눈에 살면서 니환(泥丸)[65]에 감추어져 있고 밤에는 두 콩팥에 잠기어 있으면서 단전(丹

---

64) 계온(戒蘊)·정온(定蘊)·혜온(慧蘊)·해탈온(解脫蘊)이라는 사온(四蘊)을 가리킨다.
65) 니환(泥丸): ① 머리에 있는 경혈 이름. 두 눈썹 사이에서 한 촌 들어간 곳이 명당(明堂)혈이고 세 촌 들어간 곳이 니환혈인데, 만신(萬神)이 드나드는 곳이다. ② 상단전(上丹田)[『내단결(內丹訣)』 참조], ③ 도교에서는 인체 각 부위

田)[66]에 싸여 있게 된다.

젖으로 그 다섯 장기(臟器)를 기르니 기운이 여섯 부(腑)를 채운다. 뼈는 솜처럼 약하고 살은 엿처럼 미끄러우니 정(精)이 지극한 상태이라서 아무리 보아도 눈 깜박거리지 않고 아무리 큰 소리로 울어도 목쉬지 않으니 기의 조화로움이 지극한 상태이다. 이것이 바로 갓난아기의 태초의 소용돌이 상태이며 순수하게 변화와 움직임을 여의어서 알음알이가 없는 상태이다. 순전히 음으로 된 곤괘(坤卦:☷)에 속한다.

한 살부터 세 살까지 몸 속의 으뜸 되는 기운이 64수(銖)[67] 자라나니 하나의 양이 생겨서 복괘(復卦:☷)가 되는 것이다. 그로부터 다섯 살까지 또 64수 자라나니 두 양이 생겨서 임괘(臨卦:☷)가 되고 여덟 살까지 또 64수 자라나니 세 양이 생겨서 태괘(泰卦:☷)가 되고 열 살까지 또 64수 자라나니 네 양이 생겨서 대장괘(大壯卦:☳)가 되고 열세 살까지 또 64수 자라나니 다섯 양이 생겨서 쾌괘(夬卦:☱)가 되고 열여섯 살까지 또 64수 자라나니 여섯 양이 생겨서 건괘(乾卦:☰)가 된다. 이렇게 하여 하늘과 땅의 바른 기운 360수를 훔치고 원래 태어날 때 부모에게 받았던 기운 24수를 합하여 384수를 얻어서 하늘의 괘도를 완전히 한 바퀴 도는 우주의 운행 변화와 같은 원리를 이루니 한 근(斤)이 되는 셈이다.[68]

에 신의 이름을 붙이는데, 니환은 뇌의 신이다[『황정내경경(黃庭內景經)』「지도(至道)」참조].

66) 단전(丹田): 하단전을 가리킨다. 백 맥의 핵심이 되며 생명의 근원이 되고 본성과 생명의 출발점이 되며, 배꼽 아랫부분에 위치하는데 직경 4촌(寸) 둘레에 이른다고 한다[『금단대요(金丹大要)』참조]. 현대 기과학자들도 그 위치와 크기에 대하여 많은 발표를 하고 있는데, 그 가운데는 앉는 자세와 지구중력선과의 관계에서 찾으려고 하는 학설도 있다. 단전이라는 용어는 위진남북조 시대의 『침구갑을경(針灸甲乙經)』에 이미 나오고 있고 『황정경』·『포박자(抱朴子)』등에도 보인다. 특히 『포박자』는 단전을 상·중·하로 나누고 있다. 지금까지의 여러 단경도서(丹經道書)들에서 단전을 상징하는 말로 쓰인 용어는 무려 770여 가지가 넘는다. 예컨대 기해(氣海)·천근(天根)·신로(神爐)·태해(太海)·태중극(太中極) 등이다.

67) 수(銖): 아주 작은 무게의 단위. 1냥의 24분의 1.

이때에는 순수하게 양만 있고 조그만 음도 아직 싹트지 않았으며 정과 기가 꽉 들어차 있는 상태이다. 만약 스승의 가르침을 받아 본성과 생명을 닦고 불린다면 그대로 성공할 수 있다.

이로부터 탐욕의 감정이 한번 움직이면 으뜸 되는 기운이 곧바로 흘러나가게 된다. 그것을 멈추고 삼갈 줄 모르면 탐욕과 애욕이 끝이 없게 된다. 그러므로 열여섯 살부터 스물네 살에 이르면 으뜸 되는 기운을 64수써 없애서 구괘(姤卦∶☴)의 상태가 되니 하나의 음이 처음 생기는 것이다. 만물이 모두 밝게 드러나지만 순박함이 얇아지거나 흩어진다. 근본으로부터 별로 멀리 떨어져 있지 않지만 이미 서리를 밟으면 얼음이 얼 것을 알아야 한다는 교훈[69]이 첫째 효에서부터 나타나고 있는 것이다. 만약 부지런히 닦고 불린다면 머지않아 다시 순수했던 양으로 돌아갈 수도 있다.

서른두 살까지 또 64수를 써 없애서 둔괘(遯卦∶☶)의 상태가 되니 두 음으로 커지게 되어 양의 덕이 점점 줄어들며 욕심과 염려가 찌르고 올라오며 참된 근원이 흘러나가게 된다. 그러나 힘쓰는 기운은 이제야 굳세지고 의지력은 과감해진다. 만약 부지런히 닦고 불린다면 단의 기틀을 세우는 것 역시 크게 힘들이지 않고 될 수 있다.

마흔 살까지 또 64수를 써 없애서 부괘(否卦∶☰)의 상태가 되니 하늘과 땅이 어우르지 못하고 두 기운이 각각 제자리로 돌아가 버려서 음은 속에서 일을 꾸미고 양은 밖에서 있을 자리를 잃는다. 만약 부지런히 닦고 불린다면 위태롭던 것이 안전해질 수 있고 없어지려던 것이 보존될 수 있다.

마흔여덟 살까지 또 64수를 써 없애서 관괘(觀卦∶☴)의 상태가 되니 양한 기운은 바깥에 있게 되고 양의 덕이 가벼워지고 음이 위로 기어올라 음한 기운이 힘차게 된다. 만약 부지런히 닦고 불린다면 바야흐로 왕성해지려는 음하고 부드러운 기운을 누르고 미약해지려는 양의 덕을 부축할 수가 있다.

---

68) 1근(斤)=16량(兩). 1량=24수(銖). 따라서 1근=384수.
69) 곤괘 초효의 효사 참조.

쉰여섯 살까지 또 64수를 써 없애서 박괘(剝卦:䷖)의 상태가 되니 다섯 음이 힘을 합하여 위로 치밀어 올라오는데 하나의 양이 밑으로 향하여 반항하려는 모습으로서 음한 기운이 마구 문드러지고 양한 힘은 겨우겨우 남아 있게 된다. 만약 부지런히 닦고 불린다면 마치 땔나무가 다 떨어져 갈 때에 불을 살려나가는 것과 같고 시들어버린 어린 싹에 비를 뿌리는 것과 같게 된다.

예순네 살에 이르면 괘의 기운이 이미 한 바퀴 되돌아오게 되니 얻었던 하늘과 땅과 부모의 으뜸 되는 기운 384수 곧 한 근이나 되는 수량을 모조리 다 써 없애고 다시 곤괘로 돌아가게 된다. 순전한 음만이 일을 맡아 처리하고 양기는 싹도 보이지 않는다. 만약 부지런히 닦고 불려서 때때로 몸 속의 선약을 캐어 그때그때 새순을 접붙여 나간다면 음이 끝까지 간 곳에서 양을 생기게 할 수 있고 더 올라갈 데 없이 올라간 곳에서 되돌아 내려올 수 있어서 부드러운 것을 바꾸어 굳센 것이 되게 하고 늙은 것을 되돌려 힘 있게 할 수 있다. 이때에 지극한 사람을 만나서 재빨리 닦고 불리지 않으면 비록 몇 년 더 산다고 해도 그것은 모두 음식의 정에 힘입어 후천(後天)의 정과 기를 기르는 것일 뿐 선천의 으뜸 되는 기운을 다시 찾을 수는 없는 것이다. 어찌 오래 살고 죽지 않을 수 있겠는가?

이와 같이 하여 텅 빔에서 신으로 변화되고 신에서 기로 변화되고 기에서 피로 변화되고 피에서 생김새가 있는 몸으로 변화되고 생김새가 있는 몸에서 갓난아기로 변화되고 갓난아기에서 어린이로 변화되고 어린이에서 젊은이로 변화되고 젊은이에서 어른으로 변화되고 어른에서 늙은이로 변화되고 늙은이에서 죽음으로 변화되고 죽음에서 다시 텅 빔으로 변화되었다가 다시 텅 빔에서 신으로 변화되고 신에서 다시 기로 변화되고 기에서 다시 물질로 변화되어 마치 굴렁쇠가 끝없이 굴러가듯 변화와 변화 사이에 틈이 없다.

만물은 태어나려고 해서 태어나는 것이 아니라 어쩔 수 없이 태어나는 것이고 죽으려 해서 죽는 것이 아니라 어쩔 수 없이 죽게 되어서 되는 대로 티끌처럼 생겼다가 티끌처럼 사라지곤 한다. 수없이 태어나고 수없이 죽어도 괴로움의 바다를 벗어나지 못하고 겁에 겁을 더하도록 태어나고 태어나서 윤회를 그치지 않아 끝도 없고 처음도 없이 다람쥐 쳇바퀴 돌듯 하는 것이다. 길을 잃고 윤회하는 세계에 들어 있는 모든 사람은 이에 빠지지 않은 이가 없는 것이다. 그러므로 세상 사람들이 어디로부터 태어났는지 모르면서 부모에게서 태어나기 전부터 있던 세계에 들어 있게 되는데, 죽음은 어디로부터 오는지 오는 곳을 알아야 태어나는 곳을 알 것이다. 세상 사람들은 죽음이 어디로 가는 것인지 묻지도 않고 얼이 떠돌고 넋이 내려가 버린 뒤의 세계에 들어 있게 되는데, 태어남이 어디로 돌아가는지 가는 곳을 알아야 죽는 곳을 알 것이다. 죽음의 기틀은 태어남에 말미암고 태어남의 기틀은 죽음에 근원을 두니 죽음의 기틀이 없으면 죽지를 않고 태어남의 기틀이 없으면 태어나지를 않을 것이다.

태어남과 죽음의 기틀은 서로 관문에 의해 가로막혀 있는 까닭에 세상 사람들에게 죽음과 태어남이 있는가 하면, 그 사이에는 가로막는 아무런 관문도 없는 까닭에 지극한 사람들이 죽음과 태어남을 뛰어넘는 것이다.

죽음과 태어남이 있는 것은 몸이고 그것이 없는 것은 마음이다. 양(陽)한 상태로 돌아가기에 착실하면 마음이 살고 그것을 하지 못하여 길 잃고 헤매면 마음이 죽는다. 그러므로 신선과 부처께서는 그러함을 어여삐 여겨 모든 태어난 것은 본래부터 있었고 하나이며 신령한 참된 깨달음을 갖추고 있다고 설명하였던 것이다. 다만 어두움 속에서 눈이 어두워 보지를 못하여 하늘이 맡겨준 본성으로 하여금 아니 가는 곳 없이 흘러 다니게 하면서 굽이굽이마다에서도 깨치지 못하고 세계를 거칠수록 아래로 떨어져 내려가니 몸은 다른 종류들이 빼앗아가 버리고 영혼은 다른 껍질 속으로 던져져서 지극히 참되었던 본성의 뿌리가 다시는 사람으로 돌아오지 못하게 되고 만다.

이에 내가 성인이 가르친 진리의 길을 가지고 모든 사람들로 하여금 영원히 헛된 생각을 떨쳐버리도록 하여 스스로를 신선들께서 오래 산 것과

같고 부처께서 죽지 않은 것 같은 경계에 이를 수 있도록 하는 말을 하게
된 것이다.

5. 비뚤어짐과 바름을 설명함[邪正說]

큰 진리의 길은 하늘을 낳고 땅을 낳으며 하늘과 땅은 사람을 낳고 물건을 낳는데, 하늘과 땅과 사람과 물건은 하나의 본성으로서 바탕이 같다. 하늘에는 음과 양이 있고 땅에는 부드러움과 굳셈이 있고 물건에는 암컷과 수컷이 있고 사람에는 사내와 계집이 있다.

음과 양이 있으니 해와 달과 별이 있고 굳셈과 부드러움이 있으니 산과 물과 풀과 나무가 있고 암컷과 수컷이 있으니 알에서 깨는 것과 태로 태어나는 것과 습기 가운데에서 저절로 변화되는 것이 있고 사내와 계집이 있으니 짝이 있어서 낳고 기르게 된다.

뭇사람들은 짝으로 인하여 음욕이 있게 되고 낳고 기름으로 인하여 은혜와 애착이 있게 된다. 음욕과 은혜와 애착이 있으므로 마(魔)[70]의 가로막음과 마음의 번뇌가 있게 되고 마의 가로막음과 마음의 번뇌가 있으므로 모든 괴로운 재액이 있게 된다. 모든 괴로운 재액이 있으므로 태어남과 늙음과 병듦과 죽음이 있게 된다.

이러한 까닭에 태상께서는 삶을 좋아하는 덕을 쌓고 세상을 건지는 문을 열었으니, 경전을 짓고 본받을 법을 세워서 사람들로 하여금 순박함으로 돌아가도록 가르쳤다.

아무것도 하고자 함이 없으면 묘함을 살피게 되고 무엇을 하고자 함이 있으면 터널을 보게 된다. 텅 빔에 이르러 조용함을 지켜서 뿌리로 돌아가 생명을 다시 살리기를 일찍이 시작하여 거듭 쌓아나간다. 뿌리를 깊게 하고 꼭지를 튼튼하게 하며 흔을 얻고 중을 지켜서 마음은 비우고 아랫배는 채우며 뜻은 약하게 하고 뼈는 강하게 하며 날카로움을 무디게 하고 헝클어짐을 풀어가면서 스스로를 드러내지 않고 티끌 속에 함께 섞여 살아간

---

70) 마(魔): 바른 길을 가지 못하게 방해하는 사특한 작용을 뜻한다. 마왕(魔王)·마민(魔民)·마녀(魔女) 등이 있다.

다. 오로지 기를 부드럽게 하고 혼을 품어안고 떨어뜨리지 않으며 수컷을
알고 암컷을 지키며 흰 것을 알고 검은 것을 지키며 문을 닫고 입을 막으
니 겉은 남루하나 속에는 옥을 품고 있다. 어둡고 어두운 가운데 그 정이
날로 생기고 어리둥절하며 멍한 가운데 그 정이 새어나가지 않는다. 날로
생기니 날로 자라나고 새어나가지 않으니 마르지 않아서 정이 기로 변화
될 수 있고 기가 신으로 변화될 수 있으며 신이 텅 빔으로 돌아갈 수 있다.
오행이 훔쳐가지 못하고 음양이 어쩌지 못하며 진리의 길 자체로 되어 하
늘과 땅을 뛰어넘어 나간다.

이것이 노자께서 가르친 맑고 조용하고 무어라 이름 붙일 수 없는 진리
의 길이다.

한나라 때에 이르러 위백양(魏伯陽)71) 진인께서 『금벽경(金碧經)』72)을 본
받아 『참동계』를 지으니 비로소 용이니 범이니 납이니 수은이니 하는 이
름이 있게 되었다. 당나라 송나라 때의 여러 선인들에 이르러 단에 관한
경전들이 거듭 나와서 눈부신 빛을 내게 되는데, 가로로 말하기도 하고 세
로로 말하기도 하였으며 여러 가지 이상한 이름들이 헤아릴 수 없을 정도
로 그 글들에 실리게 되었다. 그러나 그 본래의 뜻을 따지고 보면 같이 생
겨났으되 이름이 다르게 쓰이는 하나의 물건을 말로써 드러내고자 하는

---

71) 위백양(魏伯陽): 동한(東漢) 시대 회계(會稽: 현 절강성) 상우(上虞) 사람으로
    이름이 고(翶)였다 하며, 백양은 호이다. 스스로 운아자(雲牙子)라고 불렸다.
    확실한 기록이 없고 단지 『신선전』에 일화가 실려 있을 뿐인데, 그에 의하면
    본디 벼슬 높은 집의 아들이었으나 도술을 좋아하고 벼슬살이를 즐기지 않았
    으며 숨어살면서 단을 지었다고 한다. 그가 당시의 황노사상(黃老思想)에 입
    각한 철학사상을 바탕에 깔고 『주역』의 상수(象數)를 이용하여 단을 수련하
    는 법을 운문(韻文) 형식으로 논술한 『참동계(參同契)』는 중국 도교 연단술에
    관한 최고의 경전으로 인정되고 있다.
72) 『금벽경(金碧經)』: 『금벽고문용호상경(金碧古文龍虎上經)』을 가리킨다. 『고
    문용호경(古文龍虎經)』 또는 『금단금벽잠통결(金丹金碧潛通訣)』이라고도 부르
    는데, 지은이는 황제(黃帝)로 되어 있다. 『참동계』보다 먼저 있었다는 것이
    이 책의 입장이나, 그에 반대하여 『참동계』보다 뒤에 이루어졌으며 황제의
    이름은 가탁일 뿐이라는 설도 있다.

것 아님이 없었다.

무릇 성스러운 스승들께서 이 말 저 말 가져다가 가르침을 밝히기를 거듭하고 자세하게 갖추어 하나하나 설명했던 것은 참으로 사람마다 깨우쳐서 참을 이루도록 하고자 함이었다. 이름이 많아지면 많아질수록 일이 번거로워지고 글이 많으면 많을수록 진리의 길이 어두워지리라고는 생각도 못했던 것이다. 더구나 비유가 심한 말이나 끼리끼리만 쓰는 말을 가지고 그 문에다 뻐끔뻐끔 구멍만을 뚫어놓았기 때문에 배우는 사람들로 하여금 벌리고 들어갈 수 있는 틈을 주지 않아서 흔히 눈이 어지럽고 심장이 두근거리며 문득 망망한 밤바다를 바라보는 듯한 느낌을 갖게 되었다.

다행히 나의 스승 윤진인(尹眞人)께서 나오셔서 끊어진 큰 진리의 길에 실 한 올이라도 이음으로써 이름이 생기기 이전의 옛 가르침대로 다시 드러내고자 하셨다. 이에 헝클어진 순들을 잘라버리고 그 가장 중요한 것만을 모아 잡으며 비유로 한 말들을 쓸어버리고 참다운 깨달음만을 드러내어 마치 잘 익은 밤알만을 털듯이 바른 이치를 털었다. 거기에다 그림을 그리고 모습을 나타내어 글로써는 설명할 수 없는 것을 써내고 말로써는 밝힐 수 없는 것을 말하였다. 어떤 것이 납과 수은이요 어떤 것이 용과 범이요 어떤 것이 솥과 화로요 어떤 것이 약물이요 어떻게 하는 것이 캐어 가짐이요 어떻게 하는 것이 이것에서 빼어다가 저것에 보태는 것이요 어떻게 하는 것이 따뜻이 기르는 일이요 어떻게 하는 것이 불의 운행에 관한 법칙이요 어떤 것이 참다운 씨앗이며 어떤 것이 참다운 본성과 생명이고 어떤 상태가 태가 맺히는 것이며 어떤 경지가 다 이루어 마치는 것인가 하는 것을 곧바로 가리켜서 하나하나 펴 밝히고 터럭만큼도 숨긴 것이 없으니, 뒷날 진리의 길에 뜻을 둔 사람들이 다시는 단에 관한 경전에 홀리는 일이 없게 되었다.

단에 관한 경전이나 책이 수레에 넘치고 서고에 넘칠 정도로 많지만 이치를 강론한 것만 많고 좋은 방법을 남겨놓은 것은 드물었다. 그러니 처음에는 손을 대고 들어서야 할 문이 없고 다음에는 약을 캐거나 진리의 태아를 맺음이 없으며 끝으로는 바라보고 지켜야 할 규칙이나 돌아가 머무를 곳이 없어서 뒷사람들이 닦아나가야 하는 차례를 알지 못하였다. 어떻게 주위 모으든지 간에 앞지르거나 뒤처지는 잘못이나 머리와 꼬리가 거꾸로 뒤집히는 어지러움을 면하지 못하여 진리의 길을 일생 동안 배웠지만 그 문을 찾아 들어가지 못한 사람들이 많았다. 사이사이에 문으로 들어간 사람이 있다 하더라도 계단을 올라갈 줄 몰랐고 계단을 올라가더라도 마루에 오를 줄 몰랐고 마루에 올랐어도 방으로 들어갈 줄 몰랐다. 이러함을 볼 때, 닦아나가는 차례를 익히는 것이 참을 닦는 일에서 첫째가는 것이다. 어찌 빠뜨릴 수 있겠는가?

『도장(道藏)』73)에 해당하는 『대장경(大藏經)』 가운데서 내가 가장 아끼는 네 구절 게송에서,

　중생이 끝없건만 건지기를 맹서하고 기원하오며,
　번뇌가 다함없건만 끊기를 맹서하고 기원하오며,
　법문이 헤아릴 수 없건만 배우기를 맹서하고 기원하오며,

73) 『도장(道藏)』: 도교의 경전과 서적을 모두 모아놓은 것을 가리키는 이름이다. 유교의 문화를 집성해 놓은 『사고전서(四庫全書)』와 불교의 그것인 『대장경(大藏經)』에 해당하는 것이다. 역대에 여러 번 『도장』을 집성하였는데, 중요한 것으로 당 『개원도장(開元道藏)』, 송 『만수도장(萬壽道藏)』, 남송 『정화도장(政和道藏)』, 금 『대금현도보장(大金玄都寶藏)』, 원 『정통도장(正統道藏)』, 명 『속도장(續道藏)』 등이 있다. 현재 우리가 보는 것은 1923~1926년 상해의 북경 백운관(白雲觀)에 소장되어 있던 『정통도장』과 『속도장』을 영인하여 제본한 것이다. 편찬형식은 『도장』 전체를 삼동(三洞: 洞眞·洞玄·洞神)으로 나누고 삼동마다 다시 12류로 나누었으며, 그로써도 다 분류하지 못한 것은 보충하는 의미를 갖는 사보(四輔: 太玄·太平·太淸·正一)로 나누어 모아놓았다. 그 내용은 도가류(道家類)·도통류(道通類)·도공류(道功類)·도술류(道術類)·도제류(道濟類)·도여류(道餘類)·도지류(道志類)·도사류(道史類)·도집류(道集類)·도교류(道教類)·도경류(道經類)·도계류(道戒類)·도법류(道法類)·도의류(道儀類)로 분류될 수 있다.

부처의 진리가 위없건만 이루기를 맹서하고 기원하나이다

라고 말하고 있다. 세존께서도 역시 "중생을 다 건진 뒤에 부처 되기를 하라"고 말하였다. 이에 이 못난 사람이 한 생각 자비를 일으켜 스승께서 남모르게 남겨주신 방법들을 남김없이 요리하여 쟁반에 받쳐 내놓았다. 뒷날 인연 있는 사람을 불러모아 다시금 하늘세계로 돌아가 이 괴로움의 바다에 빠지지 않도록 하고자 함이 나의 마음인 것이다.

그 첫째는 근원을 충분히 기르고 생명의 보배를 찾아 보호하는 일이다.

그 둘째는 몸 속의 사당(祠堂)에 해당하는 터널[74]에 신을 안정시키고 태어나기 이전부터 있는 것을 거두어 모으는 일이다.

그 셋째는 기(氣)의 구멍에 우겨넣어 감추어서 모든 묘함이 뿌리로 돌아오게 하는 일이다.

그 넷째는 하늘과 사람이 함께 피어나올 때에 그 약을 캐어서 단지 같은 곳으로 돌아가게 하는 일이다.

그 다섯째는 건(乾)과 곤(坤)이 한 몸으로 되고 찌꺼기는 없어지고 금 알맹이만 남는 일이다.

그 여섯째는 신령한 단이 솥으로 들어가고 성스러운 태아를 크게 기르는 일이다.

그 일곱째는 진리의 갓난아기가 모습을 드러내서 괴로움의 바다를 벗어나는 일이다.

그 여덟째는 신을 다시 안 뜰로 옮기고 오롯이 앉아 마음의 불을 끄는 일이다.

그 아홉째는 본바탕인 텅 빈 공간으로 돌아가서 윤회의 세 세계[75]로부터 뛰어나오는 일이다.

그 가운데에 또다시 모습을 불리고 태를 맺고 불을 운행하고 하는 여러

---

74) 상단전을 가리킨다. 조규(祖竅)라 한다.
75) 지옥·아귀·축생의 세계를 말한다.

마음 쓰는 법이 있어서 아홉 단계의 변화를 거쳐 돌아온 금단을 이루는 일을 모두 완성하게 된다. 이로써 큰 진리의 길을 말로 전해 내려온 비결을 모조리 드러내어 말해버렸다.

오늘날의 도인이라는 사람들은 높은 관에 넓은 도포를 입고 스스로 만족하고 스스로 고귀할 뿐이어서 감정을 낮추고 뜻을 굽혀서 스승에게 큰 진리의 길을 가는 차례에 대한 가르침을 구하려 하지 않는다. 그저 눈먼 사람이 눈먼 사람을 이끌고 옆 골목이나 꼬부랑길로 쫓아 들어가기만 하니, 어찌 도인들이 배우는 삼천육백 가지 방법과 스물네 가지 등급의 크게 이룬 단이라는 것이 모두 옆길로 들어가는 문임을 알겠는가? 오로지 이 금단을 이루는 하나의 길만이 닦아나가는 바른 줄기의 길일 뿐이다. 이 밖에 다시 신선을 이루고 부처로 될 수 있는 어떤 다른 길은 없다.

그러므로 법화회(法華會)[76)에서 세존께서 가르치시기를 "오직 이 하나의 일만이 진짜일 뿐이다. 그 외 또 하나가 있다면 그것은 참다운 것이 아니다"라고 하였다. 윤진인께서는 "구십육 가지 벗어난 길이 있고 삼천육백의 옆길로 빠지는 문이 있는데, 그 어느 것도 모두 홀림수이다. 오직 나의 이러한 것들만이 참된 것이다"라고 말하였고, 운방진인(雲房眞人)[77)께서도 "진리의 길에 대한 가르침이라는 것에 삼천육백의 문이 있어 사람마다 그 한 가닥씩을 잡고 있으나 요놈의 현관을 통해서 들어가는 터널이라는 것이 그 삼천육백의 문 안에는 없다는 것을 누가 알겠는가?"라고 말하였다.

무릇 현관을 통해서 들어가는 큰 진리의 길은 만나기가 어려우나 이루기는 쉽고 보람은 늦게 나타난다. 옆길로 빠지는 문에서 하는 조그만 재주들은 배우기는 쉬우나 이루기는 어렵고 효과는 빨리 나타난다. 그래서 재물을 탐내고 색을 좋아하는 무리들이 자주 그 가운데 빠져서 길을 잃고도 깨우치지를 못하곤 한다.

그 가운데에는 연금술에서 쓰는 화롯불을 좋아하는 사람, 딴 사람의 것

---

76) 법화회(法華會):『법화경(法華經)』을 강론하는 법회.
77) 운방진인(雲房眞人): 종리권.

을 좋아하는 사람, 정수리를 지켜보는 사람, 배꼽을 지키는 사람, 두 눈알
을 굴리는 사람, 두 눈썹 사이를 지키는 사람, 배꼽 둘레를 문지르는 사람,
등뼈를 흔드는 사람, 바깥 생식기를 치켜올리는 사람, 어깨를 두레박질하
듯 돌리는 사람, 혀를 휘두르는 사람, 사람 젖을 달이는 사람, 숨을 끊고
기를 움직이게 하는 사람, 굽혔다 폈다 하면서 기를 이끌고 다니는 사람,
위 단전에서부터 아래 단전까지 세 단전을 돌려가며 돌아보는 사람, 고환
을 치켜올리는 사람, 등에 햇볕을 쪼이고 누워서 헤엄치는 사람, 이상한
약초나 약물을 먹는 사람, 호흡과 침을 삼키는 사람, 눈을 감고 어떤 상태
를 그려서 지키고 있는 사람, 음식을 끊는 사람, 추위를 참고 더러운 것을
먹는 사람, 정을 옮기고 기를 돌리는 사람, 코끝을 내려보며 숨을 고르는
사람, 처자식을 버리고 산으로 들어가는 사람, 자기 몸을 흐트러짐 없이
내려다보고 앉아 있는 사람, 곰이나 새의 동작을 흉내 내는 사람, 노을을
들이마시는 사람, 앉아만 있고 눕지 않는 사람, 온 몸 일곱 군데를 두드리
며 마(魔)를 불리는 사람, 마음을 흐트러짐 없이 한 곳에 모으며 말을 끊어
버리는 사람, 몸을 씻고 맛있는 것을 삼가며 재계(齋戒)를 지키는 사람, 꿈
에 선인들의 세계에 가서 노는 사람, 말없이 하느님을 찾아뵙는 사람, 남
모르는 주문(呪文)을 외어 바르지 않은 것을 물리치는 사람, 남이 듣고 본
것을 전해 듣고 외우는 사람, 자기의 정을 먹고는 근본 되는 것이 돌아왔
다고 하는 사람, 꼬리뼈를 움켜쥐고는 관문을 닫아걸었다고 여기는 사람,
오줌을 달여놓고서 추석(秋石)[78]이라고 하는 사람, 여자의 월경을 얻어놓
고 붉은 납이라고 여기는 사람, 아기집을 가지고 양기를 돋운다고 하면서
이상한 약물들을 섞어서 달이는 사람, 검은 납을 가지고 관문을 연다고 하
면서 암수 두 쌍의 칼을 벼리는 사람, 눈을 감고 캄캄하게 앉아서 팔단금
(八段錦)[79] 이라는 동작을 하는 사람, 묵은 것을 뱉고 새 것을 들인다고 하

---

78) 오줌을 달여서 만든 흰색의 약물 이름이지만 외단술에서 불로장생 약의 별
   명으로도 쓰인다.

79) 팔단금(八段錦): 체조형식으로 된 도인(導引) 기공의 한 가지. 그 유래된 역

면서 여섯 발음으로 숨쉬기를 하는 사람, 스님처럼 벽을 보고 앉아 있되 뜻은 도인처럼 용과 범을 항복받고자 함에 있는 사람, 몸을 가볍게 떠올려 놓고는 봉황을 타고 용을 몬다고 생각하는 사람, 침을 삼키면서 해와 달의 진짜 빛을 거두어들인다고 여기는 사람, 칠성을 그려놓고 밟으면서 별나라를 엿본다고 하는 사람, 괘(卦)와 효(爻)의 차례에 따라서 아침에는 둔괘 (屯卦) 저녁에는 몽괘(蒙卦)를 따르는 사람, 선약이 되는 노란 싹과 흰 눈을 이룬다는 재주를 팔면서 어린 새싹을 태우며 불장난을 하는 사람, 오래 살고 죽지 않기를 바라는 사람, 염력을 몰아서 대낮에 날아오르는 사람, 생김새에 눌러붙어서 변화될 줄 모르는 사람, 비었다는 개념에 붙어 흘러가 버려 돌아올 줄 모르는 사람, 나쁜 짓을 하지 않고 마음을 흐트러짐 없이 머무르게 하고 헷갈림 없이 진리를 깨달아서 해탈하기를 바라는 사람, 탐욕과 성냄과 어리석음을 없애서 맑고 깨끗해지고자 생각하는 사람, 다음 세계에 태어나서는 서쪽세계로 뛰어 넘어가기를 바라는 사람, 죽어서 천당에 오르기를 바라는 사람들이 있다. 이와 같이 넓기도 하고 어지럽기도 하여서 모두 다 드러내기는 어렵다.

도인이니 불제자니 하는 사람들이 이들 가운데 하나의 재주나 방법을 붙잡고서 금단을 이루는 큰 진리의 길이라고 하는 꼴들이 이 정도에 그치고 있을 뿐이다. 아……! 이러한 사람들은 마치 대롱구멍으로 표범을 보는 것과 같고 우물 밑에서 하늘을 보는 것과 같아서 백 가지로 거짓 이끌고 만 가지로 갈팡질팡하다가 알지도 못하는 사이에 지극한 진리의 길에 토막을 내고 문을 갈라놓는다. 길을 잃고 헤매는 사람이 길 잃은 사람에게 길을 가리켜준다 하고 앞을 보지 못하면서 길을 닦는다, 불로 무엇을 달군

사는 아주 오래되어 한나라 때에 이미 이루어졌던 것으로 보인다. 현재의 팔단금 가운데는 한나라 때의 고분(古墳)인 장사(長沙)의 마왕퇴(馬王堆)에서 출토된 『도인도(導引圖)』에 비슷한 동작이 나타나 있는 것이 상당히 있다. 팔단금이라는 이름은 북송 시대에 처음 나타났는데, 부드러운 동작 여덟 가지를 그린 비단 여덟 폭이라는 뜻이다. 현재 여러 가지 분파가 있는데, 문식(文式)과 무식(武式), 입식(立式)과 좌식(坐式) 등으로 크게 나눌 수 있다.

다 하면서도 스스로의 생각이 이미 빗나갔음을 인정하지 않을 뿐만 아니라 나아가서 잘못된 길로 남들을 가리킨다.

이러하므로 왕량기(王良器)께서는 『파미가(破迷歌)』80)를 지었고, 진니환께서는 『나부음(羅浮吟)』81)을 지었고, 종리 노인께서는 『정도가(正道歌)』82)를 지어서 옆길로 빠지는 문에서 익히는 여러 재주들의 잘못됨을 하나하나 들추어냄으로써 비뚤어진 길로 빗나가는 잘못이 없도록 하였다.

저들 가운데에도 역시 몇 가지가 있어서, 질병을 몰아내고 늙고 쇠약함을 구할 수 있거나 목숨을 늘릴 수 있거나 세상을 편안하고 즐겁게 지낼 수 있기도 하여 때로는 뛰어넘고 벗어버리는 사람도 있었지만, 어디까지나 봉래섬83)에 다다른 선인이나 아라한(阿羅漢)84) 정도를 넘지 못하였다. 그러므로 부대사(傅大士)85)께서는 "넉넉히 팔만 겁을 지난다 해도 끝내는 헛된 곳에 떨어지고 만다"고 말하였다. 이는 어디까지나 작은 배를 만드는 일을 배우고 익힌 것으로서 큰 진리의 길 전체에 맞아떨어지는 것이 아니었던 것이다.

---

80) 유해섬(劉海蟾)의 『환단파미가(還丹破迷歌)』 외에 왕량기의 『파미가』에 대하여는 아직 밝혀내지 못하였다(2004. 4. 15).

81) 『나부취허음(羅浮翠虛吟)』을 가리킨다. 진남(陳楠)이 1212년 8월 나부산에서 금액환단결(金液還丹訣)이 아니고는 허송세월에 그칠 뿐임을 읊은 글. 『장외도서(藏外道書)』, 『군선가(群仙歌)』에 실려 있다.

82) 『파미정도가(破迷正道歌)』를 가리킨다. 당나라 때 종리권이 일곱 글자씩 가사(歌詞) 형식으로 내단이론을 논술해 놓은 책.

83) 봉래라는 섬은 검은 바닷물로 둘러싸여 있고 바람 없이도 큰 파도가 백 길이나 일어나서 오갈 수가 없다. 섬 꼭대기에는 구천진왕궁(九天眞王宮)이 있는데 태상진인(太上眞人)께서 살고 있다. 오직 하늘을 나는 선인만이 다다를 수 있다(『십주기(十洲記)』).

84) 아라한(阿羅漢): 불교에서 말하는 성문사과(聲聞四果) 가운데 가장 마지막 자리로 다시 더 배워야 할 아무런 법도 남지 않은 경지에 이른 진인(眞人).

85) 부대사(傅大士): 497~569. 이름은 흡(翕), 자는 현풍(玄風). 24세에 인도 승려를 만나 불도에 뜻을 두다. 동양대사(東陽大士)·선혜대사(善慧大士)·쌍림대사(雙林大士)·오상대사(烏傷大士)라고도 불리며, 저서로는 『부대사록(傅大士錄)』이 있다.

그러므로 장평숙(張平叔)[86]께서는 "선인을 배우려면 반드시 천선(天仙)을 배워야 하니 오직 금단만이 그 길의 가장 끝에 있다"고 말하였다. 무릇 금단의 길은 간단하여 번잡하지 않다. 텅 빔과 없음으로써 바탕을 삼고 맑고 깨끗함으로써 작용이 되며 그 처음에는 무엇인가 하는 짓이 있다가 끝에 가서는 아무것도 함이 없게 된다. 머리부터 꼬리까지 높거나 멀거나 하기 어려운 일이라곤 없다. 어찌하여 세상 사람들은 진리의 길은 가까이 있건만 먼 곳에서 찾고 배우고 익히는 일은 쉽기만 하건만 어려운 것에서 찾는가? 밝음에 등을 돌리고 어두움 속으로 뛰어드는 것도 역시 갈피를 못잡는 것이 아니겠는가?

금이라는 것은 단단한 것을 일컫는 말이고 단이라는 것은 둥근 것을 비유하는 말이다. 이것이 바로 밝은 빛이 빠짐없이 비추는 본성의 바다[87]요 가장 근본 되는 본디 모습이라는 것이다. 세존께서는 이것을 "비었으되 비지 아니한 것이요 중생의 번뇌 속에 감추어져 있는 여래의 참된 몸"[88]이라 이름 지었고, 노군께서는 이것을 "아득하고 묘하기가 하늘의 하늘 같은 것[89]이요 뭇 훌륭하고 묘한 것들이 나오는 문"이라고 불렀다.

이것으로써 진리의 길을 말하면 그것은 위없고 지극히 높은 길을 일러주는 것이고 이것으로써 가르침을 말하면 그것은 가장 위에 있고 하나로써 모든 것을 설명하는 큰 가르침을 일러주는 것이다. 세 종교의 성현들께서도 모두 이것을 따라 나왔으니 닦아 나가는 바른 길이라는 것치고 어느 것이 이보다 더 바른 것이 있겠는가?

나는 본래 이 성인 정치의 이상[90]이 밝게 빛나는 세상을 만나서 여러 사람들과 더불어 가장 근본 되는 본디 모습을 이룰 원인을 함께 씨 뿌리고 미륵불의 법회에 참석할 동반자 모임을 함께 모으고자 하는 마음을 품

---

86) 자양진인(紫陽眞人) 장백단(張伯端)을 가리킨다.
87) 비로성해(毘盧性海)를 가리킨다.
88) 여래장(如來藏)을 가리킨다.
89) 현지우현(玄之又玄)이라는 말의 뜻풀이이다.
90) 황극(皇極)을 가리킨다.

고 있었다. 그래서 이러한 설명을 써서 비뚤어진 사람들을 말려 바른 길로 들어서게 하는 것이다. 아울러 나의 스승께서 전해주신 여러 그림과 비결들을 밝고도 밝게 가리켜서 배우는 여러 사람들로 하여금 단에 관한 경전들을 확실하게 증명할 수 있고 한번 보아서 의심이 없어질 수 있도록 하고자 한 것이다.

6. 널리 비추는 그림[普照圖]

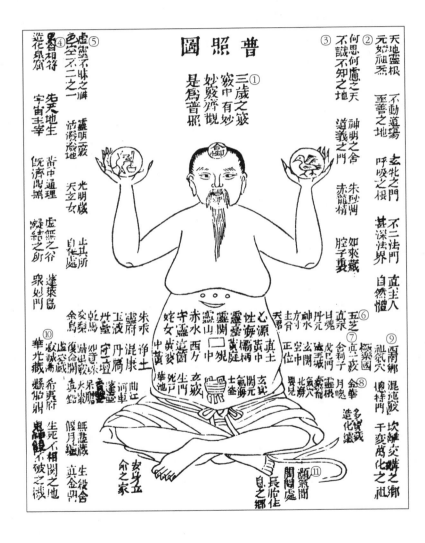

① 세 살배기의 단전이다. 단전 속에 묘함이 있어 묘함과 단전을 가지런히 내려 살핀다. 이것이 바로 널리 비춤이다.

② 하늘과 땅의 신령한 뿌리. 현과 빈의 문. 원시부터 물려받은 기. 움직임을 여읜 도량. 지극한 선의 자리. 호흡의 뿌리. 둘 아닌 법의 문. 아주 깊은 법의 세계. 참 주인. 저절로 그러한 바탕.

③ 생각이라곤 여읜 하늘. 지식을 넘어선 땅. 신명이 사는 집. 도덕과 의리의 문. 주사로 된 솥. 붉은 용의 정. 여래가 감추어져 있는 곳. 조그만 자루 속.

④ 우주가 흘러나오는 동굴 샘. 흑과 백이 맞아떨어지는 것. 우주의 주재자. 하늘·땅보다 먼저 생긴 것. 물과 불이 서로 건너는 솥의 검정. 가운데 속이 쭉 통함. 텅 비고 없는 골짜기. 엉겨서 맺히는 곳. 뭇 묘함의 문. 봉래섬. 색과 공이 둘 아닌 하나.

⑤ 텅 비되 신령하여 어둡지 않은 신. 살아서 펄떡펄떡 뛰는 자리. 신령하고 밝은 한 터널. 하늘의 현녀. 밝은 빛이 감추어진 곳. 스스로 변화되는 곳. 그쳐 머무르는 곳.

⑥ 다섯 가지 버섯. 참 수은. 해의 혼. 단의 근본. 신의 물. 사방 한 치. 주인 영감. 하느님. 마음의 근원. 본성의 바다. 신령한 돈대. 신령한 관문. 신령한 산. 붉은 물. 신령을 지키는 곳. 소녀. 붉은 수은. 신령한 집. 옥 즙. 단의 돈대. 건괘 같은 말. 교리 배. 금 까마귀.

⑦ 참 하나의 터널. 사리자. 무기의 문. 법왕의 성. 현관. 빈 가운데. 바른 자리. 참 토 가운데 속. 칼자루. 가운데 뜰. 원의 중심. 서쪽. 이것. 노랑 할

멈. 속 가운데. 깨끗한 땅. 혼강. 단의 빗장. 혼을 지키는 단. 여의주. 양한 터널. 생명을 다시 하는 관문.

⑧ 황금꽃. 달 토끼. 신령한 뿌리. 풀무. 기 구멍. 북쪽 바다. 갓난아기. 캄캄한 곳. 관원혈. 기해혈(또는 기의 바다). 흙가마. 검은 터널. 태어나는 문. 죽음의 문. 꽃 연못. 꼬불꼬불한 강. 물 푸는 물레. 띠풀 단지. 눈 안 뜬 아기. 미련한 아기집. 불 대추. 참 납.

⑨ 서남쪽 마을. 물려받은 기가 있는 구멍. 극락의 나라. 소용돌이의 터널. 다라니의 문. 많은 보물이 감추어진 곳. 우주의 운행 변화가 이루어지는 화로. 감과 이가 한 덩어리로 어울리는 마을. 천만 가지 변화의 시조

⑩ 텅 빈 공간을 감춘 곳. 번뇌의 불 꺼진 곳. 찬란한 빛을 감춘 곳. 희와 이의 집. 태 걸어놓은 솥. 다함없는 덕이 감추어진 곳. 초승달 같은 화로. 살리고 죽이는 집. 진짜 금 솥. 태어남과 죽음이 가로막히지 않은 자리. 귀신이 엿보고도 깨뜨리지 못하는 기틀.

⑪ 하늘의 맑은 기가 여닫히는 곳. 태아를 기르고 숨을 고르는 곳. 몸을 평안하게 하고 생명을 온전히 하는 집.

7. 되돌아 비추는 그림[反照圖]

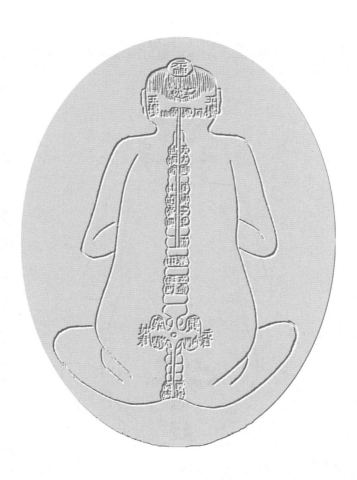

되돌아 비추는 그림 [反照圖]

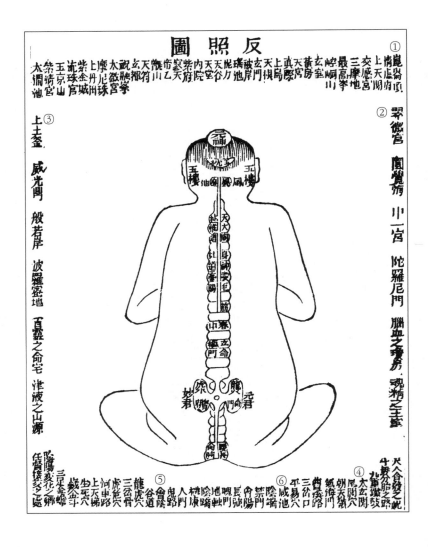

① 곤륜산 꼭대기. 맑고 텅 빈 집. 위쪽 하늘의 관문. 서로 느낌의 궁전. 마음이 안정하는 자리. 가장 높은 봉. 공동산. 검은 방. 노란 방. 하늘 궁. 참된 때. 윗섬. 하늘의 뿌리. 검은 문. 저 언덕. 요지 연못. 진흙덩이. 하늘 골짜기. 천당. 안뜰. 자줏빛 집. 텅 빈 하늘. 하느님. 시루산. 하늘의 신표. 하늘의 수도. 축융봉. 태미 별자리. 마니 구슬. 윗단전. 자금빛 성. 액체 구슬 궁. 옥황상제 계신 서울산. 자청빛 궁. 산골의 큰 연못.

② 비취색 미묘한 궁. 원만한 깨달음의 바다. 가운데 흰 궁전. 다라니의 문. 뇌의 피가 들어 있는 붉은 옥의 방. 혼과 정이 들어 있는 임금의 방. 하늘과 사람이 함께 피어나는 곳. 열 천간이 태를 나누는 길.

③ 위에 있는 흙가마. 존엄한 빛의 솥. 깨달음의 지혜 언덕. 바라밀의 자리. 일백 신령이 사는 생명의 집. 진액이 흘러나오는 산의 샘물. 임맥과 독맥이 서로 만나 붙는 곳. 음과 양으로 변화되는 마을.

④ 아홉 겹 쇠북. 아주 큰 현관. 미려라는 구멍. 하늘을 조아리는 재. 기해의 문(기의 바다로 들어가는 문). 조계의 길. 세 갈래 길의 입구. 평이한 구멍.

⑤ 회음. 산골짜기 길. 용과 범의 굴. 세 가닥 뼈. 범 무서운 굴. 물 푸는 물레바퀴 길. 하늘 오르는 사다리. 태어남과 죽음의 구멍. 금을 담아둔 말. 세 발 금 두꺼비.

⑥ 해 떨어지는 연못. 음의 실마리. 금지된 문. 양이 모이는 곳. 장강. 넋의 문. 땅의 축. 음교. 도강. 사람의 문. 귀신의 길.

8. 때에 따라 비추는 그림[時照圖]

圖照時

人之元氣逐日發生子時復氣到尾閭丑時臨氣到腎堂寅時泰氣到立樞卯時大壯氣到夾脊辰時夬氣到陶道巳時乾氣到玉枕午時姤氣到泥丸未時遯氣到明堂申時否氣到膻中酉時觀氣到中浣戌時剝氣到神關亥時而坤氣歸於氣海矣。

人身有任督二脉爲陰陽之總任督者起於中極之下、循腹裏、上關元至咽喉屬陰脉之海。督脉者起於下極之腧穿脊裏上風府循額至鼻屬陽脉之海。鹿運尾閭盖能通其督脉也龜納鼻息盖能通其任脉也。人能通此二脉則百脉皆通而無疾矣。

사람의 으뜸 된 기는 날마다 발생한다.

자시에는 복괘의 기가 미려혈에 이른다.

축시에는 임괘의 기가 신당혈에 이른다.

인시에는 태괘의 기가 현추혈에 이른다.

묘시에는 대장괘의 기가 협척혈에 이른다.

진시에는 쾌괘의 기가 도도혈에 이른다.

사시에는 건괘의 기가 옥침혈에 이른다.

오시에는 구괘의 기가 니환혈에 이른다.

미시에는 둔괘의 기가 명당혈에 이른다.

신시에는 부괘의 기가 전중혈에 이른다.

유시에는 관괘의 기가 중완혈에 이른다.

술시에는 박괘의 기가 신궐혈에 이른다.

해시에는 곤괘의 기가 기해혈로 돌아간다.

사람의 몸에는 임맥과 독맥이라는 두 경맥이 있어서 모든 음맥과 양맥을 거느리는 맥이 되고 있다.

임맥이라는 것은 중극혈 아래에서 시작하여 뱃속을 따라 위로 관원혈을 지나서 인후혈에 이른다. 모든 음맥이 모여드는 바다라 할 수 있다.

독맥이라는 것은 가장 아래의 유혈에서 시작하여 척추 속을 뚫고 위로 풍부혈을 지나고 이마를 돌아서 코에 이른다. 모든 양맥이 모여드는 바다라 할 수 있다.

사슴은 미려혈을 움직이는데 이는 그 독맥을 통할 수 있기 때문이다. 거북은 코로 쉬는 숨을 받아들이는데 이는 그 임맥을 통할 수 있기 때문이다.

사람은 이 두 맥을 모두 통할 수 있는데, 그렇게 되면 모든 경맥이 다 통하게 되고 질병이 없어진다.

9. 몸 속을 비추어본 그림[內照圖]

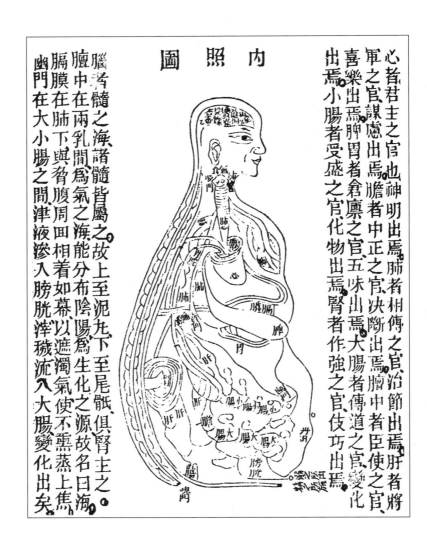

內照圖

심장은 임금 같은 기관이니 신명이 나온다.

폐장은 정승 같은 기관이니 다스림의 절도가 나온다.

간장은 장군 같은 기관이니 꾀와 생각이 나온다.

쓸개는 치우치지 않고 바른 기관이니 결단력이 나온다.

전중은 신하나 심부름꾼 같은 기관이니 기쁨과 즐거움이 나온다.

지라와 위는 창고 같은 기관이니 다섯 가지 맛이 나온다.

대장은 전달하는 길 같은 기관이니 변화가 나온다.

소장은 에너지를 받는 기관이니 이루어진 물질이 나온다.

신장은 강하게 만드는 기관이니 기교가 나온다.

뇌는 뼈 속 물질의 바다로서 모든 뼈 속 물질이 모두 이에 속한다.

그러므로 위로는 니환까지, 아래로는 미저골까지와 신장을 함께 주관한다.

전중은 두 젖 가운데로서 기의 바다가 되고 음과 양을 나누어 베풀 수 있어서 무엇이든 살아서 변화하는 일의 근원이 된다. 그러므로 바다라고 이름 붙여 부르는 것이다.

횡격막은 폐 아래에서 가슴과 배 사이를 막처럼 둘러싸고 달라붙어 있어서 탁한 기가 상초를 불태우지 못하도록 가로막고 있다.

유문은 대장과 소장 사이에 있으니 진액은 방광으로 스며들고 찌꺼기는 대장으로 흘러들어가서 변화가 생겨나는 것이다.

9-1. 앞 그림들을 설명함

「널리 비추는 그림」에서 위의 한 층은 마음의 근원인 본성의 바다로 들어가는 터널 구멍을 바로 가리키고, 가운데 한 층은 가운데 속에 바르게 자리 잡고 있는 구멍을 바로 가리키고, 아래의 한 층은 관원혈이니 기해혈이니 하는 관문의 으뜸이요 기의 바다인 터널 구멍을 바로 가리키고 있다. 이것을 앞쪽의 세 관문이라 한다.

「되돌아 비추는 그림」에서 아래의 한 층은 꼬리뼈 부근 미려혈에 있는 아주 오묘하고 깊은 터널 구멍을 가리켜내는 것이고, 가운데 한 층은 척추를 끼고 있는 두 관문의 터널을 가리켜내는 것이고, 위의 한 층은 하늘 골짜기의 진흙덩이 같은 니환이라는 터널 구멍을 가리켜내는 것이다. 이것을 뒤쪽의 세 관문이라 한다.

단양(丹陽)께서 "앞쪽에 세 개씩 셋이 있고 뒤쪽에 세 개씩 셋이 있는데 거두어 모아서 하나의 짐 꾸러미로 만들어 짊어진다"고 말한 것이 바로 이 뜻이다.

「때에 따라 비추는 그림」은 양은 올라가고 음은 내려가는 기틀과 네 가지 상징적인 모습이 가운데 것을 둥글게 싸고 있는 묘함을 밝혀낸 것이다.

「몸 속을 비추어본 그림」은 오장육부와 스물네 마디의 등뼈와 임독 두 맥을 가리켜 보여서 몸 속을 살피는 일을 익히는 사람들로 하여금 처음 손쓸 곳을 알게 한 것이다.

만약 사람이 이러한 터널 구멍들을 알지 못하고서 닦는 일을 이야기한다면 그것은 마치 일어서지도 못하면서 걷기를 말하는 것과 같다.

예로부터 여러 선인들께서 모두 말에서 말로 서로 전해주고 마음에서 마음으로 서로 넘겨주었을 뿐, 감히 이 터널 구멍을 밝게 사람들에게 보여주지 못하였다. 그것은 하늘이 비밀로 하는 것을 새어나가게 할까 두려워한 때문이었다. 나의 스승 윤씨 어른께서는 부처의 바른 지혜와 견해를 열어 뭇 사람들을 한 자식과 같이 보고 이 네 그림을 그려 뒷날 길 잃고 헤맬 사람들을 맞이하여 이끌어주었던 것이다. 그 뜻은 인연 있는 사람들을 널리 건져서 태어남과 죽음의 괴로운 바다를 함께 벗어나고자 함에 있는 것이다.

10. 태극의 그림[太極圖]

태극의 그림〔太極圖〕

此○者釋曰圓覺道曰金丹儒曰太極所謂無極而太極者不
可極而極之謂也凡人始生之初一黙一靈光而所以主張乎形
骸者太極也父母未生以前一片太虛而所以不屬乎形骸者
無極也度師曰欲識本來眞面目未生身處一輪明

太極　陰靜

無極　陽動

乾道成男　坤道成女

萬物化生

尹公曰太極有一理自運行而言則曰時候雖天地不外乎一
息自凝結而言則曰眞種雖一黍可包乎天地宿蟄歸根宴息
杳冥是爲時候太極孕子結實交媾結胎是爲眞種太極八能
保完二極而無失則可以長生不死豈止盡年令終而已哉！

이 ○이라는 것을 불가에서는 '둥근 깨달음[圓覺]'이라 하고 도가에서는 '금단(金丹)'이라 하고 유가에서는 '태극'이라 한다.

이른바 '무극이면서 태극'이라는 것은 끝이라 할 수 없는 것을 끝이라 말한다는 것이다.

모든 사람이 태어나기 시작한 처음에는 한 점 신령한 빛이 있어서 몸뚱이를 주장하게 되는데 그것이 태극이고, 부모에게 태어나기 이전에는 한 조각 크게 텅 빈 것이어서 몸뚱이에 속하지 않는데 그것이 무극이다.

세상을 건지신 스승인 일곱 진인께서는 "본래의 참모습을 알고 싶다면, 몸이 아직 태어나지 않은 곳에 하나의 둥근 수레바퀴가 밝은 것이 그것이로다"라고 말하였다.

윤 선생님께서는 "태극에 혼이라는 원리가 있다"라고 말하였다.

운행하는 측면에서 말하면 '때'라는 것인데 하늘과 땅도 하나의 숨쉬기 밖의 것이 아니다.

엉겨 뭉치는 측면에서 말하면 '참 씨앗'이라는 것인데, 한 알의 기장쌀 속에도 하늘과 땅을 품고 있다.

겨울잠을 자고 뿌리로 돌아가고 편안히 숨쉬고 있는 것이 바로 '때'라는 것이고, 태극이 열매를 맺고 어우러져 잉태하는 것이 바로 '참 씨앗'이라는 것이다.

태극은 사람이 보존하고 완전하게 할 수 있으니 태극과 무극을 잃지 않으면 오래 살고 죽지 않을 수 있는 것이다.

어찌 타고난 나이나 다하고 끝나는 것에 그치겠는가?

10-1. 태극의 힘이 밖으로 드러남[太極發揮]

크도다, 우리 몸의 태극이여!

생겨남과 변화됨을 그치지 않으니 하늘과 땅과 그 끝남을 같이하는가 하면 오래도록 살아 있으면서 변화되지 않기도 하니 하늘과 땅을 뛰어넘어 그 밖으로 나가 있기도 하다.

산 것을 다치거나 죽이지 말고 나쁘게 변화되는 것을 삼가면 타고난 목숨을 다할 수 있고, 태어남을 잘라버리고 변화됨을 끊어버리면 오래도록 살고 죽지 않을 수 있다. 타고 난 목숨을 다하는 것은 보통사람들과 다른 것이며 오래도록 살아서 죽지 않는 것은 신선이나 부처와 같은 것이다. 이 두 가지는 어느 것이나 태극으로부터 나오는데 그 작용이 서로 다르다.

태극이 하늘과 땅과 만물이 있기 전보다 먼저라는 것은 누구나 알고 있지만 하늘과 땅과 만물에 각각 태극이 갖추어져 있음은 알지 못하고 있다. 태극에는 때가 있고 참 씨앗이 있다. 하늘과 땅과 만물이 있기 전에 태극이 술(戌)과 해(亥)⁹¹⁾에 두 번 모이니 이 두 번의 모임이 있어서 태극에는 우주의 운행과 변화에 관한 하나의 으뜸 된 기틀이 있게 되는 것이다. 매년마다 9월과 10월에 태극이 있게 되니 이 두 달이 있어서 태극에는 일년 동안의 운행 변화가 있게 되고, 매달 26일부터 30일까지에 태극이 있게 되니 이 닷새가 있어서 태극에는 한 달 동안의 운행 변화가 있게 되며, 매일 술시와 해시에 태극이 있게 되니 이 두 시가 있어서 태극에는 하루의 운행 변화가 있게 되고, 한 시에서는 어둡고 어두운 두 때에 태극이 있게 되니 이 두 때가 있어서 태극에는 한 시간 동안의 운행 변화가 있게 된다.

동물에서는 겨울잠을 자거나 잉태함에 태극이 있고, 식물에서는 뿌리로 돌아가고 열매를 맺음에 태극이 있으며, 사람의 몸에서는 어둠 속에서 편안히 쉬는 숨이나 또는 어우러져 잉태함에 태극이 있다.

어우러짐에는 때가 있고 고르고 기름에는 법이 있으니 태극을 다치지 않으면 타고난 목숨을 다할 수 있는 반면, 음욕을 끊어버리고 때에 이르러

---

91) 술(戌)과 해(亥): 12지지(地支) 가운데 마지막 두 지지로서 하나의 순환하는 체계, 예컨대 원(圓)에서 마지막 상태에 해당하는 부분이다. 음(陰)이 끝에 이르고 양(陽)이 되살아나기 직전이다.

어두움 속으로 들어가서 태극을 보존하고 완전하게 하면 오래도록 살고 죽지 않게 된다. 타고난 목숨을 다하는 길에는 역시 허물어짐이 있지만 오래도록 살고 죽지 않는 길에서는 신선도 되고 부처도 될 수 있으며 끝까지 허물어짐이 없다. 어찌 무조건 보통사람과는 다르고 나무나 풀이나 새나 짐승과는 구별된다고 말할 수 있겠는가?

11. 가운데의 마음을 그림[中心圖]

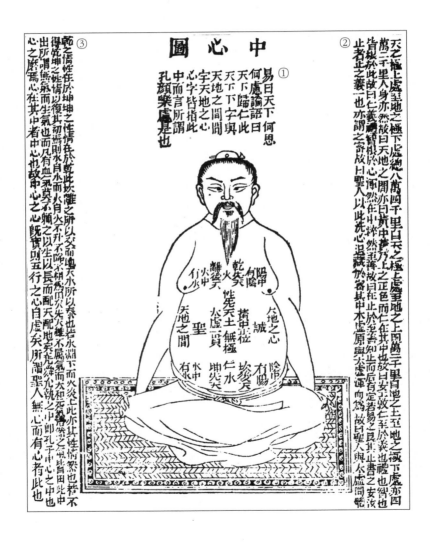

①『역』에서는 "세상이 무슨 생각 무슨 걱정을 할 것이랴"라고 말하고, 『논어』에서는 "세상이 모두 어짊으로 돌아간다"라고 말하였다. 이 '하늘 아래'라는 말의 아래[下] 자나 '하늘과 땅 사이'라는 말의 사이[間] 자나 '하늘과 땅의 마음'이라는 말의 마음[心] 자는 모두 이 '가운데[中]'라는 것을 가리킨다. 이른바 공자와 안자가 즐긴 곳이라는 것이다.

② 하늘 꼭대기에서 땅바닥 끝까지 8만 4천 리인데, 하늘 꼭대기에서 땅 위까지 4만 2천 리이고 땅 위에서 땅바닥 끝까지 또한 4만 2천 리이다. 사람의 몸 또한 그렇다. 그러므로 '하늘과 땅 사이'라 말하고 또한 '노란 가운데'라고도 말한다. 가운데를 뜻하는 노란색은 흙의 바른 색으로 어짊[仁]이 그 속에 들어 있다. 그러므로 토를 편안히 하고 어짊을 도탑게 함에서부터 의롭게 되고 예절바르게 되며 슬기롭게 되는 것이 모두 이에 뿌리를 내리고 있다고 말하게 된다. 그러므로 어짊과 의로움과 예절바름과 슬기로움은 마음에 뿌리를 두고 가운데에 둥글게 뭉쳐 있고 깨끗하고 지극히 선하다고 말한다. 그러므로 지극히 선함에 그쳐 머무른다거나 그쳐 머무름을 안 뒤에 안정됨이 있다거나『역경』의 그쳐 머무른다거나 『서경』의 그쳐 머무른 곳을 안정되게 하라는 경우의 그쳐 머무름이 모두 같은 뜻이라고 말하게 된다. 또한 남모르는 곳이라고도 말한다. 그러므로 성인은 이로써 마음을 씻어내려서 남모르는 곳에 감추어둔다고 말한다. 그 가운데 본디 텅 빈 근원과 우주의 텅 빔이 섞여 있는 것이다. 그러므로 성인과 우주의 텅 빔이 같은 몸이라고 말한다.

③ 건의 정과 본성은 곤에 있고 곤의 본성과 정은 건에 있다. 그래서 감과 이가 어울리고 땅 아래로 하늘이 와서 태괘가 된다. 만약 물이 흘러내리고 불이 타오른다면 그것도 역시 그것대로 본성과 정이기는 하니, 만약 건과 곤의 본성과 정을 얻지 못하여서 그 처음으로 돌아가게 된다면, 물은 물이고 불은 불이어서 올라가지도 않고 내려가지도 않으며 서로 어우름이

없게 될 것이다.

태어나기 이전 상태는 기에 속하는 것이 아니었지만, 아주 조화된 원기라거나 넓고 넓은 기라는 것 모두가 이 속에서부터 나오게 되니 이른바 기 없음에서 기가 생겨난다는 것이다. 피와 기가 있는 모든 것은 이것에 힘입어서 생겨나서 자라게 되고 하늘에 짝하고 땅에 짝하게 되는 것이다. 요와 순이 가운데를 잡으라고 가르친 가운데가 공자가 가르친 가운데 마음이라는 말의 가운데이다. 마음을 갈아 빛내면 마음이 그 가운데 있다는 것도 가운데 마음이다. 그러므로 가운데 마음이라는 마음이 실제로 자리 잡으면 오행의 마음이 저절로 텅 비게 되는 것이다. 이른바 성인은 마음이 없으면서 마음이 있다는 것이 이것이다.

11-1. 가운데의 마음 그림[中心圖]을 설명함

이 그림은 사람의 마음이 하나의 텅 비고 신령하며 어둡지 않은 터널 구멍이라는 것을 곧바로 가리키고 있다. 그리고는 이 터널 구멍이라는 것이 본디 휑하니 넓어서 가없으며 신령하고 묘하고 헤아릴 수 없는 것이라는 점과 본디 둥글게 한 덩어리로 크게 중(中)을 이루어 한쪽으로 치우치지 않는 것이라는 점과 본디 깨끗하고 지극히 선해서 순수하게 하나이고 잡것이 섞이지 않은 것이라는 점을 설명하고 있다.

밝게 빛나는 것이 본래부터 둥글고 사무치게 밝아서 막힘이 없으니 무엇인가 있음이 되는 것이고 엿볼 수도 들을 수도 없어서 무엇이 있다고 할 수 없으니 아무것도 없음이 되지만 지극히 신령하고 지극히 헤아릴 수 없어서 일찍이 없었던 적이 없다. 본래부터 있는 곳이 없으며 시작도 끝도 없으니 하늘과 땅과 만물이 있기 전보다 먼저도 이것은 본디 이러하였고 이미 하늘과 땅과 만물이 있게 된 뒤에도 이것은 그저 이러할 뿐이다.

지극히 없으면서 지극히 있고 지극히 있으면서 지극히 없으니 바로 건

과 곤의 신령한 바탕이요 으뜸 된 운행 변화의 말로 표현할 수 없는 지도
리이며 사람마다의 본성과 생명의 본디 근원이고 하늘 아래 모든 물건과
모든 일의 큰 근본이다. 크나큰 『역』에서 이른바 태극이니 사상(四象)이니
팔괘(八卦)니 하는 것 모두가 이로부터 나온다. 큰 성인이신 순(舜)92)께서
이른 바 가운데[中]라는 것이나 공자께서 이른 바 혼[一]이라는 것이나 옛
성인이던 임금들께서 주고받은 것이나 성현들께서 서로 전해준 것이 이것
이기도 하다. 이것을 밝히는 것이 바로 빼어난 덕을 능히 밝혀내는 것이고
이것을 아는 것이 바로 역(易)을 아는 것이며 이것을 보는 것이 바로 진리
의 길을 보는 것이고 이것을 세우는 것이 바로 하늘 아래의 큰 근본을 세
우는 것이다. 이것을 통하면 본성이 나로 말미암아 다하게 되고 생명이 나
로부터 군건히 서게 되며 우주의 운행 변화도 모조리 나에게 있게 되는
것이다.

---

92) 순(舜): 중국 상고 대동(大同) 시대 성인 임금의 한 사람. 이름은 중화(重華),
   호는 유우(有虞). 역시 성인이던 요(堯)에게서 황제의 자리를 선양받아 천하를
   크게 잘 다스리고 강을 잘 다스리다가 역시 성인이던 우(禹)에게 자리를 선양
   하였다. 효자로도 유명하다.

12. 불 용과 물 범을 그림[火龍水虎圖]

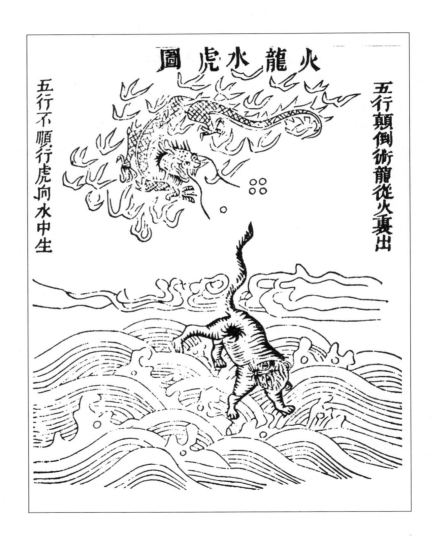

오행을 뒤집어엎으니 용이 불 속에서 나온다.

오행이 흐름대로 가지 않으니 범이 물 속으로 향하여 생긴다.

12-1. 불 용과 물 범을 설명함[火龍水虎說]

무릇 검은 납[黑鉛]이니 물 범[水虎]이니 하는 것은 하늘과 땅이 발생하게 되는 뿌리이니 질(質)이 있고 기(氣)가 있는 것이다. 붉은 납[紅鉛]이니 불 용[火龍]이니 하는 것은 하늘과 땅이 발생하는 줄기이니 기는 있으나 질은 없다.

질이 있는 것은 진리의 세계에 있는 납이요 태음(太陰)한 달의 정(精)이요 하늘과 땅과 만물이 겉으로 보이는 모양을 기르는 어머니이다. 질이 없는 것은 진리의 세계에 있는 수은이요 태양(太陽)한 해의 빛이요 하늘과 땅과 만물이 발생하는 아버지이다. 납과 수은의 몸은 서로가 서로에 뿌리를 박고 싹을 내어서 둥글게 돌기를 끊이지 않으니 하늘을 생기게 하고 땅을 생기게 하고 만물을 낳는 맏조상이라고 할 수 있다.

옛날 지극한 분들은 신령한 물건이 이것에 숨어 있음을 알았기에 그 이치의 모습을 빌려서 태음한 정을 캐어 가졌고 솥 그릇을 설치하여 태양한 기를 끌어모았다. 그리고는 신이 사는 방[神室]93)으로 돌아가서 완전히 서로 어울려 섞이도록 하니 서로 합쳐지기를 그치지 않고 한없이 새끼를 낳았다.

목(木) 가운데서 얼이 생겨나고 금(金) 가운데서 넋이 생겨나서 얼과 넋이

---

93) 신이 사는 방[神室]: 단전을 가리키는데, 상단전을 가리킬 때도 있고[『금단대성(金丹大成)』「금단문답(金丹問答)」 참조] 중단전을 가리킬 때도 있으며[『맥망(脈望)』「권4」 참조] 하단전을 가리킬 때도 있다[『제진성태신용결(諸眞聖胎神用訣)』「옥운장과노태식결(玉雲張果老胎息訣)」 참조]. 이외에도 ① 수행하며 법을 시행하는 장소, ② 외단을 달이는 기구 등을 가리키기도 한다.

엉겨 꽃받침 같은 단의 터전94)이 이루어지고 백 가지 보배 열매를 맺게
되었던 것이다. 이것을 금 즙이 돌아온 단95)이라고 부른다.

---

94) 꽃받침 같은 단의 터전: 은악(鄞鄂)을 풀이한 말이다. 성곽(城郭) 같은 단의
    터전이라고도 풀이한다.
95) 금 즙이 돌아온 단: 금액환단(金液還丹)을 풀이한 말이다. 금(金)은 폐(肺) 또
    는 폐경(肺經)이 띠고 있는 오행이다. 돌아온다 함은 흩어졌던 오행이 태극으
    로 돌아온다는 뜻이며, 사람의 몸에서는 단전으로 돌아온다는 뜻이다.

13. 해 까마귀와 달 토끼를 그림[日烏月兎圖]

해 까마귀와 달 토끼를 그림[日烏月兎圖]

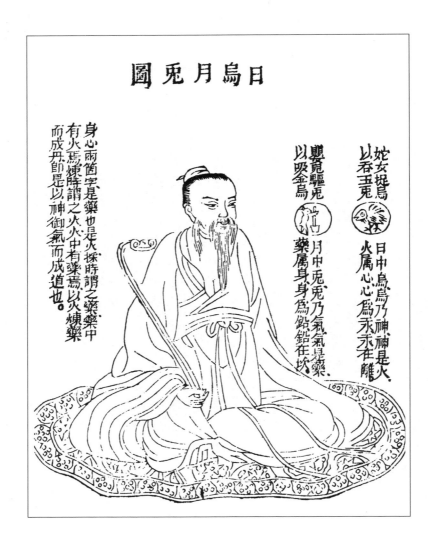

圖兎月烏日

소녀가 까마귀를 잡음으로써 옥 토끼를 삼킨다.
해 속에 까마귀,
까마귀는 바로 신이다.
신은 불이고 불은 마음에 속하고 마음은 수은인데 수은은 이(離)에 있다.

갓난아기가 토끼를 몰아냄으로써 금 까마귀를 마신다.
달 속에 토끼,
토끼는 기이고 기는
약이고 약은 몸에 속하고 몸은 납인데 납은 감(坎)에 있다.

몸이라는 글자와 마음이라는 글자 둘은 바로 약을 가리키고 또 불을 가리킨다. 캐어 가질 때에는 그것을 약이라 하는데 약 속에는 불이 있는 것이다.

불릴 때에는 그것을 불이라고 하는데 불 속에는 약이 있는 것이다. 그래서 불로써 약을 달이면 단이 이루어진다.

바로 이런 이치로 신으로써 기를 거느리면 진리의 길을 이룬다.

13-1. 해 까마귀와 달 토끼를 설명함[日烏月兎圖]

해라는 것은 양(陽)이면서 양 속에 음(陰)을 품고 있으니 마치 모래 속에 수은이 있는 것과 같은 모습이다. 양에 음이 없으면 그 얼이 절로 빛날 수가 없으므로 암컷인 불이라고 부르는데 바로 양 속에 품어져 있는 음인 것이다. 해 속에는 까마귀가 있고 괘로는 남쪽에 속하니 그것을 이괘(離卦)인 여자라 부른다. 그러므로 해는 이괘의 자리에 있어 오히려 여자가 된다.

달이라는 것은 음이면서 음 속에 양을 품고 있으니 마치 납 속에 은이 있는 것과 같은 모습이다. 음에 양이 없으면 그 넋이 절로 찬 빛을 낼 수가 없으므로 수컷인 금이라 부르는데 바로 음 속에 품어져 있는 양인 것이다. 달 속에는 토끼가 있고 괘로는 북쪽에 속하니 그것을 감괘(坎卦)인 남자라 부른다. 그러므로 감괘는 두꺼비의 궁전96)에 배속되어 오히려 남자가 된다.

『무루(無漏)』에서는 "납은 옥 토끼의 뇌 속의 정에서 찾고 수은은 금 까마귀의 심장 속의 피에서 가져온다. 다만 이 두 물건만 몰고 가면 단을 맺어 이루니 지극한 진리의 길은 번잡할 것도 없고 뒤죽박죽될 것도 없다"고 말하였다.

『오진편』에서는 "먼저 건과 곤을 가지고 솥 그릇으로 삼고 다음으로 까마귀와 토끼라는 약을 끌어모아 삶는다. 이미 두 물건을 몰아서 가운데 길로 들어서게 하고 나면 금단을 다투어 얻어서 생명이 풀어지지 않는 경지가 된다"라고 말하였다.

두 물건이란 것의 바탕은 하나[一]이다.

---

96) 두꺼비의 궁전: 섬궁(蟾宮)이라 쓰며 달을 가리키는 말이다.

14. 크고 작은 솥과 화로를 그림[大小鼎爐圖]

크고 작은 솥과 화로를 그림[大小鼎爐圖]

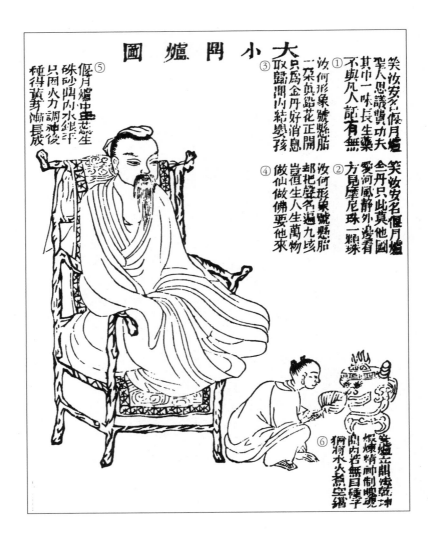

圖 爐 鼎 小 大

① 笑汝安名假月爐
笑汝安名假月爐
聖人思議贊功夫
其巾一味長生藥
不與凡人說有無

② 笑汝安名假月爐
金丹只此莫他圖
愛河風靜外邊看
方見崑崙珠一粒珠

③ 汝何形象號懸胎
一朵金花好消息
一朵真鉛花正開
取歸開小結嬰孩

④ 汝何形象號懸胎
郤把壺名遍九垓
豈道生人生萬物
做仙做佛要他來

⑤ 假月爐中蕊生
銖砂開內水銀平
只因火力調神後
種得黄芽漸長成

⑥ 要爐立開透崑崙
煉煉精神制魄魂
島內若無百硬子
猶将水火煮空鍋

① 그대가 그저 초승달 같은 화로라 부르니 우습구나!

성인의 생각함은 힘들여 배우고 익혀야 하거늘…….

그 속에 한 가지 오래 사는 약이 있으니, 보통사람들과 더불어 있느니 없느니 따질 것이 못 된다.

② 그대가 그저 초승달 같은 화로라 부르니 우습구나!

금단은 이것 말고 다른 것에서 바랄 수가 없거늘…….

애욕의 강바람이 고요해진 바깥 기슭을 보게 되면 그제야 마니 구슬 한 알을 보게 될 것이다.

③ 그대는 어떻게 생긴 것을 보고 매달린 태라고 부르는가?

한 자루 진리의 납 꽃이 막 피고 있다면, 이것이 바로 금단의 반가운 소식이니, 잡아서 솥 안으로 돌아가게 하여 갓난아기를 맺는다.

④ 그대는 어떻게 생긴 것을 보고 매달린 태라고 부르는가?

그저 헛이름만 아홉 겹 하늘에 두루 퍼지나 어찌 사람을 낳고 만물을 낳음에 그치겠는가? 신선이 되고 부처가 되려면 그가 있어야 하는 것이다.

⑤ 초승달 같은 화로 속에 옥 꽃술이 생겨나고 주사 솥 속에 수은이 가득하여도 불의 힘으로 인하여 조화된 뒤라야만 씨앗에서 노란 싹이 차츰 자라나게 된다.

⑥ 건과 곤을 본받아 화로와 솥을 갖추어 세우고 정과 신을 다리고 불려서 넋과 얼을 바로잡으니, 솥 안에 아무런 재료도 없는 듯 마치 물과 불로 빈 냄비를 끓이는 듯하구나!

14-1. 크고 작은 솥과 화로를 설명함[大小鼎爐說]

무릇 금 즙으로 된 큰 단을 빚으려면 반드시 먼저 화로를 안정되게 하고 솥을 세워놓아야 하는 것이다.

솥은 금도 아니요 쇠도 아닌 것으로 된 기구요, 화로는 옥도 아니요 돌도 아닌 것으로 된 기구이다. 황정(黃庭)은 솥이고 기가 들어 있는 구멍97)은 화로이다. 황정은 기가 들어 있는 구멍의 바로 위에 있고 가는 실 같은 경락들이 서로 이어져 있어서 우리 몸의 모든 맥이 모여드는 곳이다.『주역』「상전(象傳)」98)의 정괘(鼎卦)99)에서 "……놓는 자리를 바르게 함으로써 생명을 엉겨 모이게 한다"라고 한 것이 바로 이곳이다. 이러한 관계를 설명하는 경우를 작은 솥과 화로라고 한다.

건괘의 자리가 솥이 되고 곤괘의 자리가 화로로 되면 솥 속에는 수은의 음함 곧 불 용[火龍]이라는 본성의 뿌리가 있게 되고, 화로 안에는 옥 꽃술의 양함 곧 물 범[水虎]이라는 생명의 꼭지가 있게 된다. 범은 아래에 있어서 불을 피어나게 하는 핵심기틀이 되고, 용은 위에 살아서 구름을 몰고 오는 바람과 물결을 일으킨다. 만약 화로 안에서 양이 올라가고 음이 내려오는 것이 잘못되지 않으면, 솥 속에서 하늘의 얼과 땅의 넋이 서로 그리는 심정으로 머무르고, 푸른 용과 흰 범이 서로 껴안으며, 옥 토끼와 금 까마귀가 서로 품게 되어 불의 운행 상태가 잘 고르게 되고 지극한 보물을 불려서 이루게 된다. 그러므로 청하자(靑霞子)100)께서는 "솥이요 솥이요 하

---

97) 기가 들어 있는 구멍: 기혈(氣穴)을 가리킨다. 기혈은 단전의 한 이름이다.

98) 「상전(象傳)」: 공자께서『역경(易經)』을 보충 해설하기 위하여 지었다는 열 개의 날개[十翼] 가운데 하나로서 64괘의 각 괘마다 윗괘와 아랫괘의 관계 및 각 효끼리의 관계를 말하고 있다.

99) 나무 위에 불이 있는 모습의 괘 곧 윗괘는 이(離) 아랫괘는 손(巽)으로 되어 있는 괘이다.

100) 청하자(靑霞子): 수나라 때의 유명한 내단가 소원랑(蘇元朗) 또는 소현랑(蘇玄朗)의 호. 나부산에서 제자들을 가르쳤으며 내단이라는 용어를 처음 사용하였고『지도편(旨道篇)』,『용호통현요결(龍虎通玄要訣)』을 썼다.

는데 금으로 만든 솥이 아니고, 화로요 화로요 하는데 옥으로 만든 화로가
아니다. 불은 배꼽 아래에서 피어나고 물은 정수리 가운데를 향하여 쏟아
진다. 세 성씨[101]가 이미 모여서 합하게 되면 두 물건[102]이 절로 껴안게
되고 단단하게 이루어져서 진리의 태(胎)가 새어나가지 않게 되는데, 그 변
화는 눈 깜짝할 사이에 일어난다"고 말하였다. 이러한 상태를 큰 솥과 화
로라고 말한다.

---

101) 세 성씨: 하늘[天]·땅[地]·사람[人]을 가리킨다.
102) 두 물건: 푸른 용과 흰 범, 옥 토끼와 금 까마귀, 얼과 넋을 가리킨다.

15. 안과 밖의 두 가지 약을 그림[內外二藥圖]

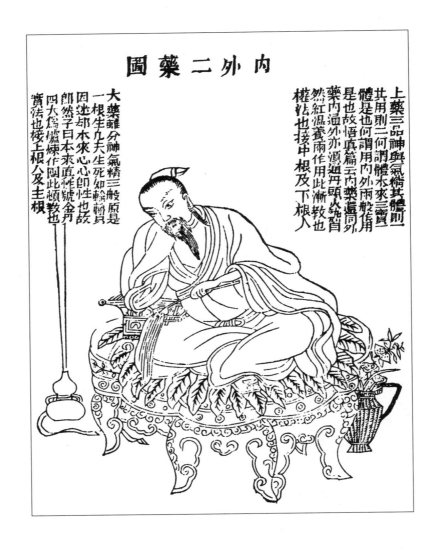

가장 좋은 약 세 가지는 신과 기와 정인데, 그 바탕은 하나이고 그 쓰임은 둘이다.

무엇을 바탕이라 하는가 하면 세 보물이 본래부터 하나의 몸인 것을 말하며, 무엇을 쓰임이라 하는가 하면 안과 밖의 두 가지 작용을 말한다. 그러므로 『오진편』에서는 "안의 약은 같은 곳으로 돌아가고 밖의 약은 안으로 통한다. 밖도 역시 통해야만 단의 대가리가 불에 익어서 저절로 붉어지고 따뜻이 길러지는 두 작용이 있게 된다"고 말하였다. 이는 차차로 이루어진다는 가르침이고 형편 따라 변하는 방법이며 중간 정도나 낮은 정도의 그릇을 타고난 사람에게 맞는 것이다.

큰 약은 비록 신이니 기니 정이니 나누어지지만 세 가지가 근원에서는 하나의 뿌리에서 생긴 것이다. 뭇 사람의 태어나고 죽음이 마치 수레바퀴가 돌듯 하는 것은 다름 아니라 본래 마음을 잃어버리고 헤매기 때문이다.

마음이 곧 본성이다. 그러므로 즉연자(即然子)께서는 "본래의 참 본성을 금단이라 부른다. 흙과 물과 불과 바람으로 만들어진 내 몸을 화로로 하여 다려서 둥근 덩어리로 만든다"고 말하였다. 이는 단박 이루어진다는 가르침이고 참다운 방법이니 타고난 그릇이 높은 사람에게 맞는 것이다.

15-1. 안과 밖의 두 가지 약을 설명함[內外二藥說]

무릇 닦고 달이는 사람은 먼저 밖의 약을 다스린 다음에 안의 약을 다스려야 한다. 만약 높은 수준의 선비라면 일찍이 신령한 뿌리를 심었을 것이므로 밖의 약을 달이지 않고 바로 안의 약을 달일 수 있다.

안의 약은 아무런 일도 함이 없되 하지 아니함이 없고, 밖의 약은 일함이 있는데 어떤 물질로써 그렇게 한다. 안의 약은 모양이 없고 재료도 없지만 참으로 있는 것이고 밖의 약은 눈에 보이고 작용도 있지만 알고 보면 없는 것이다. 밖의 약은 병을 치료할 수 있고 오래오래 살게 할 수 있으나 안의 약은 뛰어넘고 있음의 세계를 나와서 없음의 세계로 들어갈 수 있게 한다. 밖의 약은 밖의 음과 양이 오고 가는 것이고 안의 약은 안의 감(坎)과 이(離)가 가운데로 모이는 것이다.

밖의 약으로써 그것을 말하자면, 어울려 느끼는 정(精)은 무엇보다 먼저 새어나가지 말아야 하고 호흡하는 기(氣)는 더욱 더욱 알아차릴 수 없을 정도로 되어야 하며 따지고 헤아리는 생각을 일으키는 신(神)은 안정되고 고요함에 들어 있을 때에 가치가 있다.

안의 약으로써 그것을 말하자면, 정을 달인다는 말이 있는데 그것은 타고난 본디의 정을 달인다는 것으로 감 가운데의 으뜸 되는 양을 빼내오는 것이다. 타고난 본디의 정이 단단해지면 어울려 느끼는 밖의 정도 절로 새어나가지 않게 된다. 기를 불린다는 말도 있는데 그것은 타고난 본디의 기를 불린다는 것으로 이 가운데의 으뜸 되는 음을 채워넣는 것이다. 타고난 본디의 기가 한 곳에 머무르면 호흡하는 기운도 절로 들고나지 않게 된다. 신을 불린다는 말도 있는데 그것은 타고난 본디의 신을 불린다는 것으로 감과 이가 한 덩어리로 합쳐져서 건의 으뜸을 다시 찾는 것이다. 타고난 본디의 신이 엉기면 따지고 헤아리는 생각의 신은 저절로 평안하고 안정된다.

안과 밖을 함께 닦는다면 신선으로 되는 일이 반드시 이루어진다.

16. 흐름 따라 흘러가는 세 관문과 거슬러 가는 세 관문을 그림 [順逆三關圖]

흐름 따라 흘러가는 세 관문과 거슬러 가는 세 관문을 그림
[順逆三關圖]

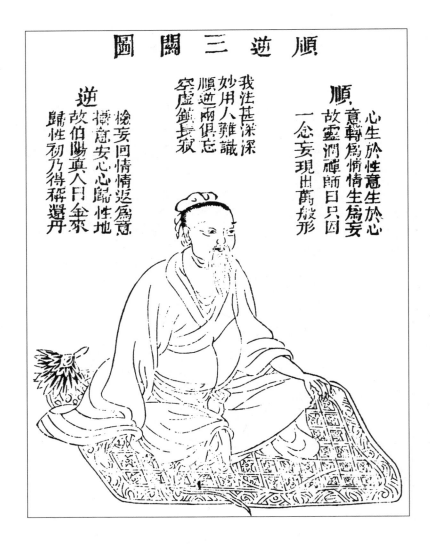

나의 가르침은 아주 깊고 깊어서 묘한 쓰임을 사람들이 알기가 어렵도다.

흐름을 따르든 거스르든 앉아서 둘 다 잊어버리니 텅 비어 둘 다 고요하도다.

흐름을 따름

마음은 본성에서 생기고 뜻은 마음에서 생겨서 뜻이 바뀌어 정으로 되고 정이 생겨서 헛된 짓을 한다.

그러므로 영간선사(靈澗禪師)께서는 오직 한 생각이 헛되이 나타나는 것만으로 모든 모습들이 나온다고 말하였다.

흐름을 거스름

헛된 짓을 하는 정을 막아서 말리니 정이 다시금 뜻으로 돌아온다.

뜻을 거두어 잡고 마음을 안정시키면 마음이 본성의 자리로 돌아간다.

그러므로 백양진인(伯陽眞人)께서는 금이 와서 본성으로 돌아가는 처음을 바로 단을 돌아오게 함이라 할 수 있다고 말하였다.

16-1. 흐름 따라 흘러가는 세 관문과 거슬러 가는 세 관문을 설명함
[順逆三關說]

진리는 흔을 낳고 흔은 둘을 낳고 둘은 셋을 낳고 셋은 모든 것을 낳는다. 이것이 이른바 흐름을 따라 흘러가서 사람을 낳고 사람 아닌 것들을 생기게 한다는 길이다.

이제 모습[形]이 변하여 정(精)이 되고 정이 변하여 기가 되고 기가 변하여 신이 되고 신이 변하여 텅 빔이 된다. 이것은 이른바 흐름을 거슬러 부처를 이루고 신선이 된다는 길이다.

첫째 관문인 정을 달여서 기로 변화되는 일을 익히는 사람은 하늘의 계
[天癸]103)가 생겨날 때를 알아서 재빨리 그것을 캐어야 한다. 캘 때에는
반드시 천천히 노니는 기분으로 불을 이끌어다가 금(金)을 몰아야 한다. 이
른바 불이 금을 몰아서 가게 하는 것이니 방향을 거꾸로 뒤집어서 굴러가
게 되고 저절로 솥 안에 큰 단이 엉기게 된다.

가운데 관문인 기를 달여서 신으로 변화되는 일을 익히는 사람은 이 불
의 힘이 힘차게 타오를 때 물 푸는 수레의 시동을 걸어 태현관(太玄關)104)
으로부터 거꾸로 거슬러 천곡혈(天谷穴)105)까지 몰고 올라가서 기와 신을
합치고 난 뒤에 노란 방[黃房]106)을 내려온다. 이른바 건과 곤이 어울리고
나면 하나의 점이 황정으로 떨어진다는 경지이다.

위 관문인 신을 불려서 텅 빔으로 돌아가는 일을 익히는 사람은 혼을 지
키며 근원을 끌어안아서 신으로 하여금 부처님의 빛이 두루 비치는 본성
의 바다로 돌아가게 한다.

이 세 관문을 어떤 일함이 있음으로부터 일함이 없음으로 들어가는 것
은 차츰차츰 이루어 나가는 방법이고, 위의 한 관문과 함께 아래의 두 관
문을 아울러 닦는 것은 단박 이루어내는 방법이다. 만약 곧바로 신을 불려
서 텅 빔으로 돌아가는 일을 해내는 사람이 있다면 그 일을 익힘이 아주
텅 비고 변화와 움직임을 여의고 두터운 조용함에 든 때에 이르러 정이

---

103) 하늘의 계[天癸]: 변화와 움직임을 여의고 조용함에 들었을 때 하나의 양
이 살아 나오는 자시(子時)가 찾아오는 낌새. 때로는 사람의 몸이 자라고 생
식기능을 갖도록 부추기고 여자들의 생리와 잉태 기능을 유지하기 위하여 필
요한 어떤 물질을 가리킬 때도 있다. 오늘날 지식으로 성 호르몬과 밀접한 관
계가 있는 용어이다.
104) 태현관(太玄關): 이른바 양관(陽關: 양기가 빠져나가는 관문)을 가리킨다.
이외에도 ① 단전[이 책 73쪽 「되돌아 비추는 그림(反照圖)」 참조], ② 미려
(尾閭)[『중화집(中和集)』 「삼관도설(三關圖說)」 참조] 등을 가리킨다.
105) 천곡혈(天谷穴): 니환궁(泥丸宮) 곧 상단전을 가리킨다.
106) 노란 방[黃房]: 보통 단전을 가리킨다. 이 책에서는 이 용어를 상단전을
가리키는 뜻으로 사용하고 있다(이 책 73쪽 「되돌아 비추는 그림」 참조). 노
란색은 가운데를 가리킬 때도 있고, 땅 곧 곤(坤)을 가리킬 때도 있다.

절로 기로 변화되고 기가 절로 신으로 변화되고 있는 것이다. 관윤자(關尹子)께서 말한 "정과 신을 잊고 생명을 뛰어넘는다"는 말의 뜻이 바로 그것이다.

17. 본성을 다하고 생명의 일을 다 마치는 그림[盡性了命圖]

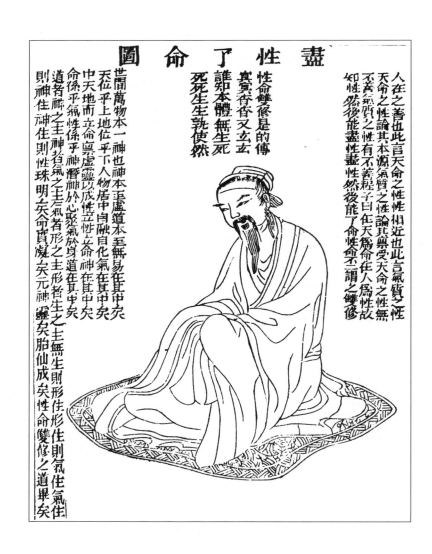

본성과 생명을 둘 다 닦는 것이 원만한 가르침이다. 어둡고 어두운데 또다시 아득하고 묘하니, 본바탕에는 태어남과 죽음이 없음을 아는 이 누구이며 죽고 죽고 태어나고 태어남은 누가 그렇게 시키는 것인가?

"사람은 본래 착하다"고 하는데 이는 하늘이 맡겨준 본성을 말하는 것이다.

"성품은 서로 가깝다"고 하는데 이는 기를 재료로 하는 성품을 말하는 것이다.

하늘이 맡겨준 본성이란 그 본디의 원천을 논하는 경우이고 기를 재료로 하는 성품이란 그 내려받은 것을 논하는 경우이다.

하늘이 맡겨준 본성은 착하지 않음이 없으나 기를 재료로 하는 성품은 착하지 않은 경우도 있다. 정자(程子)께서는 "하늘에 있으면 생명이 되고 사람에 있으면 본성이 된다"고 말하였다. 그러므로 본성을 안 뒤에야 본성을 다할 수 있고 본성을 다한 뒤에야 생명의 일을 다 마칠 수 있는 것이다.

본성과 생명은 둘이 아니니 함께 닦는다고 말하는 것이다.

세상에 있는 모든 것은 하나의 신에 근본을 두고 있고 신은 본래 지극히 텅 비어 있고 진리는 본래 지극하도록 아무것도 없는 것인데 역(易)이 그 안에 있도다.

하늘은 위에 있고 땅은 아래에 있으며 사람이 그 가운데에 있어서 절로 화합하고 절로 변화되는데 기가 그 안에 있도다.

하늘과 땅 가운데에 생명을 세우고 텅 비고 신령함을 내려받아서 본성을 이루니 본성과 생명을 세움에는 신이 그 안에 있도다.

진리라는 것은 신의 주인이고 신이라는 것은 기의 주인이며 기라는 것은 눈에 보이는 모습의 주인이고 모습이라는 것은 태어남의 주인이다. 태어남이 없으면 모습이 멈추어 서고 모습이 멈추어 서면 기가 머무르고 기가 머무르면 신이 머무르고 신이 머무르면 본성이 구슬처럼 빛나고 생명이 알차게 엉기고 타고난 본디의 신이 신령해지고 단을 잉태한 신선이 이루어지고 본성과 생명을 함께 닦는 길을 다 걸어내게 되는 것이다.

17-1. 본성을 다하고 생명의 일을 다 마침을 설명함[盡性了命說]

단전은 해에 비유되고 마음속의 으뜸 된 본성은 달에 비유되는데, 해의 빛이 절로 달을 되돌아보며 비춘다. 서로 만난 뒤에 보배로운 몸이 금을 생기게 한다. 달이 해의 기운을 받으므로 초삼일에 하나의 양을 생기게 한다는 것이다.

단이 이미 솥 안으로 들어가 살게 되고 나면 한 점의 신령한 빛이 마음에서부터 언제나 비추고 밤낮이 없음을 깨닫게 된다. 하나의 양이 또 생겨나면서 달의 8일에 이르면 두 양이 생겨 나오게 된다. 두 양이 되면 단의 금 기운이 조금 왕성해지고 으뜸 된 본성도 조금 나타난다.

두 양으로부터 양이 생겨나면서 보름에 이르면 세 양이 다 이루어져 순수하게 된다. 세 양이 순수하다는 것은 이른바 으뜸 된 본성이 모두 나타났다는 것인데 마치 달이 둥근 것과 같다.

달이 이미 둥글게 되고 나면 16일에 하나의 음이 생겨난다. 하나의 음이라는 것은 본성이 생명에로 돌아가는 처음인 것이다.

하나의 음으로부터 음이 생겨나면서 달의 23일에 이르면 두 음이 생겨나온다. 두 음이 되면 본성이 생명에로 3분의 2만큼 돌아가게 된다.

두 음으로부터 음이 생겨나면서 달의 30일에 이르면 세 음이 온전하게 된다. 세 음이 온전해지면 본성이 모두 생명에로 돌아간 것이다. 이렇게 되고서야 비로소 생명을 가지고 본성을 거두어 잡아서 본성이 온전하게 될 뿐만 아니라 본성을 가지고 생명을 안정시키게도 된다. 이것이 바로 본성과 생명을 함께 닦는 일의 큰 기틀이 함께 묶이는 곳이다.

18. 참된 토를 그림[眞土圖]

참된 토를 그림[眞土圖]

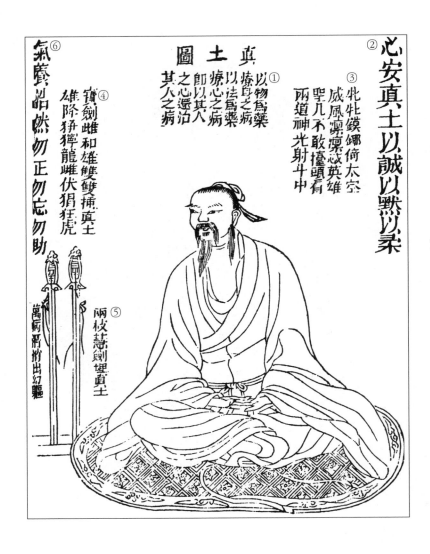

② 心安眞土以誠以黙以柔

③ 牝牝鏌鎁倚太空
咸風凜凜懾英雄
聖几不敢攙頭有
兩道神光射斗中

真土圖
① 以物爲藥
療身之病
以法爲藥
療心之病
即以其人
之心遣泊
其人之病

⑥ 氣曠岫然勿正勿忘勿助

④ 寶劍雌和雄雙揷眞土
雄除猙獰龍伏猖狂虎

⑤ 兩枝慧劍埋眞土

萬病消捋拊出幻軀

① 물질로써 약을 삼으면 몸의 병을 치료하고 법으로써 약을 삼으면 마음의 병을 치료하니, 다시 말하면 그 사람의 마음으로써 돌이켜 그 사람의 병을 고친다.

② 마음이 참된 토에 안정되는 것은 정성스럽고 말 없고 부드러움으로써 그렇게 된다.

③ 암수 한 쌍의 막아(鏌鎁) 보검을 우주에 비껴놓아 드러난 모습이 위엄 있고 의젓하다. 성인과 보통사람은 감히 머리를 맞대지 못하는데, 두 가닥 신의 빛이 북두 가운데를 쏜다.

④ 보검 암수 한 쌍을 참된 토에 꽂아놓고, 수놈으로는 사나운 용을 내려오게 하고 암놈으로는 미친 듯한 범을 무릎 꿇린다.

⑤ 두 자루 지혜의 검을 참된 토에 꽂아놓으니, 모든 병이 사라지고 환상 같은 몸뚱이를 나온다.

⑥ 기를 길러 굳세고 드넓게 되려면 바르게 하지도 말고 잊지도 말고 부추기지도 말아야 한다.

18-1. 참된 토와 뿌리인 마음을 설명함[眞土根心說]

무릇 하늘의 기를 따라 생겨난 것은 모두 하늘과 땅의 토(土) 안에 쌓이게 되는데 써도 써도 다함이 없고, 사람의 기를 따라 생겨난 것은 모두 사람 몸의 토 안에 쌓이게 되는데 써도 써도 다함이 없다. 그러므로 어짊과 의로움과 예의바름과 슬기로움의 뿌리는 마치 풀과 나무의 뿌리가 흙에 뿌리를 내리고 있듯이 마음에 뿌리를 내리고 있다. 풀과 나무의 뿌리가 흙에 뿌리내리고 있으면 저절로 커지고 우거져서 가지에까지 이르며, 어짊과 의로움과 예절바름과 슬기로움의 뿌리가 마음에 뿌리내리고 있으면 저절로 빛이 나서 얼굴이 함치르르 윤기가 돈다.

『맹자』에서는 "몸 두고 있는 곳에 따라 기상이 변하고 가꾸어 기름에 따라 몸이 변한다[107]"고 말하였고, 『대학』에서는 "마음이 넓고 몸이 넉넉해진다"고 말하였다. 마음이 이미 넓어지면 몸도 다시 살찌듯 넉넉해진다는 것이고 병이 없어지지 않으면 몸이라는 것이 허망해진다는 말이다. 만약 가지와 잎이 병들고 마르게 된다면 어떻게 하여야 하는가? 역시 오직 바로 그 뿌리에서부터 손을 써서 거름 주고 물 주는 것뿐이다. 거름 주고 물 준다면 생명의 의지가 다시 살아 숨쉬지 않겠는가? 풀과 나무의 뿌리가 병들면 가지와 잎이 병드는데, 사람의 마음은 마치 풀과 나무의 뿌리와 같은 것이어서 마음이 병들면 몸이 병들고 마음이 병들지 않으면 몸도 병들지 않는다. 그러므로 몸의 병은 마음의 병에 말미암으니 "몸이 넉넉해진다"는 문단의 몇 마디 말은 병을 쫓아내는 성약(聖藥)인 것이다.

---

107) 『맹자』「진심」.

19. 얼과 넋을 그려봄[魂魄圖]

얼과 넋을 그려봄[魂魄圖]

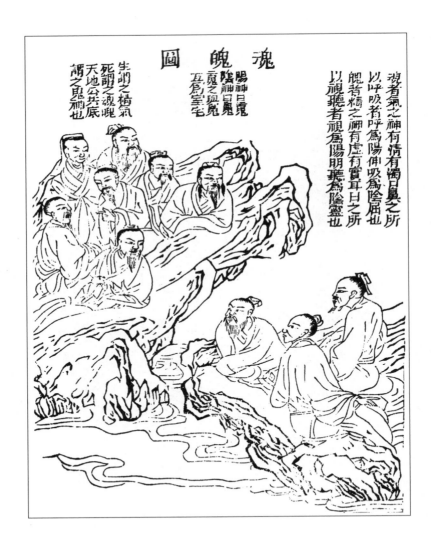

기운이 양한 신을 얼이라 하고 기운이 음한 신을 넋이라 한다. 얼과 넋은 서로가 서로의 몸담고 사는 방이요 집이다.

얼이란 기의 신으로서 맑고 탁함이 있다. 입과 코로 쉬는 호흡은 내쉬는 것이 양이고 펴지는 것이며, 들이쉬는 것이 음이고 말려드는 것이다. 넋이란 정의 신으로서 비기도 하고 차기도 한다. 귀와 눈으로 듣고 보는 것은 보는 것이 양이고 밝음이며 듣는 것이 음이고 신령함이다.

살아서는 기라 정이라 말하고 죽어서는 얼이라 넋이라 말한다. 하늘과 땅과 사회 일반의 입장에서는 귀와 신이라 한다.

19-1. 얼과 넋을 설명함[魂魄說]

귀신 귀(鬼)자와 이를 운(云)자가 합쳐서 얼 혼(魂)자가 되고 귀신 귀자와 흰 백(白)자가 합쳐서 넋 백(魄)자가 된다.

운자는 바람을 가리키는데, 바람은 오행의 목이고 백자는 기를 가리키는데 기는 오행의 금이다. 바람은 흩어지므로 가볍고 맑으니 가볍고 맑은 사람은 넋이 얼을 따라서 위로 올라간다. 금은 무겁고 탁하니 무겁고 탁한 사람은 얼이 넋을 따라 내려온다. 그러므로 성인은 얼로써 넋을 움직이고 보통사람은 넋으로써 얼을 거두어 잡는다.

얼은 낮에 눈에 살고 넋은 밤에 간(肝)에 산다. 눈에 살고 있으면 볼 수가 있고 간에 살고 있으면 꿈을 꿀 수 있다. 꿈이 많은 사람은 넋이 얼을 누르고 있는 것이며 깨어남이 많은 사람은 얼이 넋을 이기고 있는 것이다.

무릇 넋[魄]이 있으므로 인하여 정(精)이 있게 되고, 정이 있으므로 인하여 얼[魂]이 있게 되고, 얼이 있으므로 인하여 신(神)이 있게 되고, 신이 있으므로 인하여 뜻[意]이 있게 되고, 다시 뜻이 있으므로 인하여 넋이 있게 되어 다섯 가지가 끊임없이 돌고 돈다. 그렇기 때문에 나의 참 마음이 피어 나오는 운행과 변화가 몇억만 년을 가도 막다름에 이르지 않는 것이다. 무릇 씨앗과 싹이 서로가 서로를 낳기를 몇만 그루나 거듭하였는지 알 수 없지만, 하늘과 땅이 아무리 넓어도 공중에 뜬 씨앗을 싹틔우지 못하고, 암탉과 알이 서로가 서로를 낳기를 몇만 마리나 거듭하였는지 알 수가 없지만, 음과 양이 아무리 묘하더라도 수컷 없는 암놈의 알을 까지 못한다.

그래서 성인은 만물이 닥쳐오는 경우, 본성으로써 그것에 맞서지 마음으로써 맞서지 않는다. 본성이란 마음이 아직 눈뜨지 아니한 것이다. 마음이 없으면 뜻이 없고 뜻이 없으면 넋이 없고 넋이 없으면 태어남을 받지 않고 수레바퀴처럼 돌고 도는 윤회를 영원히 그치게 된다.

20. 두꺼비가 빛을 내쏘는 그림[蟾光圖]

두꺼비가 빛을 내쏘는 그림 [蟾光圖]

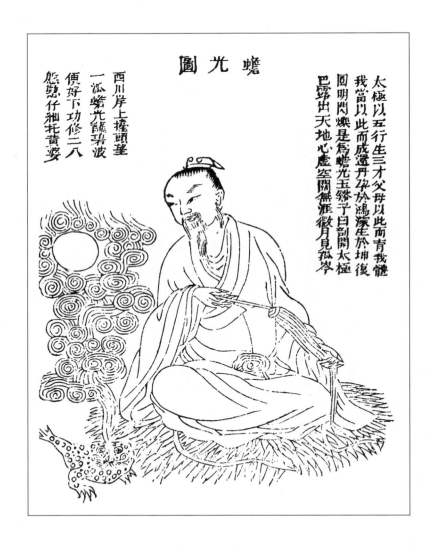

蟾光圖

西川岸上擡頭望
一派蟾光餱碧波
便好下功修二八
慇懃仔細托黃婆

太極以五行生三才父母以此而育我體
我當以此而成還丹孕於鴻濛生於坤復
圓明閃爍是為蟾光玉繜子曰剖開太極
巳露出天地心虛空闊無涯徵月見孤岑

태극으로써 오행이 나누어지고 하늘과 땅과 사람이 생기니 어버이는 이 것으로써 나의 몸을 기른다.

나는 마땅히 이것을 가지고 단을 되돌아오게 하고 우주의 본디 기운 가운데 잉태되며 곤괘에 해당하는 곳에서 다시 태어나야 된다.

둥글고 밝고 번쩍거리는 것이 바로 두꺼비가 내쏘는 빛이니 옥계자(玉谿子)께서는 "태극을 갈라서 열어놓고 하늘과 땅의 심장을 드러내면 텅 빈 공간이 끝없이 넓은데 희미한 달빛에 외로운 산봉우리만 보이도다"라고 말하였다.

서쪽 냇가 언덕에 올라 바라보니, 두꺼비가 내쏘는 한 줄기 빛이 푸른 파도를 비춘다.

바로 이때가 반 근짜리 두 조각을 합치는 일을 닦을 때이니, 간절하고 자세하게 누런 옷 입은 매파에게 부탁하여라.

20-1. 두꺼비가 빛을 내쏘는 것을 설명함[蟾光說]

태허는 텅 비고 아주 넓은데 흰 달이 밝게 빛나는데 눈발이 뒤집혀 오르고 흩날리며 금 두꺼비가 빛을 내뿜는다.

사람들은 달이 밝게 되는 까닭만 생각하여 해에 있는 금의 정이 왕성하면 달이 밝아지는 것이라고 한다. 그러나 금이 생겨나는 원인이 달로부터 이루어져 나오는 것임을 알지 못하거나, 그렇지 않으면 금이 달로부터 생겨나는 것만 보고 달의 밝음이 본래 해로부터 나오는 것임은 모르거나 한다.

달이란 으뜸 되는 본성을 비유한 말이고 물이란 감괘에 해당하는 곳을 비유로 가리킨 것이다. 금 두꺼비란 한 점 참된 양기가 나오는 터널 입구를 비유한 말이다.

으뜸 되는 본성을 달에 비유한 것은 본성의 작용하는 측면을 가리켜 말하는 것이다. 본성이 처음 나타날 때에는 둥글둥글하고 번쩍번쩍하며 마치 별똥별 모양과 같다. 태어난 뒤의 기에 의하여 물들여진 성품이 잦아 없어지고 나면 으뜸 되는 양기의 참된 본성이 드러나게 된다. 마치 구름이 터지면 달이 나타나고 안개가 흩어지면 햇볕이 빛나는 것과 같다. 마침내 이 물건을 보게 되면 그것은 틀림없이 태어날 때부터 있던 으뜸 되는 기가 생겨나는 것이다. 시간에 늦지 않게 빨리 마치 도적을 붙잡듯이 캐어 잡아서 다시는 달아나지 못하게 하여 거두어들여 솥 속으로 돌아가게 하면, 한 점의 태어날 때부터 있던 으뜸 되는 기에 해당하는 두꺼비의 빛이 끝내 밖으로 나오지 못하게 된다.

21. 용을 항복시키는 그림[降龍圖]

용을 항복시키는 그림[降龍圖]

머리에 뿔 달리고 사납기가 감당할 길 없는 것이 구름 걷히고 비 개인 하늘에 노닌다.

이때부터 못이 있는 골짜기를 알지 못하게 하고서 한 알의 구슬을 기르게 하면 밤마다 빛이 난다.

용을 항복시키지 못하면 신선이 될 수 없고 참다운 용을 항복시키면 단이 원만해질 수 있다.

반드시 신선들께서 가르치신 살아나는 방법들을 믿어서 터럭 한 올 끝에라도 이르면 용이 놀고 있는 하늘을 보게 된다.

21-1. 용을 항복시키는 일을 설명함[降龍說]

이(離)괘에 해당하는 해는 수은이 되고 그 속에 기(己)라는 토가 들어 있는데, 그것을 억지로 이름 붙여서 용(龍)이라 한다. 그 모습이 사납고 사람을 죽이거나 살리는 일을 주장하는 권한을 가지고 있으며 부처나 신선이 되는 길을 제멋대로 하고 있다. 그러한 위엄도 변하여 바뀔 수 있으니 감동시키면 마침내 통하게 되어 구름이 떠다니고 비가 내리며 만물이 저마다의 모습으로 땅 위에 퍼지게 한다. 건괘의 두 번째 양효(陽爻)에 달려 있는 말은 "물 속에서 나온 용이 밭에 있으니 인격 높은 사람을 보아야 이롭다"는 것인데, 공자께서는 이 말을 풀어서 "용의 덕을 갖추고서 바르고 가운데에 있는 것이다"[108]라고 하였다.

세상 사람들은 이 용에게 만물을 살리고 또 살리는 구실이 있음을 깨닫지 못하고 그 해로움만 생각하는 데 익숙해져 있다. 만약 사람들이 그러함을 깨닫고서 두렵기는 하지만 이 놈을 잘 달래서 길들인다면, 이 사나운

---

108) 『주역』 「문언전(文言傳)」 건괘에 나오는 말.

용도 항복시킬 수 있어서 지극한 정으로 된 수은을 쌓을 수 있게 된다.

이 놈을 항복시킨다는 것은 그 사람의 마음속에 있는 참된 불을 억누르는 것이다. 불의 성질이면서도 날아오르지 아니한다면 용도 억누를 수 있고 납을 얻는 때에 이르게 된다. 그러므로 "수은을 쌓지 않고 어찌 그 납을 얻을 수 있겠는가"라는 말이 있는데, 용을 항복시키지 않고는 그 사람의 속에 있는 범을 무릎 꿇릴 수 없다는 말이다.

또한 진리의 납과 진리의 수은은 쉽사리 서로 화합되지 않으며 진리의 용과 진리의 범도 역시 항복시키기 쉽지 않다. 이 길을 배우는 사람이 만약 이 몇 마디 말의 뜻을 이해하여 얻을 수 있다면, 그 밖의 일들은 모두 자질구레한 일들에 지나지 않는다.

22. 범을 무릎 꿇리는 그림［伏虎圖］

범을 무릎 꿇리는 그림〔伏虎圖〕

용과 범을 항복시킴도 어렵지만은 않으니, 항복시켜서 돌아오게 하여 옥(玉) 관문을 닫아걸면 해와 달이 분명히 솥 속에서 삶아진다.

어찌 크게 돌아온 단을 지어내지 못할까 걱정하리요?

약을 캐고 참된 세계를 찾으려면 범 골짜기에 들어가야 하는데 골짜기 안의 범은 틀림없이 사나울 것이다.

나의 억누름을 받아서 집으로 끌려 돌아오면 앞으로는 들어오고 나아감에 말처럼 타고 다닐 수 있다.

범 굴에 들어가서 범의 젖으로 만든 요구르트를 찾아내니 그 맛이 우유로 만든 버터보다 좋다.

사람이 이러한 곳에 이르게 되고서야 비로소 건과 곤 사이에 대장부가 되는 것이다.

22-1. 범을 무릎 꿇리는 일을 설명함[伏虎說]

감(坎)괘에 해당하는 곳의 달은 납이라 하는데, 그 속에 무(戊)라는 토가 있으니 억지로 이름하여 범이라 부른다. 그 모습이 미쳐 날뛰는 듯하고 비록 사람을 다치게 하거나 죽이기는 할지라도 큰 존재로서의 기상을 밑바탕에 지니고 몸 움직임이 가벼우며 위엄이 있다. 문을 두드리듯 신호를 보내면 바로 응해 나오는데 넓고 큰 빛을 품고 있으며 모든 물건의 생명을 돕고 있다. 문왕(文王)께서는 『주역』의 이괘(履卦) 「괘사(卦辭)」에서 "범의 꼬리를 밟았는데 물지 않으니 일이 잘된다"라 하고, 다시 그 「효사(爻辭)」에서 "넓고 평탄한 길을 밟고 가며 그윽한 공부를 하는 사람이 곧고 바르니 길하다"고 말하였다. 공자께서는 「상사(象辭)」에서 "신을 신고 간다는 것은 바라는 바를 홀로 행한다는 것이다"라고 설명하였다.

만약 사람이 그것을 깨달아서 두려워하면서도 길들여서 잘 다루면 이미쳐 날뛰는 범을 무릎 꿇릴 수 있고 그리하여서 태어나기 전부터 있는 납을 드러나게 할 수 있는 것이다. 그 놈을 무릎 꿇린다는 것은 몸 속에 있는 진리의 물을 다스린다는 것이다. 물의 근원 되는 샘이 지극히 맑으면 범이 무릎을 꿇게 되고 사람을 무는 해가 없게 된다. 그러므로 대대로 내려오면서 성인이신 스승들께서는 용을 항복시키는 일로써는 성품 속에 들어 있는 기(己)를 불리는 일로 삼고, 범을 무릎 꿇리는 일로써는 마음을 보존하여 지니고 있는 일로 삼았다. 그래서 순양(純陽)[109] 노인께서는 "7이 다시 돌아온 단이 사람에게 있으려면 먼저 반드시 기(己)를 불리면서 때를 기다려야 한다"라고 말하였고, 자양(紫陽)[110] 노인께서는 "만약 아홉 굽이 굴러 변하는 일을 이루고자 한다면 먼저 반드시 기(己)를 불리고 마음을 보존하여 지녀야 한다"고 말하였는데 모두 이것을 가리킨 뜻이다.

---

109) 순양(純陽): 여동빈.
110) 자양(紫陽): 장백단.

23. 세 집안이 서로 만나는 그림[三家相見圖]

세 집안이 서로 만나는 그림[三家相見圖]

三家相見圖

① 身心意是誰分作三家

③ 大道玄微見此圖分明有象不模糊
先將一二爲之用三四中當共一都

② 肝青爲父
肺白爲母
心赤爲女
脾黃爲祖
腎黑爲子
于五行始
三物一家
都歸戊
巳

④ 不用五金并八石只求三品共一室
煉成一顆如意珠軟似兜羅紅似日

① 精氣神由我合成一箇

神
精 氣

① 몸과 마음과 뜻을 누군가 세 집안이라고 나누어놓았지만,

　정과 기와 신이 나로 말미암아 한 개로 합쳐지도다.

② 간(肝)은 푸르고 아버지에 해당하며, 폐(肺)는 희고 어머니에 해당하고,
심(心)은 붉고 딸에 해당하며, 비(脾)은 노랗고 할아버지에 해당하고, 신(腎)
은 검고 아들에 해당한다.

　큰 줄기인 다섯 가지가 처음으로 돌아가고 세 가지 물건이 한 집이 되
니, 모든 것이 무(戊)와 기(己)로 돌아간다.

③ 큰 진리의 길이 아득하고 미묘하나 이 그림을 보니 분명하게 눈에 보
이는 것이 있고 흐릿하지 않도다.

　먼저 1과 2로써 작용을 삼으니 3과 4와 중(中)은 당연히 합하여 하나로
모이도다.

④ 다섯 쇠붙이와 여덟 돌을 쓰지 않고 다만 세 가지 것이 한 방에 함께
있기만을 구하여 한 알의 여의주를 달여 만드니, 연하기가 솜과 같고 붉기
는 해와 같다.

23-1. 세 집안이 서로 만나는 일을 설명함[三家相見說]

몸[身]과 마음[心]과 뜻[意]을 세 집안이라 부르는데, 세 집안이 서로 만
난다는 것은 잉태한 태(胎)가 둥글다는 것이다.

　정과 기와 신을 세 가지 으뜸 되는 것이라 부르는데, 세 가지 으뜸 되는
것이 하나로 합한다는 것은 단이 이루어진다는 것이다.

　셋을 거두어 혼으로 돌아가서 텅 비고 고요함에 들어 있다. 그 마음이
텅 비면 신과 본성이 합하고, 그 몸이 고요하면 정과 감정이 조용해지며,

뜻이 크게 안정되면 세 가지 으뜸 되는 것들이 하나로 섞인다. 감정과 본성이 합하는 것을 금(金)과 목(木)이 아우른다고 말하고, 정과 신이 합하는 것을 수(水)와 화(火)가 어우른다고 말하며, 뜻이 크게 안정하는 것을 일러 오행(五行)111)이 온전하다고 말한다.

그러나 정이 변화되어 기가 되는 것은 몸이 움직임을 여윔으로 말미암고, 기가 변화되어 신이 되는 것은 마음이 움직임을 여윔으로 말미암으며, 신이 변화되어 텅 빔이 되는 것은 뜻이 움직임을 여윔으로 말미암는다.

마음이 만약 움직임을 여의면 동쪽의 3과 남쪽의 2가 함께 하여 5를 이루고, 몸이 만약 움직임을 여의면 북쪽의 1과 서쪽의 4가 합하게 되며, 뜻이 만약 움직임을 여의면 무(戊)와 기(己)112)가 「하도(河圖)」113)의 생수(生數114)가운데 5를 따라서 돌아온다.

---

111) 오행(五行): 사물을 크게 아홉 범주로 분류할 때, 처음 범주를 이루는 물[水]·불[火]·나무[木]·쇠붙이[金]·흙[土]을 가리킨다(『서경』「홍범」참조). 다섯 가지 기본요소라고도 한다. 순환 진동하는 한 과정을 구성하는 다섯 가지 과정에 해당한다.

112) 무(戊)와 기(己): 열 개의 천간(天干)을 오행과 음양에 따라 분류하면 다음과 같다.

	물[水]	불[火]	나무[木]	쇠붙이[金]	흙[土]
양(陽)+	임(壬)	병(丙)	갑(甲)	경(庚)	무(戊)
음(陰)−	계(癸)	정(丁)	을(乙)	신(辛)	기(己)

113) 하도(河圖): 복희 시대에 황하에서 나온 용마의 등에 그려져 있던 무늬로서, 복희씨가 괘를 그리게 된 본원이라고 전해지는 것이다. 오늘날 전해지고 있는 그 모양은 송대의 진단(陳搏: 希夷)이 그린 「용도(龍圖)」를 발달시켜 남송 채원정(蔡元定)이 그린 것으로 다음과 같다.

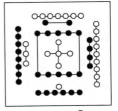

114) 생수(生數): ① [○] ② [●—●] ③ [○—○—○] ④ [●—●—●—●] ⑤ [○┼○]

 몸과 마음과 뜻이 합하면 세 집안이 만나는 것이고 진리의 젖먹이[嬰兒]
를 맺게 되는 것이다.

24. 네 가지 모습을 화합하는 그림[和合四象圖]

① 눈이 보지 않으면 얼이 간에 있고, 귀가 듣지 않으면 정이 콩팥에 있고, 혀가 움직이지 않으면 신이 심장에 있고, 코가 냄새 맡지 않으면 넋이 폐에 있다. 네 가지가 새나가지 않으면 정이라는 물과 신이라는 불과 얼이라는 나무와 넋이라는 쇠가 모두 뜻이라는 흙 속으로 모이게 되니, 네 모습이 화합하는 것이라 말한다.

② 눈빛을 머금고 귀 울림에 정신을 쏟으며 코로 쉬는 숨을 고르고 혀의 기운을 봉하여 네 가지 큰 것이 움직이지 않도록 하니, 금·목·수·화·토가 모두 가운데 궁에 모인다.

그러므로 정과 신과 얼과 넋과 뜻이 거두어 묶여서 곤괘의 자리로 돌아가서 변화와 움직임을 여의고 조용함이 지극해지니 하늘의 마음을 보게 되고 신명이 제 스스로 이르게 된다.

③ 하늘의 수 3은 목을 낳고 동쪽에 자리하는데, 그 모습은 청룡이다.

④ 땅의 수 2는 화를 낳고 남쪽에 자리하는데, 그 모습은 주작이다.

⑤ 하늘의 수 1은 수를 낳고 북쪽에 자리하는데, 그 모습은 현무이다.

⑥ 땅의 수 4는 금을 낳고 서쪽에 자리하는데, 그 모습은 백호이다.

⑦ 금과 수가 합쳐진 곳에 목과 화가 반려자로 된다. 네 가지 것이 구별할 수 없게 섞여서 태극인데, 벌려 베풀면 용과 범으로 된다.

⑧ 청룡과 백호와 주작과 현무라는 네 모습이 화합하여 가운데 궁으로 들어가니, 흔 신령함이 자부(紫府)로 돌아간다.

24-1. 네 가지 모습을 화합하는 일을 설명함[和合四象說]

네 모습이라는 것은 청룡(靑龍)·백호(白虎)·주작(朱雀)·현무(玄武)이다. 오행이라는 것은 금(金)·목(木)·수(水)·화(火)·토(土)이다.

용에 해당하는 목은 화를 낳고 함께 마음에 속하는데, 마음이라는 것은 임금으로서의 모습을 갖기 전에 신령하고 묘함이 본래부터 있었고 가운데에 들어 있는 참다운 없음이다. 마음이 만약 움직이지 않으면 용이 울고 구름이 일어나며 주작이 날개를 접고 둥지로 돌아가서 태어날 때부터 있은 으뜸 되는 기가 모인다.

범에 해당하는 금은 수를 낳고 함께 몸에 속하는데, 몸이라는 것은 겁을 지내오면서 맑고 깨끗하며 없음 속의 묘한 있음이다. 몸이 만약 움직이지 않으면 범이 울고 바람이 일며 검은 거북이 가라앉아 엎드려서 태어날 때부터 있던 으뜸 되는 정이 엉긴다.

정이 엉기고 기가 모이면 금과 목과 수와 화가 참된 토 속에서 녹아 섞이게 되고 정과 신과 얼과 넋이 참된 뜻 안에서 거두어져 묶이게 된다. 참된 뜻이라는 것은 건괘의 덕인 으뜸이라는 것이니, 다시 말하면 하늘과 땅의 어미이며 음과 양의 뿌리이고 물과 불의 근본이며 해와 달의 바탕이고 만물의 원천이며 오행의 시발점이다. 모든 사물이 이것에 힘입어서 생겨나고 이루어지며 모든 신령들이 이것을 받아서 기쁘기도 하고 슬프기도 하다. 뜻이 만약 움직이지 않으면 두 가지 것이 어우르고 세 가지 보물이 맺히고 네 모습이 화합하고 오행이 거두어져 묶여서 모두 가운데 궁으로 들어가 모이고 큰 단이 이루어진다. 그러므로 자양께서는 "오행 모두가 가운데로 들어가야 한다"고 말하였는데, 그 모두가 이를 두고 한 말이다.

25. 감괘의 것을 가져다가 이괘를 채우는 그림[取坎塡離圖]

감괘의 것을 가져다가 이괘를 채우는 그림[取坎塡離圖]

① 감괘의 가운데 획을 빼내어다가 이괘를 채우니, 다시 건괘로 돌아가서 양만으로 순수해져 생명의 근본이 단단해지고 영사(靈砂) 같은 본성의 구슬이 원만해진다.

생각을 이겨서 하늘의 진리를 온전하게 하고 티끌을 떠나서 높은 선(禪)의 경지에 합하여 납을 캐는 방법을 알고 세 겹 속의 태선(胎仙)을 춤추게 한다.

② 양한 단이 음의 바다 속에서 맺히는 것이 마치 감괘 속의 한 효를 옮겨내다가 이괘 안에서 따뜻하고 따뜻하게 키우는 것과 같다.

이것이 바로 신선들께서 세속이치를 거꾸로 거스르는 일이다.

③ 감의 것이 와서 이괘를 채우니 건괘가 된다.

하늘과 땅이 자리를 정하니 근본이 돌아가고 으뜸 되는 것이 돌아온다.

25-1. 감괘를 가져다가 이괘를 채우는 일을 설명함[取坎塡離說]

납이니 수은이니 하는 것은 태극이 처음 나누어지던 하늘보다 먼저 있던 때의 기다. 하늘보다 먼저 있던 때의 기라는 것은 용과 범이 처음 나누어지게 되기 전의 기다.

범은 북쪽 감괘에 해당하는 수(水) 속에 살고 있는데 감괘 가운데의 양효는 본래 건괘에 속하던 것이다. 우주의 운행이 시작되기 전에 건괘가 함부로 날뛰다가 아차 잘못되어 곤괘 속으로 빠져버려 건괘의 가운데 효를 잃어버리고 이괘가 되었는데, 이괘는 본디 수은이 사는 집이다. 그러므로 "감괘 안의 노란색 남자를 수은의 조상이라 한다"는 말이 있는 것이다.

용은 남쪽 이괘에 해당하는 화(火) 안에 살고 있는데 이괘 가운데의 음효는 본래 곤괘에 속하던 것이다. 소용돌이치던 태극이 떨어져 내려온 뒤 곤괘가 받아 안아서 먹여 키웠기 때문에 건괘와 짝을 맺게 되어 곤괘의 가운데 효가 채워져 감괘가 되었는데, 감괘는 본디 납이 사는 집이다. 그러므로 "이괘 안의 검은 여자는 납의 집안사람이다"라는 말이 있는 것이다.

이와 같이 남자와 여자가 다른 방에 있고 납과 수은이 다른 화로에 들어 있어서 음과 양이 어우르지 않으니, 하늘이 위에 있고 땅이 아래에 있어서 제 각각 나누어지고 있는 부괘(否卦)[115]의 모습이다. 성인들께서는 뜻을 중매쟁이로 삼아서 감괘 안에 있는 노란 남자를 이끌어내어 이괘 안에 있는 검은 여자와 짝을 맺어준다. 부부가 한 번 어우르니 바로 순수한 건괘로 변하게 된다. 이것을 일러 감괘를 가져다가 이괘를 채운다고 말하며 나의 태어나기 전의 본래 몸을 다시 찾는 것이다. 그러므로 『오진편』에서 "감괘 속에서 가운데 있으며 가득 찬 것을 가져다가 이괘에 해당하는 곳 궁궐의 깊은 속에 있는 음을 놓치지 않고 변화시키고자 한다"고 말하였는데 바로 이러한 뜻이다.

---

115) 부괘(否卦): ䷋

26. 관음보살의 남모르는 주문을 그림[觀音密呪圖]

관음보살의 남모르는 주문을 그림 [觀音密呪圖]

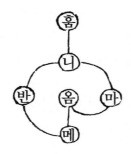

① 시작은 위에서부터 아래로 내려가 배꼽 가운데 이른다.

② 가운데서 동으로 돈다.
　　동에서 남으로 돈다.
　　남에서 서로 돈다.
　　서에서 북으로 돈다.

③ 옴자는 반드시 배꼽에 이르러야 한다.

④ 메자는 배꼽 아래에 있다.

⑤ 북에서 끝나면 아래에서부터 위로 올라가 목구멍 속에 이른다.

26-1. 관음보살의 남모르는 주문을 설명함[觀音密呪說]

이 주문은 관음보살께서 헤아리기 어려운 묘한 상태에서 마음으로 찍어 전하여주는 것이다. 만약 누군가 여섯 글자로 된 대명주(大明呪)[116]를 베껴

---

116) 대명주(大明呪): 크고 밝고 상서로운 빛으로 어리석은 중생의 어두움을 밝

쓰는 사람이 있다면 그는 경(經)·율(律)·논(論)으로 된 보배 같은 가르침들을 베껴 쓰는 것과 같다. 만약 누군가 여섯 글자로 된 대명주를 외우는 사람이 있다면 그는 일곱 수레의 신령한 경문을 읊고 외우는 것과 같다. 그리고 또한 지혜의 문을 열 수도 있고, 여러 가지 어려움과 괴로움을 구제할 수도 있다. 세 가지 세상에서 지은 업과 원한도 모두 맑고 깨끗해지고 모든 죄로 인한 모든 가로막힘도 모조리 풀려 없어지며 나고 죽음으로부터 풀려 벗어나서 진리의 몸[法身][117]이 편안하고 즐겁게 된다.

그러나 주문을 외는 데에는 역시 남모르는 방법이 있다. 그러므로 첫째 목소리는 가운데에서 '옴ㅡ' 하는데 이는 내 몸의 비로자나불[118]을 부르는 소리이다. 둘째 목소리는 동에서 '마ㅡ' 하는데 이는 내 몸의 아축여래[119]를 부르는 소리이다. 셋째 목소리는 남에서 '니ㅡ' 하는데 이는 내 몸의 보생불[120]을 부르는 소리이다. 넷째 목소리는 서에서 '반ㅡ' 하는데 이는 내 몸의 무량수불(無量壽佛)[121]을 부르는 소리이다. 다섯째 목소리는 '메ㅡ' 하는데 이는 내 몸의 불공성취불(不空成就佛)[122]을 부르는 소리이다.

혀주는 주문이라는 뜻.

117) 진리의 몸[法身]: 범어로는 dharma-kata. 빛깔도 형상도 없는 진실 그대로의 몸 곧 진리를 몸으로 하고 있는 것이라는 뜻.

118) 비로자나불: 범어로는 Vairocana. 몸의 빛이나 지혜의 빛이나 간에 이치와 사물에 걸림 없이 모든 존재의 세계에 두루 비추어 원만하고 밝은 부처라는 뜻으로 부처님의 진리의 몸이다.

119) 아축여래: 범어로는 Aksobhya. 부동불(不動佛)이라고도 한다. 이 세계에서 1,000불국을 지나면 '아비라제'라는 불국이 있는데 아축여래께서 현재 그곳에서 설법하고 있다.

120) 보생불(寶生佛): 범어로는 Ratna-sambhava. 밀교에서 말하는 두 만다라 가운데 하나로 대일여래(大日如來)의 이상이 완성되는 세계를 그린 금강계(金剛界) 만다라(曼茶羅)에서 남쪽에 앉아 있는 부처. 금강계 만다라에 의하면 중앙에 대일여래, 동쪽에 아축불, 남쪽에 보생불, 서쪽에 미타불, 북쪽에 불공성취불이 있다.

121) 무량수불(無量壽佛): 범어 Amitayus-buddha. 아미타불이라고도 부른다. 현재 서쪽 극락세계에 머물러 진리를 가르치고 있다.

122) 불공성취불(不空成就佛): 범어 Amoghasiddhi. 금강계 만다라에서 북쪽을 맡고 있는 부처.

여섯째 목소리는 다시 위로 목구멍으로 돌아와 '훔―' 하는데 이는 내 몸의 대세지보살(大勢至菩薩)123)을 부르는 소리이다.

　오래도록 계속하면 다섯 기가 근원으로 돌아오고 헤아릴 수 없는 보람과 진리의 실현을 이루어 원만하게 통함을 경험하게 된다.

---

123) 대세지보살(大勢至菩薩): 범어 Mahasthamaprapta. 아미타불의 오른쪽 옆에서 지혜문을 맡은 금강계의 보살. 지혜의 광명으로 일체 중생을 널리 비추어 구제한다.

27. 아홉 솥으로 마음을 달이는 그림[九鼎煉心圖]

첫 번째 단계 … 마음자리를 연마하여 금단을 달이는 데에는 생각을 그치는 것이 첫째 관문이다. 생각이 끊어지면 감정과 의식이 저절로 끊어지니 반드시 물이 고요하면 물결이 없음을 알아야 한다.

  두 번째 단계 … 진리의 터널에 많은 입구가 있는데 그 가운데 조상 같은 입구가 열릴 때에는 사람이 캄캄해지나 감괘의 납과 이(離)괘의 수은이 저절로 넘치게 서린다. 타고난 대로의 진리의 불이 때를 알아 달여지니 서쪽에 나타나는 초승달 같은 양기가 달여져 나온다.

  세 번째 단계 … 밖은 곧고 속은 통하는 것을 아는 사람이 드물어 가지와 잎만 찾고 뿌리를 찾지 않는다. 이곳으로부터 차차로 들어가면 한 점 신령한 빛이 차차로 밝아진다.

  네 번째 단계 … 검으나 양한 바다 밑에서 신이 힘차게 위세를 떨치니 바로 금단이 네 번째 단계를 넘는 때이다. 태어나기 전부터 있던 진리의 씨앗을 빼앗아서 물 푸는 수레바퀴에 실어 조계(曹溪)를 건넌다.

  다섯 번째 단계 … 때 지난 뒤에 금가루가 날아오르고 노을빛이 정수리의 관문에 찬란하다. 세 가지 꽃이 정수리에 모여서 용과 범을 삶으니 구슬이 황정(黃庭)에 떨어져 성인이 될 태아를 맺는다.

여섯 번째 단계… 금 까마귀가 광한궁(廣寒宮)에 날아들고 흰 범이 위세를 펼쳐 붉은 용을 기다린다. 붉은 용이 힘을 뿜내며 금 솥으로 돌아오니 신비한 구슬을 잡아 눈을 붉게 비춘다.

일곱 번째 단계… 열 달 만에 태아가 신령해져서 뱀이 튀어 오르듯 올라와 젖먹이로 되니 젖 먹여 키우는 데 삼 년이 걸린다. 웅크리고 숨어서 숨을 멈추고 따뜻하고 따뜻하게 기르기를 마치 용이 못 아래에서 구슬을 품고 잠든 듯이 한다.

여덟 번째 단계… 양이 꼭대기까지 차고 음이 사라져 단이 이미 이루어지니 신의 빛이 밝고 밝게 금빛 뜰에 빛난다. 괴로움의 바다를 벗어나서 모습을 나누어 나오니 얽매임 없이 멋대로 곤륜산 꼭대기를 올라간다.

아홉 번째 단계… 단도 없고 불도 없고 금도 역시 없으니 세상 것은 어디에서도 찾을 길 없네. 나의 본래면목이 돌아오니 몸이 아직 태어나기 이전의 공간에 달만 하나 둥글다.

27-1. 아홉 솥으로 마음을 달이는 일을 설명함[九鼎煉心說]

해라는 것은 하늘의 단(丹)이니 검은 것이 덮어버리면 해가 단을 이루지 않고, 마음이라는 것은 사람의 단이니 물질적 바람이 휘몰아치면 마음이 단을 이루지 못한다. 그러므로 단을 달이는 사람은 음한 바람이 휘몰아치는 물욕을 걸러버리고 마음의 본바탕을 돌이켜서 하늘이 명한 본성의 저절로 그러함을 되찾는 것이다.

하늘이 명한 본성이란 나에게 있는 진리의 금인데, 사람마다 반드시 갖고 있는 것이다. 기를 재료로 하여 이루어진 성품이란 금의 탁한 찌꺼기인데, 지혜가 높은 사람에게도 없지 않은 것이다.

만약 사람의 윤리로 일상생활에서 쓰는 불을 가지고 날마다 그것을 달이면 기를 재료로 한 성품이 날로 없어진다. 기를 재료로 한 성품이 날로 없어지면 하늘이 명한 본성이 스스로 나타난다. 그러므로 옛 성인들이신 삼황오제(三皇五帝)[124]는 임금으로서 임금의 길을 가지고 날로 그 마음을 달였고, 이윤(伊尹)이나 부열(傳說)[125]이나 주공(周公)이나 소공(召公)[126]은 신하의 우두머리로서 신하의 길을 가지고 날마다 그 마음을 달였으며, 공자나 증자(曾子)나 자사(子思)나 맹자[127]는 스승으로서 스승의 길을 가지고 날마다 그 마음을 달였다. 마음이 진리의 길에 있지 않은 때가 없었고 진리의 길로써 그 마음을 달이지 않은 때가 없었다. 이것이 바로 옛 선배이신 큰 성인이나 큰 현인들께서 배우는 일을 하였던 요점 되는 방법이다. 백 번이라도 달이라는 것이 마음을 달이고 본성을 달이는 일을 밝게 가르치는 말이다.

---

124) 삼황오제(三皇五帝): 중국 고대의 성인들. 복희(伏羲)·신농(神農)·수인(燧人)·황제(黃帝) 또는 소호(少昊)·전욱(顓頊)·요(堯)·순(舜).

125) 부열(傳說): 은나라 고종(高宗) 때의 어진 제상.

126) 소공(召公): 주공과 같이 주 문왕의 아들. 이름은 석(奭), 시호는 강(康). 성왕 때에 주공과 함께 삼공(三公)의 자리에 있었다.

127) 맹자: 기원전 372~289. 전국 시대 추(鄒)나라 사람. 이름은 가(軻), 자는 자여(子輿). 공자의 도를 스스로 이어받아서 열국을 돌아다니며 민본사상에 기초를 둔 왕도정치(王道政治)와 인의(仁義)를 주창하였다. 그의 언행을 모아 기록한 책이 『맹자』이다.

28. 여덟 의식이 으뜸 되는 곳으로 돌아가는 그림〔八識歸元圖〕

八識歸元圖

① 軒轅稱九門　如來標八識

第七傳送識

② 境屬風即五識　六識屬波　七識屬浪　八識屬心海　九識屬湛性

淨識

真　精　神　火極歸無極　安　身火　神枕地

③ 弟兄八箇一人痴　獨有一箇最伶俐　苽菡門前做買賣　一箇家中作主依　伶俐者即第六意
識也此識為五賊之主　乃輪迴之種子　三界凡夫總一人不遇此沉淪故　圓覺經云先斷
無始輪迴根本者即此意識也　痴者即第七傳送識　而言主依者即第八阿頼耶識是
也此識閻之總報主　投胎時是他先來投身　故曰去後來先鎮王公

④ 八識有能無明色身已主事外起九識名曰白淨識不屬無名不落因果不
假修証不受一塵故宗門　謂曰實際理地　離一切相建化門中不捨一法其是
一切買而言之以上八箇識屬漸第九識屬頓何則然色身幻化不假修証
法身無相獨若虛空故不假修為今以圖象會意揀妄明真勿令認賊為子

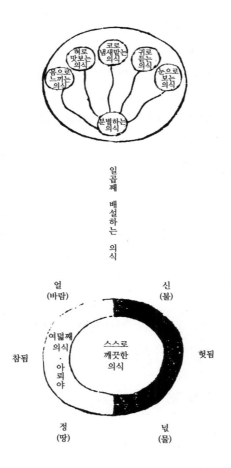

① 헌원(軒轅)께서는 아홉 솥이라 말하고 여래께서는 여덟 의식을 내보이 셨다.

태극이 무극으로 돌아간다.

② 마주치는 경계는 바람에 속하니 바로 다섯 의식이다.

여섯째 의식은 작은 물결에 속하고 일곱째 의식은 큰 물결에 속하며 여 덟째 의식은 마음의 바다에 속한다.

아홉째 의식은 깊은 본성에 속한다.

③ 여덟 형제 가운데 한 사람은 바보고 오직 하나만은 가장 약삭快르며 다섯은 문 앞에서 물건을 사고팔고 있고 하나는 집 안에서 주인 노릇 한다. 약삭快른 것은 바로 여섯째의 분별하는 의식인데 이것은 다섯 도적의 주장이요 윤회의 씨앗이다. 세 가지 세계의 어떤 사람도 이것에 빠져들지 않은 이가 없다. 그러므로 『원각경(圓覺經)』에서 "먼저 윤회의 뿌리를 끊어라"라고 말한 것이 바로 이 의식을 끊으라는 것이다. 바보는 일곱째 배설하는 의식을 가리키고, 주인 노릇 하는 것이란 바로 여덟째 아뢰야식을 말한다. 이 의식을 '누구나 다 같이 받는 보답'이라고도 부른다. 주로 태에 태어날 때에는 먼저 오고 몸을 버리고 떠날 때에는 뒤에 간다. 그러므로 뒤에 가고 앞서 와서 임금이나 정승도 꼼짝 못하게 한다고 말한다.

④ 여덟 의식은 모두 밝음 없는 색신(色身)에 속한다. 이 밖에 아홉째 의식을 스스로 깨끗한 의식이라 부르는데 이름 붙일 수 없는 것에조차 속하지 않고 인과법칙에도 떨어지지 않으며 닦아서 증명할 수 있는 것이 아니고 하나의 티끌도 묻지 않는다. 그러므로 우주의 본바탕인 진리의 경지라고 부른다.

모든 상(相)을 떠나되 남을 교화하는 곳 안에서 하나의 이치도 버리지 않으니 결국 모든 실재가 그것이다. 말하기를 토(土)라 한다.

여덟 개의 의식은 차차로 닦는 일에 속하고 아홉째 의식은 단박 깨치는 것이다. 어떻게 하면 그렇게 되는가? 색신은 환상이니 닦아서 증명할 겨를이 없게 되고 법신은 상(相)이 없어 허공과 같기 때문이다. 그러므로 닦을 수 없어도 벌써 원만한 모습이라는 것이다.

뜻을 모아 헛됨을 걸러버리고 참됨을 밝힐 것이지 도적을 아들이라 인정하지 않도록 하라.

28-1. 여덟 의식이 으뜸 되는 곳으로 돌아감을 설명함[八識歸元說]

석가께서는 사람이 생명을 받을 때에는 반드시 아버지의 정과 어머니의 피와 지난 생애에 이루어진 의식의 신, 이 세 가지가 서로 합해진 뒤에 태를 이루게 된다고 말하였다. 정과 기는 어버이에게서 받으나 신과 의식은 어버이에게서 받지 않고 처음을 알 수 없는 겁으로부터 흘러 내려오는 것이니 역시 생기고 없어지고 하는 성품이라고 말한다. 그러므로 생기고 없어지고 하는 것과 그렇지 않은 것이 화합되어 여덟 의식을 이루게 되는 것이다.

무릇 우주의 운행 변화 가운데에는 만고에 변함없는 진리의 주재자도 있고 때를 따라 변해가는 기운도 있다. 기운과 진리의 주재자가 합한 것을 하늘이 명한 본성이라고 부르는 것이다. 하늘이 명한 본성이란 곧 태어날 때부터 있던 으뜸 되는 신이다. 기를 재료로 이루어진 성품이라는 것은 곧 의식의 신이다. 그러므로 유가에는 기를 재료로 한 성질을 변화시킨다는 말이 있고 선종에는 의식을 되돌려 지혜를 만드는 방법이 있다.

오늘날 사람들은 사방 한 치 속에 어떤 밝고 밝으며 신령하고 신령한 것이 다른 물건들과 완전히 한 덩어리로 섞여 있다고 함부로 인정하고는 그에 태어날 때부터 있던 으뜸 되는 신이 깃들여 있다고 생각한다. 그러나 안타깝게도 이것이 곧 죽고 죽고 태어나고 태어나는 근본에 지나지 않을 뿐 생기지도 없어지지도 않는 으뜸 되는 신이 아님을 알지 못한다. 오호라! 의식을 분별하기는 쉬우나 의식을 없애기는 어렵구나. 만약 하늘이 명한 으뜸 되는 신을 가지고 싸워서 진리의 밝음이 없어지게 되는 근본원인인 의식을 물리치지 않으면, 끝내 생겨나고 없어지고 하는 마당 가운데 놓여 있게 되어 얼굴을 내미는 해를 볼 수 없게 되고 만다.

29. 다섯 기가 으뜸 되는 곳에 모이는 그림〔五氣朝元圖〕

29-1. 다섯 기가 으뜸 되는 곳에 모임을 설명함[五氣朝元圖]

흔 기가 처음 나뉘어 두 원리[儀][128]로 벌려지고 두 원리가 자리를 정하여 다섯 원칙[常]으로 나뉜다. 다섯 원칙은 자리를 다르게 하여 각각 한 방위씩을 지키고, 다섯 방위의 각기 다른 기를 각각 하나의 왕자가 맡는다.

청제(青帝)의 왕자는 용연(龍烟)이라 불리는데 갑과 을 곧 목(木)의 덕인 3의 기를 받고, 적제(赤帝)의 왕자는 단원(丹元)이라 불리는데 병과 정 곧 화(火)의 덕인 2의 기를 받으며, 백제(白帝)의 왕자는 호화(皓華)라 불리는데 경과 신 곧 금(金)의 덕인 4의 기를 받고, 흑제(黑帝)의 왕자는 현명(玄冥)이라 불리는데 임과 계 곧 수(水)의 덕인 1의 기를 받으며, 황제(黃帝)의 왕자는 상존(常存)이라 불리는데 무와 기 곧 토(土)의 덕인 5의 기를 받는다. 그러므로 금이 토를 얻으면 살아나고 목이 토를 얻으면 왕성하고 수가 토를 얻으면 그치고 화가 토를 얻으면 사라진다.

오직 성인만이 기틀이 도는 길을 알고 으뜸 되는 곳으로 돌아가는 이치를 얻어서 다섯 가지를 거두어 잡고 네 가지를 묶으며 세 가지를 모으고 두 가지를 합하여 흔으로 돌아간다.

무릇 몸이 움직임을 여의면 정(精)이 굳어지고 수가 으뜸 되는 곳으로 모이며, 마음이 움직임을 여의면 기가 단단해지고 화가 으뜸 되는 곳으로 모인다. 참된 본성이 고요하면 얼이 감추어지고 목이 으뜸 되는 곳으로 모이며, 헛된 감정을 잊으면 넋이 엎드리고 금이 으뜸 되는 곳으로 모이며, 이 네 가지 큰 요소들이 편안하고 조화되면 뜻이 안정되어 토가 으뜸 되는 곳으로 모인다. 이러함을 일러 다섯 기가 으뜸 되는 곳으로 모이는 것이라고 말하는데, 다시 말하면 이 모든 것이 정수리에 모인다는 것이다.

---

128) 두 원리[儀]: 태극이 움직임으로써 생긴 양과 움직임을 여의어서 생긴 음이, 서로가 서로의 뿌리가 되어서 양이 끝까지 가면 음이 생기고 음이 끝까지 가면 양이 생기며 양이 늘면 음이 사라지고 음이 짙어지면 양이 줄어드는 관계를 음양관계라고 하는데, 이 음양관계를 이루는 음과 양을 양의(兩儀) 곧 두 원리 내지는 본이라 한다.

30. 부르심을 기다리는 그림[待詔圖]

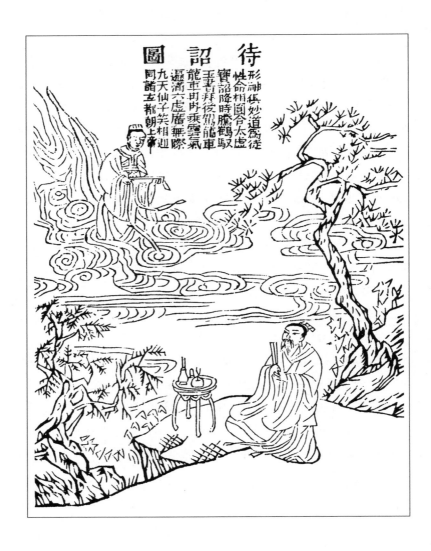

눈에 보이는 것과 보이지 않는 것이 모두 묘하게 되니 진리의 길을 가는 무리이다.

본성과 생명이 서로 원만해져 태허에 합하니 보배로운 부록[寶錄]129)으로 부르심이 내려올 때는 학을 타고 온다.

신선의 가르침이 쓰인 글을 절하고 받은 뒤에 용 수레를 타니 용 수레가 꿈결같이 구름 기운을 타고 흐르는데, 그 기운이 온 세상에 두루 꽉 차서 넓기가 가없구나.

아홉 하늘의 신선들께서 웃는 얼굴로 맞아주시니 그들과 함께 신선계에 서서 하느님을 뵙는다.

30-1. 부르심을 기다리는 일을 설명함[待詔說]

9년 동안 벽 앞에 앉아서 크게 안정하는 일을 마치고 나면, 신령한 돈대가 밝고 깨끗해지며 깨달음의 바다가 원만하고 밝아지며 본성과 생명이 완전히 녹아서 섞이고 모양과 신이 모두 묘해져서 하늘과 땅과 더불어 그 진리의 실현이 합쳐지고 태허와 더불어 같은 바탕으로 된다.

이렇게 되면 단의 길이 이미 다 이루어진 것과 같지만 아직 맡은 바 구실을 다하는 행위를 쌓을 일이 남아 있음을 빠뜨려서는 안 된다. 무릇 진리의 길과 진리가 실현된 덕과의 관계는 음과 양의 관계와 같고 진리의 실천과 그 보람의 관계와 같고 눈과 발의 관계와 같은 것이다. 종리 노인께서는 "보람은 있으나 진리를 실천하는 행위가 없으면 발이 없는 것과

---

129) 보배로운 부록[寶錄]: 옥황상제의 부절(符節)과 비밀 내용이 쓰인 문서[秘記錄]. 진리의 길을 얻으면 처음에는 「오천문록(五千文錄)」이 내려오고, 그 다음에는 「삼동록(三洞錄)」, 또 그 다음에는 「동현록(洞玄錄)」이 내려오며, 끝으로 「상청록(上淸錄)」이 내려오는데, 이들은 모두 그러한 신선세계의 관직을 맡은 신선의 이름을 적어놓은 것이라고 한다[『수서경적지(隋書經籍志)』 참조].

같고 진리를 실천하는 행위는 있으나 보람이 없으면 눈이 온전하지 못한
것과 같다. 보람과 실천이 둘 다 원만해야 발과 눈이 갖추어진 것이다. 세
상에서 마땅히 하여야 할 본분 없이 신선이 될 수 있다고 누가 말하던가?"
라고 말하였다. 그렇기 때문에 옛 신선이나 성인들께서는 금단의 일이 이
루어지고 따뜻이 기르는 일을 끝내고서는 세상에 내려와 노닐면서 빛을
감추고 속인들과 섞여서 능력에 따라 공을 세우고 방법에 따라 묶인 것을
풀어주며 위험한 사람을 붙잡아주고 액난을 당한 사람을 구하여주며 빼앗
기는 사람을 구원하고 시속을 바로잡으며 길 잃고 헤매는 여러 사람들을
널리 건지고 후학들을 맞이하여 이끌어주어서 진리의 길에도 보람이 있고
사람들 사이에서도 실천함이 있었다. 보람과 실천이 만족해지면 깊이 숨
어서 때를 기다리며 그저 하늘의 글이 내려와서 부르기만을 기다리면 옥
녀(玉女)가 맞으러 나온다. 안개를 타고 구름 위로 올라가서 곧바로 삼청(三
淸)130)이라는 성인의 경계로 들어간다. 이를 두고 장자양 노인께서는 『오
진편』에서 "진리를 실천하는 행위를 닦음이 800을 넘고 남모르는 보람을
쌓음이 3,000에 다 차면 하늘에서 부록이 내려와 부르니 하느님을 뵈러 가
는데, 세상에서 볼 수 없는 보배로 장식하고 봉황이 이끄는 고귀한 수레에
편안히 앉아서 간다"라고 말하고 있다.

---

130) 삼청(三淸): 하늘·땅·인간 세계 위에 있는 옥청(玉淸)·태청(太淸)·상청(上
淸)이라는 신선의 세계를 가리키는 말이다[『영보태을경(靈寶太乙經)』 참조].
이외에도 ① 신선들이 사는 36하늘 가운데 가장 높은 대라천(大羅天) 바로 밑
에 있는 청미천(淸微天=玉淸)·우여천(禹餘天=上淸)·대적천(大赤天=太淸)을
가리킬 때도 있고[『도교의추(道敎義樞)』 참조], ② 그러한 신선세계에 살고
있는 세 분의 최고신선들 곧 천보군(天寶君=元始天尊)·영보군(靈寶君=太上
道君=靈寶天尊)·신보군(神寶君=太上老君=道德天尊)을 가리킬 때도 있으며
[『도장목록상주(道藏目錄詳注)』 「도교종원(道敎宗源)」 참조], ③ 내단을 달이
는 경우 태어나기 전부터 있었던 본디의 정[元精]·기[元氣]·신[元神]을 가
리키거나[『도법회원(道法會元)』 참조], ④ 상·중·하 세 단전을 가리킬 때도
있다[『수진태극혼원도(修眞太極混元圖)』 참조].

31. 날아올라가는 그림[飛昇圖]

날아올라가는 그림 [飛昇圖]

31-1. 날아올라가는 일을 설명함[飛昇說]

선인에는 다섯 가지 등급이 있고 부처에는 세 가지 수레가 있다. 닦아 지니는 보람과 실천이 같지 않으므로 뛰어넘어 벗어나는 것에도 조금씩 차이가 있는 것이다. 날아올라서 들려가는 것은 가장 훌륭한 것이고, 앉아 서 시해(尸解)[131]하는 것은 그 다음이고, 내 몸을 버리고 다른 태에 태어나 는 것은 또 그 아래다.

용을 타고 올라간 선인들로는 황제(黃帝), 모몽(茅濛,[132]) 왕현보(王玄甫),[133] 위선준(韋善俊)[134] 등이 있고, 구름을 타고 올라간 선인으로는 양희(楊羲),[135]

---

131) 시해(尸解): 닦고 달이는 일을 익힌 보람으로 태어나기 전부터 있었던 본디 의 신이 육체를 벗어나서 신선으로 되어 올라가는 방술을 가리키고 있다. 이 외에도 ① 일반적으로 수련 공부를 익히던 사람이 죽은 뒤에 혼백이 그대로 뭉쳐서 몸뚱이를 떠나는 것을 가리키기도 하고, ②『신선전』에 나오는 특별 한 수단을 가리킬 때도 있으며, ③ 신과 기가 분리되는 여러 가지 형태를 널 리 가리킬 때도 있고[『선불합종어록(仙佛合宗語錄)』참조], ④ 나아가서는 도 사(道士)의 죽음을 가리킬 때도 있다[『도추(道樞)』참조].

132) 모몽(茅濛): ?~기원전 21. 진시황 시대에 신선이 된 사람으로 도교 모산파 (茅山派)에서 조사로 받드는 모영(茅盈)의 증조부이다.『사기(史記)』「집해(集 解)」에 인용된 바에 의하면 진시황 31년 9월 경자(庚子)에 화산(華山)에서 대 낮에 구름을 타고 용을 몰면서 하늘로 올라갔다 한다.

133) 왕현보(王玄甫): ?~345. 진나라 때의 도사.『서주지(徐州志)』에 의하면, 적 성곽산(赤城霍山)에서 진리의 길을 배워 돌밥을 먹고 해의 정(精)을 삼키며 오장을 들여다볼 수 있었고, 진나라 목제(穆帝) 영화(永和) 5년 대낮에 하늘로 올라갔다고 한다. 뒤에 중악진인(中岳眞人)이라 불리었다. 이 기록 외에 전진 도에 의하여 북오조로 높여진 동화제군(東華帝君)의 성명이 역시 왕현보(王玄 甫)인데, 그는 한나라 때 산동 사람으로서 호를 화양진인(華陽眞人)이라 하였 다는 기록이 있다[『역세진선체도통감(歷世眞仙體道通鑑)』참조]. 둘이 같은 사람인지 아닌지 잘 알 수 없다.

134) 위선준(韋善俊): 당나라 때에 신선이 된 사람. 13세에『도덕경』·『도인경(度 人經)』·『서승경(西升經)』·『승현경(升玄經)』종류를 즐겨 읽고 뒤에 숭양관(嵩 陽觀)을 찾아가 스승을 모시고 다시 임여(臨汝)의 동원관(洞元觀)의 도사인 한 원(韓元)에게서 비법을 받는다. 측천무후 장수(長壽) 연간(692~694)에 용을 타고 올라갔다.

135) 양희(楊羲): 330~386. 동진(東晋) 시대 오(吳: 현재 강소성) 지방 사람으로

이급(李笈),136) 남채화(藍采和),137) 손불이(孫不二) 등이 있고, 잉어를 타고 올
라간 선인으로는 자영(子英),138) 금고(琴高)139) 등이 있고, 난(鸞)새를 타고
올라간 선인으로는 자진(子晉), 등욱(鄧郁)140) 등이 있고, 학을 타고 올라간
선인으로는 환개(桓闓),141) 굴처정(屈處靜)142) 등이 있고, 바람을 몰아 올라
간 선인으로는 갈유(葛由),143) 무이군(武夷君)144) 등이 있고, 집째 날아올라
간 선인으로는 하후(何侯),145) 윤희(尹喜), 회남왕(淮南王), 허정양(許旌陽) 등
이 있고, 대낮에 들려 올라간 선인으로는 채경(蔡瓊),146) 풍장(馮長),147) 마

상청파(上淸派) 도사. 이름은 회화(羲和). 『진고(眞誥)』 권20에 기록이 있다.

136) 이급(李笈): 금(金)·원(元) 시대의 산동성 제남(濟南) 사람으로 뒤에 청성산
(靑城山)에 들어가 숨어살다 하늘로 올라갔다고 전해진다[『산동통지(山東通
志)』 참조].

137) 남채화(藍采和): 중국 도교 팔선(八仙)의 한 사람. 걸인 행색으로 늘 취하여
돌아다니며 가사(歌詞)를 읊기도 하다가 어느 날 주루(酒樓)에서 하늘로 올라
가버렸다[『속선전(續仙傳)』 참조].

138) 자영(子英): 『열선전』에 나오는 선인. 어느 날 자영이 잉어를 잡았는데, 그
색깔이 고와서 죽이지 않고 밥을 먹였더니 1년 만에 사람만해지고 뿔과 날개
가 돋았다. 자영이 이상하게 생각되어 절을 하였더니 잉어가 "나는 당신을
맞으러 왔습니다"라고 말하였다. 그러자 큰비가 쏟아졌고 자영은 그 등에 올
라타고 하늘로 올라갔다.

139) 금고(琴高): 전국 시대 조나라 때의 선인.

140) 등욱(鄧郁): ?~515. 남북조 시대 형주(荊州) 건평(建平: 현재 호북성에 속
함) 사람으로 자를 언달(彦達)이라 하였다[『형악지(衡岳志)』 참조].

141) 환개(桓闓): 남북조 시대의 도사. 도홍경(陶弘景)의 일꾼으로 일하면서 묵조
(默朝)의 방법을 익혀서 태상을 9년 동안 뵙고 있다가 태상의 부름을 받아 천
의(天衣)를 입고 흰 학을 타고 올라갔다[『신선감우전(神仙感遇傳)』 참조].

142) 굴처정(屈處靜): 춘추 시대의 신선이라고 전해진다.

143) 갈유(葛由): 고대 선인. 서강(西羌) 사람으로 주나라 성왕(成王) 때 나무로
양을 다듬어 타고 다녔다는 전설이 있다.

144) 무이군(武夷君): 무이산에 살았다는 전설 속의 신선. 한편 한 무제 때부터
제사를 지내주고 있는 무이산의 산신(山神)도 무이군이라 부른다.

145) 하후(何侯): 고대 요(堯) 임금 때의 선인. 아홉 개의 샘을 파서 그 물로 단
을 달여 가지고 술에 타서 온 가족이 마시고 집 둘레의 벽에 뿌렸다. 그러자
온 가족 300인과 집이 통째로 날아올라갔다고 전해진다.

146) 채경(蔡瓊): 노자를 스승으로 삼고 도를 배운 선인으로 자는 백요(伯瑤)라
고 전해진다.

성자(馬成子),[148] 부구백(浮丘伯)[149] 등이 있다.

여러 선인들을 기록해둔 계보나 전기를 뒤져 찾아보면 예로부터 이제까지 선인이 된 사람이 십만 명이 넘고 집째 날아간 곳이 8,000곳이 넘는다. 그래서 순양 노인께서는 경복사(景福寺)[150] 벽에다 시 두 구절을 짝 맞추어 써놓았다.

신선을 배울 곳이 없다 하지 마라   莫道神仙無學處

고금에 하늘로 올라간 이 얼마인데   古今多少上昇人

---

147) 풍장(馮長): 팽진인(彭眞人)에게서 태상은서(太上隱書)를 받아 도를 이룬 신선으로 주나라 평왕(平王) 때에 하늘로 올라갔다고 전한다.

148) 마성자(馬成子): 고대 선인. 촉 지방 학명산(鶴鳴山)에서 단을 이루고 대낮에 하늘로 올라갔다고 전한다.

149) 부구백(浮丘伯): 숭산에 숨어살며 도를 이루어 하늘로 올라간 신선으로 성이 이(李)씨였다고 전한다. 『원도가(原道歌)』를 지었다고 한다[『소요허경(逍遙虛經)』 참조].

150) 경복사(景福寺): 섬서성 농현(隴縣) 서북쪽에 있는 경복산(주봉의 높이는 해발 1,900미터)에 있는 궁관(宮觀)을 가리킨다고 생각된다.

제2편

신선·부처의 세계로
뻗은 길 [亨集]

제1절 태어난 뒤의 세계

1. 본디 근원을 푸근히 기르는 그림[涵養本原圖]

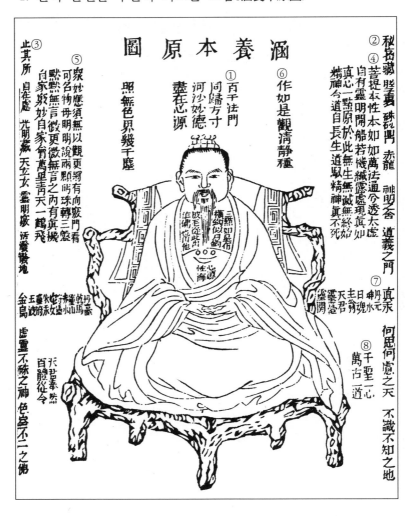

① 백 가지 천 가지 가르침이 함께 사방 한 치 되는 곳으로 돌아오고 갠지스 강의 모래알 같은 묘한 덕들도 모두 마음의 원천에 들어 있도다.

② 남모르게 감추어 둠. 뱃속. 주사로 된 솥. 붉은 용. 신명이 사는 집. 도의의 문. 참된 수은. 생각도 걱정도 없는 하늘. 알음알이 하지 않는 자리.

③ 머물러 있는 그곳. 제 스스로 있는 곳. 밝은 빛이 들어 있는 곳. 하늘의 현녀. 신령하고 밝은 터널 입구. 살아서 펄펄 뛰는 곳. 금 까마귀. 텅 비고 신령하여 눈 어둡지 않은 신. 색과 비어 있음이 둘이 아닌 부처.

④ 깨달음의 지혜니 본성이니 하는 것은 본디 그렇고 그런데, 만 가지 이치가 통하여 태허를 뚫고 있는 것이다.

신령하고 밝은 곳으로부터 배가 떠나니, 만약 신령한 곳을 잡아 묶어버리면 진리의 모습 그대로 드러난다. 참 마음 한 점은 이로부터 흘러나오는데, 생겨남도 없어짐도 끝도 시작도 없다.

정과 신이 진리의 길에 합하면 저절로 오래 살게 되니, 진리의 길이 정과 신을 몰아가게 되는 것이 참으로 죽지 않는 것이다.

⑤ 뭇 묘함은 반드시 없음으로써 살펴야 되지만, 또 한편 있음으로써 터널의 입구 문을 살핀다.

만물의 어미라 이름 붙일 수 있는 것이 밝고 밝게 말하고 있는데, 두 알의 구슬이 세 개의 접시를 굴러다닌다.

입을 굳게 다물고 말이 없는데 있는 듯 없는 듯 참으로 알아보기 힘들지만, 말 없는 속에 진리의 기틀이 있다.

나 자신의 터널 입구의 묘함은 나 스스로 알 일인데, 만 리 푸른 하늘에 한 마리 학이 날아가도다.

⑥ 이와 같이 맑고 깨끗한 씨앗을 살피는 일을 하고 색 없는 세계의 몇 천의 티끌을 비춘다.

⑦ 단의 근본. 곤괘의 물. 해의 얼. 주인 영감. 하느님. 신령한 돈대. 신령한 관문. 단의 돈대. 건괘의 말. 신령한 산. 단지. 소녀. 붉은 수은. 신령한 집. 옥 즙.

⑧ 천이나 되는 성인들이 하나의 마음이고 만 겁 예전부터 진리는 하나이다.

하느님을 받들고 있으면 온 몸이 시키는 대로 따른다.

1-1. 본디 근원을 푸근히 기르고 생명의 보배를 찾아 보호함[涵養本原 救護命寶] (물러나 갈무리하고 머리 감고 몸 씻으며 옥 즙으로 몸을 달이는 두 방법도 함께 들어 있다.)

오래 살기를 닦고자 한다면 반드시 태어난 근본을 알아야 할 것이고, 죽지 않기를 바란다면 마땅히 죽지 않은 사람을 찾아내야 할 것이다. 그러므로 "죽지 않은 사람을 알아내야 비로소 죽지 않을 수 있다"는 말이 있다. 그러한 죽지 않은 사람을 도가에서는 철의 사나이[鐵漢]라 부르고 불가에서는 금강(金剛)이라 부르는데, 다시 말하면 세상 사람들에게 본래부터 있는 묘한 깨달음[妙覺]의 참 마음이라는 것이다.

이 마음은 신령한 능력이 있고 잠들지 않으며 슬기롭기 짝이 없어 언제나 모르는 것이 없다. 그 본바탕은 생겨나지도 않고 없어지지도 않으며 그 모습은 감도 없고 옴도 없다. 캐고 들어가면 하늘과 땅이 생기기 전보다 먼저 있어서 그 처음을 알 수 없으며, 따져 나가면 하늘과 땅의 뒤보다도 뒤에 있어서 그 끝을 알 수 없고, 위없이 넓으며 가없이 넓고 밑 없이 깊어서 헤아릴 수조차 없다. 건과 곤도 이에 의하여 위에서 덮고 아래에서 실으며, 해와 달도 이에 의하여 비추고 있으며, 텅 빈 공간도 이에 의하여 모든 것이 들어갈 수 있도록 넓으며, 모든 신령들도 이에 의하여 변하고 통한다.

세 종교의 성인들께서 사람들에게 진리의 길을 닦으라고 가르친 것도 바로 이것을 닦으라는 것이고, 신선이 되고 부처를 이루는 것도 바로 이것이며, 머리에 뿔나고 몸에 털 나는 것도 역시 이것이다. 성인과 보통사람의 길이 이로 말미암아 둘로 나누어지고 나고 죽음을 벗어나는 것도 이밖에 또 다른 길이 있는 것이 아니며 열반에 오르는 것도 오직 이 하나의 방법뿐이다.

그러나 세간의 모든 종류가 아직 한 물건도 없었고 덧없음에 의하여 잡아먹히지 않았을 때에도 이것이 홀로 있어서, 생겨나고 없어짐에 의하여 얽어 매일 수 없었고 색과 모습에 의하여 엿보일 수 없었다. 올바르고 올바르며 사물의 이치에 마땅하고 마땅하며 상쾌하고 맑기가 짝이 없는 것인데 사람들이 저 스스로 그것이 온 본디의 곳을 깨닫지 못하고 있는 것이다.

깨닫지 못하는 것은 무슨 이유인가? 헛된 마음 때문이다. 무엇을 헛된 마음이라 하는가? 무릇 모든 목숨들은 처음을 알 수 없는 때부터 참 마음을 잃어버리고도 스스로 깨달아 알지 못하고 있으므로 윤회의 수레바퀴에 걸려 여러 나쁜 곳으로 말려들어가게 되는 것이다.

원래 참 마음은 헛됨이 없는 것이고 본성과 슬기는 본래 밝은 것이다. 태어날 때부터 묘하고 가득 차 있는 본디의 정[元精]이 눈 힐끗 돌아보는 사이에 헛된 생각이 일어남으로 말미암아 깜박 어두워지면 그 본디의 정이 끈끈하게 되어 넘쳐서 잃어버리게 되고 알음알이가 피어나온다. 그래서 슬기가 변하여 의식으로 되고 눈에 보이는 것 가운데 헛된 마음이 생기니 이것을 일러 식(識)이라고 부른다. 마음에는 본래 알음알이가 없는데 의식을 함으로 말미암아 알음알이를 하게 되고, 본성에는 본래 생겨남이 없는데 의식으로 말미암아 생겨남이 있게 된다. 우리의 몸을 태어나게 하는 씨앗이 이에서 싹터서 새어나감이 있는 몸이라는 꽃을 피우고 나고 죽음이라는 열매를 맺는다.

오늘날 사람들은 경솔하게도 사방 한 치 되는 가운데에 어떤 아주 밝고 신령한 물건이 다른 것과 완전히 섞여서 한 몸을 이루고 있다고 함부로 인정하고는 태어날 때부터 있은 으뜸 되는 신이 그에 있는 것이라고 생각해 버린다. 그래서 이것이 바로 죽고 나고 죽고 나는 원인으로 되는 의식의 신이요 겁에 겁을 지나도록 쳇바퀴 돌듯 하는 윤회의 씨앗임을 알지 못하고 있다. 그러므로 경잠(景岑)[1]께서는 "진리의 길을 배우는 사람들이 참된 것을 깨닫지 못하고 그저 앞사람들을 따라 의식의 신을 인정함에 그치니 한량없는 겁을 내려오면서 나고 죽고 하는 근본을 어리석은 사람들이 본래의 나라고 부르게 된다"고 말하였다. 오호라! 세상 사람은 노예를 주인이라 하고도 그런 줄 모르고 도적을 아들로 삼고도 알아차리지 못하는구나. 이러함으로 세존께서는 사람들에게 처음을 알 수 없는 윤회의 뿌리와 줄기를 먼저 끊으라고 가르치셨던 것이다. 이 뿌리가 끊어지면 모든 알음알이의 원인이 기댈 곳이 없어져서 다시 나의 처음의 본디 언제나 변함없이 밝은 본바탕을 이루게 된다.

그러나 큰 진리의 길은 아득하고 아득하니 어디에서부터 손을 대어 시작하여야 할 것인가? 옷깃을 가지런히 하려면 반드시 목을 추슬러야 되고 그물을 정리하려면 벼릿줄을 들어야 되거늘…….

옛적에 윤씨 스승[2]께서 닦아나가는 바른 길 한 가닥을 가리켜주어 사람들로 하여금 맨 꼭대기 근원 되는 곳에서부터 시작할 수 있도록 가르치셨다. 만약 맨 꼭대기 근원 되는 곳이 맑고 깨끗하다면 하늘의 이치가 때마

---

1) 경잠(景岑): 당나라 때 승려. 남전(南泉) 보원(普願) 선사의 법제자로 호는 장사(長沙).
2) 윤씨 스승: 관윤자(關尹子) 윤희(尹喜)를 가리킨다고 본다.

다 눈앞에 나타나고 의식과 생각이 저절로 더럽게 물들지 않을 것은 마치
밝은 해가 하늘에 떠오르면 잡동사니 도깨비들이 자취를 감추는 것과 같
을 것이다. 이것이 혼 마음자리로 들어가는 가르침의 문이며 예부터 오늘
까지 수천 성인께서도 바꾸지 못한 진리의 길이다. 그러므로 노자께서는
"만약 사나이가 진리의 길을 닦고자 한다면 먼저 그 마음을 살펴야 한다"
고 말하였던 것이다.

　마음을 살피는 방법의 묘함은 영관(靈關)3)이라는 하나의 터널 입구에 있
다. 사람이 생명을 받고 기운을 느끼게 되는 처음에 하늘과 땅의 한 점 으
뜸 되는 양기를 받을 때부터 이 터널 입구가 이루어져 생기게 되어서 태
어날 때부터 있는 으뜸 되는 신[元神]4)을 갈무리하고 있다. 그 터널 속은
텅텅 비어 있는 공간으로 지극히 비어 있으면서 지극히 밝으며 또한 우리
사람들의 태어나고 태어남을 주장하여 다스린다. 참으로 이른바 "이것이
있으면 살고 없으면 죽는다"는 말이 맞으니 나고 죽고 왕성하다가 쇠약해
지는 것 모두가 이것으로 말미암는다. 유가에서는 신령한 돈대[靈臺]라 부
르고 도가에서는 신령한 관문[靈關]이라 부르고 불가에서는 신령한 산[靈
山]이라 부른다. 세 종교가 똑같이 하나의 진리의 문으로 들어가는 것이니
모든 것이 이 신령하고 밝은 혼 터널 입구에 지나지 않는다. 불교에서는
"부처가 영산에 계시니 먼 곳에서 찾지 말라. 영산은 너의 마음 끝에 있을

---

3) 영관(靈關): 상단전을 가리킨다.
4) 원신(元神): 본문과 같은 뜻 이외에도 ① 큰 신[『악부시집(樂府詩集)』 참조],
　② 사람의 영혼[『화서(化書)』 참조], ③ 뇌신경[『맥망(脈望)』 참조], ④ 의식의
　사유활동[『양생비록(養生秘錄)』 참조] 또는 그 활동이 움직임을 여의고 한 곳
　에 머물러 있는 상태[『황정외경경(黃庭外景經)』 참조], ⑤ 호흡을 주재하는 것
　(이 책 제1편의 「안과 밖의 두 가지 약을 설명함」 참조), ⑥ 하늘과 땅이 나누
　어지기 전의 주재자[『도법심전(道法心傳)』 참조], ⑦ 내 몸의 생명의 신[『도
　법심전』 참조], ⑧ 사람의 저절로 그러한 본성[『도법회원(道法會元)』 참조],
　⑨ 하늘과 땅으로 주재 변화될 최초의 기초차도 없는 상태[『동현령보자연구
　천생신장경해의(洞玄靈寶自然九天生神章經解義)』 참조] 등 여러 가지 뜻으로
　쓰인다.

뿐이니 사람마다 영산의 탑을 가지고 있다. 얼씨구나, 영산의 탑 아래로 가서 닦아보자"고 말하는데 이는 이것이 있는 곳을 말하고 있는 것이다. 도교에서는 "큰 진리의 길의 뿌리와 줄기를 알아내는 사람이 드물다. 보통 사람들이 날마다 쓰고 있지만 누가 그러함을 알 수 있으리오. 그대를 위하여 신선이 사는 굴을 가리켜내노니 흔 터널 입구가 마치 달 눈썹처럼 굽고 굽어 있다"고 말하는데 이는 이것의 모양을 말하고 있는 것이다.

이 터널 입구는 바로 헤아릴 수 없이 신령한 돈대이며 남모르게 감추어진 집이며 참되고 맑고 밝고 묘하고 텅 비고 사무치며 신령하고 통하며 우뚝하게 홀로 있는 것이다. 모든 살아 있는 것의 근본이므로 마음자리라 이름하고, 모든 부처께서 얻은 것이므로 보리(菩提)라 부르고, 사무치고 모든 것이 녹아서 들어 있으므로 법계(法界)라 이름한다. 고요하고 깨끗하며 언제나 변함없이 즐거우므로 열반(涅槃)이라 부르고, 탁하지 않고 새어나가지 않으므로 청정(淸淨)이라 하고, 헛되지 않고 변하지 않으므로 진여(眞如)라 한다. 잘못을 하는 것과는 멀리 떨어져 있고 옳지 않음과도 이어지지 않으므로 부처의 본성이라 이르고, 선함을 보호하고 악함을 가려주므로 총지(總持)라 말하며, 숨어 있고 덮여 있고 품겨 있고 거두어져 있으므로 여래장(如來藏)이라 부르고, 진리의 길에 감추어진 비밀을 뛰어넘어 있으므로 밀엄국(密嚴國)이라 부른다. 진리가 실현되는 여러 덕들을 거느려서 큰 것을 갖추고 뭇 어두움을 끊어서 홀로 비추고 있으므로 원각(圓覺)이라 한다.

이 모든 경우를 알고 보면 그 내용은 모두 흔 터널 입구이다. 이것을 등지면 보통사람이 되고 이것을 따르면 성인이 되며 이것을 잃으면 나고 죽음이 시작되고 이것을 깨우치면 쳇바퀴 돌듯 하던 윤회가 그친다. 윤회를 그치고자 한다면 지극한 진리의 길을 몸에 지니는 수밖에 없고, 지극한 진리의 길을 몸에 지니려면 본디 마음을 비추어 살피는 수밖에 없으며, 본디 마음을 비추어 살피려면 반드시 텅 비어 있는 곳을 거울삼아 소리와 눈을 비추어보아야 된다.

언제나 변함없이 둥근 달빛이 밝도록 가르치고, 언제나 마음의 흐트러짐 없는 가운데에서 지혜의 빛을 비추며, 때마다 이 일곱 감정5)이 아직 피어나지 않은 중(中)이라는 상태6)를 보존하고, 때마다 이 여덟 의식7)이 아직 물들지 않은 바탕을 온전히 한다. 밖으로는 모든 인연을 끊고 안으로는 여러 헛됨을 끊어버리며 눈빛을 머금고 귀울림에 정신을 쏟으며 코로 쉬는 숨을 고르고 혀로 나가는 기운을 봉해버리며 팔 다리를 움직이지 않아서 눈과 귀와 코와 혀와 몸의 다섯 의식으로 하여금 저마다 그 뿌리로 돌아가게 하면 정과 신과 얼과 넋과 뜻의 다섯 신령함이 저마다 그 있을 자리에서 안정된다.

하루 열두 때에 눈은 언제나 이 터널의 입구를 안으로 살펴야 되고 귀는 언제나 이곳을 거슬러 들어야 되며 혀끝조차도 언제나 이곳과 마주보고 있어야 한다. 움직이고 사용하고 베풀고 행위함에서 생각마다 이 터널의 입구를 떠나서는 안 되고, 걷고 서고 앉고 눕고 간에 마음마다 언제나 변함없이 이곳에 있어야 하며, 눈 깜짝할 사이라도 비추는 것을 잊어서는 안 된다. 아차 경솔하여 어긋나서 신의 빛이 한 번 나오게 되더라도 곧 거두어들이고 다시는 떠나지 않도록 만들어 언제나 변함없이 이곳에 있다. 이러함이 바로 자사(子思)8)께서 이른 바 "눈 깜짝할 사이라도 떠나서는 안 된다9)"는 것이다.

먼저 이것을 보존하여 그 마음을 비우고 다음으로 이것을 잊어서 그 그

---

5) 일곱 감정: 희노애구애오욕(喜怒哀懼愛惡慾)이라는 칠정(七情).
6) 중(中)이라는 상태: 『중용』 참조.
7) 여덟 의식: 안이비설신의(眼耳鼻舌身意) 여섯 의식과 일곱째의 전송식(傳送識) 또는 말나식(末那識), 여덟째의 아뢰야식(阿賴耶識).
8) 자사(子思): 기원전 483~402. 성은 공(孔), 이름은 급(伋), 자는 자사이다. 전국 초 노나라 사람으로 공자의 손자이며 증자에게서 배웠다고 전해진다. 성(誠)을 중심관념으로 한 철학체계를 세웠으며, 수양을 통해 지성(至誠)에 이르러 하늘·땅과 통할 수 있다고 하였다. 현재 전하는 『중용』·『표기(表記)』·『방기(坊記)』를 자사가 지었다고 하는데, 『예기(禮記)』 안에 들어 있다. 『한서(漢書)』「예문지(藝文志)」에 『자사(子思)』 23편이 실려 있으며, 공자 사당에 공자와 함께 배향(配享)되어 있다.
9) 떠나서는 안 된다: 『중용(中庸)』의 "불가수유리(不可須臾離)."

룻을 넓혀서 곳에 따라 때에 따라 걸림이 없이 스스로 자유로우니 참으로
『용호경(龍虎經)』10)에서 "지극한 묘함의 요점은 먼저는 보존하다가 뒤에는
잊는 것이다"라고 말한 것과 합치한다. 이것은 또한 말로 전해주는 남모르
는 방법 가운데서도 남모르는 가르침이다.

그러나 여섯 의식[六識]11)을 물리쳐 없애고 나아가서 먼저 할 것과 나중
할 것을 알아야 하는데, 뜻이 비록 여섯 의식의 주되는 통솔자이기는 하지
만 실제로는 눈이 다섯 도적[五賊]12)의 선봉장이다. 그러므로 옛 선인은
"마음은 문의 지도리 같고 총의 방아쇠 같으며 눈은 도적과 같다. 그 마음
을 굴복시키려면 먼저 그 눈을 거두어 잡아야 한다"고 말하였다. 쇠뇌가
쏘아지는 것은 방아쇠에 달려 있고 마음을 일으키는 여건은 눈에 의하여
이끌려 나오게 되니, 방아쇠가 움직이지 않으면 쇠뇌가 멈추어 있고 눈이
움직이지 않으면 마음이 머물러 있다. 『음부경(陰符經)』에서는 "기틀이 눈
에 있다"고 말하였고, 『도덕경』에서는 "욕심을 일으킬 만한 것을 보지 않
으면 마음이 어지럽지 않다"고 말하였고, 『논어』에서는 "예 아닌 것을 보
지 말라"고 하였고, 주자께서는 "바깥을 억제하는 것은 그 안을 기르는 까
닭이 된다"고 말하였으며, 『금사보록(金笥寶錄)』13)에서는 "눈이 바로 신이
노닐고 진리가 들고나는 문이니 그것을 눈에서 억눌러 마음으로 돌아가게
하라"고 말하였다. 눈이 이 터널의 입구를 지켜서 떠나지 않는 것이 바로

---

10) 『용호경(龍虎經)』: 『고문용호상경(古文龍虎上經)』을 가리킨다. 『고문용호상
경주(古文龍虎上經注)』에서는 『용호경』을 26장으로 나누었고, 『고문용호상경
주소(古文龍虎上經注疏)』에서는 『고문용호경』을 33장으로 나누었다.

11) 여섯 의식[六識]: 눈으로 보는 안식(眼識), 귀로 듣는 이식(耳識), 코로 맡는
비식(鼻識), 혀로 보는 설식(舌識), 몸으로 느끼는 신식(身識), 뜻으로 일으키
는 의식(意識).

12) 다섯 도적[五賊]: 안이비설의(眼耳鼻舌意)(『환진집(還眞集)』 참조)를 가리킨
다. 이 외에도 ① 오행(五行)(『음부경』 참조) ② 다섯 감정의 뿌리인 희(喜)·노
(怒)·애(哀)·락(樂)·수(愁)를 가리킬 때도 있다(『주역천진(周易闡眞)』 참조).

13) 『금사보록(金笥寶錄)』: 『옥청금사청화비문금보내련단결(玉淸金笥靑華秘文金
寶內煉丹訣)』을 가리킨다. 여기에 인용된 글은 「구결중지구결(口訣中之口訣)」
편을 참조.

여래께서 가르친 바 "바른 방법이 눈에 감추어져 있다"[14]는 것이고 열반에 든 마음과 합하는 남모르는 가르침이다. 그러므로 『능엄경(楞嚴經)』에서는 "이와 같이 살피는 것을 이름하여 바르게 살핌이라 한다. 만약 다르게 살피는 것이 있다면 이름하여 사특한 살핌이라 한다"고 하였고, 『관경(觀經)』[15]의 「관심품(觀心品)」에서도 "세 가지 세계 속에서는 마음을 가지고 주장한다. 마음을 살필 수 있는 사람은 끝내 해탈하고 살필 수 없는 사람은 마침내 빠져들어가고 만다"고 말하였으며, 『도덕경』의 첫 장에서는 "언제나 하고자 함이 있음으로써 그 한적한 곳을 살피는 것은 바로 이 터널의 입구를 살피는 것이고 언제나 하고자 함이 없음으로써 그 묘한 이치를 살피는 것은 바로 이 터널 속의 묘함을 살피는 것이다"라고 말하였다. 옛적에 황제(黃帝)께서 석 달 동안 속으로 살폈다는 것도 이것을 살핀 것이다. 태상(太上)께서도 역시 "내가 헤아릴 수 없는 겁을 따라오면서 마음을 살펴서 진리의 길을 얻고 마침내 텅 비고 아무것도 없는 경지에 이르렀다. 마음을 살피는 것이 쉽지 않지만 생각을 그치는 것은 더욱 어렵다. 생각의 싹이 일어나는 곳에 사람의 나고 죽음의 뿌리가 매여 있다"고 말하였다. 옛 선인께서는 "큰 진리의 길에서는 사람들에게 '먼저 생각을 그치라'고 가르친다. 생각의 싹이 머무르지 않으면 아무래도 헛일이 된다"고 말하였으며, 『원각경(圓覺經)』에서는 "모든 때에 있으면서 헛된 생각을 일으키지 않는다. 헛된 마음에 있으면서도 불어 끄지 않으며 헛된 생각함과 경계에 머물러 있으면서도 더 이상 알아내려고 하지 않으며 알아냄이 없음에 있으면서도 참된 내용을 가려내려고 하지 않는다"고 말하였다. 『기신론(起信論)』[16]에서는 "마음이 만약 흐트러지고 달아난다면 곧 거두어 와서 바른

---

14) 정법안장(正法眼藏).

15) 『불설관무량수경(佛說觀無量壽經)』을 가리킨다.

16) 『기신론(起信論)』: 석가모니 사후 600년경에 중인도 마갈타국 마명(馬鳴) 보살이 썼다는 『대승기신론(大乘起信論)』. 내용은 여러 대승경에 두루 통하는 통론(通論)에 해당하는 것으로 되어 있다. 양나라 때 진체(眞諦)의 번역본과 당나라 때 실차난타(實叉難陀)의 번역본만이 전해지고 있으며, 주석서로는 수

생각에 머무르게 하라. 생각이 일어나면 곧 깨달을 것이니 그러함을 깨달으면 곧 없어진다. 닦아나가는 묘한 방법은 오직 이러함에 있을 뿐이다"라고 말하였으며, 허정천사(虛靖天師)[17]께서는 "생각이 일어나는 것을 두려워하지 말고 오직 깨달음이 늦을까 걱정하라. 생각이 일어나는 것이 병이기는 하지만 그것을 이어나가지 않는 것은 약이 된다"고 말하였다.

헛된 생각은 의식의 뿌리에서 일어난다는 것을 알아야 한다. 앞에 놓인 경계와 수작을 벌이면 헛됨이 이루어지는데 이는 참으로 있는 것이 아니다. 몸이 보통사람으로 있을 때에는 슬기가 약하고 의식이 강하니 다만 의식이라고만 부르고 부처의 경지에 올랐을 때에는 슬기가 강하고 의식이 약하니 다만 슬기라고만 부른다. 그저 그 이름만 바뀌었을 뿐 그 바탕이 바뀐 것은 아니다.

마음의 처음의 흔 원천은 넓디넓고 묘하게 깊은데 알음알이를 드러냄으로 말미암아 알음알이가 일어나서 헛된 티끌이 일어나게 되고 그 때문에 헛된 생각이 있게 되는 것이다. 만약 알음알이가 드러나는 것이 없으면 슬기로운 본성이 참으로 깨끗하여 다시 처음의 묘하게 깊음으로 돌아와서 환히 통하고 밝으며 자세하게 깨달아버리니 의식과 생각이 사라지게 된다. 의식과 생각이 이미 사라지고 나면 여섯 의식에서부터 그 아래의 것 모두가 사라지지 않는 것이 없다. 바로 문수(文殊)[18]께서 이른 바 "흔 뿌리가 이미 으뜸 되는 곳으로 돌아가면 여섯 의식의 뿌리가 어두움에서 풀려나 벗어나게 된다"는 것이다. 이미 여섯 의식의 뿌리가 없어졌으면 여섯 티끌

나라 혜원(慧遠)의 『대승기신론의소』, 신라 『원효(元曉)의 『대승기신론소』, 당나라 현수(賢首)의 『대승기신론의기』가 있다.

17) 허정천사(虛靖天師): 몽정을 다스리는 공법의 한 가지인 '허정천사수공(虛靖天師睡功)'이 『만육선서(萬育仙書)』에 실려 있다.

18) 문수(文殊): 범어로는 Manjusri. 곧 문수사리 대승보살이다. 석가모니 부처의 왼쪽에 자리하고 지혜를 맡은 부처로 교화를 위하여 일시적으로 보살의 자리에 있다고 한다. 머리에는 다섯 뭉치를 맺고 바른손에는 지혜의 칼, 왼손에는 지혜의 그림이 그려져 있는 청련화를 쥐고 사자를 타고 계신다.

도 없어지고 여섯 티끌이 이미 없어졌으면 여섯 의식도 없어지며 여섯 의식이 이미 없어졌으면 윤회의 씨앗도 없어진다. 윤회의 씨앗이 이미 없어졌으면 나의 흔 점 진리의 마음이 무엇에도 기대지 않고 홀로 서서 크나크고 텅텅 비어 있으며 너무나 빛나고 너무나 깨끗하게 만 겁토록 변함없이 보존되고 영원히 생기고 없어지는 일이 없게 되는 것이다.

이 방법은 사람의 마음을 곧바로 가리키고 하나를 끝냄으로써 백 가지 일을 감당해내니 어떤 것이 이보다 더 직접적이고 간결하고 쉽겠는가? 다만 근본 되는 것을 길러 키우고 근본 되는 터널의 입구를 비추어 살필 수만 있어서, 오래 계속하면 구름이 일듯 마음이 새로워지고 드넓게 기가 펴지며 얼어붙은 듯 움직이지 않고 불 꺼진 듯 생각이 없어져서 마침내 탁트이게 공(空)을 알고 분명하게 본성을 깨우치게 되는 것이다. 이것이 이른바 "살껍질이 모조리 벗겨지면 흔 진리가 그 다음에 나타날 것이다"라는 것이다.

배우고 익히는 일이 여기까지 이르면 저절로 정과 신이 맑아지고 슬기의 빛이 날로 생기며 마음과 본성이 신령하게 통하고 숨었다 드러났다 함을 제멋대로 하게 된다. 맑고 평화롭게 열리고 닫히는 기틀이 한 조각 저절로 생기고, 또한 날아오르고 힘차게 움직이려는 뜻이 한 조각 저절로 생기며, 또한 태어날 때부터 있었고 근본 되며 양하고 참된 기가 한 점 저절로 생기게 되어 속에서부터 나와서 황정(黃庭)에 떨어져내려 흙 가마[土釜]19)로 들어가서 미려(尾閭)를 뚫고 협척(夾脊)을 지나서 위로 하늘의 골짜기[天谷]를 찌르고 다시 아래로 굽이굽이 도는 강[曲江]20)에 이른다. 백 맥이 잘 통하고 세 단전에 기가 흘러들며 몸 속의 백 가지 구멍에 있던 음하고 사특한 것들이 쫓겨나가고 오장 육부에 쌓여 있던 탁하고 더러운 기운

---

19) 흙 가마[土釜] : 흙[土]은 오행의 중심이다.
20) 굽이굽이 도는 강[曲江] : 단전을 가리킨다. 이외에 오른쪽 눈을 가리킬 때도 있다[『수진십서잡저첩경(修眞十書雜著捷經)』「서악보선생수진지남(西岳寶先生修眞指南)」참조].

들이 깨끗이 씻겨나간다. 마치 수미산(須彌山) 꼭대기 제석천(帝釋天)의 임금이 주는 약을 먹으면 모든 병이 함께 사라지고 사자의 힘줄로 된 거문고를 타면 여러 소리가 뚝 끊어지는 것과 같다. 이러한 까닭에 "흔 마음이 만 병을 고치니 약의 처방을 여러 가지로 많이 할 필요가 없다"고 말한다.

이에 모든 성인들께서 이 마음이라는 것을 따라 나름대로의 문으로 들어가서 시조도 되고 부처도 되고 사람과 하늘의 스승이 되었음을 알 수 있을 것이다. 보통사람이 이러함을 알지 못하는 것은 스스로의 마음을 알아채지 못하기 때문이다. 그러므로 "바다는 마르면 끝내 바닥이 드러나지만 사람은 죽어도 마음을 모른다"는 말이 있다.

윤회의 여섯 길을 헤매는 모든 어리석음이 이 문으로 나와서 천 겁을 지나도록 돌아오지 아니하니 어찌 가슴 아픈 일이 아니겠는가? 그래서 여러 부처들께서 불난 집 속으로 급히 뛰어들고 조사(祖師)께서 특별히 서쪽에서 오시며 일천 성인들께서 슬피 탄식하였던 것인데, 이는 모두 진리의 길에 이르지 못한 마음 하나를 진리의 길로 나오게 하기 위한 것이었다. 마치 『보장론(寶藏論)』21)에서 "하늘과 땅 사이 우주의 사이에 하나의 보배가 있는데 몸이라는 산 속에 남모르게 숨어 있다. 물건을 가려내어 신령하게 비추나 안과 밖이 비어 있고 불 꺼진 듯 고요하면서 넓어서 알아보기 어렵다. 그것을 도가에서 말하는 진리처럼 아득하고 으늑함[玄玄]이라고 말한다"고 한 것과 같다. 꾸미는 재주는 자미(紫微)22)의 곁에서 나오지만 작용은 텅 비고 아무것도 없는 곳에 들어 있다. 실마리는 생기되 움직이지 않고 홀로 있어 쌍이 없으며 소리를 내면 묘한 울림이 있고 색을 토하면 꽃 같은 모습이 되는데, 깊이 캐보면 있는 곳이 없고 불러보면 텅텅 비어 있다. 오직 그 소리를 남기나 그 생김새를 볼 수 없고 그 작용한 보람을

---

21) 『보장론(寶藏論)』: 승조(僧肇: 384~414)가 지은 책. 법성진여(法性眞如)의 본바탕과 작용을 설명하고 있다.
22) 자미(紫微): 모든 별과 별자리의 중심인 북극성을 가리킨다. 자미북극대제(紫微北極大帝)라 부르는데, 지구의 모든 자연현상을 주재하는 곳으로 이해되어 있다.

남기나 그 얼굴을 볼 수 없다. 어두운 세계와 밝은 세계를 환히 비추고 물질과 이치를 비어 있듯 통하며 우주의 모든 물건과 현상을 인정하는 증명서요 그의 참다운 근본이다. 그것이 무엇인가 작용하게 되면 눈에 보이는 생김새가 나타나고 그것이 불 꺼진 듯 고요하면 어두워지니 본래 깨끗하나 환하지는 않다. 그 이치는 원만하게 됨이고 그 빛은 해와 달을 비추며 그 덕은 태청(太淸)[23]을 넘어선다. 만물에 작용이 없고 모든 것에 이름이 없지만 구르고 변하여 하늘과 땅으로 되고 가로로든 세로로든 제멋대로 하며 갠지스 강의 모래알같이 많고 묘한 쓰임이 소용돌이 속에서 이루어진다. 이를 듣고 기뻐하지 않을 사람이 누구이며 놀라지 않을 사람이 누구인가?

그러나 어쩌다가 이 값을 알 수 없는 보배가 음(陰) 속에 숨겨지고 불 구덩에 빠졌는가? 가슴 아프고 가슴 아픈 일이다. 그것은 스스로 가벼이 여겼음이다. 슬프고 슬픈 일이다. 어쩌다가 밝은 것이 어두워졌는가?

그것은 고귀한 것이니 빛나고 눈부시게 시방[十方]을 환히 비추고 고요하며 쓸쓸하여 아무것도 없지만 작용해야 할 경우에는 당당하게 작용하니 소리에도 응하고 색에도 응하며 음에도 응하고 양에도 응한다. 물건에 붙어살되 뿌리가 없고 묘한 작용은 언제나 보존되어 있지만 눈 깜짝할 사이에 보이지 않고 귀 기울여도 들리지 않는다. 그 근본은 어두우나 그것이 무엇으로 변화되면 생김새가 나타나며 그것이 무엇을 하면 성스럽고 그 작용은 신령하다. 큰 진리의 참된 정(精)이라 할 수 있는 것이다.

그 정은 매우 신령하여 모든 존재의 원인이 되고 언제나 변함없이 꼼짝하지 않고 머물러 있으면서 진리의 길과 더불어 같은 무리를 이룬다. 세상에서 가장 친한 것도 마음보다 더한 것이 없는데 보통사람들은 날마다 쓰면서도 마음을 모르고 있다. 마치 고기가 바다에 있으면서 물을 모르는 것과 같다. 그러므로 불경에서는 "모든 중생이 아득한 겁 동안 내려오면서

---

23) 태청(太淸): 162쪽 주 130) 삼청(三淸) 참조.

본디 마음을 잃어버리고 스스로 깨우쳐내지 못하고서는 함부로 흙과 바람과 물과 불을 내 몸이라 하고 근심 걱정을 가지고 마음이라 한다"고 말한다. 이것은 백 배 천 배 되는 큰 바다는 인정하지 않고 그저 조그만 물거품 하나를 인정하는 것과 같다고 말할 수 있다. 이렇게 해서 길 잃은 가운데에서 다시 길을 잃고 헛됨 속에서 헛됨을 일으켜 앞에 놓인 경계를 따라 구르며 떠내려간다. 눈에 깃들여 감정을 일으키고 이것은 가지고 저것은 버리곤 하여 만 가지 실마리를 만들며 잠시도 쉴 시간이 없어서 마침내 정신이 헷갈리게 되고 업을 짓게 되니 윤회의 여섯 길을 돌고 돌게 된다. 촘촘한 망을 스스로 둘러쓰고 벗어나지 못하는 것은 따지고 보면 캄캄하던 처음에 한 번 헛됨을 일으키고 참됨을 잃었던 탓이다. 그러므로 영윤(靈潤)[24]께서는 "헛된 감정이 이끌려 다니기를 언제나 그칠 것인가? 신령한 돈대의 한 점 빛을 저버렸구나!"라고 말하였던 것이다.

신령한 돈대의 한 점 빛이라는 것은 곧 진여(眞如)요 신령한 슬기이다. 마음은 도가에서 말하는 진리처럼 가장 아득하면서 가장 묘하여 성인에도 통하고 신령에도 통하며 가장 높고 밝으며 가장 넓고 크다. 모든 이치의 임금이 되고 모든 존재의 바탕이 되며 세로로 세 가지 세계에 사무치고 가로로 시방에 걸친다. 소용돌이치는 태극이 아직 열리기 전부터 이미 있었고 비록 하늘과 땅이 허물어진다 할지라도 없어지지 않을 것이다. 앞에 놓인 모든 경계가 마음의 빛이다. 만약 사람이 마음을 알아낼 수 있으면 지구 위에 한 움큼의 흙도 남지 않을 것이다. 그러므로 "세 가지 세계가 오직 마음뿐이다"라는 말이 있다.

길 잃은 사람은 마음 밖에서 가르침을 찾고 지극한 사람은 앞에 놓인 경계가 바로 마음임을 안다. 앞에 놓인 경계는 바로 마음 자체에 놓인 경계요 마음이라는 것은 바로 경계 자체의 자리로 나아간 마음인 것이다. 경계에 마주하여 헷갈리지 않으며 인연을 만나서도 움직이지 않게 됨으로써

---

24) 영윤(靈潤): 당나라 때의 높은 스님으로서 성은 양(梁)[『속고승전(續高僧傳)』 참조].

서로 이루어지는 것이 능히 하나의 바탕이고 다르지 않다고 할 수 있어 경계에 이르러서도 오직 마음뿐일 수 있다면, 이것이 바로 마음을 깨우치고 진리의 길을 이루는 것이다. 시작을 알 수 없는 헛된 생각을 모조리 깨달아버리고 경계를 거두어 마음으로 돌아와 휘감긴 것을 벗고 진여를 드러내고 묻은 때를 털고 해탈하여 맑고 깨끗한 본디의 상태와 영원히 합하면 산과 강과 누리에 있는 어떠한 모습으로도 다시 태어나지 않게 된다. 이는 마치 금이 광석에서 나오면 끝내 다시 티끌이나 진흙에 물들지 않으며 나무가 재가 되면 다시 가지와 잎이 나올 수 없는 것과 같은 것이다. 한번 얻으면 영원히 얻고 미래라는 시간이 없어지며 영원히 새장을 벗어나서 성인의 지역에서 오래 살게 되는 것이다.

비록 그렇기는 하지만 이는 가장 높고 하나뿐인 수레가 가는 큰 길이다. 만약 근본 그릇이 훌륭한 사람이라면 한 번 뛰어오르면 곧바로 여래의 경지로 들어가겠지만 만약 근본 그릇이 무딘 사람이라면 어떻게 하여야 할 것인가? 반드시 낮은 것부터 배워서 높은 곳에 이르는 일을 배우고 익혀서 차차로 진리의 문으로 들어가는 것이 좋을 것이다. 그렇게 한 걸음을 내딛으면 저절로 한 걸음의 효험이 있고 한 단계를 올라가면 저절로 한 단계의 규모가 있으니, 역시 멀리 가려면 가까운 곳에서부터 시작하고 높이 올라가려면 낮은 곳에서부터 시작한다는 뜻이 여기에도 있는 것이다.

만약 배우고 익히는 일을 처음에 어디부터 어떻게 시작하여야 하는지 모른다면 어찌 다 끝마치고 손을 털 수 있는 꼭대기 경지에 이를 수 있겠는가? 만약 마음을 다할 수 없다면 어찌 본성을 알 수 있을 것이며 마음을 밝힐 수 없다면 어찌 본성을 볼 수 있겠는가?

무릇 마음을 밝히고 다하기 위하여 주요한 것은 다음과 같다. 때가 되면 훌륭한 법으로 스스로의 마음을 도와주고 때가 되면 피로써 스스로의 마음을 촉촉이 적시며 때가 되면 경계로써 스스로의 마음을 깨끗이 다스리고 때가 되면 끈기 있게 밀고 나감으로써 스스로의 마음을 굳고 단단하게 하고 때가 되면 욕됨을 참음으로써 스스로의 마음을 평탄하고 널찍하게 하고 때가 되면 깨달음의 빛을 비춤으로써 스스로의 마음을 깨끗하게 바래고 때가 되면 슬기의 빛으로써 스스로의 마음을 밝고 날카롭게 하고 때가 되면 부처의 이해력으로써 스스로의 마음을 개발시키며 때가 되면 부처의 평등함으로써 스스로의 마음을 크게 넓히는 것이다.

그러므로 마음을 밝힐 줄 아는 것은 나고 죽고 하는 바다를 헤쳐가는 슬기로운 노이고, 마음을 다하는 것은 번뇌라는 병에 들었을 때의 훌륭한 의사이다. 만약 이 마음을 어둠에 가려버리면 영원한 겁 동안 쳇바퀴 돌듯 윤회하고 참된 본성을 잃어버리게 된다. 만약 이 마음을 밝게 할 수 있으면 나고 죽음이 일어나는 것을 단박 깨쳐서 열반을 원만하게 증명하게 된다. 어떻든 처음부터 끝까지 이 마음이라는 것에서 떨어지지 않는다. 이 마음을 떨어져서 따로 무슨 도가에서 말하는 진리의 아득함이나 묘함이 있는 것이 아니다. 아래에 비록 차례대로 익히는 일들이 나오겠지만 그것은 이 무엇을 이루어내는 것에 지나지 않는다.

그러나 안타깝지만 쉽게 끝낼 수 있다고 생각해서는 안 된다. 지극한 사람은 만나기 어렵고 말로 전해주는 절실한 방법은 듣기가 어렵다. 그러므로 장평숙(張平叔)[25]께서는 "그저 단을 말하는 경전에 절실하고 구체적인 방법이 없다고 생각해 버리면 그대로 하여금 어느 곳에다가 신령한 태아를 맺으라 가르칠 것인가?"라고 말하였다. 사람들은 특히 경전 속에 절실하고 구체적인 방법들이 절로 실려 있다는 것을 모르고 있다. 경전들은 대부분 어미는 비밀로 하고 아들을 말하면서 잘 분석하여 열어 보이려고 하지 않아서 사람들로 하여금 항구에 배를 대어놓고 떠나지 못하게 하는가 하면, 많은 부분이 비유하는 용어이거나 몇 사람끼리만 아는 말이라서 배우는 사람으로 하여금 눈이 어지럽고 마음이 헷갈리게 한다. 그래서 길을 가다가 되돌아서게 되니 나는 이를 가슴 아프게 여겨서 이제 단에 관한 경전들과 불교 경전들 가운데에서 절실하고 구체적인 방법들을 하나하나

---

25) 장평숙(張平叔): 장백단(張伯端)의 자(字).

집어내서 뒷사람에게 남기고자 한다. 밤의 어두움을 깨뜨리는 가로등이 되고 참된 것과 거짓된 것을 가려내는 시금석이 되고자 하는 것이다.

태현진인(太玄眞人)[26])께서는 말하였다.

"어버이에게서 태어나기 전에는 신령한 한 점이었는데 신령함이 없어지고 오직 몸을 이루게 되었다. 몸을 이루니 빛 밝음의 씨앗을 뒤집어씌워버려 어둡게 되는데, 헤쳐놓으면 여전히 사무치게 맑기만 하다."

공조선사(空照禪師)[27])께서는 말하였다.

"이것은 분명히 사람마다 같은데 능히 하늘과 땅을 품고 허공을 움직일 수 있다. 나는 지금 참된 마음자리를 곧바로 가리키고 있으니, 텅 비고 쓸쓸히 고요하면서 신령하고 지능이 있는 것이 본래의 근본이다."

자연거사(自然居士)[28])께서는 말하였다.

"마음은 맑은 거울 같아서 깨끗하기가 하늘에 이어져 있고 본성은 찬 호수의 조용한 물과 같다. 열두 때 동안 언제나 깨어서 비추고 있으니 주인어른을 어둡게 하는 가르침일랑 그만 그쳐라."

지각선사(知覺禪師)[29])께서는 말하였다.

"보살께서는 예부터 참된 자리를 떠나지 않았는데 제 스스로 어두워져서 서로 친하지 않고 있는 것이다. 만약에 변화와 움직임을 여의고 조용히 앉아서 빛을 돌려 비출 수 있다면 태어나기 전의 옛 주인을 볼 수 있을 것이다."

삼모진군(三茅眞君)[30])께서는 말하였다.

---

26) 태현진인(太玄眞人): 금나라 때의 은둔자였던 태현자(太玄子) 후선연(侯善淵). 『황제음부경주』, 『태상노군상청정경주』, 『태상태청천동호명묘경주(太上太淸天童護命妙經注)』, 『상청태현집(上淸太玄集)』, 『상청태현구양도(上淸太玄九陽圖)』, 『상청태현감계도(上淸太玄鑒誡圖)』 등을 썼다.

27) 공조선사(空照禪師): 아직 미상(2004. 4. 15).

28) 자연거사(自然居士): 송나라 때의 자연자(自然子) 오오(吳悞). 『어장해후록(漁庄邂逅錄)』, 『단방수지(丹房須知)』, 『지귀집(指歸集)』을 썼다.

29) 지각선사(知覺禪師): 원나라 때의 스님 중봉(中峰)의 시호. 195쪽 주 65) 참조.

30) 삼모진군(三茅眞君): 서한(西漢) 때의 방사(方士)들이었던 모영(茅盈)·모고(茅

"신령한 돈대가 맑고 깨끗하여 마치 얼음 항아리 같으니 오직 태어날 때부터 있은 으뜸 되는 신만으로 하여금 그 안에 살도록 하라. 만약 이 속에 하나의 물질이라도 남아 있다면 어찌 진리의 길을 증험할 것이며 맑고 텅 비어 있는 경지에 합할 수 있을 것인가?"

천연선사(天然禪師)[31]께서는 말하였다.

"마음은 본디 티끌과는 관계가 없는 것이니 어찌 씻을 필요가 있을 것이며 몸에 병이 없는데 어찌 의사를 구할 것인가? 이 부처가 몸 두지 않은 곳을 알고자 한다면 밝은 거울이 높이 매달려 있되 아직 비추지 않은 때가 그것이다."

주경도인(主敬道人)[32]께서는 말하였다.

"아직 피어나기 전에는 마음이 본성이고 이미 피어난 뒤에는 본성이 마음이다. 마음과 본성이 솟아나는 첫 원천은 찾아 뚫지 못하고 공연히 그 자취만을 쫓아 찾아 헤맨다."

무심도인(無心道人)[33]께서는 말하였다.

"헛된 생각이 일어나자마자 신은 자리를 뜬다. 신이 자리를 뜨면 여섯 가지 도적들이 마음 밭을 어지럽히고 마음 밭이 어지러우면 몸에 주인이 없게 되니 여섯 길로 쳇바퀴 돌듯 윤회하는 것이 눈앞에 있다."

높은 스님 묘허(妙虛)[34]께서는 말하였다.

"똑똑한 한 분 주인어른이 불 꺼진 재처럼 쓸쓸하게 움직임을 여의고 신령한 궁궐에 계신다. 다만 이 가운데에 걸리고 막힘만 없다면 생긴 그대

固)·모충(茅衷) 세 형제를 가리킨다. 당시 구곡산(句曲山: 현재 茅山)에서 수도하였고 뒤에 도교 모산파의 조사로 받들어졌다. 모영은 사명진군(司命眞君), 모고는 정록진군(定籙眞君), 모충은 보생진군(保生眞君)이라 불린다.

31) 천연선사(天然禪師): 당나라 때의 스님. 유학을 하여 진사에 급제하였다가 우연한 인연으로 선승(禪僧)이 되었다. 뒤에 지통선사(知通禪師)라 불렸다.
32) 주경도인(主敬道人): 아직 미상(2004. 4. 15).
33) 무심도인(無心道人): 무심자(無心子) 진영청(陳永淸). 『여정단결(女貞丹訣)』을 썼다.
34) 묘허(妙虛): 아직 미상(2004. 4. 15).

로의 본바탕이 저절로 텅 비어 아무것도 없게 된다."

태을진인(太乙眞人)35)께서는 말하였다.

"한 점 둥글고 밝은 것이 태허와 같건만 단지 생각이 일어남으로 인하여 몸뚱이를 이룬다. 만약 풀어 내려놓고 빛을 돌려 비출 수만 있다면 예전처럼 맑고 비어 하나의 물질도 없으리라."

『화엄경송(華嚴經頌)』36)에서는 말한다.

"수(數)가 있거나 수가 없거나 모든 겁에 보살이 알아낸 것은 바로 한 생각이라는 것이다. 이곳에서 훌륭하게 보리(菩提)를 얻는 일로 들어가서 변함없이 부지런히 닦고 익히며 물러나 변하지 않는다."

해월선사(海月禪師)37)께서는 말하였다.

"여섯 개의 문 머리에 한 개의 빗장이 있으니 다섯 개의 문은 또다시 막을 필요가 없다. 저 세상살이를 따라서 어지럽고 어지러운데 마루 위의 집안어른은 하루종일 안녕하기만 하다."

수암선사(水庵禪師)38)께서는 말하였다.

"수미산 생각 하나도 일으키지 않고 눈앞에 마주 선 것을 눈여겨보면서 한 올 누더기 실을 잡아 가볍게 거꾸로 매달아놓으니 집집마다 문 밑을 통하여 서울이 보인다."

『대위지송(大潙智頌)』39)에서는 말한다.

"참 부처는 함이 없이 내 몸에 있어서 부를 때마다 응답하며 아주 영리하다. 만약 사람이 으뜸으로 말미암은 것을 깨우치지 못하면 티끌세상의 겁 동안 아득하게 의식의 신을 인정하게 된다."

---

35) 태을진인(太乙眞人): 금나라 시대에 태을교(太乙教: 태일교라고도 함)를 창립한 소포진(蕭抱珍)의 시호가 '태일일오전교진인(太一一悟傳教眞人)'인데, 이곳에서는 그를 가리키는 것이 아닌가 한다.
36) 『화엄경송(華嚴經頌)』: 아직 미상(2004. 4. 15).
37) 해월선사(海月禪師): 송나라 때 높은 스님으로 성은 부(傅), 이름은 혜변(慧辨)[『송강부지(松江府志)』 참조].
38) 수암선사(水庵禪師): 아직 미상(2004. 4. 15).
39) 『대위지송(大潙智頌)』: 아직 미상(2004. 4. 15).

무구자(無垢者)[40]께서는 읊었다.

"다섯 가지가 쌓인[五蘊][41] 산머리에 한 조각 빈 것이 있어 같은 문을 들고나면서도 서로 만나지 못하니, 헤아릴 수 없는 겁을 내려오면서 집을 빌려 살았지만 마주쳐서도 주인어른을 알아보지 못한다."

유관선사(惟寬禪師)[42]께서는 말하였다.

"그대에게 권하노니 진리의 길을 배움에는 탐내 구해서는 안 된다. 모든 일에 마음 씀이 없으면 진리의 길이 머리에 합쳐지게 되어 있다. 마음 씀이 없어야 비로소 마음이 없는 진리의 길을 몸에 지니게 되는데, 마음이 없는 진리의 길을 몸에 지니게 되거든 그만 쉬어라."

지공화상(志公和尙)[43]께서는 말하였다.

"마음의 근원을 단박 깨쳐 보물 감추어진 곳이 열리니 숨고 드러나고 하던 신령한 발자취가 참 모습을 나타내는구나. 혼자 다니고 홀로 앉아 있으면서 언제나 높디높은데, 백억으로 변화된 몸이 수도 양도 없구나."

애당선사(獃堂禪師)[44]께서는 말하였다.

"머무르는 바 없이 응하여 그러한 마음을 생기게 하니 널리 사무치고 둥글게 밝아 곳곳이 참되구나. 정수리 바로 아래에 있는 바른 눈을 뜨니 대천(大千)[45]이나 되는 모래 같은 세계가 온전한 몸을 다 나타내도다."

---

40) 무구자(無垢者): 명나라 때 전당(錢塘) 사람 하도전(何道全)의 호가 송계도인(松溪道人) 무구자이다. 『수기응화록(隨機應化錄)』이 『도장』에 실려 있다.

41) 다섯 가지가 쌓인 것[五蘊]: 색수상행식(色受想行識) 다섯 가지를 가리킨다. 이는 정신계와 물질계 모두에 걸치는 일체의 유위법이며 몸과 마음을 잠정적으로 이루고 있는 환경요소들이다.

42) 유관선사(惟寬禪師): 당나라 때 스님으로서 성은 축(祝). 한때 백거이(白居易)를 가르치기도 하였다[『송고승전(宋高僧傳)』 참조].

43) 지공화상(志公和尙): 아직 미상(2004. 4. 15).

44) 애당선사(獃堂禪師): 아직 미상(2004. 4. 15).

45) 대천(大千): '삼천대천세계'를 줄인 말로 1,000×1,000×1,000을 가리킨다. 참고로 1세계는 중생이 살고 있는 시간적·공간적으로 한정이 있는 장소로서 해, 달, 수미산, 네 천하, 네 천왕, 33천, 야마천, 도솔천, 태화자재천 등을 포함하며 수미산을 중심으로 9산(山) 8해(海)와 위로는 색계의 초선천(初禪天)에

『지현편(指玄篇)』46)에서는 말한다.

"만약 마음의 텅 빔을 얻으면 괴로움도 없어지는데 어떤 나고 죽음이 있을 것이며 어떤 걸림이 있을 것인가? 하루아침에 태로 받은 몸을 옷처럼 벗어버리니 한 사람 걸림 없이 노니는 대장부가 되는 것이다."

하진인(叚眞人)47)께서는 말하였다.

"마음 안에서 마음을 살핌은 본디 마음을 찾음이라. 마음마다 모두 끊어져나가면 참 마음이 나타나는데, 참 마음은 밝고 사무쳐서 세 가지 세계에 통하니 빗나가는 길을 걷는 무리들이나 하늘의 마귀들이 감히 쳐들어오지 못한다."

장원소(張遠宵)48)께서는 말하였다.

"생겨나지도 않고 없어지지도 않고 본래 참되니 값을 알 수 없는 야광주(夜光珠)인데 사람들은 모르는구나. 보통사람은 몇천 생애를 건너지만 헛된 일인지라 광석 속에 섞여 있으면서 나올 줄을 모르는구나."

설도광(薛道光)49)께서는 말하였다.

"깊고 묘하게 진리를 가르친 5천 글자를 『도덕경』이라 하고 진리를 설명한 노래 300마디를 『음부경』이라 하지만, 마음 안에 한 글자도 얻음이 없어 두리번거리지 않는 선(禪)도 또한 진리를 배우고 익히는 일이다."

무구자(無垢子)께서는 말하였다.

"진리의 길을 배우려면 반드시 먼저 스스로의 마음을 알아차려야 하는데 스스로의 마음의 깊은 곳을 찾기가 가장 어려운 것이다. 만약 찾음이 없는 곳으로 돌아와서 찾는다면 그제야 보통 마음이 바로 부처의 마음인

서부터 아래로는 큰 지하의 풍륜(風輪)에 이른다고 한다.
46) 『지현편(指玄篇)』: 송나라 때 진단(陳搏: 希夷)이 지은 책.
47) 하진인(叚眞人): 아직 미상(2004. 4. 15).
48) 장원소(張遠宵): 당나라 때 도사. 『속문헌통고(續文獻通考)』에 나온다.
49) 설도광(薛道光): 송나라 때 진인으로서 이름은 식(式), 자는 도원(道原). 장자양을 1대로 하는 남오조(南五祖) 가운데 3대이다. 『자양진인오진편주(紫陽眞人悟眞篇注)』, 『단수가(丹髓歌)』, 『환단복명편(還丹復命篇)』 등을 썼다.

것을 깨닫게 된다."

소요(逍遙) 노인50)께서는 말하였다.

"여섯 도적을 쓸어버려서 마음터전을 깨끗이 하고 영광되거나 욕되거나 슬프거나 기쁜 일들을 뒤쫓지 않는다. 기(氣)만을 오로지 하여 부드러움에 이르러 속경치를 엿보노라면, 저절로 신이 있는 방에서 마니(摩尼) 구슬이 나온다."

『농환집(弄丸集)』51)에서는 말한다.

"하늘의 기틀은 깊고 묘하여 가벼이 말로 내뱉을 수 없어 안자는 어리석은 듯하고 증자는 미련한 듯 보였다. 그들은 어느 곳을 배우고 익히는 일을 하는 곳으로 삼았던가 물어본다면, 듣지도 보지도 못한 곳이라 말할 수 있을 뿐이다."

장삼봉(張三丰)52)께서는 말하였다.

"참 마음은 넓고 넓어 다함과 끝남이 없는데 한없는 신선들이 이 속에서 나왔다. 세상 사람들은 조그마한 몸뚱이를 탐내 달라붙어서 한 알의 진리의 구슬을 잃어버리고도 알아차리지 못하네."

『해미가(解迷歌)』53)에서는 말한다.

"만약 참된 정을 새어나가지 못하게 하려면 반드시 신령한 돈대를 밝은 달처럼 깨끗이 하여야 한다. 신령한 돈대가 깨끗하지 못하면 신이 맑지 못하여 낮이거나 밤이거나 배우고 익힌 일이 그만 끊어져버리게 된다."

북탑조(北塔祚)54)께서는 말하였다.

---

50) 소요(逍遙) 노인: 오대(五代) 시대 때 하남성 백마(白馬) 사람인 정요(鄭邀: 830~944)의 사호(賜號)가 '소요 선생'이다.
51) 『농환집(弄丸集)』: 명나라 때 운선(雲仙) 주약길(朱約佶)의 호가 농환이니, 그가 지은 어떤 책을 가리킨다고 생각한다.
52) 장삼봉(張三丰): 시대와 출생지에 대하여 정해진 설이 없다. 원과 명 사이에 요양 사람이라는 기록이 가장 많다. 『삼봉전집(三丰全集)』, 『삼봉단결(三丰丹訣)』, 『삼봉진인현담전집(三丰眞人玄譚全集)』 등이 전해진다.
53) 『해미가(解迷歌)』: 아직 미상(2004. 4. 15).
54) 북탑조(北塔祚): 아직 미상(2004. 4. 15).

"그 놈을 만나지 않고 따라만 다니는 짓은 정말 하지 말라. 그저 따라다
닌다는 이 말은 하늘가까지 흩어진다는 뜻이니 참되고 깨끗한 본성 속에
한 생각이 생기게 되어 일찌감치 천으로 만으로 틀려나가게 되는 것이다."

횡천공(橫川珙)[55]께서는 말하였다.

"굴 속의 물이 조건 없이 거슬러 흐를 수 있다 하여 그것을 보려고 괴롭
고 절실하게 힘썼기에 서로 보답함이 있도다. 서쪽에서 오신 조사의 뜻은
뜻 없는 뜻이니 헛된 상상이나 미친 듯한 마음일랑 그치고 편히 쉬어라."

초당선사(草堂禪師)[56]께서는 말하였다.

"팔을 자르며 마음을 찾았지만 얻어지지 않았으나 마음을 찾다가 없음
[無]을 얻으니 비로소 마음이 안정되었다. 마음이 안정된 뒤에는 밤 뜰에
눈이 내리는 때에 보이는 것은 모두 세상에 없는 꽃들인데 그 피어 있는
곳은 찾을 길 없도다."

불국선사(佛國禪師)[57]께서는 말하였다.

"마음과 마음이 곧 부처와 부처의 마음과 마음들이고 부처와 부처의 마
음과 마음들이 곧 부처의 마음이외다. 마음과 부처를 깨닫고 보면 하나의
물건도 없는 것이니 장군께서 목마름을 그치려면 매실나무 숲을 보구려."

『화엄경게(華嚴經偈)』[58]에서는 말한다.

"만약 사람이 부처의 경계를 알아보고자 한다면 마땅히 그 뜻을 허공과
같게 하여 헛되게 그려보는 생각이나 여러 가지 마음의 대상들에서 멀리
떠남으로써 마음이 향하는 곳마다 모두 막힘이 없도록 하여야 하리라."

『보적경(寶積經)』[59] 「송(頌)」에서는 말한다.

---

55) 횡천공(橫川珙): 아직 미상(2004. 4. 15).
56) 초당선사(草堂禪師): 송나라 때 스님 처원(處元)의 호.
57) 불국선사(佛國禪師): 아직 미상(2004. 4. 15).
58) 『화엄경게(華嚴經偈)』: 아직 미상(2004. 4. 15). 참고로, 동진 때의 불타발타라
    (佛馱跋陀羅)가 번역한 '60권 화엄'의 약본(略本)이 36,000게(偈)로 되어 있다.
59) 『보적경(寶積經)』: 범어로는 Maharatnakuta. 원래 이름은 『대보적경(大寶積
    經)』. 당나라 때 서역 사람 보리류지(菩提流支)가 왕명으로 초치되어 그 당시
    까지 유포되었던 경전들을 모아서 편집 혼합한 것인데, 전체 120권 49회 77

"여러 부처들께서는 마음을 따라서 해탈을 얻었네. 마음이란 맑고 깨끗한 이름에 때가 끼지 않은 것으로서 다섯 길[60]을 두루 거쳐도 싱싱하고 깨끗하며 물들지 않도다. 누구든 이를 풀어내는 사람은 큰 진리의 길을 이루게 되리라."

원오선사(圓悟禪師)[61]께서는 말하였다.

"부처마다 길이 같다 함은 진리의 지극한 길이 같다는 것이고 마음마다 참으로 일치한다는 것은 진리의 참 마음이 일치한다는 말이다. 분명하게 위음(威音)[62] 밖으로 뚫고 나가면 땅과 하늘이 길이길이 남아 있는데 바다는 더욱 깊다."

세기(世奇)[63]라는 수좌(首座)는 말하였다.

"모든 이치가 비어 있으므로 내 마음도 비어 있고 내 마음이 비어 있으므로 모든 이치와 같게 된다. 모든 이치와 내 마음이 따로따로 몸을 갖고 있는 것이 아니고 다만 지금의 한 생각 속에 있는 것이다."

장졸수재(張拙秀才)[64]는 말하였다.

"빛의 밝음은 고요하게 항하의 모래에 두루 비치고 보통사람과 성인은 원래 한 집에서 살았다. 한 생각도 생기지 않으면 온전한 몸이 드러나고 의식의 여섯 뿌리가 움직이면 구름이 하늘을 가린 듯해진다."

중봉선사(中峰禪師)[65]께서는 말하였다.

품으로 되어 있다. 이 가운데 46회가 송(頌) 형식으로 되어 있는 『반야경(般若經)』에 해당한다.

60) 다섯 길: 오도(五道) 곧 오취(五趣)와 같음. 지옥 길, 아귀 길, 축생 길, 사람 길, 하늘 길.

61) 원오선사(圓悟禪師): 1063~1135. 임제종의 스님 극근(克勤). 저서로 『벽암록』이 있다..

62) 위음(威音): 공겁(空劫) 때에 가장 먼저 성불한 부처의 명호. 이로부터 한없이 오랜 옛날, 최초 등의 뜻으로 쓰인다.

63) 세기(世奇): 아직 미상(2004. 4. 15).

64) 장졸수재(張拙秀才): 청원선사(青原禪師)로부터 6세대째의 제자로서 석상(石霜) 경제선사(慶諸禪師)의 법을 이어받았다. 경제선사에게 깨달음을 얻는 이야기가 『선관책진(禪關策進)』에 실려 있다.

"전부터 지극한 진리의 길과 마음은 친해왔다. 마음이 없음을 배우게 되면 진리의 길이 곧 진실하게 된다. 마음도 진리의 길도 있음도 없음도 모두 없어져버리면 대천(大千)이나 되는 세계가 하나의 할 일 없는 몸뚱이일 뿐이다."

장무몽(張無夢)[66]께서는 말하였다.

"마음이 신령한 관문에 있고 몸에 주인이 있으며 기가 본디의 바다로 돌아가면 목숨이 다함 없이 살 수 있다."

백사선생(白沙先生)[67]께서는 말하였다.

"천 번을 쉬면 천 곳을 얻고 한 생각을 하면 한 생애를 가진다."

팽학림(彭鶴林)[68]께서는 말하였다.

"신이 사는 방이라는 것이 바로 이 신령한 돈대인데 그 속에 오래 살고 죽지 않는 태가 있다."

영명연수(永明延壽)[69]께서는 말하였다.

"생각이 있으면 나고 죽음이 있게 되고 생각이 없으면 흙탕물의 흐름일 뿐이다."

호경재(胡敬齋)[70]께서는 말하였다.

"일 없을 때에는 마음이 비어 있음을 가르치지 않고 일 있을 때에는 마

---

65) 중봉선사(中峰禪師): 1263~1323. 원나라 때 스님으로 이름은 명본(明本). 불자원조광혜선사(佛慈圓照廣慧禪師)·지각선사(知覺禪師)·보각선사(普覺禪師) 등의 호가 있으며 『광록(廣錄)』 30권을 남겼다.

66) 장무몽(張無夢): 송나라 때 사람으로 자는 영은(靈隱), 호는 홍몽자(鴻蒙子). 진단에게서 많은 것을 배웠으며 저서로 『경대집(瓊臺集)』이 있다.

67) 백사선생(白沙先生): 명나라 때 신회(新會) 사람으로 성은 진(陳), 이름은 헌장(獻章), 시호는 문공(文恭). 정좌를 위주로 한 유학자이며 『백사집(白沙集)』이 있다.

68) 팽학림(彭鶴林): 송과 금 사이의 도사로서 백옥섬(白玉蟾)의 제자.

69) 영명연수(永明延壽): 406쪽 주 44) 참조.

70) 호경재(胡敬齋): 1434~1484. 명나라 때 강서성 사람으로 이름은 거인(居仁), 자는 숙심(叔心). 일생 주경(主敬)에 힘쓴 유학자로 숭인학파(崇仁學派)의 대표자이며 『거업록(居業錄)』을 썼다.

음이 어지러움을 가르치지 않아도 된다."

도현거사(道玄居士)[71]께서는 말하였다.

"한번 나갔으면 곧 거두어들이고 이미 돌아왔으면 반드시 풀어놓아야
한다."

나염암(羅念菴)[72]께서는 말하였다.

"헛된 생각으로 그 마음을 죽이지 말고 함부로 돌아다니는 기로 태어날
때부터 있은 으뜸 된 기를 다치지 말라."

사의도인(莎衣道人)[73]께서는 말하였다.

"마음은 뱃속 빈자리에 있어야 하고 생각은 모든 이치를 가두어놓은
문[74] 밖으로 나와서는 안 된다."

백락천(白樂天)[75]께서는 말하였다.

"스스로 공문(空門)[76]의 가르침을 힘들여 배워서 평생토록 가지가지 마
음을 모조리 사라져 없어지게 하였다."

정업선사(淨業禪師)[77]께서는 말하였다.

"움직임이 있을 때에는 비추어 살피면서 잊지 않고 변화와 움직임을 여
의고 조용할 때에는 숨을 잠재운 가운데 잊지 않는다."

『도광집(韜光集)』[78]에서는 말한다.

---

71) 도현거사(道玄居士): 진나라 때의 공현지(龔玄之)인지, 원나라 때의 스님 본
    성(本誠)인지 아직 미상(2004. 4. 15). 본성 스님은 『응시자집(凝始子集)』을 지
    었다.
72) 나염암(羅念菴): 명나라 때 사람으로 이름은 홍선(洪先), 자는 달부(達夫).『만
    수선서(萬壽仙書)』를 썼다.
73) 사의도인(莎衣道人): 송나라 때 도인. 사호는 통신선생(通神先生)이며 『송사
    (宋史)』 462에 실려 있다.
74) 모든 이치를 거두어놓은 문: 총지문(摠持門).
75) 백락천(白樂天): 당나라 때 태원(太原) 사람으로 이름은 거이(居易)이며 스스
    로 향산거사(香山居士)라 불렀다. 당송 8대가의 하나인 문학자이며 『백씨장경
    집(白氏長慶集)』,『백씨육첩사류집(白氏六帖事類集)』이 있다.
76) 공문(空門): 불교, 불가를 가리킨다.
77) 정업선사(淨業禪師): 아직 미상(2004. 4. 15).

"마음이 이에 있으면 생각도 이에 있고, 움직일 때 이와 같으면 움직임을 여읠 때도 이와 같다."

충묘(沖妙)⁷⁹⁾께서는 말하였다.

"몸이 움직이지 않으면 마음이 절로 안정되고 마음이 움직이지 않으면 신이 절로 지켜진다."

서무극(徐無極)⁸⁰⁾께서는 말하였다.

"본성은 치우쳐 있는 곳에서 헤쳐나가게 하고 마음은 놓인 때에서부터 거두어들인다."

불인(佛印)⁸¹⁾께서는 말하였다.

"한 생각 움직이는 때에는 모든 것이 불이지만 모든 여건이 고요해진 곳에서는 곧바로 봄이 온다."

도굉경(陶宏景)⁸²⁾께서는 말하였다.

"마음을 닦으려면 오래 사는 사람이 되어야 하고 본성을 달이려면 마땅히 숨 붙어 있는 시체처럼 하여야 한다."

무착선사(無着禪師)⁸³⁾께서는 말하였다.

"밝힌다는 것은 곧 마음이 고요히 비어 있음을 밝히는 것이고 본다는

---

78) 『도광집(韜光集)』: 아직 미상(2004. 4. 15).

79) 충묘(沖妙): 진나라 때 갈현(葛玄)의 제자 장현화(張玄化)와 송나라 때의 도사로서 사호(賜號)가 동연태사(洞淵太師)인 이사총(李思聰), 두 사람의 호이다. 이곳에서는 누구를 인용하였는지 아직 미상(2004. 4. 15).

80) 서무극(徐無極): 아직 미상(2004. 4. 15).

81) 불인(佛印): 1032~1098. 송나라 때의 스님으로 이름은 요원(了元), 자는 각노(覺老). 황주에 귀양 온 소동파와 친분을 나눈 적도 있다.

82) 도굉경(陶宏景): 456~536. 남조 시대 남경(南京)의 도교사상가이며 의학자. 자는 통명(通明)이며 스스로 화양은거(華陽隱居)라 불렀다. 『양성연명록(養性延命錄)』, 『상청악중결(上淸握中訣)』, 『진고(眞誥)』 등이 있다.

83) 무착선사(無着禪師): 북인도 건타라국의 바라문 출신으로 불교에 귀의하였다. 『현양성교론(顯揚聖敎論)』, 『섭대승론(攝大乘論)』, 『대승아비달마집론(大乘阿毘達磨集論)』, 『유가사지론(瑜伽師地論)』, 『대승장엄론(大乘莊嚴論)』 등이 있다.

것은 곧 본성은 생겨남이 없다는 것을 보는 것이다."

『화엄경』에서는 말한다.

"만약 마음이 둘이 아닌 이치를 깨달아 살피게 되면 그제야 비로(毘盧)의 맑고 깨끗한 몸을 보게 된다."

『화엄송(華嚴頌)』에서는 말한다.

"처음 한 생각에서부터 끝으로 겁을 이루기까지 모든 것이 중생들의 마음과 생각에 의하여 생기도다."

마단양께서는 말하였다.

"만약 굽이굽이 도는 터널을 변함없이 언제나 지키고 있으면 신이 절로 신령하고 밝아지며 기가 절로 가득 채워진다."

구장춘(丘長春)[84]께서는 말하였다.

"그때 한 구절을 스승 옆에서 얻어 가지고 말없이 말없이 발을 내린 듯 눈을 감고 자세히 살폈다."

혜일선사(慧日禪師)[85]께서는 말하였다.

"한 생각을 비추어내는 것이 한 생각의 보리이고 한 생각이 편히 쉬는 것이 한 생각의 열반이다."

이러한 여러 말들이 모두 신선이 되고 성인을 이루는 요점이며 진리의

---

84) 구장춘(丘長春): 1148~1227. 금나라 때 산동성 사람으로 19세에 출가하여 왕중양의 제자가 되어 뒤에 북칠진의 한 자리를 차지하였다. 이름은 처기(處機), 자는 통밀(通密), 호는 장춘자. 칭기즈칸의 초청을 받아 서역까지 가서 만났을 때 천하를 다스리는 방법이 '하늘을 공경하고 백성을 사랑하여 살생을 삼가는 데 있음'을 말하여 신선으로 인정을 받고 그 지원을 받아 전진도(全眞道)를 크게 일으켰다. 현재 북경 백운관(白雲觀)에 안장되었으며, 원 세조에 의하여 '장춘연도주교진인(長春演道主敎眞人)', 원 무종에 의하여 '장춘전덕신화명응진군(長春全德神化明應眞君)'에 봉해졌다. 『대단직지(大丹直指)』, 『반계집(蟠溪集)』, 『섭생소식론(攝生消息論)』이 있다.

85) 혜일선사(慧日禪師): 1272~1340. 원나라 조동종의 스님. 성은 심(沈), 호는 동명(東明).

길이거나 그것이 실현된 곳으로 들어가는 문들이다. 옛적에 아난(阿難)[86]
께서는 다라니를 들은 것이 많았지만 해를 거듭하여도 성인의 결과에 오
르지 못하다가 잠시 연(緣)을 그치고 되돌아 비추는 일을 하자 바로 태어남
이 없는 경지를 증명하였다. 무릇 보통사람의 마음은 하루 종일 바깥에서
돌아다니는데, 멀리 갈수록 진리의 길을 등지게 된다. 오직 되돌아 비추는
사람만이 감정을 단속하여 생각을 거두어 잡게 되고 생각을 거두어 잡아
서 마음을 안정시키며 마음을 안정하여 신을 기르고 신을 길러서 본성으
로 돌아간다. 다름 아니라 위백양께서 이른 바 "금이 와서 본성의 처음으
로 돌아가니 이를 돌아온 단이라 이를 수 있다"라는 것이다. 아하! 광석을
달구어서 금을 이루어 얻기 어려운 보물을 얻고 감정을 불려 본성으로 돌
아가서 타고난 참된 것에 합쳐지건만, 서로 얼굴을 보며 이 이치를 주거니
받거니 말해볼 사람은 천만 사람 가운데 한 사람도 없구나!

---

86) 아난(阿難): 범어 Ananda. 석가모니 부처의 10대 제자 가운데 다문제일(多聞
   第一)인 제자.

2. 마음을 씻고 물려서 갈무리하는 그림 [洗心退藏圖]

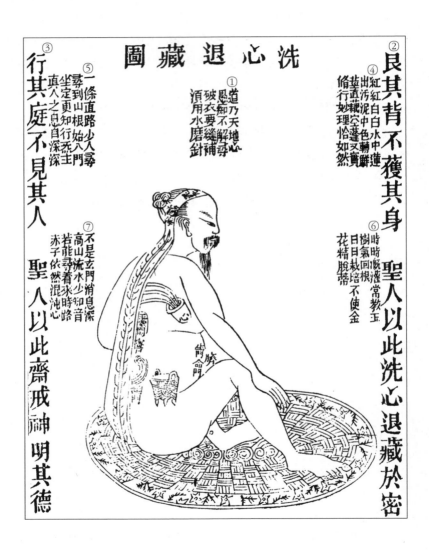

① 진리의 길이란 바로 하늘과 땅의 마음인데
　어리석은 이는 알지도 찾지도 못한다.
　찢어진 옷은 꿰매야 하는데
　반드시 물로 갈아 만든 바늘을 써야 하네.

② "그 등에서 멈출 때는 그 몸을 잡지 아니한다."
　성인께서는 이 구절에 의하여 마음을 씻고 물려서 남모르는 곳에 갈무리하였다.

③ "그 앞뜰을 거닐 때에는 그 사람을 보지 아니한다."
　성인께서는 이 구절에 의하여 몸과 마음을 깨끗이 지켜서 그 덕을 신령하고 밝게 하였다.

④ 붉고 붉고 희고 희고, 물 속의 연꽃이여
　더러운 흙탕 속에서 솟아나오니
　색깔이 오히려 산뜻하구나.
　줄기는 곧고 뿌리 속은 비었는데
　더북하고 또한 열매도 있도다.
　닦아나가는 묘한 이치가 마치 이와 같구나.

⑤ 한 가닥 곧바른 길을 찾는 이 드물어서 산기슭[山根]까지 찾아 이르러서야 문으로 들어가도다.
　안정되게 앉아서 더욱 기의 주인을 알고 행하니 진인의 숨이 절로 깊고 깊도다.

⑥ 때마다 물 대주어 옥 나무의 기가 뿌리로 돌아가도록 변함없이 가르치고

날마다 심고 길러서 황금 꽃의 정이 꼭지에서 떨어지지 않게 하여라.

⑦ 아득한 문에서 나오는 소식이 깊은 것이 아니고
　높은 산 흐르는 물을 알아듣는 이 드묾이라.
　만약 때가 찾아오는 길을 찾을 수 있다면
　젖먹이[87]는 본디대로 소용돌이 속 마음이도다.

2-1. 물려 내려 갈무리해 놓고 머리 감고 몸 씻는 일[退藏沐浴工夫]

『역』에 나오는 "마음을 씻고 물려서 남모르는 곳에 갈무리한다"는 구절
은 화두(話頭)[88]이다. 당과 송나라 때의 신선들은 머리 감고 몸 씻는 일[89]
이라고 하였고, 요사이 여러 사람들은 "등에서 멈춘다"는 말을 많이 쓰는
데, 어느 것이나 이 도리요 이 터널 입구의 묘함일 뿐이다. 원래 마음이란
불에 속하는데 그것을 등에 있는 물로써 갈무리하는 것이 그것을 씻는다
는 뜻이다. 마음이 앞에 있는데 그것을 등 뒤로 갈무리하는 것이 그것을
뒤로 물리는 뜻이다. 그러므로 기틀을 처음 차린 사람은 그 마음을 내려
엎드리게 하는 일을 너무 꼭 조여 묶어서 답답하고 조급하고 불길이 타오
를 염려가 있기 때문에, 잠시 마음이요 불이라는 남쪽의 것을 등이요 물이

---

87) 젖먹이: 적자(赤子). 황정에서 생겨 나오는 참다운 마음과 신(神)을 가리키는
　용어.
88) 화두(話頭): 스승과 제자 간의 문답에 따라 수행하면 반드시 깨달음에 이를
　수 있다고 선종(禪宗)의 조사들이 정한 법문으로서의 문답. 공안(公案) 또는
　고칙(古則)이라고도 부른다. 약 1,700여 종류가 있으며, 해석이나 이론적 설
　명은 불가능하고 오직 몸소 깨우칠 뿐이다.
89) 머리 감고 몸 씻는 일: 목욕(沐浴). 기를 임독맥으로 이루어진 궤도를 따라 돌
　리다 잠시 멈추고서 머리 감고 몸 씻는 듯한 상태로 빠져 들어가는 일을 가리킨
　다. 단학에 관한 책마다 많은 설명이 있다[『금단대요(金丹大要)』 권7 「목욕심려
　수지(沐浴心慮須知)」, 『중화집(中和集)』 「방문9품(傍門九品)」 및 본편 등 참조].

라는 북쪽에 갈무리하는 것이다. 물과 불이 서로 엇갈려 기르게 되면 저절로 이런 생각과 저런 생각이 생기지 않게 되니, 다름 아니라 백옥섬(白玉蟾)께서 이른 바 "마음을 씻고 생각을 빨아 헹구어버리는 것이 머리 감고 몸 씻음이다"라는 것이다. 그러나 머리 감고 몸 씻는다는 것은 비록 마음을 씻는 방법이고 등에 멈춘다는 것은 비록 생각을 멈추는 일을 포함하고 있는 것이기는 하지만 두 이치가 서로 같은 것이다.

모두들 참으로 이러한 경지에 미처 이르지 못한지라 이로부터 위로 한 발짝 올라가는 일은 모든 성인들께서 비밀로 하고 전하지 않았다. 그렇기 때문에 뒷날 배우는 이들이 듣거나 만나기 어려웠던 것이다. 사람이 만약 이 터널의 광장을 밝힐 수 있다면 참으로 신이 일한 보람을 빼앗고 하늘이 명한 것을 고칠 수 있는 것이다. 옛 신선께서는 말하기를 "척추를 끼고 있는 두 관문을 지나 정수리 문으로 뚫고 오르는데, 닦아나가야 할 길로는 이것이 존귀한 것이다"라 하였다. 그것으로써 위로는 하늘 골짜기에 통하고 아래로는 미려(尾閭)에 이르며 가운데에서 마음보와 신장에 통하여 신령한 양(陽)을 불러서 거두어 잡고 생명의 보배를 돕고 보호하니 이것이 닦아나가야 할 길이 아니고 무엇인가?

우리 사람의 이 몸이 있기 전에 먼저 이 숨이 있고 이 몸이 없어지기 전에 이 숨이 먼저 없어지니 이것이 또한 닦아나가야 할 바른 길이 아니고 무엇인가? 원래 사람이 생명을 받을 처음에는 아기집 속에서 어머니를 따라 호흡을 하며 기를 받아서 커간다. 이 밧줄은 어머니와 이어져 붙어 있으면서 점점 기가 지나다니며 열려서 가운데가 대롱처럼 비니, 기가 통하여 오가게 된다. 앞으로는 배꼽에 통하고 뒤로는 신장에 통하며 위로는 척추를 끼고 니환을 지나 눈썹 사이까지 통하여 두 터널이 생기게 한다. 두 터널에서부터 아래로 코끝에 이르러 코의 두 구멍을 이루니 이 까닭에 뱃속에서는 코가 먼저 모습을 드러내게 되고 비조(鼻祖)라는 명칭으로 부르게 되는 것이다. 이때 나의 기는 어머니의 기와 통하고 어머니의 기는 하늘과 땅의 기와 통하며 하늘과 땅의 기는 태허의 기와 통하여 터널과 터널이 서로 통하니 가로막힘이 없었다.

　기의 수(數)가 가득 차서 모자람이 없게 되면 아기집을 찢고 나온다. 배꼽으로 변할 탯줄을 가위로 자를 때 으앙 하고 땅을 가르는 한 소리를 내면서 태어나기 전부터 있은 혼 점 으뜸 되는 양이 목숨의 터전 되는 곳으로 떨어져 내려간다.

　이 뒤로부터 태어난 뒤의 세계90)가 일을 맡아 작용하게 된다. 비록 호흡이 오고 가기는 하지만 태어나기 전부터 있은 최초의 으뜸 조상 같은 기와는 서로 통하지 못하고 사람의 생애 동안 어려서 늙도록 숨 한 번도 그 속에 들어가 머무를 수가 없게 된다. 세 가지 세계의 보통사람들이 티끌처럼 생겼다가 티끌처럼 없어지면서 만 번 태어나고 만 번 죽도록 어느 누구도 그가 온 옛 길을 찾아내지 못하고 마는 것이다.

　태상께서 가르침을 세워 사람들로 하여금 닦고 길러서 오래 살도록 한 것은 능히 하늘과 땅의 바른 기를 빼앗을 수 있기 때문이었고, 사람이 하늘과 땅의 기를 빼앗을 수 있는 이유라는 것은 그에게 두 구멍으로 숨을 내쉬고 들이마시는 호흡이 있기 때문인 것이다. 숨으로 내쉬는 것은 자기의 태어날 때부터 있은 으뜸 된 기가 안에서부터 나가는 것이요, 숨으로 들이마시는 것은 하늘과 땅의 바른 기가 밖에서부터 들어오는 것이다. 사람이 만약 근원이 굳고 단단하면 숨을 내쉬고 들이마시는 사이에도 역시 하늘과 땅의 바른 기를 빼앗을 수 있어서 목숨이 명주실처럼 길어질 수 있다. 사람이 만약 근원이 단단하지 못하면 정이 마르고 기가 약해져서 들이마신 하늘과 땅의 바른 기가 내쉬는 숨을 따라 나가버리고 몸 속에 있던 태어날 때부터의 으뜸 된 기가 스스로의 것이 되지 못하여 오히려 하늘과 땅에 의하여 빼앗기게 된다. 어째서 그런가? 호흡이 그 들고나는 문을 못 찾기 때문이다.

　모든 보통사람의 호흡은 모두 목구멍을 따라 내려가서 중완(中脘)91)에

　　90) 태어난 뒤의 세계: 후천(後天).
　　91) 중완(中脘): 이곳에서는 허파를 가리킨다. 본래는 임맥의 한 경혈로서 명치

이르렀다가 되돌아 나오기 때문에 물려받은 조상 같은 기와 서로 이어지지 않는 것이다. 마치 물고기가 입으로 들이마셔서 아가미로 내보내는 것과 같으니 장자께서 이른 바 "뭇 사람의 호흡은 목구멍을 가지고 쉰다"는 것이다.

만약 지극한 사람이라면 호흡이 곧바로 명당(明堂)[92]을 꿰뚫고 위로 척추를 끼고 있는 구멍까지 이르며 다시 명문(命門)[93]으로도 흘러들어가서 물려받은 조상 같은 기와 서로 이어져 마치 자석이 쇠를 끌어당기듯 같은 종류끼리 서로 친하게 된다. 다름 아니라 장자께서 이른 바 "진인의 숨은 발꿈치로 쉰다"는 것이다. 발꿈치라는 것은 그 숨이 깊고 깊다는 뜻이다. 숨이 깊고 깊으면 나의 생명이 이미 나에게 있게 되는 것이다. 지나치게 녹여서 빚고 만들고 하여야 되는 것은 아니다.

오늘날 사람들이 숨을 고른다느니 헤아린다느니 억누른다니 닫는다느니 하고들 있지만 모두가 신을 신고 가려운 발바닥을 긁는 모양인지라 으늑한 터널에 이르지 못하고 있다. 이 터널이 처음 모양을 갖추면 곧 두 신장이 생기고 다음으로 마음보가 생긴다. 그 신장은 마치 연뿌리 같고 그 마음보는 마치 연꽃과 같은데, 그 줄기는 가운데가 통하고 바깥은 곧고 발라서 땅을 짚고 하늘을 찌른다. 마음보와 신장이 서로 8치 4푼 떨어져 있는데, 그 사이에 1치 2푼 정도 빈곳이 있어서 빈 주머니 속[94]이라고 부른다.

와 배꼽의 가운데에 곧 위(胃)의 가운데에 해당하는 곳이다.

92) 명당(明堂): 여러 가지 분야에서 쓰이는 용어이나, 단 수련에서는 다음과 같은 곳을 가리킨다. ① 심장(心臟)[『황정외경경(黃庭外景經)』 참조], ② 코[『영추(靈樞)』「오색(五色)」 참조], ③ 뇌의 아홉 궁궐 가운데 하나, ④ 폐(肺)[『포박자』「내편」 참조], ⑤ 하단전[『금벽오상류참동계(金碧五相類參同契)』 참조]. 이곳에서는 코를 가리킨다고 보아야 할 것이다.

93) 명문(命門): 여러 분야에서 쓰이는 용어인데, 단을 수련하는 책에서는 다음을 가리킨다. ① 단전[『황정내경경』「비부(脾部)」 참조], ② 비장(脾臟)[『황정내경경』「서」 참조], ③ 배꼽[『황정외경경』「상」 참조], ④ 코[『황정외경경』 참조], ⑤ 오른쪽 신장(腎臟)[『도추(道樞)』 참조], ⑥ 양관(陽關)[『금선증론(金仙證論)』「도설(圖說)」 참조], ⑦ 배꼽 뒤 1치 3푼 되는 곳에 있는 경혈(經穴). 이곳에서는 하단전을 가리키는 것이라고 보아야 할 것이다.

다름 아니라 마음보와 신장이 오고 가는 길이며 물[水]과 불[火]이 서로 건너서 이루는 기제(既濟: ☵)괘에 해당하는 곳이기도 하다.

이 터널을 통하고자 한다면 먼저 눈썹 사이 산근에 생각의 초점을 모아 보존하여야 한다. 그러면 호흡에 의한 기가 점점 차례대로 척추를 끼고 있는 곳을 통하고는, 으뜸 되는 소용돌이95)를 뚫고 곧바로 목숨이 들어 있는 집으로 이르게 되어, 비로소 아들과 어머니가 함께 만나서 합치게 되고 깨졌던 거울이 다시 둥글게 고쳐지며 점점 넓혀가면서 채워져서 근본이 완전하고 단단해지고 생명의 보배를 도와서 보호하게 되는 것이다. 비로소 그것을 고치고 닦고 달였다고 말할 수 있게 되는 것이다.

요진료(了眞了)96)께서는 "변함없이 언제나 밝은 등을 켜려 한다면 마땅히 기름을 부어주는 방법을 알아야 한다"고 말하였고, 윤씨 스승께서는 "본디의 원천을 흠뻑 기르는 것이 먼저이고 생명의 보배를 돕고 보호하는 것이 급하다"고 말하였고, 또 "한 가닥 숨이 아직 남아 있으면 누구나 목숨을 다시 일으키는 사람이 될 수 있다"고도 말하였다. 만약 기름을 부어주는 방법을 알게 되면 꺼지는 등불을 이어서 다시 밝히게 되니, 다름 아니라 얼을 다시 불러올 수 있는 향을 얻고 마른 뿌리에 불을 붙여 다시 무성하게 하는 것과 같은 것이다. 그렇기 때문에 "기름이 마르면 등불이 꺼지고 기가 끊어지면 몸이 죽는다"고 말하는 것이다.

그러나 이 터널이 아니면 기름을 부어줄 수 없고 기름을 부어주지 않으면 목숨을 이을 수 없고 목숨이 이어지지 않으면 본성을 머물러 있게 할 수 없으며 본성이 머무르지 않으면 문득 어느 날 아침에 덧없음이 찾아와서 멍청한 채로 떠나가게 되는 것이다. 그러므로 여씨 어른께서는 "정을 새나가지 못하게 막는 것은 이를수록 좋고 목숨을 잇는 것은 때늦지 않게 가르쳐야 한다"고 말하였다. 정말로 이것이 이어지면 오래 살고 이어지지

---

94) 빈 주머니 속: 강자리(腔子裏). 단전을 가리킨다.
95) 으뜸 되는 소용돌이: 혼원(混元). 역시 단전을 가리킨다.
96) 요진료(了眞了): 아직 미상(2004. 4. 15).

않으면 일찍 죽는다. 무릇 사람이 하늘과 땅의 기를 받은 수에는 한도가 있어서 보존하고 기를 줄 모르고 스스로 사납게 행동하고 스스로 버리면 마치 유해섬께서 말한 바와 같게 된다. "아침에 다치고 저녁에 허물면서도 길을 잃어 알지 못하여 정과 신을 잃고 어지럽혀 의지할 곳이 없으니, 조금씩 조금씩 닳아 없어져 점점 시들어가다가 으뜸 된 조화를 모조리 다 써버리고 나면 신도 떠나간다"는 것이다. 열리고 닫히는 기틀이 한번 멈추고 나면 호흡하는 기가 그 자리에서 끊어지니, 오호라 태어나고 죽는 기틀의 장치가 잽싸기가 이와 같도다.

세상 사람들은 무슨 일로 진리의 길을 향하여 마음 돌리기를 마다하는가? 하물며 이 일을 배우고 익힘은 가장 간편하고 쉬워서 걷거나 서거나 앉거나 눕거나에 걸리지 않거늘!

언제나 변함없이 이 마음을 바로잡고 물려서 척추를 끼고 있는 터널에 갈무리해두면, 하늘과 땅의 바른 기를 캐어 가지고 나아가 소용돌이치던 때부터 있은 으뜸 되는 나의 참된 정과 함께 단전에 엉겨 맺히게 함으로써 생명의 근본을 일으키게 된다. 하늘과 땅의 가없는 으뜸 된 기를 가지고 나의 한계 있는 몸뚱이를 이어나가는 것도 역시 쉽지 아니한가?

배우는 사람은 그저 이 터널을 틀림없이 알아내서 지키고 떠나지 않으면 오래오래 시간이 흐르면서 순수해지고 푹 익게 된다. 그러면 속세계가 마치 달이 물에 비친 것과 같게 밝고 밝아지고 저절로 그 사특한 불을 흩어버리며 그 이것저것 뒤섞인 생각을 녹여버리고 그 움직이는 마음을 내려앉히며 그 헛된 생각을 그치게 된다. 헛된 생각이 그치고 나면 참된 숨이 절로 나타난다. 참된 생각은 생각이 없고 참된 숨은 숨쉬지 않으니 숨쉼이 없으면 생명의 뿌리가 영원히 튼튼해지고 생각이 없으면 본성의 바탕이 언제나 보존된다. 본성이 보존되고 생명이 튼튼해지면 숨과 생각이 함께 녹아 없어지니 이것이 본성과 생명을 둘 다 닦는 일의 첫걸음이다.

아! 사람의 삶은 뿌리 없는 나무와 같도다. 처음부터 끝까지 기를 숨쉬는 것에 힘입고 그것을 뿌리와 줄기로 삼으니 숨 한 번 돌아오지 않으면 생명이 이미 나에게 있지 않게 된다. 그러므로 오래 사는 일을 닦고자 하는 사람은 반드시 그 기를 확고히 하여야 한다. 기가 확고해지면 몸 속의 태어날 때부터 있은 으뜸 된 기가 내쉬는 숨을 따라 나가지 않고 하늘과 땅의 참된 기가 언제나 들이쉬는 숨을 따라 들어온다. 그렇게 오래가면 태아와 같은 숨97)이 흔들림 없이 이루어지고 꽃의 씨방과 같고 성벽의 터전과 같은 것98)이 이루어져서 오래 살게 되는 길이 생기게 되는 것이다.

  (이 글은 제2편 제3절의 「기의 구멍에 웅크려 감추는 그림」과 함께 보아야 마땅하다.)

---

  97) 태아와 같은 숨: 태식(胎息). 닦고 익힘이 아주 높고 깊은 경지에 이르면 호흡하는 숨이 보통사람과는 다르게 아주 가늘고 약해진다. 입과 코로는 이미 공기가 드나드는 감각이 없고 단지 단전 안에 아주아주 약한 진동이 있을 뿐인 상태를 가리켜 태아를 맺었다고 하며, 이러한 상태에서 쉬는 숨을 태아와 같은 숨이라고 한다.
  98) 꽃의 씨방과 같고 성벽의 터전과 같은 것: 은악(鄞鄂). 근본을 가리킨다.

3. 옥 즙으로 몸을 불리는 그림[玉液煉形圖]

옥 즙으로 몸을 불리는 그림[玉液煉形圖]

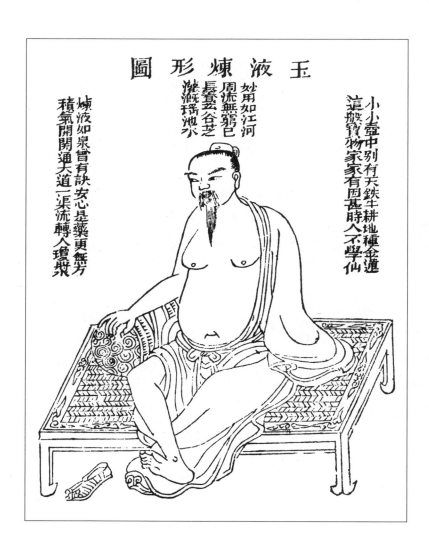

玉液煉形圖

妙用如江河
周流無窮已
長養玉芝
灌漑瑤池水

小小壺中別有天
鉄牛耕地種金蓮
這般寶物家家有
因甚時人不學仙

煉液如泉曾有訣
安心是藥更無芳
積氣開關通大道
一渠流轉入瓊漿

묘한 작용은 강물과 같이 두루 흘러 막힘이 없으니,

으늑한 골짜기에 불로초를 오래도록 키우기 위해 신선세계의 연못에서 물을 끌어대누나.

작고 작은 항아리 속에 또 다른 하늘이 있고 쇠 소가 밭을 갈아 금 연꽃 씨를 심는다.

이러한 보물은 사람마다 가지고 있지만 웬일인지 오늘날 사람들은 신선 되는 일을 배우지 않는다.

옥 즙을 달이는 일은 샘과 같은데, 일찍이 가르쳐준 말씀이 있으니 마음을 안정하는 것이 약이지 따로 더 좋은 방법은 없다.

기를 쌓아서 관문을 열고 큰 진리의 길을 통하며 한 단계를 흘러 돌아서 옥 즙이 되는 것이다.

3-1. 옥 즙으로 몸을 불리는 법칙[玉液煉形法則]

처음 배우는 사람은 평소에 햇볕에 그을리며 땀 흘려 일하다가 갑자기 배우고 익히는 방안에 들면 하루아침에 편안하고 할 일이 없어진다. 할 일이 없어지니 팔다리를 운동하지 않고, 편안하니 백 마디에 잘 흘러 통하지 않아서 경맥과 경락이 틀어 막히게 되고 기와 피가 뭉쳐 막히게 된다. 이에 관문을 통하고 더러운 것을 털어내는 방법이 없을 수 없는 것이다.

이 방법은 먼저 기를 운행하고 마음의 초점을 맞춤으로써 그것을 주재(主宰)하여 현응(玄膺)이라는 구멍99)을 비추는 것이다. 이 구멍은 기가 흐르는 관을 통할 수 있는 것이니, 『황정경』에서 이른 바 "현응이라는 기의 관이 정(精)의 신호를 받는다"는 경우에 해당한다.

---

99) 현응(玄膺)이라는 구멍: 혀 밑에 있는 경혈.

조금 있으면 침 같은 것이 마치 우물물처럼 입에 가득 고이니, 느끼지
못할 정도로 여러 번에 나누어 삼키고 천천히 뜻으로써 이끌어 목구멍에
이르고 차차로 전중(膻中),[100] 명치, 중완(中脘), 신궐(神闕)[101]을 지나 기해
(氣海)[102]에서 그친다. 다시 기해에서 두 길로 나누어져 양쪽 넓적다리에
이르고 무릎을 지나 삼리(三里),[103] 정강이 및 엄지발가락까지 이르렀다가
다시 돌아서 용천(湧泉)으로 들어가고 뒤꿈치에서 뒷무릎을 지나 넓적다리
를 돌고 올라가서 미려[104]에 이르러 한 곳에 합쳐진다. 다시 신당(腎堂)[105]
과 척추를 낀 두 관문[106]을 지나 두 어깨로 나누어져서 두 팔을 거치고 손
등에 이르고 가운뎃손가락을 감아 돌아서 손바닥을 지나 손목을 거친 뒤
가슴 옆을 지나고 뺨 뒤를 거쳐서 뇌를 지나 정수리로 흘러들었다가 다시
명당(明堂), 윗잇몸으로 내려간다. 그러면 혀로써 마중하여 받아 내려서 현
응에 이른다. 이로써 한 바퀴를 돌게 된다.

조금 멈추었다가 다시 앞에서와 마찬가지로 익히는 일을 행하면 틀어
막혔던 곳이 차차로 뚫려 통하게 된다. 여러 경맥을 꿰뚫을 뿐 아니라 여
러 터널의 광장들도 역시 통하여 이를 수 있게 된다. 다름 아니라 『심인경
(心印經)』[107]에서 이른 바 "일곱 터널의 광장이 서로 통하면 터널마다 빛이
밝아진다"는 것이다.

무릇 인류에게 있는 신령하고 밝은 하나의 터널은 몸 안에만 국한되어

---

100) 전중(膻中): 가슴의 두 젖꼭지 사이에 있는 경혈. 흉선(胸腺) 부위에 해당한
　　다고 생각된다.
101) 신궐(神闕): 배꼽의 한가운데.
102) 기해(氣海): 배꼽 밑 1치 5푼 되는 곳.
103) 삼리(三里): 무릎 아래 3치 정강이뼈 바깥에 해당하는 곳.
104) 미려: 꼬리뼈의 끝부분.
105) 신당(腎堂): 제2 요추(腰椎)의 삐죽 튀어나온 곳의 아래.
106) 척추를 낀 두 관문: 협척쌍관(夾脊雙關). 척추 24마디의 한가운데에 해당한
　　다. 이곳을 신이 사는 방[神室] 또는 황방(黃房)이라 부르는 책도 있다[『황극
　　합벽선경(皇極闔闢仙經)』 참조].
107) 『심인경(心印經)』: 『고상옥황심인묘경(高上玉皇心印妙經)』. 4자씩 50구 모
　　두 200글자로 된 도교 경서(經書).

있지 않고 몸 밖 아니 우주 밖까지도 미치고 있어서 본래 감싸지 않는 것이 없고 비추지 않는 곳이 없는 것인데, 그렇지 못한 사람은 몸이라는 것에 걸려 있기 때문이다. 이런 사람은 곧바로 몸과 신을 함께 불려서 둘 다 묘하게 되는 경지에 이르러야 비로소 진리의 길에 참으로 합쳐질 수 있다.

기를 운행하는 데 눈을 사용한다는 이유는 무엇인가? 시견오께서는 "기는 나이를 늘리는 약인데 마음은 기를 부리는 신이다. 만약 기를 운행하는 주인을 안다면 바로 선인이 될 수 있다"고 말하였고, 옛 분들이 눈이 이르는 곳에 마음도 이르고 마음이 이르는 곳에 기도 역시 이른다고 말하였는데, 이 말들이 서로 가까운 뜻을 가지고 있는 것이다.

몸을 불리는 데 즙을 사용한다는 이유는 무엇인가? 도가에서는 그것을 가리켜 더러운 것을 털어내는 일이라고 말한다. 옥 즙이란 침 같은 것이고 옥 연못이란 입이다. 『황정내경경』에서는 "입은 옥 연못으로서 태화관(太和官)이라고도 하는데 신령한 즙을 삼키면 재앙이 간섭하지 못한다. 몸에서 빛이 나고 기는 난과 같이 향기로우니 백 가지 사특한 것들을 없애버리고 얼굴이 옥처럼 새롭게 이루어진다. 잘 살펴서 이와 같이 닦을 수 있으면 신선들이 사는 광한궁(廣寒宮)108)에 오른다"고 말한다.

즙 속에는 기가 들어 있고 기 안에는 즙이 있어서 즙과 기가 서로 살리며 날로 달로 가득하고 왕성해져서 금 즙의 터전이며 몸을 함초롬히 하는 보물이 될 뿐만 아니라, 능히 관문을 뚫고 마디를 꿰어서 이르지 못하는 곳이 없게 된다. 옛 노래에서는 "정(精)이 생겨 나오는 연못의 신의 물을 자주 삼켜 넘기면 자부(紫府)109)의 여(女) 신선이 곧바로 위로 달려가네. 언제나 변함없이 기로 하여금 관절을 뚫고 통하도록 하면 저절로 정이 골짜기에 가득 차고 신이 보존된다네"라는 뜻을 읊고 있다.

---

108) 광한궁(廣寒宮): 당나라 때 명황(明皇)과 신천사(申天師)가 추석날 밤에 달나라로 놀러갔더니, '광한청허지부(廣寒淸虛之府)'라고 쓴 푯말이 있었다고 한다[『천보유사(天寶遺事) 참조]. 이로 인하여 달나라를 광한궁이라 부른다.

109) 자부(紫府): 신선이 사는 곳 이름. 이 외에도 신선이 사는 곳에 대한 이름으로는 은궁(銀宮)·금궐(金闕)·청도(靑都) 등도 있다.

현응이라는 하나의 터널 구멍이 바로 침 같은 즙의 바다요 변화됨을 생기게 하는 원천이어서 몸 전체를 적셔주는 일이 모두 이에 근본을 두고 있다. 그러므로 태상께서는 "혀 밑의 현응이 삶과 죽음이 갈라지는 언덕이니, 그대가 만약 이를 만난다면 하늘의 은하수에 오르게 된다"고 말하였고, 『법화경송(法華經頌)』에서는 "흰 옥 같은 잇가로 사리(舍利)가 흐르고 붉은 연꽃 같은 혀 위로 아름다운 빛이 뻗치네. 목구멍 속으로 단 이슬은 졸졸 젖어내리고 가슴속에서 녹아내리는 버터 같은 것은 방울방울 시원하기만 하네"라고 읊고 있다. 이것이 바로 옥 즙으로 몸을 불리는 작은 방법이다.

사람에게 있는 터널과 구멍들이 이 때문에 그 빈곳을 통하고 그 기를 이르게 하여 온 몸 속을 두루 흐르게 되는 것이다. 한 곳이라도 막히고 닫히는 곳이 있으면 곧 담이 결리거나 피가 막히게 되고 온 몸의 경맥이나 경락이 서로 통할 수 없게 되어 질병이 생기게 된다.

이제 이 방법을 가지고 하루에 세 다섯 차례 익혀나가서 다만 기와 피가 흘러 통하여 백 가지 경맥이 따뜻하고 상쾌하게 되면 병이 이미 없어진 것이다. 병이 없어지고 나면 이 방법을 그쳐서 행하지 않는다.

물려내려 감추어둠[110]으로써 죽음으로 향하는 길에서 구하여 보호하는 일과 이 일과는 안과 밖의 관계이니 두 가지를 나란히 실천하여도 서로 어그러지지 않는다.

본디의 근원을 푹 젖도록 기르는 일은 감정과 알음알이를 없애는 것이지만 알고 보면 생겼다 없어졌다 하는 마음을 지워버리는 것이다. 마음에 생겨나고 없어지는 일이 없고 몸에도 생겨나고 없어짐이 없으면 안정되었다고 할 수 있다.

그렇게 되려면 반드시 생각을 없애는 일부터 시작하여야 한다. 생각을 없애는 습관이 몸에 푹 쌓이게 되면 꿈이 없어질 수 있고, 생각 없이 변화

---

110) 물려내려 감추어둠: 퇴장(退藏). 앞 절에 나오는, 니환에서 단전으로 내려서 등 뒤에 감추어두는 일을 가리킨다.

와 움직임을 여의고 마음이 한 곳에 머무르는 일이 몸에 완전히 배면 태어남이 없는 경지에 이를 수도 있다.

꿈이 없는 것은 오늘 치러야 할 큰일이고 생각이 없어지는 것은 뒷날 치러야 할 큰일이다. 생겨남이 없으면 지어냄이 생기지 않고 꿈이 없으면 변화됨이 없어진다. 지어냄이 없고 변화됨이 없으면 태어남도 사라짐도 없게 되는 것이다.

무릇 진리의 길을 배우는 사람은 이루지 못할까 걱정할 것이 아니고 부지런하지 못할까 걱정하여야 한다. 진실로 오로지 정성되고 부지런할 수 있다면 배워서 얻지 못하는 일은 없을 것이다. 뜻을 세움도 튼튼하지 못하고 진리를 믿음도 두텁지 못하고 아침에 만들었다가 저녁에 고치며 처음에는 하는 척하다가 조금 가서 그만두고 순간순간에 기쁨을 찾으며 오래 지켜나감에는 싫증을 내면서 목숨이 하늘과 나란하겠다고 바란다면 역시 어렵지 않겠는가?

『내관경(內觀經)』[111]에서는 "진리의 길을 알기는 쉽지만 믿기는 어렵고 믿기는 쉬워도 실천하기는 어려우며 실천하기는 쉬워도 내 것으로 만들기는 어렵고 내 것으로 만들기는 쉬워도 지키기는 어렵다"고 말한다. 만약 어렵지 않다면 온 거리에 신선들이 득시글거리는 것도 이상한 일이 아닐 것이다.

진리의 길을 닦는 사람은 마치 농부가 잡초를 없애는 것과 같아서 힘써 그것의 뿌리까지 뽑아버리면 내 마음의 타고난 대로의 참된 씨앗이 저절로 싹터 나오게 된다. 더구나 이 한 글자로 된 방법은 처음부터 끝까지 매우 실천하기 쉽고 너무나 뚜렷한 보람이 나타나는 것이니, 그저 시험 삼아 해보는 정도로도 병을 물리치고 목숨이 이어진다. 크게 활용하면 보통사람의 경지를 뛰어넘어 성인의 경지에 들어갈 수도 있지 않겠는가? 모든 것이 배우는 사람의 힘써 일하는 정도가 깊고 얕음에 달려 있는 것이다.

---

111) 『내관경(內觀經)』: 『태상노군내관경(太上老君內觀經)』. 당나라 때에 태상노군의 이름을 빌려 이루어진 책이다.

제2절 태어나기 전의 세계

1. 대대로 이어지는 터널에 신을 안정시키는 그림[安神祖竅圖]

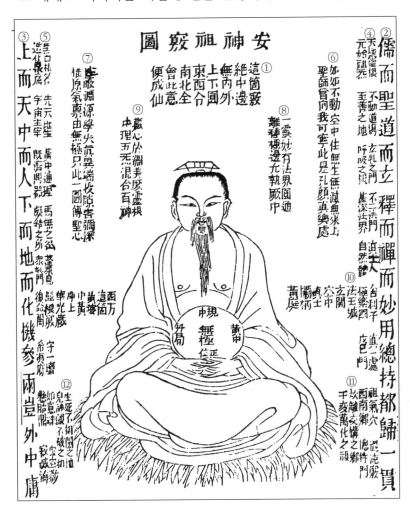

① 이 터널의 광장은 중심과 가 없고 안과 밖이 없으며 위 아래로 둥글고 동과 서로 나뉘어 있으며 남과 북으로 온전하다. 이 뜻을 알면 신선이 된다.

② 유가는 성(聖)이라 하고 도가는 현(玄)이라 하며 불가는 선(禪)이라 하면서 묘한 작용이나 다라니를 하는데, 결국 그 모든 것이 혼으로 꿰는 것이다.

③ 위는 하늘, 가운데는 사람, 아래는 땅인데 기틀의 변화나 음양의 수가 엮어지는 이치가 어찌 중용을 벗어나리오.

④ 하늘과 땅의 성스러운 뿌리, 원시로부터 이어지는 기, 움직임 없는 도량, 지극히 선한 자리, 현빈의 문, 호흡의 뿌리, 둘 아닌 진리의 문, 깊고 깊은 진리의 세계, 참된 토(土)의 사람, 저절로 그러한 바탕, 사리 알, 극락 나라, 참된 혼 곳, 무(戊)와 기(己)의 문, 대대로 이어져온 기의 구멍, 서남쪽 마을, 소용돌이 구멍, 다라니 문.

⑤ 없음 속에서 있음이 생기는 곳, 우주의 운행 변화가 샘솟아 나오는 굴, 하늘·땅보다 먼저 있은 주인, 우주의 주재, 가운데로 쭉 통하는 곳, 물과 불이 서로 건너는 솥, 말이 지나간 길, 엉겨 맺히는 곳, 봉래섬, 뭇 묘함이 있는 문, 뿌리로 돌아가는 터널의 광장, 생명을 다시 하는 관문, 혼을 지키는 단, 희(希)와 이(夷)[112]의 집, 여의주, 태가 걸려 있는 솥, 허공에 감추어진 곳, 적멸의 바다.

⑥ 그렇고 그렇게 움직임 없이 공중에 머물러 생김도 없어짐도 오고 감

---

112) 희(希)와 이(夷): 『도덕경』에 나오는 말로서 희는 들어도 들리지 않는 것이요 이는 보아도 보이지 않는 것이다. 큰 진리의 길의 묘함을 나타낸 말이다.

도 없네. 성인 스승께서는 일찍이 나에게 가르치시기를 이것이 공자 안자
께서 참된 즐거움이 있는 곳으로 삼은 곳이라 하셨다.

⑦ 티끌이 연원을 가려버려 배움이 참됨을 잃었고 이단들이 틈을 타 들
어오니 해로움이 깊구나. 무극으로 말미암아 타고난 기의 근원을 헤아려
이 그림 하나로써 성인의 마음을 전하노라.

⑧ 혼 신령함이 묘하게 있어 진리의 세계가 둥글게 통하니, 이런저런 가
장자리를 떠나 그 가운데를 진실로 잡으라.

⑨ 연못에 마음을 담그고 신령함의 뿌리를 꾸미며 다섯 기를 다스리고
백 가지 신을 섞어 합치라.

⑩ 진리의 왕의 성, 으늑한 관문, 공중, 참된 토, 북두칠성, 누런 뜰, 서
쪽, 이런 것, 누런 할망구, 가운데, 깨끗한 땅, 빛이 감추어진 곳.

⑪ 감과 이가 어우러지는 곳, 천만 변화의 시발점.

⑫ 태어남과 죽음이 서로 관계하지 않는 몸, 귀신이 보아도 깨뜨릴 수
없는 모습.

1-1. 대대로 이어지는 터널의 광장에 신을 안정시키고 태어나기 이 전의 것을 끌어 모은다[安神祖竅, 翕聚先天]
(진리의 수레바퀴가 스스로 도는 것과 용과 범이 어우러지는 것을 포함한다.)

원시로부터 대대로 이어져 내려오는 터널의 광장[113]이 정말 어디에 있

---

113) 원시로부터 대대로 이어져 내려오는 터널의 광장: 조규(祖竅). 하단전이라

는지 아는 사람이 드물다. 스승의 전해줌을 얻지 못하면 정말 어두움 속에서 과녁을 쏘는 것과 같은 일이다.

원시로부터 대대로 이어져 내려오는 터널의 광장이란 노자께서 말한 이른바 현(玄)과 빈(牝)의 문[114]이라는 것이다. 『오진편』에서는 "골짜기의 신이 오래 죽지 않고자 한다면 반드시 현빈에 힘입어 뿌리와 터전을 세워야 한다"고 말한다. 그래서 장자양께서 금단을 닦고 달이는 것이 오로지 현빈에 달려 있다고 말하였고, 『사백자서(四百字序)』[115]에서 "현빈으로 통하는 하나의 터널의 구멍은 캐어 가지는 일도 여기에서 이루어지고 서로 어우러지는 일도 여기에서 그러하고 삶고 달이는 일도 여기에서 하고 머리 감고 몸 씻는 일도 여기에서 하며 따뜻이 기르는 일도 태아를 맺는 일도 여기에서 이루어질 뿐만 아니라 태를 벗어나서 신과 같이 되는 일도 여기에서 이루지는 등 여기에서 이루어지지 않는 것이 없다"고 말한다. 닦고 달이는 일을 배우고 익히는 사람이 참으로 이 하나의 터널 광장을 알 수 있다면 금단의 길을 다 간 것이다. 이른바 "혼을 얻으면 만 가지 일이 끝난다"는 것이다.

그러나 단을 설명해 놓은 경전들이 모두 비유하는 말을 썼기 때문에 배우는 사람들로 하여금 믿고 의지할 곳이 없게 만들었다. 선배들께서 가리킨 것은 태어나기 이전의 주인, 삼라만상의 주재, 태극의 꼭지, 소용돌이의 뿌리, 지극히 선한 자리, 엉겨 맺히는 곳, 텅 비고 없는 골짜기, 운행 변화의 근원, 둘 아닌 진리의 문, 깊고 깊은 진리의 세계, 뿌리로 돌아가는 터널의 광장, 생명을 다시 하는 관문, 가운데의 궁궐, 희(希)와 이(夷)의 집, 다라니의 문, 극락 나라, 허공을 감추고 있는 곳, 서남쪽 마을, 무와 기의 문,

---

는 설과 상단전이라는 설이 있다.

114) 현(玄)과 빈(牝)의 문: 『도덕경』에서는 하늘과 땅의 뿌리라고 하는데, 하늘로도 들어갈 수 있고 땅으로도 들어갈 수 있는 문이라는 뜻이니 결국 (상 또는 하)단전을 가리킨다. 코가 현문, 입이 빈호라는 설도 있다.

115) 『사백자서(四百字序)』: 장백단이 지은 『금단사백자(金丹四百字)』의 서문을 가리킨다.

참으로 흔 곳, 누런 할머니의 집, 흔을 지키는 제단, 깨끗한 땅, 서쪽, 가운
데의 바른 자리, 이런 것, 신의 방, 참된 토, 누런 뜰 등의 여러 가지 이름
들로 모두 들어 보일 수 없을 정도다. 그러나 이 흔 광장을 몸 속에서 찾
는다면, 입도 아니요 코도 아니요 마음보도 아니요 신장도 아니요 간이나
폐도 위나 지라도 아니요 배꼽도 미려도 방광도 항문도 아니요 두 콩팥
사이에 있는 어떤 구멍도 배꼽 아래 한 치 세 푼도 아니요 명당도 니환도
관원도 기해도 아니다. 그렇다면 결국 어디란 말인가?

순양 큰 스승께서는 "현빈 현빈 참 현빈은 마음보에도 신장에도 있지
않도다. 들어가고 들어가서 몸이 태어나면서 기를 받던 처음을 잡는다면
하늘의 비밀이 모두 새어나오는 것도 이상할 것 없네"라고 읊었다. 몸이
태어나는 이치로 설명한다면, 어버이의 생각이 하나로 어우러지려는 때에
는 둥글둥글하고 번쩍번쩍하며 하늘보다도 먼저 있은 한 신령한 점이 어
머니의 아기집으로 뛰어드는데, 마치 ○과 같다. 유가에서는 인(仁)이라 하
기도 하고 무극이라고도 부르며, 불가에서는 구슬이라 하기도 하고 원명
(圓明)이라 부르기도 하며, 도가에서는 단이라 하기도 하고 신령한 빛[靈光]
이라 부르기도 한다. 이 모든 것이 하늘보다 먼저 있은 흔 기요 소용돌이
치던 처음의 지극한 정을 말하는 것으로서, 알고 보면 몸이 태어나는 근원
이요 기를 받던 처음이며 성품과 목숨의 터전이요 모든 변화의 으뜸인 것
이다.

어버이의 어우러짐이 끝나서 정과 피가 바깥을 에워싸면 ⊕와 같게 되
니 유가에서 이른 바 태극이라는 것이다. 이로 말미암아 오장 육부와 팔
다리와 모든 뼈가 생기고 이로 말미암아 보고 듣고 지키고 일을 할 수 있
게 되며 이로 말미암아 어질고 의롭고 예절바르고 지혜로울 수 있으며 이
로 말미암아 성인도 되고 신으로도 될 수 있고 선비도 되고 호반도 될 수
있다. 따지고 보면 몸이 태어난 본디 근원은 모두 태극 속에서 이 하나의
싹이 피어나온 것일 뿐이다.

『참동계』에서는 "사람이 받은 바 몸은 그 바탕이 흔도 없음에 근본을

두고 으뜸 되는 정이 구름처럼 퍼져서 기로 말미암아 처음을 시작한다"고 말한다. 기가 한 번 엉겨서 머무르면 현빈(玄牝)116)이 이루어진다. 위로는 신령한 관문이 맺히고 아래로는 기의 바다가 이루어진다. 신령한 관문에는 깨우침과 신령과 본성이 감추어지고 기의 바다에는 생명과 기를 감추게 된다. 본성과 생명이 비록 용과 범이라는 두 반쪽으로 나누어지지만 그두 가지의 뿌리는 대대로 이어져 내려온 터널의 광장 속에 모아져 있게 되는 것이다. 그러므로 노자께서는 "현빈의 문은 하늘과 땅의 뿌리이다"라고 말하였던 것이다.

어째서 현빈의 문을 하늘과 땅의 뿌리라고 하는가?

우리 몸의 하늘과 땅이 어찌 우리 몸의 현빈이 아니겠으며, 우리 몸의 하늘과 땅의 뿌리가 어찌 우리 몸의 현빈의 뿌리가 아니겠고, 우리 몸의 현빈의 문이 어찌 우리 몸의 하늘과 땅의 문이 아니겠는가? 그런데 하늘과 땅의 문이 생겨나오게 된 근원이 되는 곳은 짝도 없고 있음에도 속하는 것이 아니어서 이른바 하늘과 땅보다 먼저 생긴 것이니, 하늘과 땅의 뿌리가 되는 것이 아니겠는가? 그러므로 하늘과 땅의 뿌리란 바로 하늘과 땅이 그로부터 말미암아서 하늘과 땅으로 나누어진 것이다. 현빈의 문이 생겨나오게 된 근원이 되는 곳도 또한 짝도 없고 있음에도 아니 속하는

---

116) 현빈(玄牝): 만물을 늘어 내놓는 근원을 가리키는 말로서, 불가에서 말하는 실상(實相)에 해당한다(『도덕경』참조). 이 외에도 ① 사람 몸에서 내단 수련의 열쇠가 되는 어떤 터널 입구[『도법회원(道法會元)』참조], ② 콩팥의 사이[『양생비록(養生秘錄)』참조], ③ 임·독 두 맥[『기경팔맥고(奇經八脈考)』참조], ④ 뇌수의 입구[『영검자(靈劍子)』참조], ⑤ 황정(黃庭)과 같은 뜻[『양생비록』참조), ⑥ 기해(氣海)[『태식경주(胎息經注)』참조], ⑦ 사람의 몸에서 기가 이루어져 나오는 곳[『맥망(脈望)』참조], ⑧ 사람의 몸에 있는 양과 음으로서 현은 양, 빈은 음[『섭생찬록(攝生纂錄)』「금단문답(金丹問答)」참조], ⑨ 하단전[『제진내단집요(諸眞內丹集要)』「순양여진인현빈가(純陽呂眞人玄牝歌)」참조], ⑩ 마음과 생각을 일으키는 것[『제진내단집요』참조), ⑪ 태어나기 전부터 있는 정기(精氣)[『진진인어록(晋眞人語錄)』참조]. 뿐만 아니라 외단(外丹)을 달이는 경우에도 진음(眞陰)과 진양(眞陽)으로 만물의 참된 부모에 해당하는 어떤 것을 가리키는 용어로 쓰인다[『외금단(外金丹)』「황백경(黃白鏡)」참조].

것이어서 이른바 현빈보다 먼저 생긴 것이니, 현빈의 뿌리가 되는 것이 아니겠는가? 그러므로 현빈의 뿌리란 바로 현빈이 그로부터 말미암아서 현빈으로 나누어진 것이다.

어째서 현이라 하는가?

어찌 이름 있는 것의 어미 속에서 피어나오기 때문이 아니겠는가?

어째서 현 속의 또 현이라 이르는가?

어찌 이름 없는 시초 속에서 피어나오기 때문이 아니겠는가?

이름 없는 시초를 석가께서는 둘 아닌 존재의 문이라 가르쳤고, 자사께서는 "그 물건 됨은 둘이 아니고 그 물건을 생기게 함은 헤아려 볼 수가 없다"고 말하였고, 장자께서는 "어두움 속에서 밝음이 생겨나오고 모양 없는 속에서 눈에 보이는 것이 생긴다"고 말하였다. 그러니 깨달음의 성품을 가지고 본성을 보려고 하는 사람은 밝으면서 눈에 보이는 것에서 그것을 찾아야 하는가, 아니면 어두운 속에서 모양 없는 것을 찾아야 하는가? 어둡고 모양 없어서 들여다보아도 낌새를 볼 수 없으니 유가에서 이른 바 소리도 냄새도 없다는 것이요, 석가께서 이른 바 위음왕(威音王)[117] 이전이라는 것이다.

어째서 왕이라고 부르는가? 최초의 때를 주장하는 원인이란 바로 태극인데, 그것이 일을 주장하는 면이 있으므로 왕이라 부르는 것이다. 이에 나는 신선이나 부처를 배우는 사람들은 다만 그 왕이 있는 곳을 찾아서 높이기만 하면 되고, 이미 그 왕을 높인 뒤에는 또한 그 높임과 함께 그 왕이라는 것도 없애버려서 태극을 거슬러 올라가 무극으로 돌아가기만 하면 된다는 것을 알았다.

---

117) 위음왕(威音王): 공겁(空劫) 때에 가장 먼저 성불한 부처를 위음왕불이라 한다[『법화경(法華經)』「상불경보살품(常不輕菩薩品)」 참조]. 우주 창조 이전, 부모에게 태어나기 이전, 하늘과 땅이 갈라지기 이전, 최초의 뜻으로 쓰인다.

무극이라는 것은 진리의 중심[中]이다. 그러므로 성인에서 성인으로 서로 전한 것이 이 중심이라는 것을 떠나지 않았다. 이 중심이라는 것은 바로 요 임금과 순 임금께서 참으로 잡으라고 말한 그 중심[118]이고, 공자께서 때의 중심[119]이라고 말한 중심이며, 자사께서 아직 피어나지 않았다[120]고 말한 중심이고, 『역경』에서 누런 중심으로 쭉 통하게 된다[121]고 말하는 중심이며, 『도인경(度人經)』[122]에서 다섯 기를 중심에서 다스린다[123]고 말하는 중심이고, 석가께서 아무것도 없이 빈 중심[124]이라고 말한 중심이며, 노자께서 중심을 지키라[125]고 말한 중심이다.

그러나 중(中)이라는 글자에는 두 가지 맛이 있다. 만약 "중에는 흩어짐 없이 머물러 있다"고 말하는 경우라면 그것은 이 중심이라는 것에 머물러 있는 것이고, 만약 "중에는 흩어짐 없이 머무름도 없다"고 말하는 경우라면 그것은 건과 곤이 합하는 곳이요 진리의 중심이다. 그런데 그것은 얻을 수 있고 참으로 잡을 수 있으므로 "흩어짐 없이 머무름이 있다"고 말하는 경우이다. 그러나 그것이 어찌 특히 우리 몸 속에서만 그렇겠는가? 비록 우리 몸의 밖으로서 하늘과 땅에 두루 퍼져 있는 것일지라도 모두가 역시 우리 마음의 중심이다. 또한 그것이 어찌 특히 하늘과 땅의 안에서만 그렇겠는가? 비록 하늘과 땅의 밖으로서 허공에 두루 퍼져 있는 것일지라도 모두가 역시 우리 마음의 중심인 것이다. 『역』에서 "여섯 텅 비어 있는 곳[126]을 두루 흐른다"고 말하고 있는데, 그렇다고 여섯 텅 비어 있는 곳의

---

118) 참으로 잡으라고 말한 그 중심: 윤집궐중(允執厥中)에서의 중(中)을 가리킨다(『서경』).

119) 때의 중심: 시중(時中).

120) 아직 피어나지 않았다: 미발(未發).

121) 누런 중심으로 쭉 통하게 된다: 황중통리(黃中通理).

122) 『도인경(度人經)』: 『원시무량도인상품묘경(元始無量度人上品妙經)』. 『도장』「동진부(洞眞部)」에 들어 있다. 도인(度人)이란 보통사람의 경지를 벗어난다는 뜻이다.

123) 다섯 기를 중심에서 다스린다: 중리오기(中理五氣).

124) 아무것도 없이 빈 중심: 공중(空中).

125) 중심을 지키라: 수중(守中).

밖을 두루 흐르는 것은 우리 몸의 터널에 물려서 감추어두기에 부족하다
는 것도 아니요 남음이 있다는 것도 아니다. 그러므로 "흔 터널이 하늘과
땅이 생성되고 만물이 변화 생성되며 너무나 비어 있는 큰 중심조차도 받
아들일 수 있다"고 말하게 되는 것이다.

　도가의 경전에서는 "하늘의 가장 꼭대기와 땅의 가장 밑과의 거리가 8
만 4천 리 떨어져 있다"고 말하고 있으니, 하늘과 땅의 중심은 꼭 4만 2천
리에 해당하는 곳일 것이다. 만약 우리 몸의 경우라면 그것이 하나의 작은
하늘과 땅이니, 심장과 배꼽이 역시 8치 4푼 떨어져 있고 중심 되는 가운
데는 꼭 4치 2푼 되는 곳에 해당하게 된다. 이 터널의 광장은 바로 건괘에
해당하는 곳 아래요 곤괘에 해당하는 곳의 위이며 진괘에 해당하는 곳의
서쪽이며 태괘에 해당하는 곳의 동쪽에 있다. 여덟 맥과 아홉 터널과 경락
이 이어져 몰려들며 텅 비고 아무런 변화도 일어나지 않는 굴인데, 그 텅
빈 가운데에 기장알 같은 구슬이 달려 있다. 이것이 사람 몸에 있어서 하
늘과 땅의 한가운데니, 태어날 때부터 있은 으뜸 되고 대대로 물려 내려온
기를 갈무리해 둔 터널의 광장이다.

　만약 터널의 광장은 알되 그 묘함은 알지 못하면 마치 중심은 알되 혼은
모르는 것과 같다. 옛날 사람이 말하기를 "마음은 땅이고 본성은 왕이다.
터널의 광장은 중심이고 묘함은 혼이다"라고 하였다. 혼에도 여러 가지가
있으니, 진리의 혼이 있고 신의 혼이 있으며 기의 혼이 있고 물의 혼이 있
고 수(數)의 혼이 있으며 하나로 꿴다는 혼이 있고 하나로 힘을 합친다는
혼이 있으며 하나로 순수하다는 혼이 있고 오로지 하나라는 혼이 있으며
하나를 지킨다는 혼이 있고 하나로 돌아간다는 혼이 있다. 하나로 돌아간
다는 것은 그 혼으로 말미암아 그 중심으로 돌아간다는 것이다. 하나를 지
킨다는 것은 그 혼으로 말미암아 그 중심을 지킨다는 것이다. 중심이 있으

---

126) 여섯 텅 비어 있는 곳: 육허(六虛).

면 흔이 있는 것이니, 하나이되 중심이 아닌 것은 성인께서 이른 바의 중(中)은 아니다. 흔이 있으면 중심이 있는 것이니, 중심이면서 흔이 아닌 것은 성인께서 이른 바 중은 아니다. 그러므로 공자의 하나[一]¹²⁷⁾는 그 중심의 흔으로써 꿰는 것이고, 요순의 중(中)¹²⁸⁾은 그 흔의 중심을 잡는 것이다.

복희씨의 하도(河圖)에서 그 가운데를 비워놓은 것은 하늘보다 먼저를 말하는 것이고 우리 몸에서는 대대로 물려온 터널의 중심인 것이다. 공자께서는 "하늘보다 먼저 있어 하늘이 어기지 못한다"¹²⁹⁾고 말하였고, 노자께서는 "이름 없음이 하늘과 땅의 시작이다"¹³⁰⁾라고 말하였으니, 곧 석가께서 이른 바 "아무런 조짐도 없이 아득한 한 조각 태허(太虛)라고 말한 것이다.

우왕의 낙서(洛書)¹³¹⁾에서 그 가운데를 채워놓은 것은 하늘보다 뒤를 말하는 것이고 우리 몸에서는 대대로 물려온 터널 광장의 흔인 것이다. 공자께서는 "하늘보다 뒤에 있어 하늘의 시간을 받든다"¹³²⁾고 말하였고, 노자께서는 "이름 있음은 만물의 어미이다"¹³³⁾라고 말하였으니, 도가에서 이

---

127) 공자의 하나[一]: 일이관지(一以貫之)의 하나[一].

128) 요순의 중(中): 윤집궐중(允執厥中)의 중(中).

129) 하늘보다……어기지 못한다: 선천이천불위(先天而天弗違)[『역(易)』「문언전(文言傳)」 건괘(乾卦)].

130) 이름 없음이 하늘과 땅의 시작이다: 무명천지지시(無名天地之始)[『도덕경(道德經)』].

131) 낙서(洛書): 하(夏)나라 때에 낙수(洛水)에서 올라온 거북의 등에 나타난 글씨 같은 것을 살펴서 우왕이 '낙서'를 그렸다는 것이 전통적 설명이다. 그러나 이것도 『하도』의 경우와 같아서 우왕이 그린 '낙서'는 오늘날 우리가 보는 '낙서'와 같은 것이 아니라는 의문이 있다. 어떻든 오늘날 우리가 알고 있는 '낙서'는 다음과 같은 모습이다.

132) 하늘보다…… 시간을 받든다: 후천이봉천시(後天而奉天時)(『역』「문언전」 건괘).

133) 이름 있음은 만물의 어미이다: 유명만물지모(有名萬物之母)(『도덕경』).

른 바 "끄트머리를 드러낸 것을 보니 한 점 신령한 빛"이라는 것이다.

그와 같이 『하도』는 중심이되 중심이면서 혼 아닌 적이 처음부터 없었고 '낙서'는 혼이되 혼이면서 중심 아닌 적이 처음부터 없었다. 중심은 혼에 품어져 있고 혼은 중심에서 주장하고 있다. 어찌 정밀하고 알기 어려운 묘한 이치가 아니며 아무런 함이 없어서 헤아리기 어려운 기틀이 아니겠는가?

『도덕경』에서는 "말을 많이 하고 마지막까지 수를 헤아려보아도 중심을 지키는 것만 못하다"고 말하고, 『동현경(洞玄經)』[134]에서는 "단에 관한 책이 만 권이라도 혼을 지키는 것만 못하다"고 말한다.

혼이라는 것은 낳고 낳아서 그침이 없다는 뜻의 인(仁)이기도 하다. 『중용』에서는 "인으로써 진리의 길을 닦는다"고 말하고, 『논어』에서는 "온 세상이 인으로 돌아간다"고 말하며, 『예기(禮記)』에서는 "마음의 중심을 잡아 인을 안정시킨다"고 말하고, 『주역』에서는 "토(土)를 안정시켜 인을 두텁게 한다"고 말한다. 나는 이것을 과실의 씨에 비유한다. 가운데에 하나의 점이 있는 것이 태극이고 그것을 싸고 있는 두 조각이 하나의 음과 하나의 양이다. 『역』에서는 "역에 태극이 있으니 이것이 음양이라는 두 원리[兩儀]를 생기게 한다"고 말한다. 그러므로 역이라는 것은 두 가지가 변화되는 것이고 태극이라는 것은 혼이요 신이다.

이 한 점의 신을 품고 대대로 물려온 터널의 광장 가운데에서 기르기를 부지런하지도 게으르지도 않게 하는 것을 '대대로 물려온 터널 광장에 신을 안정시키는 일'이라고 말하는데, 그렇게 하면 우리 몸의 건(乾)의 으뜸을 다시 찾지 않겠는가? 이 한 점의 인을 곤괘에 해당하는 땅 가운데에서 확실히 기르되 잊지도 않고 부추기지도 않는 것을 '토(土)를 안정시켜 인을 두텁게 하는 일'이라고 부르는데, 그렇게 하면 우리 몸의 태극이 세워지지

---

134) 『동현경(洞玄經)』: 태상도군이 내놓은 것들로서 『도장』에 동현부로 분류되어 있는 경전들.

않겠는가? 또 연밥과 같아서 가운데에 한 가닥이 있고 그것을 두 조각이 싸고 있으니, 이른바 흔으로써 꿴다는 것이 아니겠는가? 하나가 둘을 생기게 하고 둘이 셋을 생기게 하고 셋이 만물을 생기게 한다.

그러므로 장자양께서는 "진리는 텅 비고 아무것도 없는 것인데 흔 기를 낳고, 이 흔 기에서 음과 양이 생겨나고 음과 양이 다시 합쳐 세 바탕[135] 을 이루고, 세 바탕이 거듭하여 만물을 생기게 하고 번창하게 한다"고 말하였다. 옛적 문시(文始)[136] 선생께서 노자에게 "몸을 닦는 지극한 요령과 지극히 묘한 이치들이 어느 글에 실려 있습니까?"라고 물었더니, 노자께서는 "깊은 뿌리 단단한 꼭지에서 중심을 지키며 흔을 품고 있는 일일 뿐이다"라고 답하였다. 어떤 것을 중심을 지키는 일이라 하는가? 힘써 중심을 지키며 함부로 흩어져버리지 않게 하고 밖의 것은 들어오지 않으며 안의 것은 나가지 않아서 본디의 근원으로 돌아가면 모든 일이 끝나는 것이다. 그러므로 노자께서 이른 바 중심을 지키라고 한 것은 이 본디 바탕의 중심을 지키라는 것이다. 유가에서 중심을 잡으라고 말하는 것은 이 본디 바탕의 중심을 잡으라는 것이고, 불가에서 텅 빈 중심이라고 말하는 것은 본디 바탕의 중심은 원래부터 훤하게 비어 있다는 것이며, 노자께서 이른 바 흔을 품으라는 것은 이 본디 바탕의 흔을 품으라는 것이다. 불가에서 흔으로 돌아간다는 것은 이 본디 바탕의 흔으로 돌아간다는 것이요, 유가에서 흔으로 꿴다는 것은 이 본디 바탕의 흔으로 꿴다는 것이다. 오직 깔끔하고 오직 흔이라는 것[137]은 『역』에서 이른 바 깔끔하고 올바르게 하여서 신의 경지로 들어간다는 것이며, 진실로 그 중심을 잡으라는 것은 『예기』에서 이른 바 "왕은 중심에서 함이 없이 지극히 바르게 지킨다"는 것이다. 왕은 중심에 있다고 말하는 것은 한 점의 인(仁)을 가지고 이 중심

---

135) 세 바탕: 음이나 양을 상징하는 효(爻)가 세 번 거듭하여 하나의 괘를 이루는 이치를 말한다고 본다.
136) 문시(文始): 문시진인(文始眞人) 관윤자(關尹子) 윤희(尹喜).
137) 오직 깔끔하고 오직 흔이라는 것: 유정유일(惟精惟一).

가운데서 중심을 주장하여 명령을 내린다는 것이니, 왕이라는 것은 이른 바 천군(天君)[138]을 가리키는 말이다.

어떻게 하면 되는가? 지극히 바르게 지키면 그만이다.

생명도 이로 말미암아 세워지고 본성도 이로 말미암아 보존되는데, 이 두 가지는 같은 곳에서 나와서 이름이 달라진 것일 뿐이다. 원래 터널 속에 있던 옛 물건인데 만약 이제 다시 터널 속으로 돌아간다면 장자께서 이른바 "남쪽 바다의 숙(儵)과 북쪽 바다의 홀(忽)이 소용돌이 땅에서 서로 만난다"는 것이다.

단을 닦는 사람이 대대로 물려온 터널을 똑똑히 모르면 참된 숨이 머무르지 않고 신과 같이 되는 터전이 이루어지지 않으며 약물이 온전하지 못하여 큰 단을 맺을 수가 없다. 이 터널이라는 것이 바로 다라니의 문이요 만 가지 가르침이 우러나오는 핵심인데, 또한 가도 끝도 없고 안도 밖도 없어서 마음을 씀으로써 지킬 수 있는 것도 아니고 마음을 없앤다고 찾아지는 것도 아니다. 마음을 써서 지키면 모습에 붙어 있게 되고 마음을 없애서 찾으면 아무것도 없는 곳으로 떨어질 뿐이다.

그렇다면 어떻게 해야 되는가? 스승이 가르쳐주신 말에 의하면 "아무것도 없이 훤하게 비고 가없는 것이 으늑한 터널이라는 것이고 알면서도 지키지 않는 것이 배우고 익히는 일이다"라는 것이다. 언제나 변함없이 참된 내가 그 가운데 안정되게 머무르고 있는 그대로 움직임 없이 불 꺼진 재처럼 아무런 낌새도 없으면서 깨어 있고 안과 밖을 둘 다 잊어서 한 덩어리로 섞여 있으면서 하는 일 없으면, 신이 기를 그리워하여 엉기고 목숨이 성품을 그리워하여 머무르게 되니, 혼으로 돌아가지 않아도 혼이 스스로 돌아오고 중심을 지키지 않아도 중심이 저절로 지켜진다. 중심이라고 말하는 마음이 이미 가득 차면 오행으로 나누어지는 마음은 절로 텅 비게 된다. 이것이 노자께서 가르친 "혼을 품고 중심을 지켜서 마음보를 텅 비

138) 천군(天君): 심장의 심리적 기능 또는 마음을 가리키는 말. 원신(元神)과 같은 용어로 쓰인다[『도법회원』, 『도법종지도연의(道法宗旨圖衍義)』 참조].

게 하고 배를 채우라"는 말의 본뜻이다.

장자양께서는 "마음보를 비운다거나 배를 채운다는 말은 모두가 그 뜻이 깊다. 오직 마음보를 비우기 위해서만 마음보를 알아보아야 한다"고 말하였고, 유해섬께서는 "한가운데 있는 신의 방은 본디 텅 비고 한가로운데, 태어나기 전부터 있는 참된 기가 절로 이르게 되는 것이다"라고 말하였다.

여순양께서는 "중심을 지키고 배울 것이 끊어져야 비로소 깊은 곳을 알게 되고, 혼을 품고 할 말이 없어야 비로소 아름다움을 볼 수 있다"라고 말하였고, 서좌경(徐佐卿)[139]께서는 "숙과 홀이 티끌을 벗어나 놀면서 소용돌이로 돌아가고, 범과 용이 서리고 웅크려서 중심 되는 곳으로 들어간다"고 말하였다.

정양(正陽) 어른께서는 "금단이 끄트머리를 내미는 곳을 알고자 한다면 태어나기 이전부터 있는 곳으로부터 배우고 익히는 일을 시작하라"고 말하였고, 여여거사(如如居士)[140]께서는 "곤의 위요 건의 아래인 가운데에 하나의 보물이 있는데 값을 매기기 어렵다"고 말하였다.

이청암(李淸庵)[141]의 『중화집(中和集)』에서는 "음과 양이 처음 구별되어 세 근본으로 나누어지니, 건은 곧고 오직 한 곬으로 나가고 곤은 닫히고 거두어들인다. 하늘과 땅의 가운데에 현빈으로 통하는 문이 있어서 그것이 움직이면 움직일수록 많은 것이 나오게 되고 움직임을 여읠수록 많은

---

139) 서좌경(徐佐卿): 당나라 때의 신선. 학이 되어 날아다니다가 당 현종의 화살을 맞고 촉 지방의 어떤 도관에 내려가 쉬면서 "뒷날 이 화살의 주인이 이곳에 나타날 것이다"라는 예언을 남기고는 자취를 감추었다고 한다.

140) 여여거사(如如居士): 아직 미상(2004. 4. 15).

141) 이청암(李淸庵): 송나라 말 원나라 초의 전진파 남종의 도사. 이름은 도순(道純), 자는 원소(元素), 별호는 형섬자(瑩蟾子). 청암은 호이다. 『도법회원』, 『중화집(中和集)』, 『삼천역수(三天易髓)』, 『주역상점(周易尙占)』, 『전진집현비요(全眞集玄秘要)』, 『태상대통경주(太上大通經注)』, 『무상적문동진경주(無上赤文洞眞經注)』 등을 썼고, 제자들이 편집한 『청암형섬자어록(淸庵瑩蟾子語錄)』이 있다.

것이 들어가게 된다"고 말한다.

왕옥양(王玉陽)142)의 『운광집(雲光集)』143)에서는 "골짜기의 신이 이로부터 하늘의 뿌리를 세우니 위 성인께서 억지로 이름 붙이길 현빈의 문이라 하셔서 세상 사람들에게 나고 죽음이 매여 있는 구멍을 가리켜줘 버렸다. 참된 신선들은 이곳에다 건과 곤을 머무르게 한다"고 말하고, 담처단(譚處端)144)의 『수운집(水雲集)』145)에서는 "음은 위에 자리 잡고 양은 아래에 자리 잡고 있어서 양한 기가 먼저 올라가면 음한 기가 따라가서 용과 범이 어우르는 곳에서 짝하여 합쳐진다. 이때는 마치 작은 다리를 건너는 때와 같다"고 말한다.

하상공(河上公)146)의 『과명집(過明集)』에서는 "어두컴컴함이 뭇 묘함을 열어 보이고 어리둥절함이 진리의 터널을 덮어 가리니, 그것을 거두어들이면 좁쌀알 속에 들어가 감추어지고 그것을 놓아버리면 우주의 겉까지 가득 차게 된다"고 말하고, 장자양의 『오진편』에서는 "진괘에 속하는 용이니 수은이니 하는 것은 이괘의 터에서 나오고, 태괘에 속하는 범이니 납

---

142) 왕옥양(王玉陽): 1142~1217. 금나라 때의 도사로 전진교 북칠진의 한 자리. 이름은 처일(處一). 전진교 유산파(嵛山派) 시조로 『운광집(雲光集)』, 『서악화산지(西岳華山志)』를 썼다. 원나라 1269년에 '옥양체현광도진인(玉陽體玄廣度眞人)'에 봉함을 받았다.

143) 『운광집(雲光集)』: 왕처일이 산동성 문등현(文登縣) 철사산(鐵査山) 운광동(雲光洞)에서 9년 동안 수련한 끝에 지은 책이므로 붙인 이름이다. 전진교의 성명쌍수의 이론과 실제가 설명되어 있다.

144) 담처단(譚處端): 1123~1185. 금나라 때의 도사로 원래 이름은 옥(玉), 자는 백옥(伯玉)이었는데, 뒤에 이름을 처단, 자를 통정(通正), 호를 장진자(長眞子)라 하였다. 왕중양의 제자가 되어 전진교 북칠진의 한 자리가 되었으며 남무파(南無派) 시조가 되었다. 원나라 1269년에 '장진운수온덕진인(長眞雲水蘊德眞人)'으로 봉함을 받았으며 『수운집(水雲集)』을 썼다.

145) 『수운집(水雲集)』: 『담선생수운집(譚先生水雲集)』. 불가와 도가의 이론을 융합하여 선행을 권하는 가사(歌詞)와 시(詩)로 되어 있는데, 알고 보면 수련에 관한 설명이다.

146) 하상공(河上公): 서한(西漢) 시대의 도가 학자. 황노술(黃老術)을 익히면서 주로 『노자』를 가르쳤다[『신선전』 참조]. 『노자도덕경주(老子道德經注)』를 썼다[『수서(隋書)』 「경적지(經籍志)」 참조].

이니 하는 것은 감괘 자리에서 생긴다. 두 물건이 모두 아들로 인하여 어미를 낳는 꼴인데 오행은 모두 중앙으로 들어가야 한다"고 말한다.

장경화(張景和)의 『침중기(枕中記)』에서는 "소용돌이치는 처음의 흔 터널은 태어나기 전부터 있는 것인데 안쪽은 텅 비어 아무것도 없으나 이치가 저절로 그러하게 있다. 만약 태어나기 전으로 가서 보고 얻어 밝게 알게 되면 틀림없이 대라천(大羅天)147)의 신선이다"라고 말한다.

갈(葛)씨 노신선148)의 『현현가(玄玄歌)』에서는 "건과 곤이 합쳐지는 곳이 바로 참된 중심인데, 중심은 텅 비고 아무것도 없는 곳에 있어서 너무나 휑하니 넓다. 용과 범을 모아 잡아 터널 속에 감추면 우주의 운행 변화의 기틀이 손 안에 있게 된다"고 말하고, 나공원(羅公遠)149)의 『농환집(弄丸集)』에서는 "흔 터널이 텅 비고 아무것도 없이 하늘과 땅 가운데 있는데, 얽히고설키고 남모르게 감추어져 바람도 통하지 않는다. 어리둥절하고 어두컴컴하며 색도 모습도 없는데, 신선이 된 사람이 보배 구슬 속에 나타난다"고 말한다.

---

147) 대라천(大羅天): 신선이 사는 가장 높은 하늘로 하늘·땅·인간 세 세계의 모든 하늘 위에 있다.
148) 갈(葛)씨 노신선: 갈홍(葛洪: 283~363). 동진 시대 도교 이론가, 연단가이며 의학가이다. 단양(丹陽) 구용(句容: 현재 강소성에 속함) 사람으로 자는 치천(稚川), 호는 포박자(抱朴子)이며 갈현(葛玄)의 종손자이다. 일찍이 정은(鄭隱)에게서 내단 수련법을 배우고, 뒤에 나부산(羅浮山)에서 양생법을 수련하며 단정(丹鼎)과 함께 일생을 마쳤다. 그는 그때까지의 이른바 조기도교(早期道敎) 이론을 더욱 체계화시키면서 동시에 유가의 윤리도덕 사상을 결합하여, 신선 수련을 내편(內篇)으로 하고 유가 실천 윤리도덕을 외편(外篇)으로 하는 『포박자』를 썼다. 이외에도 『옥함방(玉函方)』, 『주후비급방(肘後備急方)』 등의 의학서가 있다.
149) 나공원(羅公遠): 618~758. 당나라 때에 장과(張果), 섭법선(葉法善) 등 유명한 신선들과 이름을 나란히 하던 선인. 당 현종과 가깝게 지냈으며 758년에 부운관(浮雲觀)에서 140세를 끝으로 하늘로 올라갔다. 『진용호구선경주(眞龍虎九仙經注)』를 섭법선과 함께 썼는데, 그곳에서는 수련한 보람의 깊이에 따라 천협(天俠)·선협(仙俠)·영협(靈俠)·풍협(風俠)·수협(水俠)·화협(火俠)·기협(氣俠)·귀협(鬼俠)·검협(劍俠)의 9단계로 나누어놓았다.

천래자(天來子)[150]의 『백호가(白虎歌)』에서는 "현빈의 문은 보통 때에도 열리는데, 중심의 흰 터널은 신령한 돈대와 섞여 있다. 문짝도 빗장도 없고 지키는 사람도 없는데 해와 달이 동서로 저절로 오고 간다"고 말하고, 장홍몽(張鴻濛)[151]의 『환원편(還元篇)』에서는 "하늘과 땅의 뿌리는 현빈에서 비롯되는데 해를 토하고 달을 마시며 칼자루를 쥐었다. 숨은 것이나 드러난 것이 모두 비었으나 빈 것이 비지 아니하였으니, 그것은 찾으면 보이지 않으나 부르면 답한다"고 말한다.

고상선(高象先)[152]의 『금단가(金丹歌)』에서는 "진리의 흰 길이 어디어디라 말로 하는 것은 먼저 무(戊)와 기(己)의 문을 두드리는 것만 못하다. 무와 기의 문 속에는 진리세계의 물이 있는데, 그 물이 바로 노란 싹이라는 것의 뿌리이다"라고 말하고, 정야학(丁野鶴)[153]의 『소요유(逍遙遊)』에서는 "세 종교가 같은 하나의 으뜸을 갖고 있으니 그것은 바로 원(圓)이다. 아무런 일 함도 없는 가운데 생겨나고 모습은 인간의 역사보다 먼저 있었다. 이 속에 든 참되고 묘한 이치를 깨달으면 비로소 큰 진리 길의 첫 근원을 알게 된다"고 말한다.

소자허(蕭紫虛)[154]의 『대단결(大丹訣)』에서는 "배우는 사람이 만약 노란 싹이라는 것을 찾고자 한다면 두 곳에 근원이 있되 합쳐서 한 집을 이루는 것을 찾아야 한다. 7이 돌아가고 9가 돌아오는 일은 반드시 주장하는 것을

---

150) 천래자(天來子): 원나라 때의 도사 이천래(李天來)로 진치허(陳致虛)의 제자. 호는 내양자(來陽子).

151) 장홍몽(張鴻濛): 송나라 때 섬서성 출신 도사로 이름은 무몽(無夢), 자는 영은(靈隱). 적송자의 도인과 안기생의 환단법 등을 십여 년간 익히면서 그에 관한 일들을 노래로 읊은 것을 모아서 『환원편』을 만들었다. 『경대시집(瓊臺詩集)』이 있다.

152) 고상선(高象先): 송나라 때의 고선(高先). 『진인고상선금단가(眞人高象先金丹歌)』가 『도장』에 실려 있다.

153) 정야학(丁野鶴): 원나라 때 전당(錢唐: 현재 절강성 항주시 서쪽 영은산 아래) 사람으로 전진교 도사.

154) 소자허(蕭紫虛): 아직 미상(2004. 4. 15).

알아야 되니 그것을 배우고 익히는 일은 털끝만한 어긋남도 있어서는 안 된다"고 말하고, 이령양(李靈陽)155)의 『조규가(祖竅歌)』에서는 "하나하나에 생겨남도 없고 다하여 없어짐도 없는 것이 감추어져 있으며 사람마다 본바탕은 본래 텅 비어 아무것도 없는 것이다. 석가만 지극한 즐거움을 말하였다 하지 말라. 공자 안자의 즐거움도 역시 그 속에 있다"고 말한다.

진치허(陳致虛)의 『전어게(轉語偈)』에서는 "흔이라는 것을 둘이 아닌 문이라 부르는데, 그 문을 얻어 들어가면 몸이 편안해진다. 저번에 증자께서 한마디로 대답한 것은 이 세상의 여러 사람을 속였던 것이다"라고 말하고, 설자현(薛紫賢)의 『허중시(虛中詩)』에서는 "하늘과 땅 사이는 마치 풀무와 같은데, 풀무는 반드시 부치는 사람이 누군지 알아야 한다. 움직임과 움직임을 여윔의 근원은 어디까지나 이로부터 얻게 되는 것이니 그대는 손을 내놓고 바람이 있나 없나 살펴라"라고 말한다.

여순양의 문집에서는 "음한 것과 양한 것 두 물건이 숨어 있으면서 알아보기 힘드니 어리석은 무리가 스스로 알아내지 못하고 마는구나. 눈에 보이는 것을 찾고 찾아서 남자와 여자라 하고, 진리를 말한답시고 감(坎)과 이(離)를 엉터리로 만들고 마는구나"라 말하고, 이도순(李道純)의 『무일가(無一歌)』에서는 "진리는 본디 텅 비어 아무것도 없으면서 태극을 생기게 하고, 태극은 변하여 먼저 흔이 있게 되며 흔이 나누어져 둘이 되고 둘에서 셋이 생기니 사상(四象)156)이나 오행이 이로부터 나오게 된다"고 말한다.

수애선사(壽涯禪師)157)의 어록에서는 "밀교에서 가르치는 묘함은 다 알기 어렵지만 부처에서 부처로 전해온 것이 이 속에 있을 뿐이다. 서쪽에서 들

---

155) 이령양(李靈陽): 금나라 때 경조(京兆: 현재 섬서성 서안시) 사람으로 백옥섬·왕중양과 더불어 종남(終南) 임천(林泉)의 벗이라 불린다. 전진교에서는 왕중양과 함께 사부(師父)라 높여 부른다.

156) 사상(四象): 역학(易學) 원리 가운데 음양 곧 양의(兩儀) 다음 단계로 네 가지 본 되는 모습 곧 태양(太陽: ⚌), 소음(少陰: ⚍), 소양(少陽: ⚎), 태음(太陰: ⚏)을 가리킨다.

157) 수애선사(壽涯禪師): 아직 미상(2004. 4. 15).

어온 참되고 알맹이 되는 뜻을 알아채지 못하면 쇠 신을 주렁주렁 꿰어 매고 헛되이 서로 갔다 동으로 갔다 할 뿐이다"라고 말하고, 마단양(馬丹陽) 의 『취중음(醉中吟)』에서는 "노자의 금단이나 석가의 마니주는 둥글고 밝 으며 모자람도 남음도 없다. 죽음으로 들어가는 문이나 삶으로 나오는 문 은 이 터널에서 시작하는데, 이 터널은 마치 태허도 들여놓을 수 있을 듯 하다"고 말하고, 조문일(曹文逸)158)의 『대도가(大道歌)』에서는 "진리세계의 사람이 어느 곳에서 오는가 묻는다면, 이전에는 원래 신령한 돈대에 있을 뿐이었는데, 그때에는 구름과 안개가 깊어 앞이 가려서 알아볼 수 없더니 오늘 만나보게 되어 진리의 눈이 열렸다고 답할 것이다"라고 말한다.

유장생(劉長生)159)의 『선악집(仙樂集)』에서는 "흔 터널의 입구가 텅 비어 아무것도 없으니 현빈의 문이다. 언제나 따뜻이 하여 시절의 흐름을 마디 마디 잘 고르게 해야 한다. 신선을 만드는 솥 안에 별다른 약이 있는 것이 아니고 잡것이 섞인 광석을 녹이면 순수한 금이 이루어지는 것이다"라고 말하고, 이도순의 『중화집』에서는 "건과 곤이 열리고 닫히기를 쉼이 없고 이와 감이 오르고 내리는 가운데 합치고 헤어짐이 있게 된다. 나는 여러분 을 위하여 밝게 가리켜주나니 생각의 싹이 되살아나오는 곳에 단의 터전 을 세우라"고 말한다.

유해섬(劉海蟾)160)의 『견도가(見道歌)』에서는 "함곡관이란 하늘과 땅의

---

158) 조문일(曹文逸): 송나라 때의 여자 도사(道士). 『대도가』를 지었고 송 휘종
    으로부터 문일진인(文逸眞人)에 봉해졌다[『나부산지(羅浮山志)』 참조].
159) 유장생(劉長生): 1147~1203. 금나라 때 동래[東萊: 현재 산동성 액현(掖
    縣] 사람으로 왕중양의 제자가 되어 전진교 북칠진의 한 자리가 되었다. 이
    름은 처현(處玄), 자는 통묘(通妙). 1203년 2월 초6일 무관(武官)의 영호관(靈
    虎觀)에서 57세의 나이로 세상을 떠났으며 전진교 수산파(隨山派) 시조이다.
    1269년에 '장생보화명덕진인(長生輔化明德眞人)'으로 봉함을 받았고, 『선악집
    (仙樂集)』을 썼고 『도덕경』·『음부경』·『황정경』에 대한 주해를 하였다.
160) 유해섬(劉海蟾): 북송 때의 선인. 이름은 현영(玄英), 자는 종성(宗成). 여동
    빈에게 금단의 가르침을 받고 진단과는 벗으로 사귀었다. 그가 수련에 대하
    여 시로 읊은 시집 『환금편(還金篇)』이 있다. 원 1278년에 '명오홍도진군(明
    悟弘道眞君)'에 봉함을 받았다.

가운데에 해당하는 것이고 오고 가는 해와 달은 저절로 서로 가고 동으로 온다. 대롱을 가지고 으늑한 터널을 들여다보았더니 범이 웅크리고 용이 서려 있으며 감싸고 있는 기운이 웅장하였다"고 말하고, 『무심창노비결(無心昌老秘訣)』에서는 "골짜기의 신이 이 길을 통하는 줄 절로 알게 되기는 하지만 누가 능히 본성을 다스리고 진리를 닦으려 마음먹을 수 있겠는가? 밝고 밝게 설명하면서 가운데 길을 향하여 가노라면 벼락치는 소리 속에서 스스로 신을 얻게 된다"고 말한다.

백옥섬(白玉蟾)[161] 진인께서는 "본성의 뿌리나 생명의 꼭지라는 말은 같은 곳에서 나와서 이름이 달리 붙어 두 가지로 나누어진 것이다. 합쳐서 한 곳으로 돌아가면 단을 맺어 이루게 되어 다시 태어나기 이전의 으뜸 되고 처음부터 있었던 기가 된다"고 말하였고, 조연독(趙緣督) 진인께서는 "텅 비고 아무것도 없는 터널의 한가운데는 생겨남도 없고 없어짐도 없이 절로 막힘이 없는데, 밝고 신령하여 모습이라 하나 모습이 아니고 어둡고 컴컴하여 비었다고 하나 비지 아니하였다"고 말하였다.

장자양 진인의 『금단사백자(金丹四百字)』「서(序)」에서는 "이 터널은 보통 터널이 아니고 건과 곤이 함께 합쳐져 이루어진 것으로 신과 기의 구멍이라 부르고 그 안에는 감과 이의 정이 들어 있다"고 말하고, 이형섬(李瑩蟾)[162] 진인의 『도덕송(道德頌)』에서는 "열리고 닫힘은 건과 곤에 응하니

---

161) 백옥섬(白玉蟾): 1194~1229. 남송 경주(瓊州: 현재 해남도 瓊山) 사람으로 본래 성명은 갈장경(葛長庚), 자는 여회(如晦), 호는 해경자(海瓊子). 무이산(武夷山)에서 수도하였으며 세상을 떠난 뒤에 '자청진인(紫清眞人)'에 봉해졌다. 『옥륭집(玉隆集)』, 『섬선개로(蟾仙介老)』, 『태상도덕보장익(太上道德寶章翼)』, 『태상노군설상청정경주(太上老君說常淸淨經注)』, 『구천응원뇌성보화천존옥추보경주(九天應元雷聲普化天尊玉樞寶經注)』, 『해경문도집(海瓊問道集)』, 『자청지현집(紫清指玄集)』, 『상청집(上淸集)』, 『무이집(武夷集)』, 『경관진인집(瓊館眞人集)』, 『옥섬집초(玉蟾集鈔)』, 『옥섬선생시·속(玉蟾先生詩餘·續)』, 『금액환단인증도시(金液還丹印證圖詩)』, 『금화충벽단경비지·전(金華沖碧丹經秘旨·傳)』, 『해경백진인어록(海瓊白眞人語錄)』 등 풍부한 내단이론 저술을 남겼다.
162) 이형섬(李瑩蟾): 이도순.

이것이 현빈의 문이다. 이곳으로 드나드는 것이 없으나 욕계(慾界)·색계(色界)·무색계(無色界)에서 홀로 높임을 받는다"고 말한다.

사마자미(司馬子微)[163])께서는 "텅 비고 아무것도 없는 흰 터널의 입구를 으늑한 관문이라 부르는데, 바로 사람 몸에 있는 하늘과 땅의 중간에 있다. 아래위로 8만 4천 리 나누어지고 『역』의 괘의 원리를 따라 벌려져 돌고 돈다. 크게는 진리의 세계를 품어도 흔적조차 없고 작게는 티끌 속에 들어가도 얼굴조차 안 보이니 이것을 '대대로 물려온 기가 들어 있는 구멍'[164])이라 부르고 기장쌀 한 알이 한가운데 걸려 있다"고 말하였다.

이 가르침 말씀들은 모두 대대로 물려 내려온 터널(입구)의 묘함을 밝힌 것들이다.

노자께서는 "하늘과 땅 사이가 마치 풀무와 같다고나 할까?"라 말하였고, 장자께서는 "지도리가 그 둥근 고리의 가운데를 맡아서 막힘없는 이치에 응한다"고 말하였다. 곤괘는 바른 자리에 바탕을 자리 잡는 것을 말하고, 정(鼎)괘는 바른 자리에 생명을 엉기게 하는 것을 말하고, 간(艮)괘는 인격 높은 사람은 그 자리를 벗어나지 않는다는 것을 말하며, 맹자께서도 역시 세상의 바른 자리를 세우는 것을 말하였다. 이 바른 자리라는 것은 그 큼을 말할 것 같으면 하늘과 땅을 다 품어 안고도 남는 것이 없다. 그러므로 넓은 터라 말하니 큰 진리의 길도 이로부터 나온다. 『모시(毛詩)』[165])에서는 "마음을 잡고 연못을 메운다"고 말하고, 『태현경(太玄經)』[166])에서는

---

163) 사마자미(司馬子微): 당나라 때의 사마승정(司馬承禎)의 자. 396쪽 주 16) 참조.

164) 대대로 물려온 기가 들어 있는 구멍: 조기혈(祖氣穴).

165) 『모시(毛詩)』: 서한 때 『시경』을 가르친 가풍에 따라 네 가지 『시경』이 전해진다. 그 가운데 노(魯)나라 모형(毛亨)과 조(趙)나라 모장(毛萇)이 전한 『시경(詩經)』을 가리켜 『모시』라 하고, 제(齊)나라 원고(猿固)가 전한 것을 『제시(齊詩)』, 연(燕)나라 한영(韓嬰)이 전한 것을 『한시(韓詩)』, 노나라 신배(申培)가 전한 것을 『노시(魯詩)』라 한다. 『제시』·『한시』·『노시』는 서한 당시의 금문시(今文詩)이고 『모시』는 고문시(古文詩)이다.

166) 『태현경(太玄經)』: 서한 시대 양웅(楊雄)이 『역』을 본으로 하여 유가·도가·

"연못에 마음을 감추고 그 신령한 뿌리를 아름답게 한다"고 말하며, 『참동계』에서는 "진리세계의 사람이 깊은 연못에 가라앉아서 둥둥 떠다니되 둥근 테의 중심을 지킨다"고 말한다. 막는다느니 감춘다느니 하는 것은 가라앉아서 지킨다는 뜻이다. 그러나 둥둥 떠다닌다는 말을 몰라서는 안 되니, 둥둥 떠다닌다는 것은 하염없이 노니는 것인데, 맹자께서 이른 바 "잊지도 말고 부추기지도 말라"는 것이나 석가께서 이른 바 "모든 것의 있는 그대로의 모습에 응하여 머물러서 그 마음을 항복시켜라"고 말한 것도 역시 이 뜻이다.

음양가의 이론을 하나로 뭉쳐 저술한 10권의 책.

2. 진리의 수레바퀴가 저절로 도는 그림[法輪自轉圖]

圖 轉 自 輪 法

① 旋斗歷箕
迴度五常
法天之樞
仙壽萬億

② 接三陰之正氣於風輪其專精之
名曰太玄棲三陰之正氣於水樞其專精之
名曰太一太一正陰也陽之正氣其色黑水陽
也而其伏爲陰風陰也而其發爲陽上赤下
黑左靑右白黃潛於中宮而五運
流轉故有輪樞之象焉

④ 憷動法輪旋日月須叟海嬌起雲雷
風濤洶湧波澄後散作甘泉潤九垓

⑤ 法水能朝有秘關逍通日夜遺輪璵
於中蓮溥生諸病綏決通流使駐顏

③ 水回太乙之中精故能潤澤百物而行乎天上赤之象其官成離下黑之象其官成坎夫兩端之所以乎者以中存乎其間故也之中精故能動化百物以中

① 북두가 별자리를 도는데 그 도는 도수가 인간의 이치에 맞는다. 하늘의 북두를 본받으면 신선의 나이가 만 년 억 년 간다.

② 세 양(陽)의 바른 기를 바람개비에 붙여놓으니 그것의 순수한 정을 태현(太玄)이라 부른다. 세 음(陰)의 바른 기를 물고동에 깃들이게 하니 그것의 순수한 정을 태일(太一)이라 부른다. 태일이란 바른 양이고 태현이란 바른 음이다. 양의 바른 기는 그 색이 붉고 음의 바른 기는 그 색이 검다. 물은 양인데 엎드려 음이 되고 바람은 음인데 그것이 피어나서 양이 된다. 위는 붉고 아래는 검으며 왼쪽은 푸르고 오른쪽은 희며 노란색은 가운데 잠겨 있어서 다섯 움직임이 돌고 돈다. 그러므로 수레바퀴나 문지도리의 모습이 있는 것이다.

③ 물은 태을(太乙)의 가운데 정을 품었으므로 백 가지 물건을 적시고 땅에서 흐른다. 바람은 태고의 가운데 정을 품었으므로 백 가지 물건을 움직이고 변화시키며 하늘 위에서 흐른다. 위는 붉은 모습인데 이괘가 되고 아래는 검은 모습인데 감괘가 된다. 두 끝이 기울지 않고 있는 까닭은 중심이 그 사이에 있기 때문이다.

④ 진리의 수레바퀴를 다스려 움직이니 해와 달이 돌고 눈 깜짝할 사이에 바다가 불쑥 솟고 구름과 천둥이 인다. 바람과 파도가 넘실거리던 물결이 맑아진 뒤에 단 샘물이 아홉 땅을 적시게 한다.

⑤ 진리의 물이 능히 모일 수 있어서 남모르는 관문이 나타나니, 밤낮으로 걸림 없이 노닐며 수레바퀴를 이룬다. 그런 가운데 맺히고 막히게 되면 여러 병이 생기는데 마침내 풀어버리고 통하여 흘러서 얼굴에 머무른다.

2-1. 진리의 수레바퀴를 저절로 돌게 하는 일[法輪自轉工夫]

세 종교의 가르치는 문은 길은 같은데 바퀴가 다를 뿐이다. 자취는 비록 셋으로 나누어지나 이치는 하나이다. 배우고 익히는 일을 이와 같이 보게 되면 불가에서는 이것을 진리의 수레바퀴라 하고, 도가에서는 하늘의 궤도를 돈다 하고, 유가에서는 뜰을 거닌다고 한다. 『역』에서 "간괘는 그 등에서 멈추니 그 몸을 다 감싸지는 못하나 그 앞뜰을 거닐고는 있는데 그 사람이 드러나지 않는 것이다. 허물이 없다"고 말하는데, 앞뜰을 거닌다는 것은 '하늘의 운행이 그것을 꾸준하게 한다'고 말할 때의 운행이란 뜻이다. 하늘의 운행은 하루에 하늘의 궤도를 한 바퀴 도는 것이다. 어째서 그것이 꾸준하다 하는가? 우리의 몸도 역시 하늘과 땅의 하나의 축소판 같아서 한 바퀴를 완전히 돌아오는 궤도를 꾸준히 돌고 있는 것이다. 『역』에서 "하늘의 운행은 꾸준하다. 인격 높은 사람은 그로써 스스로 굳세어지기를 그치지 않는다"고 말하는데, 그와 같이 하면 우리 몸 가운데의 황정(黃庭)이라는 앞뜰에 태극이 세워지게 되고 하늘이 그 바깥을 돌게 되어서 오고 감에 막힘이 없게 되는 것이다. 간(艮)괘는 때가 그치면 태극을 세우고 때가 가면 일을 해서 궤도를 도는 것을 말하고 있다. 또한 『계사전(繫辭傳)』을 보지 못하였는가? 『계사전』에서는 "해와 달이 서로 밀어서 밝음이 생긴다"고 말하고, 또 "추위와 더위가 서로 밀어서 한 해가 이루어진다"고 말하며, 또 "굽혀 들어옴과 펴 나감이 서로 감응하여 무엇인가 이루어짐[167)이 생긴다"고 말한다. 이것이 바로 앞뜰을 거니는 일을 하는 경우에 마음을 가지는 방법이다.

---

167) 이루어짐: 이(利) 자를 새긴 것이다. 하늘의 운행은 원(元)·형(亨)·이(利)·정(貞)이라는 원리를 따르는데, 원은 시작 또는 출발의 원리로 봄에 해당하여 그 덕은 인(仁)이고, 형은 통합의 원리로 여름에 해당하여 그 덕은 예(禮)이며, 이는 이루어짐의 원리로 가을에 해당하여 그 덕은 의(義)이고, 정은 갈무리의 원리로 겨울에 해당하여 그 덕은 지(智)이다. 따라서 이(利)는 이루어짐의 뜻을 갖는다.

가장 높은 근본을 세우는 일은 어떻게 하는가?

다름 아니라 앞에서 말한 바 마음 가운데의 인(仁)을 중심의 가운데[168]에 안정시켜서 토(土)가 되는 것이다. 가운데라는 것으로써 두텁게 기르면 절로 늘고 주는 참된 기틀이 생겨나서 몸과 마음과 본성과 생명이 서로 섞여 합쳐지게 된다. 한 번 굽혀 들었다가 한 번 펴져 늘어나는 것이나 한 번 갔다가 한 번 오는 것이 참으로 마치 해와 달이 교대로 밝는 것과 같고 추위와 더위가 엇갈려 찾아오는 것과 같다. 그것은 하늘의 운행이 저절로 그러한 것과 닮았으니 우리 몸에 있는 하나의 하늘과 땅이기도 하다.

처음에는 마음의 움직임이라 할 수 있는 뜻이 있지만 끝에 가서는 마음의 움직임이 없어지고 뜻도 없어진다. 처음 시작할 때에는 마음의 뜻을 작용시켜서 기를 이끌고 빙글빙글 돌면서 가운데에서부터 밖으로 이르고 작게 시작하여 커지게 한다. 입 속으로는 "백호은어동방, 청룡잠어서위(白虎隱於東方, 靑龍潛於西位[169])"라는 12글자를 한 구절을 한 덩어리로 하여 36번 외우고 그친다. 그리고는 그 반대방향으로 거두어들이는데, 밖에서 안으로 돌리고 크게 시작하여 작아지게 하면서 "청룡잠어서위, 백호은어동방"이라고 역시 36번 외운다. 중심의 흔 점 태극으로 돌아오면 그친다. 이것이 몸 안에 있는 하늘의 궤도를 한 바퀴 도는 일이다. 오래되면 반드시 마음의 뜻을 작용시키지 않아도 저절로 북두칠성이 멈추지 않고 돌며 진리의 수레바퀴가 스스로 굴러간다. 참으로 손을 놓고 기다리지 않을 수 없는 곳이다.

전양자(全陽子)[170]께서는 "해와 달과 더불어 두루 돌고 하늘의 은하와 함

---

168) 중심의 가운데: 그림에서 극(極)자가 있는 부위에 해당한다.

169) 백호은어동방, 청룡잠어서위(白虎隱於東方, 靑龍潛於西位): 흰 범은 동쪽에 숨고 푸른 용은 서쪽으로 가라앉는다.

170) 전양자(全陽子): 1258~1314. 송나라 말 원나라 초의 도교학자인 유염(俞琰)의 호. 자는 옥오(玉吾), 별호를 석간도인(石澗道人), 임옥산인(林屋山人)이라고도 하였다. 『황제음부경주(黃帝陰符經注)』, 『여순양진인심원춘단사주해(呂純陽眞人沁園春丹詞注解)』, 『주역참동계발휘(周易參同契發揮)』, 『주역참동

께 원을 그리며 굴러간다. 원을 그리며 돌기를 다함이 없으니 목숨이 다함이 없다"고 말하였다. 『명도집(鳴道集)』171)에서는 "편안하고 한가로우면 절로 오래 사는 길을 얻어서 밤낮으로 소리 없이 진리의 수레바퀴를 돌린다"고 말하고, 한소요(韓逍遙)172)께서는 "진리의 수레바퀴가 굴러야 되니 언제나 변함없이 돌려야 하는데, 그저 몸 안에 있는 것에 지나지 않건만 사람들이 볼 수가 없다. 움직여 돌릴 때에는 마치 둥근 해와 같아서 둥근 해 같은 바퀴가 내 몸 속으로 굴러온다"고 말하고, 또 "진리의 수레바퀴가 돌게 되거든 멈추지 말라. 생각 생각이 떨어지지 않으면 바퀴가 절로 구른다"고 말하였다. 그것이 구를 때에는 마치 구름과 안개가 사방을 꽉 채우고 있는 듯이 자욱하고, 사납게 비바람치는 듯이 씽씽거리며, 낮꿈에서 처음 깨어난 듯이 어리둥절하고, 오래된 깊은 병이 쑥 빠진 듯이 허전하며, 부부가 어울리듯이 정과 신이 어둠 속에서 합쳐지고, 목욕을 막 시작한 듯이 뼈와 살이 따뜻하고 녹아내리는 듯하다. 『역』에서는 "가운데로 쭉 통하게 되고 바른 자리에 바탕이 자리 잡게 되니 그 안에 아름다움이 있어서 팔다리로 퍼져나간다"고 말하는데, 이 말이 참으로 그러하다.

계석의(周易參同契釋疑)』, 『역외별전(易外別傳)』, 『주역집설(周易集說)』, 『주역찬요(周易纂要)』 등을 썼다.
171) 『명도집(鳴道集)』: 아직 미상(2004. 4. 15).
172) 한소요(韓逍遙): 아직 미상(2004. 4. 15).

3. 용과 범이 어우러지는 그림[龍虎交媾圖]

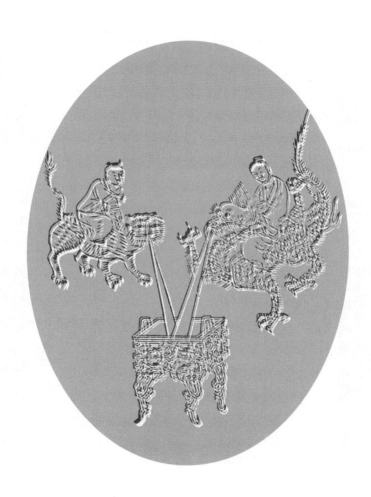

용과 범이 어우러지는 그림[龍虎交媾圖]

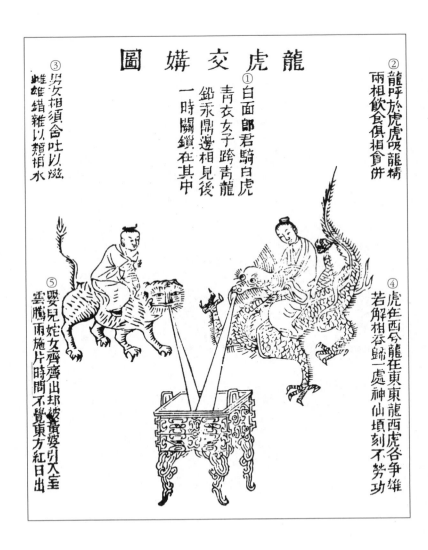

龍虎交媾圖

① 白面郎君騎白虎
青衣女子跨青龍
鉛汞鬪邊相見後
一時關鎖在其中

② 龍呼於虎虎吸龍精
兩相飮食俱相倂

③ 男女相須合吐以滋
雌雄錯雜以類相水

④ 虎在西兮龍在東東龍西虎各爭雄
若解相吞歸一處神仙頃刻不勞功

⑤ 嬰兒姹女齊齊出却被黃婆引入室
雲騰雨施片時間不覺東方紅日出

① 흰 얼굴의 신랑은 흰 범을 타고 푸른 옷의 새댁은 푸른 용에 앉는다. 납과 수은이 솥 가에서 만난 뒤에는 한때에 문을 닫아걸고 그 속에 들어 있게 된다.

② 용은 범에게로 내뿜고 범은 용의 정을 마신다. 둘이 서로 먹고 마시며 둘 다 서로를 합치고자 탐한다.

③ 남자와 여자는 서로를 구하여 머금고 먹여주어서 기르고, 암컷과 수컷은 엇섞이되 끼리끼리 물을 준다.

④ 범은 서쪽 용은 동쪽에 있으면서 따로따로 굳셈을 뽐내는데, 만약 풀어져서 서로 삼키며 흔 곳으로 돌아가면 신선 되는 일도 잠깐 사이에 힘들 것 없이 이루어진다.

⑤ 젖먹이 소년 소녀가 나란히 나오면 노란 할머니의 이끎을 받아 방으로 들어간다. 구름이 일고 비가 내리기를 잠시 동안 하다가 어느덧 동쪽에서 붉은 해가 뜬다.

3-1. 용과 범이 서로 어우르는 법칙[龍虎交媾法則]

사람은 감(坎)과 이(離)가 어우르면 태어나고 나누어지면 죽는 것이다. 이 이치는 반드시 그러한 것이니 어느 한 사람도 이와 같지 않은 이가 없다. 이괘는 ☲로 나타내고 양이며 남쪽에 자리 잡는데, 밖은 양이되 속은 음이고 수은이라고 부른다. 감괘는 ☵로 나타내고 음이며 북쪽에 자리 잡는데 밖은 음이되 속은 양이고 납이라고 부른다. 그러므로 자양진인께서는 "해는 이괘의 자리에 있지만 오히려 여자가 되고, 감은 두꺼비가 사는 달에 짝지어지지만 남자다"라고 말하였다. 이 말은 감괘의 남자와 이괘의 여자가 마치 아버지의 정액과 어머니의 피(난자)와 같고, 해 속의 까마귀와 달 속의 토끼와 같으며, 모래 속의 수은과 납 속의 은과 같고, 하늘의 으늑함과 땅의 누름과 같다는 말이다. 이 여러 말은 모두 용과 범이라는 두 기를 가리키는 것이다. 『참동계』에서는 "이괘에는 기(己) 곧 햇빛이 해당하고, 감괘에는 무(戊) 곧 달의 정이 해당한다"고 말한다. 그러므로 이괘의 기의 모습은 용이 달의 반쪽을 맡은 기운이고, 감괘의 무의 모습은 범이 달의 반쪽을 맡은 기운이다.

무와 기는 바로 황정에 있는 진리세계의 토(土)의 바탕인데, 태극이 한번 나누어짐으로 인하여 용과 범이라는 두 몸 속에 나뉘어 있게 되었다. 단을 닦는 사람이 그 본디로 돌아가고 그 처음을 다시 살리고자 한다면 용과 범을 솥 속으로 돌아오게 하고 감정과 성품을 터널 안에서 합하여야 하는데, 그때에는 마땅히 '용은 불 속으로부터 나오고 범은 물 속을 향하여 태어난다'는 가르침의 말을 값있게 써야 한다. 그러면 뜨거운 불꽃 속에서 용이 높이 날아오르고 깊고 맑은 물 밑에서 범이 신나게 뛰어나온다.

비로소 용과 범이 서로 어우르게 되어 하늘과 땅에 가득한 기운을 향하여 나아가고, 모든 것이 시작하기 전의 소용돌이로 빨려들어 가게 된다. 이어서 지아비와 지어미처럼 몸을 합쳐서 어리둥절한 상태로부터 끝내는 텅 비고 아무것도 없는 상태로 들어간다. 그것이 가운데의 노란 방[173]에 이르면 서로서로 머금고 삼켜서 두 감정이 그리움에 엉키고 두 기가 서로 보태어지니, 마치 하늘과 땅이 정을 통하고 해와 달이 빛을 주는 것과 같다. 대대로 물려온 터널의 입구 가운데에 똬리를 틀고 서리니 저절로 이 태어나기 전으로서 아직 나누어짐이 일어나지 아니한 기를 다시 살리게 된다. 소용돌이치고 근본된 진리의 흔 정을 이루게 되니 큰 약의 뿌리요 으뜸이 되고 단을 돌아오게 하는 일의 기본을 이룩하게 되는 것이다.

원래 용의 성품과 감정은 언제나 무에 있고 범의 감정과 성품은 언제나

---

173) 가운데의 노란 방: 황방(黃房). 하단전을 가리키는 책도 있고 상단전을 가리키는 책도 있다.

기에 있으면서 다만 이것과 저것이 각각 엇갈려 토의 기운을 갖고 있을 뿐이었는데, 두 토가 합쳐져서 도규(刀圭)[174]를 이루게 된다. 그렇게 되면 감과 이가 어우러져 곤과 건이 합쳐지게 되어 태(泰)괘를 이루고 용과 범이 어우러져 무와 기가 합쳐지게 된다. 무와 기가 합쳐져서 한 몸이 되면 네 가지 근본모습이 모여 합쳐져서 큰 약을 내놓게 된다.

『역』에서는 "하늘과 땅에 기운이 가득하니 만물이 절로 변화되고 자라며 수컷과 암컷이 정을 어우르니 만물이 변화되어 생겨나게 된다"고 말한다. 하늘과 땅은 음과 양의 어우러짐으로 물건을 낳고, 단을 이루는 방법에서는 음과 양의 어우러짐으로 약을 생기게 한다. 무릇 어우르지 않고 운행 변화를 이룰 수 있는 것은 아직까지 없었다. 『옥지서(玉芝書)』[175]에서는 "하늘의 것과 땅의 것이 만약 어우르지 않는다면 양한 것이 앞을 다투어 감괘의 곳 아래로부터 달아난다"고 말한다. 이것이 바로 단을 짓는 큰 실마리요 신선의 길을 닦는 일에서 가장 근본 되는 뜻을 가진 것이다. 만약 하늘과 땅의 기운이 가득하지 않다면 단 이슬이 내리지 않고, 감과 이의 기운이 어우러져 합쳐지지 않는다면 노란 싹이 돋아나지 않는다. 용과 범으로 나누어진 두 반쪽 기가 모여서 합쳐지지 않는다면 진리의 흔 씨앗이 생겨나지 않으며, 진리의 흔 씨앗이 생겨나지 않으면 어느 것이 칼자루가 될 것이며 금 즙으로 된 큰 단을 엉겨 이룰 수 있겠는가?

그런데 어우르는 이치에는 두 가지가 있으니, 안에서 어우르는 것과 밖에서 어우르는 것이 바로 그것이다. 감과 이나 용과 범이 어우르는 것은 안에서 어우르는 것이요 약을 만들어내는 것이다. 건과 곤이나 자(子)와 오(午)가 어우르는 것은 밖에서 어우르는 것이요 단을 맺는 것이다. 이 두 방

174) 도규(刀圭): 원래는 가루약의 양을 재가며 떠담는 숟갈을 가리킨다. 단학에서는 일반적으로 내단(內丹)을 가리키는 용어로 쓰이나 그 가리키는 바가 일정하게 통일되어 있지는 않다. 규(圭)자는 두 개의 토(土)가 합쳐진 모양이다.
175) 『옥지서(玉芝書)』: 송나라 진거(陳擧)가 쓴 내단 이론서이며 『옥지편』이라고도 한다. 다섯 가지 태(太), 곧 태역(太易)·태초(太初)·태시(太始)·태소(太素)·태극(太極)을 오행에 짝 지워 설명하는 것이 특색이다.

법은 하늘과 땅의 차이가 있는 것이니 배우는 사람은 자세히 가려내야 한다. 장자양께서 "두 물건을 몰아서 해와 달이 만나는 가운데 길로 돌아가 힘써 금단을 얻으니 생명이 흩어지지 않게 된다"고 말한 것이 이 뜻이다. 여순양께서 "두 물건이 모이는 때는 진리의 근본으로 되고 오행이 완전해지는 곳에서는 단이라는 것을 얻는다"고 말한 것이 이 뜻이다. 진포일(陳抱一)[176])께서 "무와 기가 갑자기 어우러지자 감정과 본성이 합쳐지고 감과 이가 비로소 어우르게 되어서야 범과 용이 무릎 꿇는다"고 말한 것이 이 뜻이다. 장용성(張用成)[177])께서 "범이 뛰어오르고 용이 날아올라서 바람과 물결이 거센데 한가운데의 바른 자리에서 으늑한 구슬이 생겨나온다"고 말한 것이 이 뜻이다. 장평숙(張平叔)의 『금단사백자(金丹四百字)』에서 "용은 동쪽 바다로부터 오고 범은 서쪽 산을 향하여 일어선다. 두 짐승이 한바탕 싸우고 나면 변화되어서 한 줄기 깊은 물을 만든다"고 한 것도 역시 이 뜻이다.

용과 범이 어우른다는 것은 다름 아니라 세 가지 으뜸 된 것이 하나로 합쳐지는 방법이다. 그런 까닭으로 건과 곤이 만나고 감과 이가 어우르고 음과 양이 모아지고 본성과 생명이 합쳐져서 두 가지 것으로 하여금 다시 하나로 변하게 한다. 나아가서 두 가지 것으로부터 생겨난 아홉 궁[178])이니

---

176) 진포일(陳抱一): 송나라 때의 진현미(陳顯微). 『문시진경언외지(文始眞經言外旨)』, 『주역참동계주(周易參同契注)』, 『주역참동계해(周易參同契解)』, 『입성편(立聖篇)』, 『현미치언(顯微巵言)』, 『문시진경해(文始眞經解)』 등을 썼다.

177) 장용성(張用成): 장백단(張伯端)의 또 다른 자(字).

178) 아홉 궁: 구궁(九宮). 낙서(洛書)의 9방위 또는 8괘의 방위에 중앙을 더하여 아홉 방위를 이르는 말로 한나라 때의 역위(易緯) 학자들에 의하여 이론화되었다. 이 밖에도 ① 당나라 때에 제사 지내기 위하여 설치한 태일(太一)·천일(天一)·초요(招搖)·헌원(軒轅)·함지(咸池)·청룡(靑龍)·태음(太陰)·천부(天符)·섭제(攝提) 9신단(神壇), ② 고대 천자들이 1년 동안 돌아가며 머무르던 아홉 궁궐, ③ 사람의 두뇌에 나누어져 있는 아홉 방, ④ 의학용어로서 신[腎: 단원궁(丹元宮)]·소장[小腸: 주릉궁(朱陵宮)]·간[肝: 난대궁(蘭臺宮)]·담[膽: 천홍궁(天黌宮)]·비[脾: 황정궁(黃庭宮)]·대장[大腸: 현령궁(玄靈宮)]·폐[肺: 상서궁(尙書宮)]·방광[膀胱: 옥방궁(玉房宮)]·심[心: 강소궁(絳霄宮)], ⑤ 상·중·하 3단전마다에 각각 세 곳씩 자리 잡고 있는 아홉 개의 텅 빈 방, ⑥ 내단을 닦이는 경우에 나타나는 사람 몸 안의 아홉 터널로 동쪽에 있는 풍뢰궁

여덟 괘니 해와 달과 다섯 별의 운행[179]이니 여섯 효의 자리니 오행이니 사상(四象)이니 하는 것들이나 하늘과 땅과 사람이라는 모든 것 치고 혼으로 돌아가지 아니하는 것은 없다.

혼이라는 것은 어떤 물질들이 소용돌이를 이루어 하늘과 땅보다 먼저 생겨난 것이다. 크도다 혼이여! 그것이 흘러 운행하는 것을 기라 하고, 그것이 엉겨 모인 것을 정이라 부르며, 그것이 묘하게 작용하는 것을 일러 신이라 한다. 처음에 태극이 한 번 나누어짐으로 인하여 두 몸뚱이 속에 나뉘어 있게 되고부터는 날이 갈수록 멀어져서 끝내 위태로운 지경에 이르게 된다. 이러한 까닭에 성인께서는 하늘과 땅의 요점을 본받고 변화의 근원을 알아내어, 물이 있는 집에서는 정을 얻어내고 신령한 관문에서는 신을 불러내어 현과 빈으로 통하는 터널 속으로 돌아가게 함으로써 대대로 물려받은 기와 한 자리에 모이게 하여 세 가지가 만나서 한 덩이로 합쳐지게 한다. 먼저 소용돌이 상태에서 신을 엉기게 하고 다음으로 고요히 비추며 텅 빈 공간을 품는다. 혼을 품에 안고 떨어짐이 없으니 이것이 바로 근본으로 돌아가고 근원으로 돌아오는 묘한 진리의 길이다. 『서경』에서는 "사람의 마음은 위태롭고 진리의 마음은 알아보기 어려우니 오직 정밀하고 혼을 이룸으로써 그 중(中)을 진실하게 잡으라"고 말한다. 무릇 마음과 정이 하나가 되어 가운데 있는 것의 가운데로 돌아가 모이고 그것을 진실하게 잡는다는 이 말로 말미암아 요 임금과 순 임금께서 진리의 길이 전해져 내려온 계통을 열게 되었으며 그 오랜 세월 동안 성인의 가르침의 종요로운 점이 되어왔던 것이다.

(風雷宮)·쌍림궁(雙林宮), 남쪽에 있는 자미궁(紫微宮)·모니궁(牟尼宮), 서쪽에 있는 성모궁(聖母宮)·혜라궁(惠羅宮), 북쪽에 있는 범궁(梵宮)·수정궁(水晶宮), 가운데 있는 안궁(安宮) 등을 가리키기도 한다.

179) 해와 달과 다섯 별의 운행: 칠정(七政. 해와 달과 화·수·목·금·토의 다섯 별이 운행하는 질서가 나라의 정치와 같으므로 일곱 가지 정치질서라는 뜻으로 칠정이라 하였다. 『서경(書經)』「순전(舜典)」에 나오는 말이다.

제3절 신선·부처 세계의 문에 들어서다

1. 기의 구멍에 웅크려 감추는 그림[蟄藏氣穴圖]

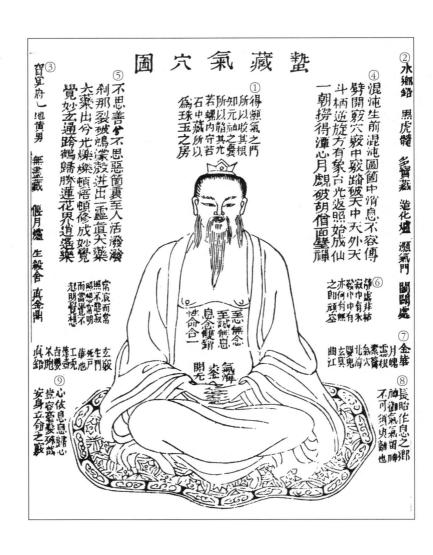

① 아득한 기의 문을 얻으면 그 뿌리를 거두게 되고, 으뜸 된 신이 들어 있는 주머니를 알면 그 빛을 감추게 된다. 소라가 안을 지키듯 돌 속에 감추어진 듯하면 옥구슬이 들어 있는 방을 이루게 된다.

② 물이 고향인 납, 검은 범의 골수, 많은 보배가 감추어진 곳, 우주의 운행 변화가 이루어지는 화로, 아득한 기의 문, 열리고 닫히는 곳.

③ 어두컴컴한 집, 땅의 누런 남자, 다함없이 들어 있는 곳, 초승달 같은 화로, 죽고 사는 집, 참된 금 솥.

④ 소용돌이가 생기기 전 상태는 쉽사리 전하기 어렵다. 터널과 구멍을 갈라 열면 터널 속에 터널이 있고 하늘의 중심을 밟으면 하늘 밖에 하늘이 있다. 북두가 거꾸로 돌아서야 어떤 모습이 생기게 되고 빛을 돌려 되비추고서야 신선을 이루니, 하루아침에 연못 속의 달을 잡아올리고 서쪽 스님이 하던 벽을 향한 참선을 엿보게 된다.

⑤ 선도 악도 생각지 않는 속에 지극한 사람이 힘차게 살아 움직이다가 눈 깜짝할 사이에 태초의 껍질을 찢고 하나의 신령하고 참된 큰 약이 나온다. 큰 약이 나오면 빛이 눈부시고 단박 깨닫고 단박 닦아서 묘한 깨우침을 이룬다. 묘함을 깨우치고 으늑함을 통하여 학을 타고 돌아가서 연꽃 세계를 구경하며 할 일 없이 즐긴다.

⑥ 움직임을 여의고 비었다 함은 메마르게 죽어 있는 것이 아니니, 그 속에는 싹이 나고 잎 핌이 있다. 그러나 있다고 함은 또한 어떤 있음인가? 없다고만 하면 어리석게 텅 빔을 고집하게 되니, 언제나 고요하고 언제나 비추되 고요하다느니 비춘다느니 하는 생각을 일으키지 말고, 언제나 밝고 언제나 깨어 있되 밝다느니 깨어 있다느니 하는 생각을 일으키지 말라.

⑦ 황금 꽃, 달의 얼, 신령한 뿌리, 풀무, 기의 구멍, 북쪽 바다, 젖먹이, 으늑한 어두움, 꼬불꼬불한 강.

진리세계의 납, 미련한 아기집, 귀한 아기, 쑥 항아리, 옥 토끼, 꽃 연못, 죽음의 문, 삶의 문, 으늑한 터널의 입구.

⑧ 태를 기르고 숨을 멈추는 곳, 신은 기를 거느리고 기는 신을 머무르게 하니 눈 깜짝할 사이라도 떨어져서는 안 된다.

⑨ 마음은 숨에 의거하고 숨은 마음으로 돌아가니, 어찌 터럭만큼의 다름일지라도 용납되겠는가? 몸을 편안히 하고 생명을 세우는 터널이다.

1-1. 기의 구멍에 웅크려 감추니 뭇 묘함이 뿌리로 돌아간다[蟄藏氣穴, 衆妙歸根]
(걷고 앉고 서고 눕는 네 가지 방법이 포함되어 있다.)

앞 글에서는 거두어 모아들이는 일, 다시 말하여 중심을 지키고 혼을 품고 있는 일을 배우고 익히는 것에 대하여 말하였다.

이 글에서는 웅크리고 감추어져 있는 일, 다시 말하여 뿌리를 깊게 하고 꼭지를 단단하게 하는 일을 가르치는 말을 하고자 한다. 거두어 모아들이는 일과 웅크리고 감추어져 있는 일은 서로 겉과 속의 관계에 있다. 거두어 모아들이지 않으면 펴 흩어질 수 없고 웅크리고 감추어져 있지 않아도 역시 펴져 나올 수 없다. 앞 글과 이 글은 하나로 꿰어져 있는 것이고 서로 떨어진 것이 아니다.

이 가르침의 말은 다름 아니라 대대로 물려받은 터널 속에 엉겨 모여 있는 저 양(陽)한 신을 기의 구멍 안으로 내려서 감추어두라는 것이다. 흙 가마솥으로 돌려보내어 굳게 봉하고 가두어둔다고 부르기도 하고, 신을 엉기게 하여 기의 구멍으로 들어가게 한다고 이르기도 한다.

이 구멍에는 안과 밖의 두 터널 입구가 있는데, 바깥의 터널 입구는 복숭아나 살구의 씨에 비유되고 안의 터널 입구는 그 씨 속의 알맹이에 비유된다. 옛 신선께서는 "소용돌이가 생기기 전 상태는 쉽사리 전하기 어렵다. 터널과 구멍을 갈라 열면 터널 속에 터널이 있고 하늘의 중심을 밟으면 하늘 밖에 하늘이 있다"고 말하였다. 이 터널 속의 터널이라는 것을 석가께서는 "비었으되 비어 있지 않고 여래를 감추고 있는 것"이라고 가르쳐주었고, 노군께서는 "으늑하고 또 으늑하여 뭇 묘함이 들고나는 문"이라고 이름 붙였다. 유해섬께서도 "밑이 없고 구멍이 있어서 풀무라고 부르는데, 그 사이에 한 터널의 입구가 있건만 사람들이 찾아내지 못한다"고 말하였다. 이는 터널 속의 터널을 가리켜 말한 것이다. 이 터널은 음과 양의 근원이고 신과 기가 사는 집이며 태아가 들어 있는 주머니로 숨을 쉬게 되는 뿌리이며, 사람이 코로 숨을 내쉬고 들이마시게 되는 시발점이다.

태아가 들어 있는 주머니라는 것은 신을 감추어 두고 있는 집이고 숨이라는 것은 태아를 이루어내는 근원이다. 태아 주머니는 숨으로 인하여 생겨나고 숨은 태아 주머니로 인하여 머물러 있게 되니, 터널 속의 터널이란 다름 아니라 신선이 태아를 기르고 숨을 머무르게 하며 진리가 사는 곳이다. 그렇다면 하늘과 땅이 비록 크다고는 하지만 역시 하나의 태아 주머니이고 해와 달이 오고 가며 북두가 빙글빙글 도는 것이 참된 숨이 되는 것이다. 세 성인의 글을 보지 않는가? 『역경』에서는 "본성을 이루어 보존하고 보존하는 것이 도의 길로 들어가는 문이다"라고 말하고, 『도덕경』에서는 "으늑하고 또 으늑하여 뭇 묘함이 드나드는 문이다"라고 말하고, 『유교경(遺敎經)』180)에서는 "한 곳을 다스리니 밝혀내지 않는 일이 없다"고 말한다. 이 모든 것이 내 속에 있는 진리세계의 사람이 숨을 쉬는 곳을 말

---

180) 『유교경(遺敎經)』: 『불수반열반약설교계경(佛垂般涅槃略說敎誡經)』. 석가께서 사라쌍수 아래에서 열반에 들려 하시면서 제자들을 위하여 말씀한 최후의 경계(警戒)를 후진 때에 구마라집이 번역한 것.

하고 있다. 그렇지만 진리세계의 사람이 숨을 쉬는 곳이 도대체 어느 곳에 있는가?

나는 지난날에 스승께서 말씀하시는 것을 들었는데, "태어나기 전부터 있은 으뜸 되는 기를 갈무리하고 있는 어둡고 어두운 집이며 태아 주머니로 쉬는 숨이 맺혀서 단의 근원이 되는 궁전이다. 위는 붉고 아래는 검고 왼쪽은 푸르고 오른쪽은 희며 가운데 누런 무리가 져 있는 사이가 바로 진리세계의 사람이 숨을 쉬고 있는 곳이다. 바로 배꼽의 뒤요 신장이 있는 곳 앞이며 황정의 아래요 관원(關元)의 위에 해당한다"고 말하였다. 『황정경』에서 이른 바 "위에는 황정이 있고 아래는 관원이 있으며 뒤에는 유궐(幽闕)이 있고 앞에는 명문(命門)이 있다"는 것이 이것이다. 요섬훈(廖蟾暈)[181])께서는 "앞에는 배꼽을 마주하고 뒤에는 신장을 맞보며 가운데에 어떤 진리세계의 금 솥이 있다"고 말하였다.

이미 이곳을 알았으면 머뭇거리지 말고 엉겨진 신을 맞아서 터널 속의 터널에 안정시킨다. 마치 거북이가 목을 움츠리듯 뱀이 겨울잠을 자듯 조개가 빛을 머금고 있듯 두꺼비가 숨을 머금고 있듯이 하는 것이다. 가늘고 길게 이어지며 잊지도 말고 부추기지도 말며 있는가 하면 있는 것이 아니고 없는가 하면 없는 것이 아니면서 이끌어서 아무것도 없는 마을로 거두어들이고는 열리고 닫히는 곳에다가 갈무리하여둔다. 조금 있으면 내쉬는 숨과 들이마시는 숨이 서로를 품에 넣어버리고 신과 기가 서로 끌어안아서 맺게 되어 단의 어미가 된다. 아래 단전에 눌러놓으면, 밖으로는 하늘과 땅의 신령하고 양하며 바른 기를 느끼고서 불러오고 안으로는 한 몸의 수은과 납의 화려함을 싸 눌러놓게 된다. 마치 북극성이 자리를 잡은 곳에 뭇 별들이 조아리는 것과 같다.

오래되면 신과 기가 뿌리로 돌아가서 본성과 생명이 하나로 합쳐지고 큰 약이 그 속에 아이처럼 배게 된다. 그러나 신을 엉기게 하고 숨을 고르

---

181) 요섬훈(廖蟾暈): 아직 미상(2004. 4. 15).

는 일에는 어느 것이나 가르침의 말이 있다. 그렇지 않으면, 이리저리 따지는 헤아림이나 짧은 생각 긴 생각의 신이 함부로 호흡하는 기와 어우러져서 헛단을 맺어 도리어 약물을 해치게 될지도 모른다.

그래서 신선 어른께서는 "숨을 고르려면 참되게 쉬는 숨을 고르게 하여야 하고 신을 불리려면 신 아닌 신을 불려야 한다"고 말하였다.

황제(黃帝)의 『음부경』에서는 "사람이 그 신이 신인 줄은 알지만 신 아닌 것이 신이 되는 까닭은 모른다"고 말한다. 신 아닌 것이란 본성이다. 본성이란 신의 뿌리다. 신은 본성에 근본을 두지만 본성은 아직 신이 되기 전이다. 신 속에서 환히 밝고 어둡지 않은 것이 바로 참된 본성이다.

여신선[182]의 『영원대도가(靈源大道歌)』[183]에서는 "내가 그대들을 위하여 딱 잘라 말하나니 생명의 꼭지는 예부터 참된 숨에 달려 있었다"고 말하였다. 참된 숨이란 생명이다. 생명이란 기가 붙어 있는 꼭지다. 꼭지는 생명을 근본으로 하여 그에 붙어 있지만 생명은 아직 기로 변화를 시작하지 않은 것이다. 기 가운데에 어려 있으면서 숨을 쉬지 않는 것이 바로 참된 생명이다.

앞에 말한 신 아닌 신과 참된 숨을 쉬는 숨, 이 두 가지가 있으면 비로소 참된 지아비와 지어미요 참된 음과 양이요 참된 용과 범이요 참된 본성과 생명이라 할 수 있는데, 이것이 매듭처럼 맺혀서 한 뭉치를 이루고 다시 섞이고 합쳐져 한 곳에 모이면 한 조각으로 만들어 가지고 하나의 화로에서 달인다. 이러한 일을 이름하여 북쪽 하늘의 우(牛) 별과 여(女) 별[184]이 서로 만난다고도 말하고, 암컷과 수컷이 서로 따른다고도 말하며, 까마귀와 토끼가 한 구멍에 들었다고도 말하고, 해와 달이 한 구멍에 들었다고도 말하며, 얼과 넋이 서로의 속으로 들어갔다고도 말하고, 금과 불이

---

182) 여신선: 선고(仙姑) 조문일(曹文逸)을 가리킨다.
183) 『영원대도가(靈源大道歌)』: 칠언(七言) 시에 주를 붙인 형식으로 수련에 관하여 설명한 책으로 문장이 쉽고 뜻이 분명하다. 성(性)을 주로 하고 있다.
184) 우(牛) 별과 여(女) 별: 동서남북 28별자리[宿] 가운데 북쪽에 있는 7별자리에 속한다. 북쪽에 있는 7별자리는 두우녀허위실벽(斗牛女虛危室壁)이다.

섞여서 녹았다고도 말한다. 결국은 신을 엉기게 하고 기를 합하는 방법에 지나지 않는 것이다.

이렇게 하여서 신은 기로부터 떨어지지 않고 기는 신으로부터 떨어지지 않아서 우리 몸의 신과 기가 합쳐진 뒤에야 우리 몸의 성품과 목숨이 드러나게 된다. 성품은 목숨으로부터 떨어지지 않고 목숨은 성품으로부터 떨어지지 않아서 우리 몸의 성품과 목숨이 합쳐진 뒤에야 우리 몸에서 아직 성품으로 시작되기 전의 본성과 목숨으로 시작되기 전의 생명이 드러나게 된다. 최공(崔公)185)의 『입약경(入藥經)』186)에서는 "이것은 본성과 생명이고 신과 기가 아니다"고 말한다. 편리하게 말하느라 둘이라 하는 것이지, 알고 보면 하나라 말해야 한다.

신과 기도 결코 두 물건이 아니니 본성과 생명은 말할 것도 없이 마땅히 둘 다 함께 닦아야 하는 것이다. 그러나 둘 다 함께 닦는다는 말의 참뜻은 이미 오래 전에 전해지지 않게 되었다. 그리고는 도교의 현문(玄門)과 불교의 선문(禪門)이 서로 높고 낮음만 다투기에 이르렀다. 유해섬께서는 "참으로 이 불교의 가르침은 도교의 진리이기도 하니, 한 어린아이를 두 사람이 안고 있는 것이다"고 말하였고, 청화노인(淸和老人)187)께서는 "본성과 생명을 둘 다 함께 닦는 일은 일반 가르침 밖에서 전해진 것으로 그 속에 든 으늑함과 묘함은 묘하고도 으늑하다. 태초의 으뜸 되는 시작을 거두어 시작조차 없던 때로 돌아가고 태어나기 이전의 것을 거슬러 돌려서 태어난

---

185) 최공(崔公): 당나라 때의 진인 최희범(崔希范). 호를 지일진인(至一眞人)이라 한다. 『입약경』을 지었다.
186) 『입약경(入藥經)』: 내단술에 관한 경전으로서 말은 간단하고 뜻은 깊게 씌어 있다. 후세에 큰 영향을 주었다.
187) 청화노인(淸和老人): 1169~1251. 원나라 때 내현(萊縣: 현 산동성 액현) 사람인 윤지평(尹知平), 자는 대화(大和). 북칠진을 스승으로 삼았고, 뒤에 구장춘을 따라서 서역에도 갔었다. 구장춘께서 청화자(淸和子)라는 도호를 내렸고 그의 사후에 장춘궁으로 돌아가서 도교의 주인자리를 이어받았으며, 원나라 중통(中統) 2년에 청화묘도광화진인(淸和妙道廣化眞人)으로 높임을 받았다. 『보광집(葆光集)』, 『청화진인북유어록(淸和眞人北游語錄)』 등이 있다.

뒤의 것을 만든다"고 말하였다. 이 글 속의 깊고 으늑한 뜻은 스승 없이 통할 수 있는 것이 아니다. 가르친 말의 으늑하고 알듯 모를 듯한 내용은 뒤에 자세히 싣는다.

이곳에서는 그저 여러 신선들이 증명해 놓은 것들만을 가지고 말하여 처음 겪는 사람들이 쉽게 깨달아 들어갈 수 있도록 한다.

백옥섬께서 말한 "지난날 스승님께서 몸소 가르쳐주신 말을 들었는데, 다름 아니라 그저 신을 한 곳으로 모아서 기의 구멍으로 들어가라는 것이 었다"는 말을 생각해 본다. 기의 구멍이란 속에 있는 터널의 입구이다. 신을 그 가운데에 웅크리게 하고 기를 그 속에 감추어두어서 여래께서 가르친 비고 빈 마음을 진리세계의 사람들이 쉬는 깊고 깊은 숨과 합하면 바로 마음과 숨이 서로 기대는 것이 되고 숨이 고르게 되며 마음이 깨끗해진다. 무릇 한 점 참된 마음을 기 속에 묻어두는 것이 바로 신을 한 곳에 모아 기의 구멍으로 들어가는 일이다. 신이 이미 모여서 기의 구멍에 안정되고 나면 언제나 변함없이 빛을 돌아오게 하여 속으로 비추어야 한다. 비추어 살피며 떨어지지 않으면 저절로 빙글빙글 돌게 되어 참된 숨이 한번 올라갔다 한번 내려왔다 하고 오행의 수·화·목·금이 서로 앞으로 나아갔다 뒤로 물러났다 한다.

신선의 지껄임 가운데는 "오래 살고 싶으면 먼저 오래 볼 줄 알아야 한다"는 말이 있다. 윗단전에서 오래 지켜보고 있으면 신이 오래 살고 가운뎃단전에서 오래 지켜보고 있으면 기가 오래 살고 아랫단전에서 오래 지켜보고 있으면 몸이 오래 산다. 해와 달이 하늘과 땅 사이에서 비추고 있어서 조개 무리가 그것을 빨아들이면 구슬이 생기고 멍청한 돌이 그것을 모으면 옥을 내놓게 되는데, 하물며 사람은 스스로의 몸 안에 해와 달을 갖고 있으니 어찌 빛을 안으로 돌려 비추어 스스로의 진주를 맺고 스스로의 아름다운 옥을 만들어 내놓는 일이 불가능하겠는가?

그러나 신이란 곧 불이요 기란 곧 물이다. 물이 많으면 불이 꺼지고 불이 많으면 물이 마른다. 사오십대의 사람들은 대체로 물이 불을 이기지 못하는 이가 많다. 그래서 목숨을 하루빨리 잇고 생명불을 켜는 기름을 하루 빨리 더 부어주어야 한다. 기름을 더 붓는 방법은 이미 앞에 말하였고 생명의 보배를 도와 보호하는 일부터 이곳에서 자세히 말하니 하늘과 사람이 하나의 기라는 뜻이 모조리 드러나게 되는 것이다.

무릇 하늘과 사람 사이에서는 오직 하나의 기만이 서로 열리고 닫히곤 하면서 서로 이어질 뿐이며 둘로 나누어져 있는 것이 아니다. 그러므로 내가 숨을 내쉬면 하늘과 땅의 기운이 퍼져 흩어지고 내가 숨을 들이쉬면 하늘과 땅의 기운이 거두어져 모이게 되는 것이다. 이것이 하늘과 사람이 서로 더불어 있다는 알듯 모를 듯한 모습이고 하나의 기운이 느껴져서 통한다는 모습이다. 그러므로 하늘과 땅이 능히 크고 오랠 수 있는 까닭은 그 안에서 숨을 내쉬었다 들이쉬었다 함에 있으며, 사람도 스스로의 안에서 하늘과 땅의 숨쉬는 일을 본받아서 역시 하늘과 땅과 같이 길고 오랠 수 있는 것이다.

조씨 여신선[188]께서는 "태어날 때부터의 조화[189]가 안에서 운행하면 바로 진리의 세계를 이루나 호흡이 밖으로 펴져 나가서는 끝내 다해 마치지 못한다"고 말하였다. 입과 코로 기가 오고 가는 것은 겉호흡이고, 건과 곤의 기가 열리고 닫히는 것은 속호흡이다. 소료진(蕭了眞)[190]께서는 "노자께서 뭇 묘함이 드나드는 문을 열어 밝히셨는데, 한 번 열렸다가 한 번 닫혔다가 하는 것이 건과 곤에 응하면서 모습도 없고 몸도 없는 곳에서 열매를 맺으며 오래 살고 죽지 않는 뿌리를 갖고 있다"고 말하였다. 이는 속호흡을 가리키는 것이다. 장평숙께서는 "현과 빈의 문은 세상 사람들이 잘 모른다. 입과 코로 함부로 쉬는 일을 그치고 마음 푸근하게 닦고 불리는 숨을 내보내고 들이면서 천 년을 지내면 금 까마귀가 토끼를 움켜쥐게 되

---

188) 조씨 여신선: 조문일(曹文逸) 또는 조선고(曹仙姑). 앞에 나옴.
189) 태어날 때부터의 조화: 원화(元和). 닦고 불리는 일을 하는 동안에 생기는 진액을 가리킨다는 설명도 있으나, 이곳에서는 글자의 뜻대로 풀었다.
190) 소료진(蕭了眞): 아직 미상(2004. 4. 15).

고야 만다"라고 말하였는데, 이것은 겉호흡을 물리친 것이다.

겉호흡은 어디까지나 몸뚱이 위에서 일어나는 일로서 태어난 뒤의 것을 맞아와서 몸뚱이를 기르는 것인데, 속호흡은 진리의 몸 위에서 일어나는 일로서 태어나기 전의 것을 심고 길러 이른바 골짜기의 신191)을 먹여 키우는 것이다. 무릇 속호흡에서 쉬는 숨은 원래 하늘에 매여 있는 생명 속에서 온 것이라서 같은 종류의 것이 아니면 서로 친할 수가 없다. 그래서 성인께서는 기를 아래로 엎드리게 하는 방법을 써서 하늘과 땅보다 먼저 조화를 이루고 있었던 기운을 빼앗아 가지고 나란히 있는 관문을 거슬러 올라 뒤에서 앞으로 되돌아와서 본디의 뿌리에 이름으로써 어미 된 기로 하여금 아들 된 기를 아래로 내려 엎드리게 하여서 그 사이에 어미와 아들이 따르도록 한 것이다. 그렇게 하면 쉬는 숨마다 뿌리로 돌아가서 금단을 낳을 수 있는 바탕이 된다.

선배들께서는 "기를 아래로 내려 엎드리게 하는 일이 곧 기를 먹는 일은 아니지만 기를 먹는 일은 반드시 먼저 기를 아래로 내려 엎드리게 해야 한다. 기를 먹는다고 오래 살 수 있는 것은 아니고 오래 살려면 반드시 기를 아래로 내려 엎드리게 해야 한다"고 말하였다. 아래에 쌓인 기는 뚫고 나갈 땅이 없으면 저절로 위로 올라가서 뼛속 물질이 모여드는 뇌에 이르게 되고, 위에 쌓인 기는 뛰쳐나갈 곳이 없으면 저절로 아래로 내려가서 기가 모여드는 기해(氣海)에 이르게 되어 두 기가 서로 이어져 끝없이 돌고 돈다. 옛적에 먼저 진리에 이른 분들께서 오래 살았던 것은 있는 그대로의 운행 변화를 거꾸로 이용하는 이 방법을 잘 알았기 때문이다.

이 방법은 처음부터 끝까지 다른 방법으로는 얻을 수 없고 다음 방법으로만 가능하다.

① 처음에는 돕고 보호하고 보태는 일을 한다.

② 두 번째에는 무(戊)를 흐르게 하고 기(己)를 이루는 일을 한다.

---

191) 골짜기의 신: 곡신(谷神). 『도덕경』에 나오는 단어로 결국 본성을 가리킨다.

③ 세 번째에는 기름을 더 붓고 목숨을 잇는 일을 한다.

④ 네 번째에는 불을 돕고 금을 싣는 일을 한다.

⑤ 다섯 번째에는 불이 타오르자 물과 불을 서로 건너게 하는 일을 한다.

⑥ 여섯 번째에는 태아가 이루어지자 따뜻한 물로 몸 씻고 머리 감는 일을 한다.

⑦ 일곱 번째에는 따뜻이 기르면서 젖 먹여 키우는 일을 한다.

이 다음으로 젖먹이가 괴로움의 바다 같은 몸을 벗어나게 된 뒤로는 강을 건너 저 언덕에 이르기 위해서도 구태여 배를 필요로 하지 않으니 이런저런 일을 배우고 닦고 할 필요가 없어진다.

사람이 처음 태어날 때에 배꼽과 이어진 탯줄을 잘라버리니 바로 세상에 둘도 없는 본성과 생명이 나의 속에서 진리세계의 사람이 숨쉬고 있는 곳으로 떨어진다. 그렇게 된 뒤로 다시 하늘과 땅 사이에 있게 되고 다시 살덩이로 된 마음 주머니에 있게 되며 다시 눈 귀 코 팔 다리와 모든 뼈마디에 있게 되어, 날로날로 신은 달리고 기는 흩어져서 죽음을 맞는 인간이 되는 것이다. 그러므로 신선들께서 돌아가 엎드리는 방법을 가지고 사람들을 건지게 되었는데, 반드시 근본으로 돌아가는 일을 먼저 가르쳤다.

근본으로 돌아간다는 것이 어떤 것인가?

눈 귀 코 팔 다리와 모든 뼈마디에 흩어져 있는 것을 다시 살덩이로 된 마음 주머니로 돌아가게 하니, 이 일을 본디의 근원을 함초롬히 기르는 일이라고 부른다. 다시 살덩이로 된 마음 주머니에 함초롬히 길러진 것을 다시 하늘과 땅 사이로 돌아가게 하니, 이 일을 대대로 물려 내려온 터널에 신을 안정시키는 일이라고 이른다. 또다시 하늘과 땅 사이에 거두어 모인 것을 다시 진리세계의 사람이 숨쉬고 있는 곳으로 돌아가게 하니, 이 일을 기의 구멍에 웅크리고 감추어지는 일이라고 말한다. 이렇게 하여 날로날로 신이 엉겨 모이고 기가 모여들면 죽음으로부터 자유로운 사람이 되는 것이다. 옛 신선들께서는 "집이 무너지면 쉽게 고칠 수 있고 약이 말라도 살아나는 것이 어렵지 않다. 다만 돌아가 엎드리는 방법만 안다면 금 같은 보배가 산같이 쌓인다"고 말하였다.

이때에는 양을 보태 순양으로 이루어진 건괘 같은 몸을 완성하고 기의 수(數)[192]를 끊어짐 없이 이어서 어버이가 낳아주신 것을 온전하게 하고 하늘이 맡겨준 것을 온전하게 한다. 진리세계의 수은이 비로소 8량이 되고 납도 반 근을 채우게 되며 기는 마치 젖먹이와 같고 마음은 갓난아이와 같다. 음과 양이 딱 달라붙어 소용돌이치며 나누어지지 않고 나가는 숨은 알 듯 말 듯 하고 들어오는 숨은 가늘고 길어져서 차차로 숨을 쉴수록 점점 부드러워지고 푸근해지며 안정된다. 오래가면 터널 속에서 움직이던 숨이 갑자기 스스로 멈추어서 속의 기는 밖으로 나가지 않고 밖의 기가 거꾸로 나아간다. 이것이 태아의 숨 또는 태아의 주머니로 쉬는 숨[193]이라는 것이다. 근원으로 돌아가는 첫걸음이고 뭇 묘함이 뿌리로 돌아가는 시작이다. 여지상(呂知常)[194]께서는 "한 숨이 잠깐 멈추어야 비로소 하늘과 땅의 운행 변화를 빼앗을 수 있다"고 말하고, 정이천(程伊川)[195]께서는 "만약 우주 운행 변화의 기틀을 빼앗지 않으면 어찌 오래 살 수 있겠는가?"라고 말하였다. 옹보광(翁葆光)[196]께서는 "한 15분 동안 닦고 불리는 일로

---

192) 기의 수: 기수(氣數). 하늘과 땅이 운행하는 현상 속에는 역학의 입장에서 볼 때 많은 수학적 원리가 들어 있다는 입장에서 사용하는 용어이다. 사람의 몸 속에서도 하늘과 땅의 운행과 같은 기의 운행이 있으므로 그 운행하는 기의 수를 가리킨 것이다.

193) 태아의 숨 또는 태아의 주머니로 쉬는 숨: 태식(胎息).

194) 여지상(呂知常): 아직 미상(2004. 4. 15).

195) 정이천(程伊川): 1033~1107. 북송 시대 낙양 사람으로서 형 정호(程顥)와 함께 성리학의 한 흐름인 정주학을 개창한 유학자(儒學者). 이름은 이(頤), 자는 정숙(正叔). 『이정문집(二程文集)』, 『이정유서(二程遺書)』, 『이정외서(二程外書)』, 『이천문집(伊川文集)』, 『이천역전(伊川易傳)}, 『정씨경설(程氏經說)』, 『이정수언(二程粹言)』 등이 있다.

196) 옹보광(翁葆光): 송나라 때 사람. 『오진편주석(悟眞篇注釋)』, 『자양진인오진편직지상설삼승비요(紫陽眞人悟眞篇直指詳說三乘秘要)』, 『자양진인오진편주소(紫陽眞人悟眞篇注疏)』 등을 썼다.

하늘과 땅의 1년 동안 도는 기의 수를 빼앗을 수 있다"고 말하였다. 이 세
어른이 어찌 헛말을 하겠는가?

무릇 태아의 숨이 묘하게 엉길 때 들어오는 것은 쌓여 모이지 않고 나가
는 것은 나뉘어 흩어지지 않으며 바탕과 모습이 함께 텅 빈 공간이 되어
아무것도 없어진 속에서 흩어짐 없이 한 곳에 머무르는 경지로 들어가게
된다. 흩어짐 없이 한 곳에 머무름이 오래되면 안과 밖이 하나로 합쳐지고
움직임도 움직임을 여윔도 없어지며 북두칠성도 돌기를 그치고 해와 달이
온전히 합쳐져서 만 리까지 어둑어둑해진다. 봄기운이 아홉 하늘을 합쳐
서 맑게 사무치고 이슬의 반짝이는 빛 속에 묘한 이치가 엉겨 있는 것이
로구나! 그 음과 양이 어우러져 서로 느끼는 참되고 아름다운 모습이여!

이때에는 태어날 때부터 있은 으뜸 된 정이 빛을 내뿜고 순양으로 이루
어진 건괘 같은 금이 광석으로부터 나오는 때이다. 이렇게 이루어지면 소
용돌이를 거듭 열고 다시 아기주머니로 들어가서 번뇌를 여읜 꽃을 피우
고 깨달음의 지혜라는 열매를 맺는다. 신선의 뼈를 받고 태어난 사람이 아
니고는 이 진리의 길의 묘함을 알 수가 없다.

"뒤에는 남모르는 문이 있고 앞에는 자식을 낳는 문이 있는데, 해를 내
보내고 달을 들어오게 하니 호흡이 보존된다." 이것은 노씨의 『황정외경
경(黃庭外景經)』[197]에 나오는 가르침이다.

"그저 진리세계의 사람이 숨쉬는 곳에 서서 탁 풀어놓고 소녀가 날아서
오가는 것을 가르칠 뿐이다." 이것은 이장원(李長源)[198]의 「혼원보장(混元寶

---

197) 『황정외경경(黃庭外景經)』: 『태상황정외경경(太上黃庭外景經)』. 『황정경』 류
들 가운데 가장 먼저 서진 시대에 세상에 전해진 것으로 『황정내경경』과 함께
저자가 알려지지 않았으나 도교 양생 수련의 중요 경전이다. 『내경경』은 오장
육부에 모두 신이 깃들여 있다는 『태평경(太平經)』 및 『노자하상공장구(老子河
上公章句)』의 사상을 이어받아 오장육부의 효능을 설명하였는데, 『외경경』은
오장육부에 언급함이 없이 청정 수련을 설명하고 있다. 여러 주석본이 있다.
198) 이장원(李長源): 722~789. 당나라 때에 대신을 지내고 숨어산 도사. 이름
은 비(泌). 『업후외전(鄴侯外傳)』, 『명심론(明心論)』, 『양화편(養和篇)』, 『이비
집(李泌集)』 등이 있다.

章)」에 나오는 가르침이다.

"안에서 참된 기를 어우러지게 하여 호흡을 보존하니 운행 변화가 저절로 일어나서 어린이의 얼굴로 돌아간다." 이것은 허정양(許旌陽)[199]의 「취사선가(醉思仙歌)」에 나오는 가르침이다.

"서쪽의 금에 속하는 어미가 가장 단단하고 강한데, 임(壬) 자리에 있는 집으로 들어가서 물 속에 감추어져 있다." 이것은 석행림(石杏林)[200]의 『환원편(還元篇)』[201]에 나오는 가르침이다.

"진희이께서 가르치신 큰 진리의 길을 알고자 한다면, 태양이 밝은 달 속으로 옮겨가는 것이 그것이다." 이것은 설자현(薛紫賢)[202]의 『복명편(復命篇)』에 나오는 가르침이다.

"앞의 어진 분들께서 단이 있는 돈대의 뜻을 밝혀 드러냈으나 몇 마리의 신령한 새가 계수나무 줄기에 깃들였던가?" 이것은 유해섬의 『환금편(還金篇)』[203]에 나오는 가르침이다.

---

199) 허정양(許旌陽): 239~374. 동진 시대 여남(汝南: 현재 하남성 여남현) 출신 관리로 뒤에 숨어서 도교 수련을 했다. 이름은 손(遜), 자는 경지(敬之). 송나라 때에 신공묘제진군(神功妙濟眞君)에 봉해졌고 도교 교파 가운데 정명교(淨明敎)의 교주로 받들어졌다. 『허진군석함기(許眞君石函記)』, 『허진군옥갑기(許眞君玉匣記)』, 『영검자인도자오기(靈劍子引導子午記)』, 『태상영보정명비선도인경법석례(太上靈寶淨明飛仙度人經法釋例)』 등이 있다.

200) 석행림(石杏林): 1022~1158. 송나라 때 강소성 상주(常州) 사람으로 이름은 태(泰), 자는 득지(得之). 취허자(翠虛子)라고도 부른다. 남종 장자양의 도를 이어받아 남오조(南五祖) 가운데 제2대가 되었다. 『환원편』, 『수진십서(修眞十書)』 등을 썼다.

201) 『환원편(還原篇)』: 정과 기를 쌓고 선천진원(先天眞元)의 기와 합침으로써 내단을 이루는 청수(淸修)의 방법을 설명한 책.

202) 설자현(薛紫賢): 1077~1191. 송나라 때 섬부(陝府) 계족산(鷄足山) 사람으로 이름은 식(式) 또는 도원(道源), 자는 태원(太源), 도호는 도광(道光). 일찍이 스님이었는데 그때 법호가 자현이었으며 비릉선사(毘陵禪師)라고도 불렸다. 설도광의 도를 이어받고 남오조 가운데 3대 조사가 된다. 『오진편주해』, 『복명편(復命篇)』, 『단수가(丹髓歌)』 등을 썼다.

203) 『환금편(還金篇)』: 환단의 원리를 설명하고 있는데, 금단(金丹)을 하늘과 땅의 기요 우주의 신령함이며 건과 곤의 조상이며 해와 달의 정이라고 하였다.

"두 가지 신령한 물건이 생긴 그대로 합쳐지니, 자식이 생기는 이 같은 헤아리기 어려운 기틀을 그 가운데에서 찾는다." 이것은 진묵묵(陳默默)[204]의 『숭정편(崇正篇)』에 나오는 가르침이다.

"옛 부처의 말씀은 움직임도 움직임을 여윔도 벗어나 있고 진리세계 사람의 숨은 절로 실같이 가늘게 늘어진다." 이는 석감원(釋鑑源)[205]의 『청련경(靑蓮經)』에 나오는 가르침이다.

"숨을 쉼에 따라 차차로 생각이 없어져 멍해지고 반쯤 잠에서 깬 듯 알 듯 모를 듯 깨우치는 가운데 몸이 둥실 뜬다." 이는 나염암의 「태식편(胎息篇)」에 나오는 가르침이다.

"나가는 숨은 만 가지 연(緣)들을 따라가지 않고 들어오는 숨은 몸뚱이의 세계에 남아 있지 않다." 이는 반야존자(般若尊者)[206]의 『답동인도국왕(答東印度國王)』에 나오는 가르침이다.

"수은이 호로병 속에 가득 차면 그 아가리를 굳게 막고 깊은 물 속에 넣어둔다." 이것은 악록화(萼綠華)[207]의 『기혈도(氣穴圖)』에 있는 가르침이다.

"만물은 태어났다가 모두 죽지만 태어날 때부터 있은 으뜸 된 신은 죽었다가도 다시 살아난다. 그렇게 해서 신이 기의 구멍으로 돌아가면 단을 이루게 되는 길이 저절로 이루어진다." 이것은 석행림께서 가르친 말이다.

"뿌리로 돌아감에는 절로 뿌리로 돌아가는 터널이 있게 마련이니, 생명을 다시 살리는 일에 어찌 생명을 다시 살리는 관문이 없겠는가? 두 가지가 겹쳐서 드러났다 사라졌다 하는 곳을 밟아 깨뜨려버리면 보통사람의 경지를 벗어나서 성인의 경지로 들어가는 것도 누워서 떡 먹는 듯하다."

『도추(道樞)』에 실려 있다.
204) 진묵묵(陳默默): 미상(2004. 4. 15).
205) 석감원(釋鑑源): 미상(2004. 4. 15).
206) 반야존자(般若尊者): ?~457. 동인도 사람으로 스님이 되어 향지국의 왕자 보리달마에게 법을 전한 반야다라(般若多羅: Pranjnatara)를 가리킨다.
207) 악록화(萼綠華): 진나라 목제(穆帝) 승평(升平) 3년에 세상에 나타나 도술과 시해법을 주고 사라졌다고 전해지는 옛 선녀(仙女)[『진고(眞誥)』 및 『영능현지(零陵縣志)』 참조].

이것은 이청암께서 가르친 말이다.

"마음은 묘함을 생각하고 뜻은 으늑함을 생각하면 태어날 때부터 있은 으뜸 된 기가 배꼽 사이에 맺혀 단을 이루며 골짜기의 신은 태아가 쉬는 것과 같은 숨으로 인하여 죽지 않으니, 오래 사는 문을 열고자 한다면 명주 실처럼 가늘게 길고 끊임이 없어야 한다." 이것은 『군선주옥(群仙珠玉)』[208] 에 나오는 가르침이다.

"기를 오로지 부드럽게만 하면 신이 오래 머무르고, 오고 가는 참된 숨 이 절로 느긋해져서 가늘고 길며 끊임없이 타고난 본디의 생명으로 돌아 가니, 신령한 샘물은 긷지 않아도 언제나 변함없이 절로 흐르는 것이다." 이것은 유해섬 어른께서 가르친 말이다.

"한 몸을 위아래로 나누어 한가운데를 정하니 신장의 앞이요 배꼽의 뒤 를 노란 방이라 부른다. 무(戊)를 흐르게 하고는 중매를 서서 기(己)에로 나 아가게 하니, (신부라 할 수 있는) 금이 (신랑이라 할 수 있는) 본성으로 돌아가 서 신랑을 축하하게 된다." 이것은 상양자(上陽子)[209]께서 가르친 말이다.

"한 줄기 곧은 길을 찾는 이 드문데, 바람을 일으키는 범과 구름을 일으 키는 용이 스스로 부르짖고 있다. 마음을 흐트러짐 없이 한 곳에 머무르게 하여 앉아 있으면 기를 운행하는 주인을 다시 알게 되고 진리세계의 사람 이 쉬는 숨이 또한 깊고 깊어간다." 이것도 진치허께서 가르친 말이다.

"둥글되 둥글지 않고 모나되 모나지 않으면서 우주와 하늘·땅이 어두 움 속에 쌓여 들어가 있다. 만약 이제 안과 밖 두 층이 희게 변하면 몸은 가운데의 한 점 노란 곳에 들어 있게 된다." 이것은 『대성집(大成集)』[210]에 나오는 가르침이다.

"숨을 고르고 마음을 깨끗이 하여 황정을 지키면서 하나로 거느리고 전 체를 섞어 경전을 이지러짐 없이 깨우치니, 이 몸이 헛그림자 같음을 깨달는데, 두터운 방석 위에 앉아서 언제나 깨어 있어야 되는 것이다." 이것은 포박자께서 가르친 말이다.

"꽃봉오리나 성곽의 터라고 비유할 수 있는 것을 길러 키우니 몸은 텅 비어 아무것도 없어지게 되어서 태어날 때부터 있은 으뜸 된 신이 그 속에서 살게 된다. 끊어짐 없이 숨이 오고 가면서 성인이 되는 태아가 이루어져 태어나기 전의 처음과 합쳐지게 된다." 이것은 진허백(陳盧白)[211]께서 가르친 말이다.

"세 종교의 성인들의 글에 담긴 진리를 깨달아 살피니, 숨이라는 말 하나가 가장 간단하면서도 바로 찌르는 것이다. 만약 숨을 타고 이 일을 해낸다면 부처 되고 신선 되는 것이 힘들지 아니하다. 숨으로써 나를 둘러싼 빌미들의 힘을 없애버려서 근본에 이르는 것은 선가(禪家)의 남모르는 기틀이고, 숨으로써 마음을 그쳐 진리를 밝히는 것은 유가(儒家)의 사람들이 따르는 가장 높은 가르침이며, 숨으로써 기를 머무르게 하고 신을 엉기게 하는 것은 도가(道家) 사람들이 근본으로 삼는 으늑한 진리이다. 숨으로써 이루어내는 세 가지 일은 서로 없어서는 안 되는 관계이면서도 서로 지기 싫어하는 관계이다." 이것은 이도순의 『중화집』에 나오는 가르침이다.

---

211) 진허백(陳盧白): 원나라 때 사람으로 이름은 충허(沖盧). 『규중지남(規中指南)』을 썼다.

2. 태아의 숨쉬기를 가르친 말들[胎息訣]

2-1. 원천강(袁天綱)[212]께서 태아의 숨쉬기를 가르친 말[213]

태어날 때부터 있은 으뜸 된 기라는 것은 큰 진리의 길의 뿌리이고 하늘과 땅의 어미이다. 한 번 음하고 한 번 양하여 만물을 생기게 하고 기르는데, 사람에게는 호흡의 기가 되고 하늘에서는 추웠다 더웠다 하는 기가 된다.

네 계절의 기를 바꾸어가며 옮기는 능력을 가진 것은 무(戊)와 기(己)인데, 봄에는 손괘에 있으면서 만물을 피어나게 할 수 있고, 여름에는 곤괘에 있으면서 만물을 크게 키울 수 있으며, 가을에는 건괘에 있으면서 만물을 익힐 수 있고, 겨울에는 간괘에 있으면서 만물을 품어 기를 수 있다. 그러므로 배우는 사람은 네 계절의 바른 기를 가져다가 태아 주머니 속으로 받아들여야 마땅하다. 이것이 진리의 씨앗이다. 오래도록 쌓이면 절로 마음이 흐트러지지 않게 되고 신이 안정되고 숨이 안정되어 용과 범이 가까이 모여서 성인으로 되는 태아가 맺히어 이루어지게 된다. 이러한 것을 진리세계의 사람이 쉬는 태아의 숨이라고 부른다.

2-2. 태시씨(太始氏)[214]께서 태아의 숨쉬기를 가르친 말

진리는 크게 비어 있을 뿐이다. 하늘과 땅과 해와 달이 모두 크게 비어 있는 속에서 왔다. 그러므로 하늘과 땅이라는 것은 크게 비어 있는 것의 참된 태이고 해와 달이라는 것은 크게 비어 있는 것의 참된 숨이다.

---

212) 원천강(袁天綱): 당나라 때의 성도(成都) 출신 도사로 측천무후가 어릴 때 그 상을 본 적이 있다[『당서(唐書)』, 『구당서(舊唐書)』 참조].
213) 원천강(袁天綱)께서 태아의 숨쉬기를 가르친 말: 송나라 때 저작으로 알려졌으나 저자를 알 수 없는 『제진성태신용결(諸眞聖胎神用訣)』에 실려 있다.
214) 태시씨(太始氏): 아직 미상(2004. 4. 15).

사람이 크게 비어 있는 것과 한 몸이 될 수 있으면 하늘과 땅이 바로 나의 태이고 해와 달이 바로 나의 숨이며 크게 비어 있는 것이 벌려서 품고 있는 것들이 바로 내가 벌려서 품고 있는 것들이다. 이 어찌 이른바 "하늘과 땅과 해와 달 밖으로 뛰어나가서 소용돌이치며 비어 있는 사람이 되어 버린 사람이로다"라는 경우가 아니겠는가?

2-3. 달마조사(達磨祖師)께서 태아의 숨쉬기를 가르친 말[215)

태아는 아래로 엎드린 기 속에서부터 맺히고 기는 태아가 있는 속에서 숨쉰다. 기가 몸 속으로 들어가면 살게 되고 신이 몸뚱이에서 떠나면 죽게 된다.

신과 기가 오래 살게 할 수 있는 것임을 알고 텅 비어 아무것도 없는 곳을 굳게 지킴으로써 신과 기를 길러라. 신이 움직여 가면 기도 가고 신이 머무르면 기도 머무른다. 만약 오래 살고자 한다면, 신과 기가 서로 달라붙고 마음에 생각이 움직이지 않으며 오는 것도 없고 가는 것도 없으며 나가지도 않고 들어오지도 않으면 저절로 언제나 변함없이 머물러 있게 된다. 부지런히 이렇게 하는 것이 바로 진리의 길이다.[216)

2-4. 장경화(張景和)께서 태아의 숨쉬기를 가르친 말[217)

참된 현과 빈은 저절로 숨을 내쉬었다 들이마셨다 하는데, 마치 봄 늦의

---

215) 이 내용은 『제진성태신용결』에 실려 있는 『달마선사태식결(達磨禪師胎息訣)』의 내용과 서로 다르다. 아마 같은 이름으로 가탁된 여러 가지 『태식결』들이 유행한 듯하다.

216) 이곳에 인용된 것과 같은 내용의 글이 무상옥황(無上玉皇)이 지은 『태식경(胎息經)』이라는 이름으로 『장외도서(藏外道書)』 제6책에 실려 있다. 또한 같은 책 제7책은 환진선생(幻眞先生)의 『태식경주』의 본문으로 되어 있다.

217) 이 책 『성명규지』를 전수한 명나라 때의 윤진인이 전한 것으로 생각되는데, 원래 전수자로 표시되어 있는 장경화(張景和)에 대하여는 아직 미상이다.

물고기 같다. 하늘의 맑은 기운이 마치 백 가지 벌레들이 엉켜 잠든 것처럼 평화롭고 신령한 바람이 솔솔 불며 흐리지도 않고 맑지도 않으며 입으로도 아니고 코로도 아니며 가는 것도 없고 오는 것도 없으며 나가지도 않고 들어오지도 않아서 본디 으뜸 된 곳으로 돌아간다. 이것이 바로 참된 태아의 숨쉬기이다.

2-5. 왕자교(王子喬)²¹⁸⁾께서 태아의 숨쉬기를 가르친 말

진리를 받드는 선비는 반드시 자(子)·오(午)·묘(卯)·유(酉) 네 시간을 잘 살펴야 하는데, 그것이 바로 음과 양이 들고나는 문이다. 마음이 흐트러짐 없이 한 곳에 머무르는 것을 선(禪)이라 이르고, 신이 통하여 만 가지로 변하는 것을 신령하다고 하며, 만 가지 일을 두루 아는 것을 슬기라 부르고, 진리의 길의 으뜸 되는 곳이 태어나기 전의 기와 합하게 하는 것을 닦는다고 말하며, 진리의 기가 으뜸 되는 곳으로 돌아가게 하는 것을 불린다고 하고, 용과 범이 서로 어우르는 것을 단이라 부르며, 세 가지 단이 같이 들어맞게 되는 것을 두고 다해 마쳤다고 말한다. 진리의 길에 뜻이 있는 사람은 이 뿌리와 원천을 알고서 방법에 따라 닦는 일을 해나가면 절로 오래 사는 큰 진리의 길로 들어가게 되는 것이다.

2-6. 허서암(許棲巖)²¹⁹⁾께서 태아의 숨쉬기를 가르친 말

무릇 진리의 길을 닦는 사람이란 언제나 변함없이 안으로 살피는 일을 하여서 세 가지 벌레²²⁰⁾를 쫓아버리고, 여섯 가지 도적²²¹⁾을 없애버리며,

---

218) 왕자교(王子喬): 주나라 영왕(靈王)의 태자로 도사 부구공(浮丘公)을 따라 숭산(嵩山)에 들어가 득도하고 뒷날 흰 학을 타고 하늘로 올라갔다. 도교에서는 '우필진인(右弼眞人)'이라 높여 부르고, 송 휘종 때 '선리광제진인(善利廣濟眞人)'에 봉해졌다.
219) 허서암(許棲巖): 당나라 때 사람이라는 것 외에는 아직 미상(2004. 4. 15).

단전으로 기를 받아들이고 깨우침의 바다에 마음을 흐트러짐 없이 머무르
게 하는 사람이다. 마음이 흐트러짐 없이 한 곳에 머무르면 신이 안녕하게
되고 신이 안녕하면 기가 머무르고 기가 머무르면 태아가 자란다. 태아가
자라는 것은 숨이 머물러 있기 때문이다. 숨이 없으면 태아가 생기지 않고
태아가 없으면 숨이 쉬어지지 않는다. 숨을 머무르게 하고 태아를 자라게
하는 것이 성스러운 어머니에 헤아릴 수 없는 능력을 가진 아이를 갖추는
일이다. 그러므로 태아의 숨이 흩어짐 없이 한 곳에 머물러 금과 목이 어
우르고 마음과 뜻이 안녕하여 용과 범이 만난다고 말한다.

2-7. 왕방평(王方平)[222]께서 태아의 숨쉬기를 가르친 말[223]

무릇 닦는 일을 하려면 먼저 태어나기 전부터 있은 기와 마음을 흐트러
짐 없이 한 곳에 머무르게 한다. 마음과 기가 흐트러짐 없이 한 곳에 머
무르면 신이 엉기게 되고 신이 엉기면 마음이 편안해지며 마음이 편안해
지면 기가 위로 올라간다. 기가 위로 올라가면 환경이 잊혀지고 환경이
잊혀지면 맑고 조용해진다. 맑고 조용하면 나 아닌 것들이 없어지고 나
아닌 것들이 없어지면 생명이 온전해지며 생명이 온전해지면 진리의 길
이 생겨나고 진리의 길이 생기면 모양이니 모습이니 하는 것이 끊어지고
모양 모습이 끊어지면 깨우침이 밝아지며 깨우침이 밝으면 신이 통한다.
경전에서는 "마음이 통하면 만 가지 이치가 모두 통하고 마음이 조용하

---

220) 세 가지 벌레: 삼시(三尸). 몸 안에서 사람을 해치는 벌레로서 머리·명당·
　　배에 들어 있다고 한다. 삼팽(三彭)이라고도 부른다[『옥추경주(玉樞經注)』,『태
　　상삼시중경(太上三尸中經)』,『운급칠첨(雲笈七籤)』 등에 나온다].

221) 여섯 가지 도적: 육적(六賊). 눈에 보이거나[色] 귀에 들리거나[聲] 코에
　　맡아지거나[香] 혀에 느껴지거나[味] 살갗에 느껴지거나[觸] 알음알이를 일
　　으킴[法]으로써 착한 본성을 빼앗아 가는 여섯 가지 티끌을 가리킨다.

222) 왕방평(王方平): 한나라 때 산동성 사람으로 이름은 원(遠). '서극서성진인
　　(西極西城眞人)', '상재총진도군(上宰總眞道君)' 등으로 높임을 받는다.

223) 명나라 때에 왕방평의 이름을 빌려 만들어진 것으로 생각된다.

면 만 가지 이치가 모두 사라진다"고 말한다. 이것이 우리 여래 부처께서 가르친 것으로서 참으로 흐트러짐 없이 한 곳에 머무르는 진리의 문이라는 것이다. 배우는 사람이 결국 마음과 기를 흐트러짐 없이 한 곳에 머무르게 하여 태아의 숨을 엉기게 할 수 있으면 단을 돌아오게 하는 것도 금쭙도 멀지만은 않다.

2-8. 적두자(赤肚子)[224]께서 태아의 숨쉬기를 가르친 말[225]

기의 구멍 사이를 두고 옛사람들은 살아나는 문이요 죽어가는 문이라고 불렀는가 하면 하늘과 땅의 뿌리라고도 하였다. 이곳에 신을 엉기게 하여 오래되면 태어날 때부터 있은 으뜸 된 기가 날로 가득해지고 으뜸 된 신이 날로 왕성해진다. 신이 왕성해지면 기가 뻗어나가고 기가 뻗어나가면 피가 흘러 통하고 피가 흘러 통하면 뼈가 강해지고 뼛속이 가득 차게 된다. 뼛속이 가득 차면 배에 기가 차올라서 아래쪽이 가득 차게 된다. 아래쪽이 가득 차면 걸음걸이가 가볍고 튼튼하며 움직임에 지침이 없어지고 팔다리가 건강해지며 얼굴색이 불그레해진다. 신선과 멀지 않은 것이다.

2-9. 성공자(性空子)[226]께서 태아의 숨쉬기를 가르친 말[227]

나의 본디 바탕은 원래 스스로 둥글고 밝은데, 둥글고 밝은 것은 나의 몸 속에 있는 하늘과 땅의 참된 태아이다. 나의 본바탕은 원래 스스로 텅 비어 쓸쓸하도록 고요한데, 쓸쓸하도록 고요한 것은 나의 몸 속에 있는 해와 달의 숨이다. 오직 나의 몸에 있는 하늘과 땅에만 진리의 참된 태아가 있는데, 하늘과 땅이 생긴 뒤의 태아와 나의 태아가 서로 섞여 합쳐져서

---

224) 적두자(赤肚子): 아직 미상(2004. 4. 15).
225) 명나라 때에 이 책의 원 전수자인 윤진인이 전한 것으로 생각된다.
226) 성공자(性空子): 아직 미상(2004. 4. 15).
227) 이 책을 쓴 윤진인의 제자가 전한 것으로 생각된다.

태아와 나를 합친 것의 태아가 되어 있다. 오직 나의 몸에 있는 해와 달에만 참된 숨이 있는데, 해와 달이 생긴 뒤의 숨과 나의 숨이 서로 섞여 합쳐져서 숨과 나를 합친 것의 숨이 되어 있다. 오직 나의 몸의 본바탕만은 이미 텅 비어 그 속에 아무것도 없는 공간인데, 텅 비어 속에 아무것도 없는 공간이 이루어진 뒤에 이루어진 텅 빈 공간과 나의 텅 비어 아무것도 없는 공간이 서로 합쳐져서 텅 빈 공간과 나를 합친 것의 텅 빈 공간을 이루고 있다.

2-10. 환진선생(幻眞先生)[228)께서 태아의 숨쉬기를 새겨놓은 글[229]

36번 옥 즙을 삼키는 것도 한 번 삼키는 것부터 시작한다. 숨을 내쉴 때는 가늘고 가늘게 하고 들이마실 때에는 길고 길게 한다. 앉아서도 하고 누워서도 하고 서서 하거나 걸어가면서 해도 거침없이 할 수 있는데, 시끄럽고 이것저것 섞이는 것을 삼가고 비리고 누린 냄새나는 것을 먹지 않는 것을 억지로 이름 붙여 태아의 숨쉬기라 한다. 알고 보면 안으로 단을 이루는 일이다. 병을 고칠 뿐만 아니라 반드시 오래 살게도 된다. 오래오래 그렇게 하면 이름이 높은 신선들과 나란해질 수 있다.

이러한 가르침으로 큰 줄거리를 들어 보였는데, 나머지는 단을 가르친 경전에 실려 있다. 이곳에서는 다 설명할 수 없다.

이상이 겨울잠을 자듯 웅크려 감추어지는 일을 배우고 익히는 것인데, 그 작용이 크다. 사람이 태어나기 전부터 있은 으뜸 된 신을 기의 구멍에 감추어놓는 것을 만물이 곤괘에 해당하는 땅에 감추어져 있는 것에 비유

---

228) 환진선생(幻眞先生): 태어나서 죽은 연대를 알 수 없으나 송나라 이후는 아니다. 『환진선생복내원기결법(幻眞先生服內元氣訣法)』이 『운급칠참』에 실려 있고 『태식경주(胎息經注)』라는 책도 그의 이름으로 되어 있다.

229) 이곳과 같은 내용이 『태식경주』에 실려 있다.

하고, 신이 땅 속으로 들어가는 것을 하늘의 기가 내려와서 땅에 이르는 것에 비유하고, 기와 신이 합쳐지는 것을 땅의 이치가 하늘로부터 이어받아진 것에 비유하여 말한다. 『참동계』에서는 "언제나 땅의 이치에 따르며 하늘을 이어받아 널리 편다"고 말하고, 『역』에서는 "지극하도다! 곤의 으뜸이여. 만물을 도와서 생겨나게 하도다"라고 말한다.

음력 10월 해(亥)월은 순수한 곤괘가 책임을 맡는 때인데, 이때가 되면 풀과 나무들이 뿌리로 돌아가고 벌레들이 구멍으로 웅크려 들어가서 닫고 막아버리니 겨울이 된다. 겨울은 비록 감추어두는 것을 주로 하지만 내년에 싹이 피어나서 자라는 보람은 알고 보면 이때에 빌미가 이루어지게 된다. 하나의 양은 복괘에서 생기는 것이 아니고 곤괘에서 생긴다. 곤괘는 비록 지극한 음이지만 음 속에 양을 품고 있는 것이다.

큰 약이 생기는 것도 알고 보면 이에 뿌리를 내리고 있는 것인데, 약이 생겨날 때에는 아주머니가 태아를 배는 것과 비슷하다. 진리의 씨앗을 보호하여 온전하게 하고 감히 함부로 흩어지지 못하게 하면서 생활을 조심하고 음식을 적게 먹으며 술과 이성을 끊고 번뇌와 노함을 일으키지 말아서 밖으로는 그 몸뚱이를 부려먹지 말고 안으로는 그 마음과 뜻을 괴롭히지 말아야 한다.

3. 선(禪)을 하는 그림과 설명

걷거나 서 있거나 눕거나 앉거나 간에 방법이 있다. 걸을 때에는 울퉁불퉁하지 않은 길에서 발을 조심하고, 서 있을 때에는 크게 비어 있는 태초에 신을 머무르게 하여 엉기게 하고, 앉아서는 단전의 숨을 고르고, 누워서는 배꼽 아래의 구슬을 감싼다. 그러므로 걷거나 서 있거나 누워 있거나 앉아 있거나 이에서 떠나지 않는다고 말한다.

(1) 걸으면서 선(禪)을 하는 그림[行禪圖]

만 가지 이치가 하나로 돌아가는데, 하나는 어디로 돌아가느냐? 있는 것은 그렇게 있다가 또한 그렇게 사라진다.

걸으면서도 마음을 흐트러짐 없이 한 곳에 머무르게 할 수 있고 앉아서도 할 수 있는데, 성인은 할 수 있지만 보통사람은 그렇지 않다. 걸음을 걸을 때에는 달리거나 급해서는 안 되니, 급하면 흔들림이 생겨서 숨이 태를 해친다. 반드시 편안하고 느긋하게 걸어야 기를 얻고 마음을 한 곳에 머무르게 할 수 있는 것이다. 가거나 오거나 걷거나 서거나 눈을 아래로 보고 마음을 연못 속에 감추어둔다. 왕중양께서 이른 바 "두 다리가 가는 대로 맡겨두니 신령함이 언제나 기를 따르도다. 때로 온 몸이 후끈해지며 취한 듯하니, 푸른 하늘에 묻노라, '내가 누구이냐'고"라는 경지이다.

백락천(白樂天)께서는 "마음은 어느 때나 느긋할 수 있고 발은 어느 땅에서나 편안할 수 있다. 막히는 것과 통하는 것, 먼 것과 가까운 것은 한 줄에 꿰여서 이것이냐 저것이냐가 없다"고 말하였다.

보지공(寶誌公)께서는 "모든 것을 내려놓아 텅 비고 아무것도 없을 수 있다면 이것이 바로 여래께서 들어 있는 곳을 걷는 것이다"라고 말하였다.
　『유마경(維摩經)』에서는 "발을 들든 내리든 모두가 도량에서 오는 것이
다"라고 말하고, 『법장집(法藏集)』에서는 "낮이든 밤이든 마음은 언제나 부
처의 가르침 안으로 놀러 간다"고 말한다.

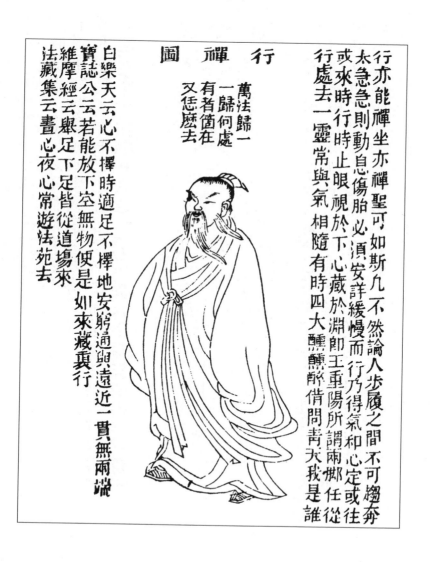

(2) 서서 선을 하는 그림[立禪圖]

立禪圖

心無所住
湛然見性
體用如如
廓然無聖

隨時隨處逍遙於莊子無何有之鄉
不識不知遊戲於如來大寂滅之海
若天朗氣淸之時當用立禪納氣法而接命其法曰脚跟着地
鼻遶天兩手相懸在穴邊一氣引從天上降呑時汩汩到丹田

或住或立冥目冥心檢情攝念息業養神已往事勿追思未來
事勿迎想現在事勿留念欲得保身道訣莫若閑靜介潔要求
出世禪功無如凝昔廣成子告黃帝曰目無所見耳無
所聞心無所知神將守形形乃長生其意大同尤爲深切

마음은 머무르는 곳이 없어 맑은 물 속처럼 본성을 본다.

바탕과 작용이 그렇고 그래서 휑하니 비어 있으니 성인이 따로 없도다.

어느 때 어느 곳에서나 장자께서 말한 '무엇이 있다 할 수 없는 곳'에서 한가로이 노닌다.

알음알이도 슬기도 내지 않고 여래께서 이룬 아주 큰 적멸의 바다에서 노닌다.

하늘이 맑고 공기가 맑거든 서서 선을 하면서 기를 받아들이는 방법을 써서 생명을 이어라. 그 방법은 다음과 같다. 발뒤꿈치를 땅에 붙이고 코는 멀리 하늘을 보며 두 손을 명치까지 들고는 하늘 위로부터 한 기운을 이끌어 내려서 마시니 꼬르륵 단전으로 내려간다.

서서 눈을 감고 마음에 아무것도 두지 말아서 감정을 봉해놓고 생각을 거두며 일을 짓지 말고 신을 기른다. 지난 일은 되새기지 말고 앞일은 그려보지 말고 현재의 일은 생각에 남겨두지 말라. 몸을 보존하는 길의 가르침을 알고 싶으면 한가롭고 조용하고 깨끗함만한 것이 없다. 세속을 벗어나 선(禪)을 배우고 익히려면 비추고 거두고 엉기게 하고 하나로 녹이는 것만한 것이 없다. 옛적 광성자께서 황제에게 말하기를 "눈에는 보이는 것이 없고 귀에는 들리는 바가 없으며 마음에는 아는 바가 없으면 신이 몸을 지켜서 몸이 오래 살게 된다"고 하였다. 그 뜻이 클 뿐만 아니라 참으로 깊고 중요하다.

(3) 앉아서 선을 하는 그림[坐禪圖]

요 임금의 편안함이요 문왕의 평화롭고 즐거움이요 공자의 조심조심함이요 장주(莊周)의 그쳐 머무름이다.

앉음이 오래되어 아는 바를 잊고 문득 달이 땅에 있음을 깨우치는데, 차디찬 하늘의 바람이 불어와서 곧장 간과 폐에 이른다. 깊은 물을 내려다보니 맑고 깨끗하여 가리는 것이 없는데 그 속에 작은 물고기가 노니니, 말 없는 가운데 저절로 서로 뜻이 맞도다.

일 없이 이렇게 조용히 앉아 있으면 하루가 이틀과 같으니 70년을 살면 140살이 되는 것이다.

움직임과 변화를 여의고 조용히 앉아서 생각을 줄이고 욕심을 적게 하며 마음에 아무것도 두지 않아서 기를 기르고 신을 보존한다. 이것이 바로 진리를 닦는 요점을 가르치는 말이니 배우는 사람은 잊지 말라.

앉는 자세는 반드시 다리를 꼬지 않아도 된다. 보통 앉는 것과 같으면 된다. 앉는 자세가 비록 보통사람과 같더라도 공자께서 가르친 마음 쓰는 방법만 지킬 수 있으면 보통사람과 다른 것이다. 이른바 공자께서 가르친 마음 쓰는 방법이란 오직 마음을 참된 것이 있는 곳에다 보존시키기만 하면 된다.

귀와 눈에 있는 구멍은 내 몸으로 들어가는 문이고, 사방 한 치 되는 곳은 내 몸에 있는 마루이며, 생명이 보존되어 있는 구멍은 내 몸에 있는 방이다. 그러므로 뭇 사람의 마음이 사방 네 치 되는 곳에 있으면 마치 사람이 마루에 있는 것과 같아서, 소리나 색이 문으로부터 들어오면 그 속이 흔들리게 된다. 사람의 마음이 생명이 보존되어 있는 구멍에 있는 경지가 되면 마치 사람이 방 안에 있는 것과 같아서 소리나 색이 들어와서 틈을 엿볼 곳이 없어진다. 그러므로 마음을 잘 모시는 사람은 방 안에 들어앉아서는 어두움을 기르며, 귀와 눈을 비워놓고 마루에 나가서 일을 처리할 때에는 귀와 눈을 사용한다.

만약 앉아 있을 때 공자께서 가르친 마음 쓰는 방법을 지키지 못하면, 별 수 없이 앉아서 천 리 만 리 달리게 되고 마음을 내버려두게 된다.『육조단경(六祖壇經)』230)에서는 "마음과 생각이 일어나지 않는 것을 이름 붙여 좌(坐)라 하고, 제 스스로 있는 본성이 움직이지 않는 것을 선(禪)이라 한다"고 말한다. 앉아서 마음을 흐트러짐 없이 한 곳에 머무르게 하는 일의 묘한 뜻이 이에서 조금도 벗어나지 않는다.

---

230)『육조단경(六祖壇經)』: 중국 선종의 여섯 번째 조사(祖師) 혜능(慧能)께서 16년 동안의 은둔을 마치고 세상에 나와서 처음으로 마하반야바라밀법을 설명하는 데서 비롯하여, 그가 열반에 드는 최후 설법까지를 그의 높은 제자인 법해(法海)께서 기록한 것이다.『단경(壇經)』,『법보단경(法寶壇經)』,『육조대사법보단경(六祖大師法寶壇經)』 등으로 불린다.

(4) 누워서 선을 하는 그림[臥禪圖]

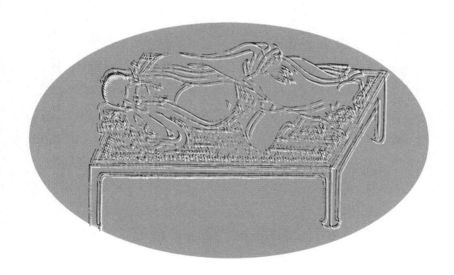

누워서 선을 하는 그림[臥禪圖]

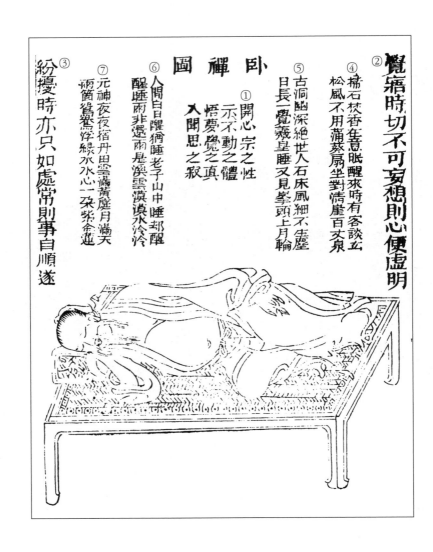

②覺寤時切不可妄想則心便虛明

④捫石枕看隻意眠醒來時有客談玄
　松風不用蒲葵扇坐對憍崖百丈泉

⑤古洞幽深絶世人石床風細不生塵
　日長一覺羲皇睡又見拏頭上月輪

卧
禪
圖

①開心宗之性
　示不動之體
　悟夢覺之眞
　入閒思之寂

⑥人閒自日醒猶睡老子山中睡却醒
　醒睡兩非還兩是溪雲澹澹水冷冷

③紛擾時亦只如處常則事自順遂

⑦元神夜夜宿丹田雲滿黃庭月滿天
　兩箇鴛鴦浮綠水水心一朶紫金蓮

① 마음의 근본인 본성을 열고 움직임 없는 바탕을 보이며 꿈과 깨우침의 참된 모습을 깨달으며 들리는 것과 생각이 죽어 없어진 고요함으로 들어가노라.

② 깨어 있을 때에는 정말로 헛된 생각을 그려내지 말라. 그러면 마음이 텅 비고 밝아진다.

③ 시끄러울 때에도 역시 그저 보통 때같이만 하면 일이 스스로 물길을 따라 이루어진다.

④ 돌을 쓸고 향을 피움은 뜻을 잠재우려는 것인데, 깨어났을 때 손이 찾아오면 으늑한 진리를 이야기하네. 빈랑나무 잎 부채를 쓰지 않아도 솔바람은 불어오니 앉아서 푸른 절벽 백 길 아래의 샘물을 마주하노라.

⑤ 옛 동굴은 그윽이 깊어 세속 사람 발길이 끊어졌고 돌 침대에는 바람이 가늘어 티끌이 생기지 않네.
대낮에 한 번 복희씨의 잠에서 깨어나니 봉우리 위에 달이 둥근 것을 또다시 보노라.

⑥ 사람들은 대낮에 깨어 있어도 잠든 것과 같으나 노자께서는 산 속에 잠들어 있어도 깨어 있는 것이네. 깨어 있음과 잠들어 있음이 둘 다 아닌가 하면 둘 다 그렇기도 한데, 골짜기에는 구름이 자욱하고 물이 차디차도다.

⑦ 으뜸 된 신은 밤마다 단전에 잠들고 구름은 황정에 가득한데, 달은 하늘에 가득하네. 두 마리 원앙이 푸르른 물 위에 떠 있는데, 물 가운데는 자금색 연꽃이 한 송이 피었도다.

옛 분들이 "진리의 길 닦는 것은 쉽지만 마(魔)를 불리는 것은 쉽지 않다"고 말하였는데, 이 말이 참으로 그렇다. 그렇기는 한데, 색정을 일으키는 마귀와 식욕을 일으키는 마귀는 눌러 무릎 꿇리기 쉽지만 오직 잠들게 하는 마귀만은 이겨내는 훈련을 하기가 쉽지 않다. 그래서 선(禪)을 하는 사람들 사이에 오래도록 앉아만 있고 눕지 않는 방법이 있게 되었다.

사람의 참된 근본이 언제나 밤에 달아나버리니, 잠을 조심해서 자지 않으면 정이 저절로 아래로 새어나가고 기가 그를 따라 위쪽으로 빠져나가며 으뜸 된 신이 의지할 곳 없어 몸뚱이를 버리고 빠져나간다. 세 가지 보물이 저마다 스스로 달려나가 흩어지니 사람의 몸이 어찌 오래 보존될 수 있겠는가?

지극한 사람은 잠잘 때에 신을 거두어 아래로 단의 굴 속에 갈무리하여 두어서 기와 함께 어우러지게 하니, 물과 불이 서로 꼼짝 못하게 묶여 매이게 된다. 신이 밖으로 달리지 않아서 기도 절로 안정되는 것이다. 오늘날 보통사람들을 말할 것 같으면, 신은 눈에 깃들여 있다가 밤이 되어 잠이 깊어지면 신장에 감추어지게 되니, 아침에 깨어날 때에는 눈에 있는 신이 가뿐하고 맑아지게 되는 것이다. 만약 밤이 없다면 신장에 감추어진 신이 어찌 맑아질 수 있겠는가? 또한 하늘의 운행하는 이치로 말할 것 같으면, 해가 하늘에서 밝히고 있다가 밤이 되어 땅 속으로 빠져 내려가면 바다에 감추어지게 되니 날샐녘에는 하늘의 기운이 산뜻하고 맑아지게 되는 것이다. 그 밤이 없었다면 바다에 감추어진 기가 어찌 맑아질 수 있겠는가? 이것이 바로 최공의 『입약경』에서 이른 바 "물과 불이 어우르니 오래도록 죽지 않는다"는 것이다.

오늘날 사람들은 마음이 어지럽게 얽힌 채로 잠들고 깜짝 놀란 듯이 깨어나는데, 이것은 무엇이 주장하여 이렇게 만드는가? 깨우침이란, 얼과 신이 함께 어우르면 깨우치고 넋과 벌레가 합하면 어두움에 빠져드는 것이다. 어두움이라는 것은 죽음의 뿌리이고 깨우침이라는 것은 살아나는 낌새이다. 얼은 양에 속하여 기쁘고 맑고 비어 있는데, 넋은 음에 속하여 좋고 나쁨을 가리고 말 달리듯 날뛴다. 넋은 귀신이고 얼은 신이다. 신은 낮에는 물건에서 맞이할 수 있다가 밤에는 꿈에서 모습을 나타낸다. 조밥이 아직 익기도 전[231]이요, 집 남쪽의 회화나무 아래의 꿈[232]이 채 깨어나기도 전에, 이미 한 생애의 영광과 욕됨과 부귀라든가 백 살까지 겪을 슬픔이나 근심이나 즐거움이나 기쁨이 모두 이미 한 자루 꿈 안에 갖추어져 있었던 것이다. 그것은 그것대로 떠나가게 내버려두어 돌아오지 않고 나는 나대로 놀아나다가 돌아가지 않으니, 삶과 죽음의 길이 갈라져 뛰어넘을 수 없게 되고 그윽하고 어두운 세계로 가는 길도 끊어져 버리는 것이다.

이와 같이 볼 때, 사람이 스스로 태어날 능력은 없으면서도 그가 태어나는 까닭은 꿈속의 사람이 그렇게 하기 때문이고, 사람이 스스로 죽을 능력은 없으나 그가 죽는 까닭은 꿈속의 사람이 그렇게 하기 때문임을 알 수 있다. 그러니 꿈을 꾸는 까닭을 모르면 죽는 까닭도 모르게 되고, 깨어나는 까닭을 모르면 태어나는 까닭도 모르게 된다. 꿈속에 깨우침이 있는 것은 꿈을 꾸고 있는 가운데에도 어떤 참된 깨우침이 스스로 살아 있다는 것이고, 죽음 속에 살아남이 있는 것은 죽음 가운데에서도 어떤 오래 살아 있는 것이 보존되어 있다는 것이다. 이러하므로 깨우침을 원인으로 하여 살아남을 알게 되고 꿈을 원인으로 하여 죽음을 알게 된다. 이 두 가지를 아는 사람은 진리의 길로 들어갈 수 있는 것이다.

사람이 깨어 있으면서 귀가 듣지 못하기도 하고 눈이 보지 못하기도 하며 손이 잡지 못하기도 하고 발이 걷지 못하기도 하며 마음이 기뻐하거나

---

231) 조밥이 아직 익기도 전: 당나라 노(盧)씨 성을 가진 사람이 여선옹(呂仙翁)의 베개를 빌려 잠을 잤더니 조밥을 한 번 짓는 동안에 부귀공명을 다 누리는 꿈을 꾸었다는 옛 이야기에서 나온 말.

232) 집 남쪽의 회화나무 아래의 꿈: 남가일몽(南柯一夢). 당나라 순우분이 어느 날 자기 집 남쪽의 회화나무 아래에서 잠이 들었는데, 20년 동안 남가군이라는 곳을 다스리며 부귀를 누렸으나 문득 잠에서 깨어나니 잠깐 동안의 꿈이었다는 옛 이야기에서 나온 말.

성내지 못하기도 한다. 그런가 하면 잠들어 있을 때에는 귀가 그대로 있는데도 어찌 듣지 못하고 눈이 그대로 있는데도 어찌 보지를 못하며 손이 그대로 있는데도 어찌 잡지를 못하고 발이 그대로 있는데도 어찌 걷지를 못하며 마음이 그대로 있는데도 어찌 기뻐하거나 성내지 못하게 되는가? 이로 말미암아 살필 것 같으면, 죽어 있을 때에는 마치 알아차리지를 못하고 깨우침이 없는 상태가 되는 것과 같다는 것을 알 수 있는 것이다. 사람이 잠들어 꿈을 꾸는 것을 말할 것 같으면, 꿈을 꿀 때에도 귀로 들을 수가 있으니 그 듣는 것이 어찌 사람의 귀에 속하지 않는 것이겠으며, 눈으로 볼 수가 있으니 그 보는 것이 어찌 사람의 눈에 속하지 않는 것이겠고, 또한 손으로 잡을 수도 있으니 그 잡음이 어찌 사람의 손에 속하지 않는다 할 수 있으며, 발로 걸을 수도 있으니 그 걷는 것이 어찌 사람의 발에 속하지 않는다 할 수 있고, 마음으로 기뻐도 하고 성내기도 할 수 있으니 그 기뻐함이나 성냄이 어찌 사람의 마음에 속한 것이 아니라 하겠는가? 이로 말미암아 살필 것 같으면, 죽어 있다고 해도 그것은 마치 어떤 알아차림이나 깨우침이 있는 것과 같다고도 할 수 있다. 죽음과 살아남은 낮과 밤이 번갈아 드는 이치에도 통하고 보통의 경우에 꿈과 깨우침이 일어나는 어쩔 수 없는 이치이기도 하다.

옛날 진리를 얻은 사람들은 깨어 있을 때에는 걱정이 없고 잠잘 때에는 꿈이 없었다. 그러므로 꿈이 없는 경지는 진리의 길을 이룬 뒤가 아니면 이를 수 없는 곳이다. 그러나 처음 배우는 사람은 마음을 불린 정도가 아직 순수하지 못하여 어두움에 빠지는 일이 많고 깨어 있는 경우가 적다. 눈을 감자마자 으뜸 된 신이 뱃속을 떠나버리고 잠들게 하는 마귀가 찾아들어 얼이 꿈속에서 흩어져 날아올라가지 않는 곳이 없게 된다. 신이 나가버리고 기가 떠날 뿐 아니라 화로가 터지고 솥이 엎어지는 걱정이 생기게 될지도 모른다.

이 잠들게 하는 마귀와 맞서 싸우려면 반드시 다섯 용이 서려 있는 듯한 자세를 하여야 한다. 그 방법은 다음과 같다.

머리를 동쪽으로 두고 눕는다.

옆으로 눕되 용이 서린 듯 개가 웅크린 듯한 자세를 한다.

한 손을 굽혀서 머리를 고인다.

한 손은 곧게 뻗어 배꼽을 문지르듯 한다.

한 다리는 뻗고 한 다리는 굽힌다.

마음이 잠들기 전에 먼저 눈이 잠들어 완전히 텅 빈 경지까지 가서 변화와 움직임을 여의고 아주아주 조용함을 지킨다. 신과 기가 저절로 뿌리로 돌아가고 호흡이 저절로 제자리를 잡아 숨을 고르지 않아도 스스로 고르게 되고 기를 내리지 않아도 기가 스스로 아래로 내려간다.

이렇게 닦아 배워서 일곱 신선이 복을 받았으니, 진희이께서는 화산에 몸뚱이를 남기고, 장청하(蔣靑霞)[233]께서는 왕옥산에서 껍질을 벗었다. 이것이 바로 누워서 선을 하는 내용인데, 생각을 움직여 기를 이끌고 다니는 방법과는 다른 것이다.

배우고 익힘이 경지에 이르면 저절로 잠자리에서도 신과 서로 끌어안고 있게 되어 생겼다 사라졌다 하는 낌새들을 깨어서 엿보게 된다. 또한 사실을 거꾸로 뒤집고 꿈을 꾸며 상상을 하는 것으로부터 멀리 떠나 있을 수 있게도 되니, 칠원공(漆園公)[234]께서 이른 바 "옛 신선들께서는 깨어 있어도 생각이 없고 잠들어도 꿈이 없으셨다"는 것이다.

이미 이렇게 되고 나면, 비록 잠이 깊이 들어도 언제나 팽팽하여 깨우칠 수 있고 잠이 깰 때가 되어서는 느긋하게 조임을 풀면서 일어나게 된다. 이때에는 마음자리가 맑고 본성에 자리 잡은 지혜가 걸림 없이 자유로워서 마치 부처의 경계와 같다. 바로 백락천께서 이른 바 "앞과 뒤와 그 사이가 끊어진 곳이요 한 생각도 아직 생겨나지 않은 때"라는 것이다. 이때

---

233) 장청하(蔣靑霞): 아직 미상(2004. 4. 15).
234) 칠원공(漆園公): 아직 미상(2004. 4. 15).

에 만약 모든 것을 내려놓고 크게 한 번 움직임과 변화를 여의게 되면 그 효험은 참으로 말로 그려낼 수가 없게 된다.

옛적에 윤씨 스승께서 공부방에 들어 있으면서 한 구절 말한 것이 있다. "잠에서 깨어날 때에는 꼭 헛된 생각을 그려내서는 안 되니, 그렇게 하면 마음이 비고 밝아진다. 어지럽고 시끄러움 속에 있을 때에도 역시 보통 때처럼 마음먹으면 일이 스스로 흐름을 따라 이루어진다." 이진인(李眞人)[235]의 「만강홍(滿江紅)」이라는 가사에서는 "잠을 잘 자는 사람의 집에는 따로 수면삼매(睡眠三昧)라는 것이 있어서 잠 속에서도 마음이 정성되고 뜻이 깨끗하기만 하다. 잠자는 방법이 어떠한 내용인지 알 수 있으면 잠 속에서도 신과 기를 조화시킬 수 있다. 이 잠자면서 배우고 익히는 일은 잠 속에서 편안히 마음을 흐트러짐 없이 한 곳에 모으는 소식인데, 아는 사람이 드물다"고 노래하고, 또 한편 「적마(敵魔)」라는 시에서는 "앉아 있는 가운데 어둠 속으로 잠들어 들어가니, 어떻게 귀신 얼굴들이 나타나는 것을 막을 수 있겠는가?"라고 말한다.

어두움 속으로 흩어지는 것은 모두 기가 탁하여 생각을 일으킬 여건들을 끊어버리지 못해서 음이 많은 상태이기 때문이다. 물 표면은 조금씩 언덕을 깎아들어오지만 바람이 자면 강 가운데에서 물결이 자듯이, 본성이 고요하고 감정이 텅 비어 마음이 움직이지 않으면 앉아 있어도 어둠 속으로 빠지는 일이 없고 잠들어도 마귀가 나타나지 않는다. 아주 옛 분들은 숨은 쉬었으나 잠은 없었다. 그러므로 "어두워질 때에는 편안히 쉼에 든다"[236]고 말한다.

만약 하나의 깨우침이 잠 속으로 깊이 들어가 버리면 양한 빛이 다 없어지고 음하고 탁한 것이 덮쳐버려서 마치 죽은 사람과 같아진다. 만약 편안히 쉬는 방법을 알게 되면 그렇게 되지 않을 수 있다. 그 방법은, 캄캄한

---

235)) 이진인(李眞人): 아직 미상(2004. 4. 15).

236) 어두워질 때에는 편안히 쉼에 든다: 군자, 이향회입연식(君子, 以嚮晦入宴息)(『역경』 참조).

속으로 들어갈 때에 귀로는 듣지 않고 눈으로는 보지 않으며 입으로는 말하지 않고 마음에는 쌓아두는 것이 없으며 코로 쉬는 숨에는 소리가 없고 팔다리는 꼼짝하지 않아서, 한 점 으뜸 된 신과 참된 기가 서로 등을 기대고 서로 끌어안아서 마치 화로 속에 파묻은 불씨와 같게 되는 것이다. 그렇게 오래 하여 순수하고 푹 익으면 저절로 신이 가득 차서 잠 생각이 없어지고 기가 가득 차서 먹을 생각이 없어지며 정이 가득 차서 욕심도 없어진다. 태어날 때부터 있은 으뜸 된 기가 절로 모이고 참된 정이 스스로 엉기니 태아가 절로 깃들이고 사람을 죽음으로 몰고 가는 세 가지 벌레가 절로 사라지며 아홉 가지 사특한 벌레가 스스로 빠져나간다. 이른바 '잠들게 하는 마귀가 어디로 빠져나갔는지 모른다'는 상태이다. 그 몸이 편안하고 가벼워졌음을 몸으로 직접 느끼고, 그 마음이 텅 비고 신령해졌음을 마음으로 스스로 깨닫으며, 그 기는 온화하고 맑아졌음을 스스로 느끼고, 그 신은 둥글고 밝아졌음을 스스로 깨닫는다. 이렇게만 되면 오래 사는 길로 들어선 것이니, 진리의 길을 이룰지 못 이룰지 물을 필요도 없다.

4. 자중도인(紫中道人)²³⁷⁾의 문답

찾아온 사람이 물었다.

"앉아서 선을 하는 한 가지 일은 어떻게 하는 것입니까?"

내가 답했다.

"침을 삼키고 기를 받아들이는 것이 사람들이 하는 일인데, 약이 이루어
지면 앉아서 생명 자체로 변화될 수 있다. 솥 안에 진리의 씨앗이 없다면
마치 뜨거운 불로 빈 가마를 끓이는 것과 같아서, 석가께서는 이를 '시체
귀신을 지키는 일이요 벽돌을 갈아서 거울을 만들고자 하는 일'이라 하셨
다. 그 말이 옳다. 틀림이 없다. 진나라의 백양(伯陽)²³⁸⁾과 송나라의 자양께
서 이 길을 부르짖은 뒤로 그 실마리를 이은 사람들 곧 해섬(海蟾,²³⁹⁾ 자경
(紫瓊),²⁴⁰⁾ 황방(黃房),²⁴¹⁾ 연독(緣督),²⁴²⁾ 상양(上陽)²⁴³⁾ 등 여러 신선들이 거듭
거듭 이어지니 금단이라는 풀이 한 줄기로 이어져서 오늘날까지 끊어지지
않고 시대마다 사람이 나와서 세 종교가 하나의 근원이라는 진리의 큰 줄
기를 이어받게 되었던 것이다.

만약 움직임 없이 오뚝하게 앉아 있는 것을 말한다면 그것은 가장 낮고

---

237) 자중도인(紫中道人): 명나라 말부터 청나라 초에 걸쳐 살았던 이박(李朴)이
　　라는 도사의 호가 자중도인(紫中道人)이지만, 여기에 나온 이름과 같은 사람
　　인지 확정할 수는 없다. 『성명규지』는 그 서문으로 미루어보아 1615년 이전
　　에 출간된 것으로 생각되는데, 이박은 출생년은 알 수 없으나 서거한 것이
　　1670년이었기 때문이다.
238) 진나라의 백양(伯陽): 동한(東漢)의 위백양을 가리킨다고 본다.
239) 해섬(海蟾): 북송 시대의 유현영(劉玄英). 자는 종성(宗成), 호는 해섬자.
240) 자경(紫瓊): 아직 미상(2004. 4. 15).
241) 황방(黃房): 금원(金元) 시대 호북성 출신 도사로 이름은 유도(有道). 12살
　　에 유처현(劉處玄)을 따라 배웠고, 다시 마단양(馬丹陽)에게 금단화후의 비결
　　을 받았다.
242) 연독(緣督): 조우흠(趙友欽).
243) 상양(上陽): 진치허(陳致虛).

그릇이 자그마한 방법이다. 바깥 길을 가는 사람들이 남들을 꾀어가는 옆길이다."

찾아온 사람이 다시 물었다.

"그렇다면 결국 어떻게 해야 합니까?"

내가 답했다.

"그대가 가르침과 재물을 남들에게 크게 베풀겠다고 마음먹고서 바라는 바를 하늘에 알리고 맹서를 하면 그대를 위해 말하겠다."

그 사람이 간절히 청하여 말하였다.

"제자가 여러 겁을 지나도록 스승을 만나지 못하다가 이번 생에서 만나게 되었으니, 바라건대 스승님께서 자비를 베풀어주신다면 이보다 더 큰 은혜가 없겠습니다."

내가 말하였다.

"가까이 오너라. 내가 말하겠다. 그대가 이제 마음으로 간절하게 맹서하였으니, 내가 헛말을 하더라도 그대는 헛듣지 말고 내가 참말을 하더라도 그대는 함부로 믿지 말라. 그대에게 말해줄 것은 정·기·신 세 보물이 우주를 버티어 있고 음양을 통틀어 묶고 있다는 것이다. 하늘과 땅은 그것을 얻어서 건과 곤을 감싸고 있으며 사람의 마음이 그것을 얻으면 신선이 되고 부처를 이루게 된다. 안에 있는 것이 있고 밖에 있는 것이 있을 뿐인데, 그것을 아는 사람은 함께 닦을 수 있고 모르는 사람은 하나만을 홀로 닦게 된다. 홀로 닦는 사람은 어리석은 어둠에 빠져 있는 사나이일 뿐이나 함께 닦는 사람은 실제로 신선과 부처를 이루어 보일 수 있다.

할 수 있느냐 없느냐를 따지게 되니, 이 경지를 말하게 될 때에 도저히 감당하기 어려워 돌아서서 물러가지 않은 사람이 없었건만 그대는 의심이 없으므로 알려주어야겠다.

무릇 안과 밖을 함께 닦는 사람은 그 정이 어두컴컴하고 어리둥절한 가운데에 들어 있다. 이 정은 성(姓)이 금(金)씨이고 구삼랑(九三郎)이라 부르며, 이름은 원정(元精)이고 호는 금화상부군(金華商夫君)이라 한다. 옥으로 된 못의 서쪽에 살며 범을 타고 들고나며 어릴 때 이름은 영아(嬰兒)라 하고 늙어서는 금공(金公)이라 한다. 이웃집에 가게 되면 주인이라 하는데 먹는 배를 건네주기를 좋아하는 감정을 가지고 있다. 이것이 바로 하늘과 땅보다 먼저 있은 정으로서 사람에게 지극한 보물이다.

그 기는 텅 비고 아무것도 없는 가운데로부터 오는데, 성이 백(白)씨이고 태을랑(太乙郞)이라 부르며 이름은 원기(元氣)이고 호는 우주를 주재하는 소련낭군(素練郞君)이라 한다. 서쪽 냇물에 살면서 흰 범을 타고 들고나며 어릴 때 이름은 진종자(眞種子)라 부르고 늙어서는 백두노자(白頭老子)라 부른다. 이웃집에 가게 되면 어버이라 부르게 되는데, 검은 거북을 즐겨 먹으며 감정이 풍부하다. 이것이 바로 하늘과 땅보다 먼저 있은 참된 기로서 사람의 지극한 보물이다. 그러므로 상양자께서는 "이미 텅 비고 아무것도 없는 가운데에서 왔으니, 하늘이 내려보낸 것도 아니요 땅이 내놓은 것도 아니며 또한 내 몸이 갖고 있는 것도 아니고 정액도 아니고 피도 아니며 풀이나 나무도 아니고 쇠붙이나 돌도 아니다"라고 말한 것이 모두 이것이다. 누가 얻어서 알 것인가? 그래서 하늘과 땅보다 먼저 있은 신(神)이라는 말을 쓰게 되고 무위진인(無位眞人)이라 부른다. 불가에서는 흘리다야[244]라 한다. 불가 사람들도 이 신을 알아내게 되면 바로 묘한 작용을 하게 된다.

이 신은 오로지 사람을 죽이거나 살리는 일을 주관하는데, 신선의 길을 닦고 부처를 이루려는 사람은 반드시 이 신을 주로 하여야 될 수 있다. 그래서 『내경』에서는 "사람의 몸 속에는 두 가지 정이라는 것이 있는데, 하나는 얼이고 하나는 넋이다"라고 말한다. 무릇 정을 따라 오고 가는 것이 바로 신이다.

백조(白祖)[245]께서는 "사람의 머리에 아홉 궁궐이 있는데, 가운데 있는

---

244) 흘리다야: 범어 hridaya. 진실한 마음과 본성을 말한다.
245) 백조(白祖): 1194~1229. 남송 시대 민(閩: 현재 복건성 복주) 사람으로 이름은 옥섬(玉蟾) 또는 갈장경(葛長庚), 자는 여회(如晦), 호는 해경자(海瓊子)·해남옹(海南翁)·경산도인(瓊山道人)·무이산인(武夷山人) 등이다. 남종 제5대 조사이다.

한 궁궐을 골짜기의 신이라 부른다. 신이 언제나 그 골짜기에 살면서 낮에
는 물건에 이어지고 밤에는 꿈으로 이어진다. 신이 그 살고 있는 곳에서
편안할 수 없으면 회화나무 아래의 짧은 잠이 그치기도 전, 좁쌀밥이 채
익기도 전에 이루어지는 꿈 사이에 이미 한 생애 백 년의 영광과 욕됨과
부귀나 근심과 슬픔과 기쁨과 즐거움이 갖추어져 있게 된다. 그것을 그대
로 나돌아 다니게 내버려두어 돌아오지 않으면 그윽한 어두움의 세계로
가는 길이 가로막혀 죽음과 삶의 길이 이어지지 못하게 되는 것이다"라고
말하였다. 이로 볼 것 같으면, 사람은 스스로 사는 것이 아니라 신이 살게
하는 것이고, 스스로 죽는 것이 아니라 신이 죽게 하는 것임을 알 수 있다.

만약 신이 그 골짜기에서 오래 살고 있으면 사람이 어찌 죽을 수 있겠는
가? 자양께서 "신을 불리려면 반드시 신 아닌 신을 불려야 한다"고 말한
것이 이것이다. 천영자(天穎子)[246])께서는 "비록 오랫동안 몸과 마음을 안정
하는 일을 배웠을지라도 다섯 가지 때와 일곱 번의 조짐을 통과하지 않은
사람은 나이를 재촉하고 바탕을 더럽히는가 하면 낯을 붉히기도 하고 고
마워하기도 하다가 공중으로 돌아가면서 제 나름으로 지혜를 깨달았다고
말한다. 뿐만 아니라 진리를 이루었다고 하나 알고 보면 잃어버리는 바이
니, 잘못이라고 말할 수 있는 것이다"라고 말하였다.

만약 앉아서 선을 하는 일 한 가지를 말로만 할 것 같으면 그대가 듣기
지겨워할 것이다. 그러므로 높은 경지의 성인 신선들의 귀한 것은 마땅히
사람들 속에서 닦여야 되는 것이고, 만약 그렇지 못할 경우에는 결코 입을
열어서는 안 된다. 일찍이 말로써 깨우친 적은 한 번도 없었다.

---

246) 천영자(天穎子): 아직 미상(2004. 4. 15).

제3편

신선·부처의 세계[利集]

(기를 달여서 신으로 변화하는 단계)

제1절 인간을 뛰어넘다

1. 약을 캐어서 항아리로 돌려보내는 그림[採藥歸壺圖]

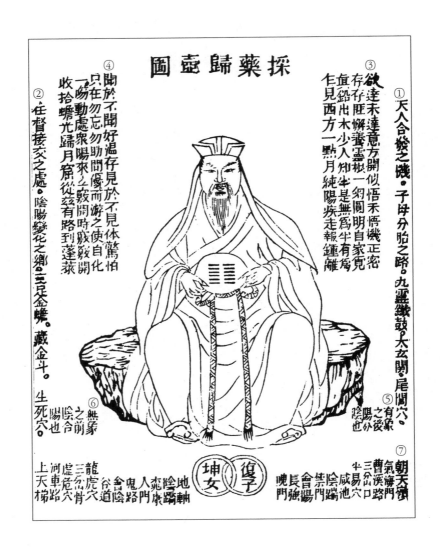

① 하늘과 사람이 합쳐 피어나는 기틀. 아들과 어미가 태를 나누는 길. 아홉 가지 신령한 쇠북. 너무나 으늑한 관문. 꼬리뼈를 여는 구멍. 하늘을 뵙는 산마루.

② 임맥과 독맥이 이어 붙는 곳. 음과 양이 변화되는 마을. 세 발 달린 금 두꺼비. 금 북두를 갈무리한 곳. 나고 죽는 구멍. 하늘로 올라가는 사다리.

③ 이르고자 하나 아직 이르지 못하였을 때에 뜻이 비로소 열리나, 깨우치는 듯 아직 미처 깨우치지 못하니 기틀이 참으로 비밀스럽다.

보존하고 보존하며 게으름 없이 신령한 뿌리를 길러서 손바닥만한 둥근 빛을 내 몸에서 찾는다.

진리의 납이 물에서 나오는 것을 아는 이 적은데, 반은 함이 없이 하고 반은 함이 있게 한다.

갑자기 서쪽에서 달 한 점이 나타나니, 순수한 양이 달려가서 종리선인께 알린다.

④ 들리지 않는 것을 들으니 아주 잘 따뜻이 보존되고, 보이지 않는 것을 보니 몸이 놀라 두려워한다.

다만 잊지도 말고 부추기지도 말아서 그것을 한가롭게 하여 스스로 변화되게 하라.

하나의 홀(笏)이 움직이는 곳에 모든 양이 찾아오고, 진리로 통하는 으늑한 터널 입구가 열릴 때 다른 입구들이 모두 열린다.

두꺼비의 빛을 거두어들여 달의 굴로 돌아오니 이로부터 길이 생겨 봉래에 이른다.

⑤ 모습이 있은 뒤에 양이 음과 나누어진다.

⑥ 모습이 없기 전에는 음이 양에 합해 있다.

⑦ 기의 바다로 들어가는 문. 조계(曹溪)로 가는 길. 세 갈래 길 입구. 평이한 구멍. 해가 지는 못. 음한 발꿈치. 금지된 문. 양이 모이는 곳. 장강(長强)이라는 구멍. 넋이 드나드는 문. 땅의 축. 음교(陰蹻)라는 구멍. 도강(桃康). 사람의 문. 귀신 길. 음이 모이는 곳. 골짜기의 길. 용과 범이 사는 구멍. 세 갈래로 된 뼈. 허(虛)와 위(危) 방위에 있는 구멍. 물 수레바퀴가 돌아가는 길.

1-1. 하늘과 사람이 합하여 피어나고 약을 캐어 항아리로 돌아가다
[天人合發, 採藥歸壺]
[이 안에 임맥을 닫고 독맥을 열며 화(火)를 모으고 금(金)을 싣는 두 가지 방법도 붙어 있다.]

스승님의 말씀을 들으니, 사람은 하늘과 땅의 가운데 기를 받아서 태어나는데, 그 근원에 진리의 씨앗이 있어서 막히는 일 없이 나고 또 태어날 수 있는가 하면 태어나지도 않고 없어지지도 않을 수 있다고 한다. 다만 사람이 그것을 보존하고 지키지 못하여 날마다 써 없애다가 어느 사이엔가 죽음에 이르게 되는 것이다. 그 사이사이에 보존하고 지킬 줄은 안다 하더라도 불로 달이는 방법을 모르니 끝내 단단하게 굳지 않아서 쉽게 외부환경의 변화에 의하여 빼앗겨 버린다. 참으로 보존하고 지킬 줄 앎과 함께 불로 달일 줄도 알아야 금과 같고 옥과 같게 단을 엉기어 맺혀서 이루어지게 할 수 있어서 오래 살 수 있고 변화되지 않을 수 있는 것이다.

이 단을 달이고자 하는 경우에는 비록 약이 되는 물건[藥物]¹⁾을 주된 것

---

1) 약이 되는 물건[藥物]: 태어나기 전부터 있는 으뜸 된 정·기·신으로 볼 수 없고 만질 수 없는 어떤 것이다. 선천진일기(先天眞一氣)라고도 한다. 정·기·

으로 삼으나, 그 약이 되는 물건을 캐어내기 위하여서는 마땅히 근본에 들어가서 일을 하여야 한다. 무엇을 근본이라 하는가? 내 몸 안에 있는 태극이다. 하늘과 땅이 섞여서 소용돌이치는 것이 태극이요 내 몸이 아득하고 캄캄한 것이 태극이다. 하늘과 땅은 이러한 상태에서 음과 양이 어우르게 됨으로써 만물을 생기게 하고, 내 몸은 이러한 상태에서 음과 양이 어우르게 됨으로써 큰 약이 되는 것을 생기게 한다.

큰 약이 몸에 생기는 것은 하늘과 땅에 물건이 생기는 것과 다르지 않아서 통틀어 말하면 그저 음과 양 두 기에 지나지 않는다. 하나는 베풀고 하나는 변화되어 검은 것2)과 노란 것3)이 서로 어우르고, 하나는 주고 하나는 받아서 위와 아래가 서로 이어지고 섞여서 하나가 된다. 그러므로 섞여서 소용돌이친다고 말한다. 섞여서 소용돌이치는 것은 하늘과 땅의 바깥 테두리이고 아득하고 어두운 것은 큰 약이 생겨나는 태(胎)인 것이다. 『남화경(南華經)』4)에서는 "지극한 진리의 정은 아득하고 캄캄하다"고 말하고, 『도덕경』에서는 "아득한가 하면 캄캄하기도 한데 그 안에 근원적 힘을 가진 정이 있으며 그 정은 심히 참되다"고 말한다. 이 참되고 근원적인 힘을 가진 정이 바로 내 몸 속에 있는 진리의 씨앗인 것이다. 그것으로써 소용돌이 상태로 들어가므로 태극이라 부르고, 그것으로써 내 한 몸의 운행 변화가 시작되므로 태어나기 이전[先天]이라고도 말하며,

---

신 세 가지 보물을 참된 불로써 달여 단을 이루면 몸의 모든 음기가 순수한 양으로 변화되는 이치가 마치 병든 몸에 약물을 쓰면 건전한 몸으로 돌아가는 것과 같기 때문에 단을 수련하는 사람들이 비유하여 이름 붙인 것이다[『천선정리(天仙正理)』「약물직론(藥物直論)」, 『현천집(峴泉集)』「현문(玄問)」, 『도서십이종(道書十二種)』「상언파의(象言破疑)」 등 참조].

2) 검은 것: 북쪽의 것, 물 곧 오행의 수(水)에 해당하는 것을 비유할 수도 있고 하늘 곧 건(乾)을 가리킬 수도 있다. 이곳에서는 노란 것과 짝지어져 있으니, "하늘은 검고 땅은 누르다[天地玄黃]"는 경우로 하늘을 가리킨다고 본다.

3) 노란 것: 가운데 또는 흙 곧 오행의 토(土)에 해당하는 것이거나 땅 곧 곤(坤)에 해당하는 것일 수 있는데, 이곳에서는 땅에 해당하는 것을 가리킨다고 본다.

4) 『남화경(南華經)』: 『장자(莊子)』.

그것으로써 음과 양이 아직 나누어지지 않은 상태로 되므로 흔 기라고 이름 붙이고, 노란 싹[黃芽]5)이니 검은 구슬[玄珠]6)이니 진리세계의 납[眞鉛]7)이니 양한 정[陽精]이니 하고 부른다.

　이 근원적 힘을 가진 정이 만약 하늘과 땅 사이에서 엉기어 맺히면 금도 되고 돌도 되어 천백 년을 지나도록 썩지 않는다. 사람이 내 몸에 돌이켜서 이것을 스스로의 양한 정에서 찾을 수 있어서 엉기어 맺히게 하고 보물을 이룰 수 있다면, 하늘과 땅으로 하여금 서로 다함없도록 만드는 그 금과 돌에 비할 바가 아니다. 그러나 이 양한 정은 쉽게 얻어지지 않는다.

　무릇 사람의 한 몸의 맨 꼭대기에서 맨 아래까지 생김새가 있는 것 모두는 음하고 사특한 찌꺼기요 탁한 물건 아닌 것이 없다. 그러므로 운방진인(雲房眞人)께서는 "네 가지 큰 요소로 이루어진 한 몸의 모든 것은 음에 속한다. 어떤 물건이 양한 정인지 모르겠다"라고 말하였고, 연독자(緣督子)8)

---

5) 노란 싹[黃芽]: 이곳에서는 신장 사이에서 움직이는 기를 가리키고 있다. 이 외에도 내단을 수련하는 용어로 ① 주로 태어나기 전부터 있은 흔 기가 싹트는 것을 비유하는 말[『참동계』, 『참동계발휘』, 『참동계경문직지(參同契經文直指)』 등 참조], ② 마음자리에서 꽃이 피어남[『해경전도집(海瓊傳道集)』], ③ 참된 불과 물 곧 태어나기 전부터 있은 으뜸 된 신과 기[『도추(道樞)』], ④ 진리세계의 납과 같은 것 등으로 쓰인다. 한편 외단을 달이는 경우의 용어로 ① 연금술에서 필요로 하는 납, ② 연금술에서 납과 수은을 솥에 넣고 달이는 경우에 생기는 마치 새싹과 같은 모양의 누른 색 결정 등을 가리키기도 한다.

6) 검은 구슬[玄珠]: 내단을 수련하는 경우, 태어나기 전부터 있은 으뜸 된 기를 가리킨다[『장생태원신용경(長生胎元神用經)』 참조]. 앞의 노란 싹이라는 용어와 같은 뜻이다. 한편, 외단을 달이는 경우에 사용하는 수은의 다른 이름이기도 하다.

7) 진리세계의 납[眞鉛]: 태어나기 전부터 있은 으뜸 된 기를 가리킨다[『참동계천유(參同契闡幽)』]. 『십방(十方)』이라는 책에는 이것의 74가지 다른 이름이 소개되어 있다. 예컨대 ① 땅의 얼[地魂], ② 본성 속의 신, ③ 감괘에 들어간 무[坎戊], ④ 달의 정[月精], ⑤ 납 속의 은, ⑥ 수 속의 금[水中金], ⑦ 금이라는 분[金公], ⑧ 무라는 토[戊土], ⑨ 검은 범[黑虎], ⑩ 노란 싹, ⑪ 흰눈[白雪] 등이다.

8) 연독자(緣督子): ?~1368. 원나라 때 파양(鄱陽: 현재 강서성 파양현) 사람으

께서는 "한 점 양한 정이 남모르게 몸이라는 산 속에 감추어져 있다. 심장도 신장도 아니고 도가에서 말하는 진리처럼 으늑한 관문이 있는 흔 터널의 입구에 있는 것이다"라고 말하였으며, 조중일(趙中一)9)께서는 "내 한 몸의 안과 밖은 모조리 음에 속하니, 양한 정을 그 속에서 찾지 말라"고 말하였고, 구장춘(丘長春)10)께서는 "양한 정은 비록 이것을 방 속에서 얻기는 하지만 여자를 다루는 기술로 얻는 것은 아니다. 안으로는 어버이에게서 태어난 몸뚱이가 아니요 밖으로는 산과 숲에서 나온 보물이 아니다. 다만 눈에 보이고 생김새가 있는 것에서 더듬어 찾는 것은 모두가 틀린 것이기는 하지만, 또한 눈에 보이고 생김새가 있는 것을 떠나서 바깥에서 찾는 것도 안 되는 짓이다"라고 말하였다.

이러한 말들과 같다면 물 속에서 달을 잡고 거울 속에서 꽃을 끌어내는 것과 무엇이 다르겠는가? 참으로 슬기가 안회(顔回)11)와 민손(閔損)12)을 넘어선다 해도 억지를 쓰거나 의심을 내지 않기가 정말 어려운 일이다. 그래서 조사(祖師)들께서 이것을 말한 것이 많지 않으며 세상 사람들이 알고 있

로 성은 조(趙), 이름은 우흠(友欽). 송나라 종실 사람이며 전양자(全陽子)의 스승이다. 『선불동원(仙佛同源)』, 『금단문난(金丹問難)』 등을 썼다.

9) 조중일(趙中一): 아직 미상(2004. 4. 15).

10) 구장춘(丘長春): 1148~1227. 금나라 때 등주(登州: 현재 산동성 봉래와 연대 사이) 사람으로 이름은 처기(處機), 자는 통밀(通密). 19세에 출가하고 곤유산에서 왕중양을 스승으로 따르게 되어 뒤에 전진도 북칠진의 한 자리가 된다. 특히 원 태조의 부름을 받아 그의 제자 윤지평(尹志平)·송덕방(宋德方)·이지상(李知常) 등을 데리고 아라비아까지 여행을 하기도 하며 전진도를 크게 일으킨다. 용문파(龍門派) 시조이며 원 세조에 의하여 '장춘연도주교진인(長春演道主教眞人)'에 봉해진다. 『대단직지(大丹直指)』, 『반계집(磻溪集)』, 『섭생소식론(攝生消息論)』, 『명도집(鳴道集)』 등이 있으며, 제자 이지상이 쓴 『장춘진인서유기』가 있다.

11) 안회(顔回): 기원전 521~490. 춘추 시대 노나라 사람으로 자는 자연(子淵). 공자의 학문을 가장 몸으로 잘 실천한 제자로 알려져 있다. 유가에서 '복성(復聖)'이라고 높여 부른다.

12) 민손(閔損): ?~?. 춘추 시대 노나라 사람으로 자는 자건(子騫). 공자의 제자인데, 특히 효행으로 높임을 받는다.

는 것이 별로 없게 되었다. 오늘날만 그런 것이 아니라 옛사람들도 알기 어렵다는 말을 하고 있다.

옥정진인(玉鼎眞人)[13]께서는 말하였다.

"오행과 사상과 감괘와 이괘 등으로 시도 쓰고 말도 해놓은 것이 분명하게 설명하고 있지만 약이 생겨날 때 손대어 힘들여야 하는 곳을 몇이나 이해하고 몇이나 알고 있는가?"

자양진인께서 말하였다.

"이 일은 세상에서 드문 일이다. 어찌 건성으로 살아가는 사람이 알아낼 수 있겠는가?"

행림진인(杏林眞人)께서 말하였다.

"신과 기가 뿌리로 돌아가는 곳이며 몸과 마음이 다시 생명을 일으키는 때이다. 진리의 길로 들어가는 이러한 터널의 입구는 아는 사람이 적을 것이다."

백양진인(伯陽眞人)께서 말하였다.

"흔이라는 것으로써 가려놓았으니 세상 사람이 알지를 못한다. 흔이라는 것이 무엇인가? 다름 아니라 저 아직 피어나지 아니한 상태의 가운데이며 둘이 아닌 하나이니 곧 앞에서 말하였던 바 하늘보다 먼저 있는 흔기[14]라는 것이다."

『취허편(翠虛篇)』[15]에서는 말한다.

"큰 약은 반드시 신과 기와 정에 힘입어야 하는데 어떤 한 곳으로 캐어와서 어우러지게 하여 맺어서 이룬다. 단이 치밀어 나올 때는 오직 태어나기 전부터 있는 기뿐인데 달여서 노란 싹이 되게 하면 옥 꽃이 피어난다."

『복명편(復命篇)』[16]에서는 말한다.

---

13) 옥정진인(玉鼎眞人): 아직 미상(2004. 4. 15).
14) 하늘보다 먼저 있는 흔 기: 선천일기(先天一氣)라는 용어를 풀어 쓴 것이다.
15) 『취허편(翠虛篇)』: 송나라 진남(陳楠)이 쓴 내단에 관한 책.

"음과 양으로 아직 갈라지기 전의 기를 캐내고 용과 범이 첫 어우르는 정을 빼앗아서 틈을 엿보아 황방(黃房)으로 들여보내고 뜨거운 불로 지극한 보배를 이룬다."

「숭정편(崇正篇)」17)에서는 말한다.

"차가운 연못 만 길 깊은 곳에 검은 용이 잠들었는데 턱 밑에 감춘 구슬이 붉게 빛난다. 조심하고 몰래몰래 놀라게 하지 말아야 낚아챌 수 있으며 다시 때와 날에 의거하고 가르침을 본받아 신같이 되는 일을 익힌다."

낚아챈다거나 캔다는 것은 낚아채거나 캐는 동작을 하지 않고 낚아채거나 캐는 것이고, 가진다는 것은 가지는 동작 없이 가지는 것이다. 변화와 움직임을 여의고 조용하며 흩어짐 없이 한 곳에 머물러 있는 가운데에서 동작이 아닌 어떤 작용으로 할 수 있다는 것이다. 옛적에 황제께서 그의 검은 구슬을 잃고서 지(知)로 하여금 찾게 하고 이주(離朱)로 하여금 찾게 하고 끽후(喫詬)로 하여금 찾게 하였으나 모두 찾지 못하였다. 그래서 망상(罔象)을 시켰더니 그가 찾아냈다는 이야기가 있는데, 이 망상이라는 것이 바로 눈에 보이는 생김새를 잊어버린다는 말이다. 반드시 생김새를 잊어버리고 모습을 없앤 뒤에라야 하늘보다 먼저 있었던 혼 기를 얻을 수 있는 것이다.

『격양집(擊壤集)』18) 「선천음(先天吟)」에서는 "한 조각 하늘보다 먼저 있은 것을 태허라 부른다. 그 일 없는 상태가 되어서야 참된 맛을 알 수 있게 된다"고 말하고, 또한 "만약 하늘보다 먼저 있은 것을 묻는다면 하나의 글자도 없는 것이다. 하늘이 생긴 뒤에야 비로소 그것을 찾는 일을 배우고 익힐 수 있다. 무엇을 하늘보다 먼저라 하는가? 불 꺼진 듯 쓸쓸하여 움직

---

16) 『복명편(復命篇)』: 『환단복명편(還丹復命篇)』. 송나라 설식(薛式: 道光)이 내단 수련 시에 부닥치는 몇 가지 문제를 설명한 책.
17) 「숭정편(崇正篇)」: 진묵묵(陳默默)이 썼다고 한다.
18) 『격양집(擊壤集)』: 『이천격양집(伊川擊壤集)』. 북송 소옹(邵雍)의 저술이다.

이지 않고 아득하고 어두우며 태극이 아직 나누어지지 아니한 때이다. 무엇을 하늘이 생긴 뒤라 하는가? 느낌이 있어서 마침내 통하고 어리둥절 멍멍하며 태극은 이미 나누어진 때이다"라고도 말한다.

『혼원보장(混元寶章)』19)에서는 말한다.

"불 꺼진 듯 쓸쓸하여 움직이지 않는데, 느낌이 있어 통하여 음과 양으로 우주의 이치가 운행 변화되는 일을 엿보아 알게 된다. 참으로 불 꺼진 듯 쓸쓸하여 움직이지 않게 되면 마음과 하늘이 통하여 우주의 운행 변화를 빼앗을 수 있게 된다."

『취허편』에서는 말한다.

"신(腎) 속으로 향하여 진리의 운행 변화를 구하지 말고 반드시 마음속에서 태어나기 전부터 있었던 것을 찾아야 한다. 그 기쁨과 노함이 아직 피어나지 아니한 때이며 보고 들음이 미치지 아니하는 자리에 들어가게 되면, 강과 바다가 변화와 움직임을 여의고 조용히 입을 다물고 있으며 산과 산이 연기를 감추고 해와 달이 보이지 않게 되고 북두칠성이 돌지 않으며 여덟 경맥이 근원으로 돌아가고 들이마시는 숨도 내쉬는 숨도 없어진다. 이미 아득하고 어두운 속으로 들어가고 나면 하늘이 덮고 있다거나 땅이 싣고 있다는 사실을 모르게 되고, 또한 세상에 사람이 있고 나에게 몸이 있다는 것도 모르게 된다. 조금 있으면 세 궁궐20)에 기가 가득 차고 기틀이 움직이며 풀무 상자가 운다. 그러면 한 자루 칼로 소용돌이 같은 태극을 찔러서 가르고 두 손으로 우주의 근본된 기를 쪼개내게 되니 이것을 일러 없음 속에서 있음이 생겨나는 것이라고 말한다."

영현자(甯玄子)21)의 시에서 읊고 있다.

19) 『혼원보장(混元寶章)』: 당나라 이비(李泌) 즉 이장원(李長源)의 저술이다.
20) 세 궁궐: 삼궁(三宮). 건(乾)·중(中)·곤(坤)이라는 세 곳 곧 세 단전을 가리킨다. 이 외에도 ① 동화선부(東華仙府)의 여섯 문 안에 있는 세 선경(仙境), ② 자궁(紫宮)·태미(太微)·문창(文昌)이라는 세 별자리, ③ 상고 제왕들이 제사를 받들던 벽옹(辟雍)·명당(明堂)·영대(靈臺)라는 궁전 등을 가리킬 때도 있다.
21) 영현자(甯玄子): 아직 미상(2004. 4. 15).

"마음을 더럽히고 고달프게 하는 세상살이에도 있지 않고 산 속에도 있지 않도다. 반드시 곧바로 아득한 어두움의 끄트머리에서 찾아야 하거늘…… 무엇을 아득한 어두움의 끄트머리라고 말하는가? 텅 빔이 끝까지 가고 변화와 움직임을 여의고 조용함이 두텁게 된 때이네. 마음속에 물건이 없으면 텅 비게 되고 생각의 첫머리가 일어나지 않으면 변화와 움직임을 여의고 조용해지네. 텅 빔에 이르러 더 이상 나아갈 곳 없는 끝까지 가게 되고 변화와 움직임을 여의고 조용함을 지켜서 두터움에 이르면 음과 양이 저절로 어우러지네. 음과 양이 한 번 어우르면 양한 정[陽精]이 생겨 나오게 되는 것이네."

그러므로 진도남(陳圖南)께서는 "양한 정을 머무르게 하면 신선이 나타난다"고 말하였다. 양한 정은 날마다 발생하고 있는데 다만 사람들이 거두어 모을 줄 몰라서 흩어져 온 몸을 감싸는 기운이 되고 말 뿐이다. 지극한 사람은 방법을 써서 쫓아가 거두어 잡아서 한 알의 기장쌀알만한 구슬을 맺으니 석가께서는 보리(菩提)라 부르고, 선가에서는 진리의 씨앗[眞種]이라 이름 붙였다.

본성을 닦는 사람이 만약에 이 보리의 알을 알지 못한다면 다름 아니라 『원각경(圓覺經)』[22]에서 이른 바 본성을 심으며 빗나간 길을 가는 사람들이고, 생명을 닦는 사람이 만약 이 진리의 씨앗을 알지 못한다면 다름 아니라 『옥화경(玉華經)』[23]에서 이른 바 마른 나무처럼 앉아서 옆길로 빠지는 문으로 들어가는 사람들이다.

장자양께서는 "큰 진리의 길을 닦는 데에는 어려움도 있고 쉬움도 있으며 나로 말미암아 아는 것도 있고 하늘로 말미암아 아는 것도 있다"고 말

---

22) 『원각경(圓覺經)』: 범어 Mahavaipulya-purnabuddha-sutra-prasannartha-sutra 로 『대방광원각수다라료의경(大方廣圓覺修多羅了義經)』이라 번역되었다. 석존께서 문수·보현·보안·금강장·미륵·청정혜·위덕자재·변음·정제업장·보각·원각·현수 등 12보살들과 문답을 통하여 크고 원만하게 깨우침의 묘한 이치와 그 닦아나감을 설한 경전이다.
23) 『옥화경(玉華經)』: 아직 미상(2004. 4. 15).

하였다. 사람이 만약 약이 생겨나옴을 알지 못한다면 캐어 가짐도 모르고 삶고 달일 줄도 모르게 되어 그저 어렵게만 볼 것이고 그 쉬움은 볼 수 없을 것이다. 한편 참으로 약이 생겨나오는 때와 캐어 가지는 데 필요한 절실한 방법들과 삶고 달이는 일을 안다면 그저 그 쉬움만을 보고 그 어려움을 보지 못하게 된다. 이 두 가지는 사람이 스승을 만나느냐 못 만나느냐 하는 데 달려 있다. 그러므로 해와 달이 둥글게 되는 것은 직접 말로 전해주는 절실한 방법에 달려 있고 때가 자(子)시에 이를 때의 묘함은 마음에서 마음으로 전해주는 데에 들어 있는 것이다.

그런데 때가 자시에 이르는 것에 대하여는 두 가지 설명이 있으니, 하나는 살아 움직이는 자시[24]라는 것이고, 하나는 한가운데의 자시[25]라는 것이다. 옛적에 윤씨 스승께서 "큰 약을 얻어서 단의 근본을 삼고자 한다면 반드시 몸 속에서 무엇이 살아 움직이는 자시를 알아내야 한다"고 말하였고, 또 다시 계송으로 "『금단서(金丹序)』를 읽음으로 인하여 현과 빈으로 통하는 터널의 입구[26]를 알게 되고, 『입약경』을 읽음으로 인하여 또한 뜻이 이르는 곳을 알게 되는구나"라고 읊는 것을 들은 적이 있다.

큰 진리의 길에는 음과 양이 있는데 음과 양은 움직임과 그를 여읨을 따르고 있다. 변화와 움직임을 여의고 조용하면 그윽하고 어두우며 움직이면 어리둥절하고 멍멍한데, 그에 반응하여서 진리세계의 토(土)가 무(戊)[27]와 기(己)[28]로 나누어진다. 무와 기가 때를 같이하는 것은 아닌데, 기가 이르는 것은 저절로 그렇게 되지만 무가 이르는 것은 지어서 함이 있어야 된다. 감괘에 해당하는 곳 속의 납을 삶고 달여서 이괘에 해당하는 곳 속

---

24) 살아 움직이는 자시: 활자시(活子時).
25) 한가운데의 자시: 정자시(正子時).
26) 현과 빈으로 통하는 터널의 입구: 현빈규(玄牝竅).
27) 무(戊): 음 속의 양, 감괘 속에 들어 있는 토(土) 곧 감괘의 가운데 양효 등의 뜻으로 신장 사이에서 움직이는 기에 비유되는 용어이다.
28) 기(己): 양 속의 음, 이괘에 들어 있는 토(土) 곧 이괘 가운데의 음효, 태어나기 전부터 있는 으뜸 된 신 또는 생각 속의 뜻[意念] 등의 뜻으로 쓰이는 용어이다.

의 수은과 짝지어 합하면 납과 수은이 맺혀서 단(丹) 모래로 되고 몸과 마음이 비로소 흐트러짐 없이 안정된다.

움직인다거나 그것을 여읜다거나 그윽하고 어둡다거나 진리세계의 토라고 말하는 것은 모두가 이 살아 움직이는 자시[活子時]를 밝혀주기 위해 하는 말이다.

그렇다면 무엇을 가지고 움직인다거나 그것을 여읜다고 말하는가?

불 꺼진 듯 고요하게 움직이지 않고 근본으로 돌아가서 변화와 움직임을 여의기를 다시 시작하는, 바로 곤괘에 해당하는 때가 되면 나는 변화와 움직임을 여의고 조용히 그것을 기다린다. 조용함이 끝까지 가서 움직이게 되어 양한 기가 속에서 싹트게 되는, 바로 복괘에 해당하는 때가 되면 나는 움직임으로써 그것에 응한다.

마땅히 움직여야 할 때에 조용함을 섞거나 마땅히 조용해야 할 때에 사이사이 움직이게 되거나 또는 그보다 앞에 서서 부추기게 되거나 그보다 뒤늦어서 잊어버리게 되면, 그 모든 경우가 움직임과 그것을 여의는 일의 떳떳함을 벗어나게 된다.

옛날의 지극한 분들은 그가 움직이게 되면 하늘이 운행하고 그가 움직임을 여의게 되면 연못처럼 조용하였다. 움직여야 할 경우에는 움직이고 그것을 여의어야 할 경우에는 여의니 저절로 떳떳한 방법이 있었다. 오늘의 배우는 사람들은 단을 이루는 방법에 움직임과 그것을 여읨이 있고 그에 떳떳한 길이 있음을 알지 못하여 움직임을 오로지 주로 하거나 아니면 그것을 여읨을 오로지 주로 하고 있다. 그들이 이른 바 움직임이란 기를 운행하는 움직임이고 그것을 여읨이란 마음을 흐트러짐 없이 한 곳에 머무르게 하는 조용함이니 그 둘 다 서로를 잃게 되는 것이다.

『지현편(指玄篇)』[29]에서 말하지 않던가? "사람마다 기와 피는 막힘없이 흐르고 영(榮)과 위(衛)는 음과 양으로 하루 종일 온 몸을 돌거늘 어찌하여

─────────────

29) 『지현편(指玄篇)』: 송나라 진단이 도인과 환단에 관하여 지었던 81수의 시. 현재는 전해지지 않으나 여러 단학 경전에서 그 구절들을 인용하고 있다.

문을 닫아걸고 기를 운행하는 것을 배우는가? 마치 머리 위에다 또 머리를 얹어놓는 꼴이거늘 어찌하여 기를 운행하는 것을 가지고 움직임이라 하는가?."

한편 『취허편』이 말하지 않던가? "이 건과 곤만 참되게 운행하여 작용하면 꼭 꼼짝하지 않고 말이 없어야만 되는 것은 아니다. 마음도 없고 생각도 없으면 신이 그 전에 이미 잠들어버리니 어찌 엉겨 모이게 하여 신선될 태아를 이루겠는가? 그렇거늘 어떤 이유로 마음이 흐트러짐 없이 한 곳에 머물러 있는 것을 변화와 움직임을 여읨이라고 한단 말인가?"

보통사람에게는 움직임이 끝까지 가면 그것을 여의게 되어 저절로 그윽한 어두움으로 들어가게 되는데, 이 경우 그윽한 어두움이란 바로 잠자는 때이니, 비록 하늘도 없고 땅도 없고 나도 없고 남도 없는 경계로 들어갔다 할지라도 꿈의 바다를 건너지 못하게 된다. 만약 꿈의 바다를 건넜다고 하더라도 곧바로 기쁘거나 노하거나 놀라거나 두렵거나 머리가 어지럽거나 슬프거나 반갑거나 아쉽거나 탐스러운 가지가지 상황이 낮 동안과 마찬가지로 이루어지게 된다. 진리의 길을 가는 사람이 그윽한 어두움에 들 때에 하늘도 없고 땅도 없고 나도 없고 남도 없는 경치를 대하는 것과는 결코 같지 않다. 말할 수 없이 그윽하고 말할 수 없이 어두운 것은 오직 낮 동안에 움직임이 끝까지 가서 생각이 변화와 움직임을 여의고 조용하게 되는 경우에만 이러한 경치가 이루어지게 되는 것이다. 만약 밤 동안에 잠이 깊이 들면 반드시 꿈 속 세상이 생기게 되니 어찌 이러한 경치를 이룰 수 있겠는가? 또한 낮 동안에 이 그윽한 어두움이 이루어지는 때가 있어도 그때마다 흔히들 어지러운 화려함과 이 생각 저 생각으로 그것을 해쳐버리니, 때맞추어 그윽한 어두움 속으로 들어가 버리는 사람은 매우 적다.

최희범 진인께서 지은 『입약경』에서는 "하루의 열두 시진에 해당하는 곳에 뜻이 이르는 곳마다 모두 이 일을 할 수 있다. 하루 동안에 뜻이 한 번만 이르고 말지 않으니 약을 캐는 일도 역시 한 번만 일어나고 말지 않는다"고 말하고 있다. 장평숙께서 이른 바 "한 알 또 한 알 잘 알아볼 수 없는 상태에서부터 뚜렷한 상태로 이른다"는 것이 이를 두고 말한 것이다.

무릇 약이 되는 물건은 참뜻을 가지고 얻어야 한다. 그러므로 "진리세계의 납을 잡으려면 참뜻을 가지고 찾아야 한다"고 말하고, 또한 "언제나 화지(華池)30)에 가서 뜻을 가지고 찾는다"고 말한다. 사람 몸에 있는 참 뜻이 바로 진리세계의 토이다. 진리세계의 토가 생겨날 때에는 느끼거나 접촉함으로 말미암는 것이 아니라 저절로 피어나오는 것이다. 비록 차를 타고 가는 중이거나 말을 타고 달리는 중일지라도 그 피어나옴을 금할 수 없기 때문에 진리세계의 토라고 말하는 것이다. 진리세계의 토에는 둘이 있으니 무와 기가 그것이다. 토에 둘이 있다면 뜻에도 둘이 있게 마련인데 하나의 양과 하나의 음이 그것이다. 참이라거나 진리라고 말하는 것은 터럭만큼도 억지나 거짓이 없다는 뜻이다. 만약 터럭만큼이라도 억지나 거짓이 있다면 그 즉시 마음을 작용시켜서 따지고 헤아리며 꾀하고 생각해 보는 것이 되어 헛된 가짜에 속하게 된다. 참뜻이 아니다.

이 참뜻이 있어야 비로소 진리세계의 납이 생기게 된다.

무엇을 두고 이 참뜻이 있으면 진리세계의 납이 비로소 생기는 것이라고 말하는가?

움직임이 끝까지 가서 그것을 여의고 조용하게 되면 참뜻이 한 번 이르니 곧 그윽한 어두움으로 들어가게 된다. 이 경우의 뜻은 음에 속하니 기(己) 토라고 부른다.

음과 양이 서로 어울러서 양효 하나가 움직이게 되는 바로 그때에는 마음의 꽃이 피어 나타나고 따뜻한 기가 가득히 치밀어오르는 것을 스스로 깨닫게 된다. 음과 양이 번쩍 어우르자 참 정(精)이 저절로 생긴다. 참 정이 바로 진리세계의 납이다. "물의 고향에서 나는 납인지라 맛이 한 가지이

---

30) 화지(華池): 황정(黃庭) 아래를 가리킨다. 이외에도 ① 입[口], ② 혀 밑, ③ 신경(腎經) 특히 오른쪽 신경을 흐르는 기, ④ 외단을 달이는 기구(器具) 등을 가리키는 용어이다.

다." 음과 양이 어울러서 나누어지려고 하면서 아직 나누어지지 아니한 때 어리둥절 멍멍한 것이 바로 조용함이 끝까지 가서 움직이게 되는 때이다. 이 경우의 뜻은 양에 속하니 무(戊) 토라고 부른다.

이때에 진리의 납이 잘 알아볼 수 없을 정도로 조금 드러나고 약의 싹이 새로 돋으니 물건이 생기고 모습이 생기는 때이며 해뜰 녘과 거의 마찬가지라고 할 수 있다. 움직이지 못하도록 문빗장을 걸고 급히 서둘러 방법대로 힘을 써서 캐어 가져야 하는데, 그렇게 되면 그윽한 어두움에서 생겨난 참 정이 비로소 달아나 잃어버릴 걱정이 없어진다. 이른바 캐어 가지는 일을 배우고 익힘이라는 것으로서 달마조사의 「형해결(形解訣)」이나 해섬조사의 「초승결(初乘訣)」 같은 것이다. 두 방법은 거의 같은 것이니 숨을 들이마시고[吸] 혀끝을 위 잇몸에 붙이고[舐] 항문을 오므려 닫고[撮] 눈을 반쯤 감고 입을 다무는[閉] 네 가지 방법 밖의 것이 아니다.

순양조사께서 "말할 수 없이 그윽한 어두움이 어리둥절함을 낳고 어리둥절 멍멍함이 맺히고 뭉쳐서 덩어리를 이룬다"고 말한 것이 바로 이를 가르친 것이다. 비록 그렇기는 하지만 이는 무엇인가 함이 있는 방법인지라 진리세계의 토가 한 번 생기지 않고는 어떤 보람을 만들어낼 방법이 없다. 그리고 납을 캐내는 일이 진리세계의 토가 생긴다는 것 자체만으로 말미암는 것은 아니다. 그러므로 "진리세계의 토가 진리세계의 납을 붙잡는다"고 말하였다. 납이 위로 올라가서 수은과 짝지어 합쳐지고 수은이 납을 얻으면 저절로 날아가 버리지 않게 된다. 그러므로 "진리세계의 납이 진리세계의 수은을 누른다. 납과 수은이 이미 진리세계의 토로 돌아가고 나면 몸과 마음이 저절로 불 꺼진 듯 쓸쓸히 고요하여 움직이지 않고 금단이라는 큰 약이 맺히게 된다"고 말하였다.

그렇게 하여서 한 시진 안에 하나의 양이 다시 돌아오는 낌새가 있게 된다. 이 낌새는 동지(冬至)에 있는 것도 아니고 초하룻날 새벽에 있는 것도 아니며 또한 자시에 있는 것도 역시 아니다. 하늘과 땅의 음과 양에 깊이 이르고 몸 속에서 일어나는 운행과 변화를 환히 알고 있지 않은 사람은 살아나는 자시라는 것을 알 수가 없다. 그 비밀스러움이 이와 같다.

이미 하루 열두 시진 가운데 서로 어우르는 곳에서는 모두 이 일이 이루어질 수 있다고 말하였는데, 옛 신선들께서 한밤중의 자시에 양이 처음 움직일 때를 쓰고 있음은 어찌된 이유인가?

그때에는 태양이 바로 북쪽에 있고 사람 몸의 기가 미려라는 관문에 이르러 있는 때로서, 하늘과 땅과 서로 응답하게 되니 하늘과 땅의 기틀을 훔치고 음과 양의 묘함을 빼앗아서 얼과 넋을 달여서 하나로 만들고 본성과 생명을 합하여서 둘 다 닦을 수 있는 때이다. 이때는 또한 곤괘와 복괘의 사이[31]에 해당하니 하늘과 땅이 열리고 닫히는 것도 이때에 일어나고 해와 달이 완전히 포개어지는 것도 이때에 일어나며 풀과 나무의 싹이 돋는 것도 이때에 이루어지며 사람 몸의 음과 양이 서로 만나는 것도 이때에 이루어진다. 신선은 이때에 약을 캐게 되는데, 그러면 안에 있는 참된 것이 마치 부(符)와 절(節)을 합친 듯 완전하게 바깥세계와 응하게 된다. 다름 아니라 하늘과 사람이 합쳐져서 나타나는 기틀이요 지극히 묘하고 지극히 묘한 것이라는 것이다. 진니환(陳泥丸)께서는 "하늘과 땅이 어우러져 합칠 때마다 음과 양으로 운행 변화하는 기틀을 훔쳐 가져야 한다"라고 말하였고, 『음부경』에서는 "그때를 먹으면 온 몸이 확 뚫리고 그 기틀을 훔치면 모든 변화가 안정된다"고 말한다.

무엇을 기틀이라고 말하는가?

"하늘의 뿌리가 아주 알아보기 힘들 정도로 뻗쳐 있고 올해가 처음으로 다하는 곳이며 내일이 머리를 내미는 때, 이때가 되면 뜻을 쉽게 얻는다. 그 사이에 일어나는 사정은 말로 하기 어렵다."

사람들이 이 뜻을 알 수 있으면 어떠한 일도 알지 못할 것이 없다. 이때가 바로 운행 변화하는 진리의 기틀이 묘한 곳이다. 진리의 기틀의 묘함을

---

31) 곤괘와 복괘의 사이: 64괘를 원으로 배열한 경우, 가장 아래쪽의 곤괘에서는 음이 완전히 꽉 차게 되고 그 바로 왼쪽의 복괘에서는 하나의 양이 맨 아래 효에 생긴다.

남김 없이 밝힌 것이 『주역』이고 『주역』의 묘함을 남김없이 말해주고 있는 것이 복괘(☳)이며, 복괘의 묘함을 남김없이 드러내고 있는 것이 그 첫째 효이다. 그러므로 "복괘, 그에 하늘과 땅의 마음이 드러나는가?"라고 말한 것이다. 무릇 이때에는 하늘과 땅의 하나의 양이 다시 돌아오고 내 몸에 있는 하늘과 땅도 마찬가지이다. 안으로는 내 몸의 양을 캐어 가지고 밖으로는 하늘과 땅의 양을 훔쳐 가지면 하늘과 땅의 양이 모두 내 몸 속으로 들어와서 나의 약물로 되지 않겠는가? 그러니 하늘과 땅이 비록 크고 그 운행 변화가 비록 묘하기는 하지만 역시 이렇게 작용하는 기틀의 밖으로 넘어가 있지는 못한 것이다. 이것이 느끼면 저것은 응답을 하는데, 그것은 이치가 저절로 그러한 것이다.

사람이 만약 이것을 알게 되면 하늘과 사람이 함께 피어나는 기틀이 한밤중 조용히 앉아서 배우고 익히는 가운데 이루어진다. 신을 한 곳에 엉겨 있게 하여 기를 모으고 내면의 세계를 보고 내면의 세계에서 들려오는 소리를 들으며 입을 닫아 막고 신령한 구슬을 단단히 쌓으며 한 생각도 생기게 하지 않고 만 가지 인연을 단박 끊으니, 만물이 구별 없이 뒤섞여서 마치 태극이 아직 나누어지기 전과 같고, 가려낼 수 없이 어둡고 커서 마치 음과 양이 아직 조짐을 나타내지 않은 것 같으며, 깊이 잠기어 홀로 남아 있어 마치 맑은 연못에 비친 달과 같고, 불 꺼진 듯 쓸쓸히 고요하여 움직이지 않음이 마치 고요한 물에 물결이 없는 것과 같다. 안으로는 그 한 몸조차 깨닫지 못하고 밖으로는 우주조차 알지를 못한다. 그저 해(亥)의 끝이요 자(子)의 처음[32]이 되는 때와 장소에 하늘과 땅의 양한 기가 이르

---

32) 해(亥)의 끝이요 자(子)의 처음:

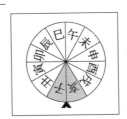

면 급히 캐어 가질 뿐이다. 아직 이르지 않았으면 텅 빈 채로 기다리고 감히 먼저 어떤 일도 해서는 안 된다.

굴원(屈原)33)의 「원유편(遠遊篇)」에서는 "진리는 받을 수는 있어도 전할 수는 없으며 그 작은 것은 겉이 없고 그 큰 것은 가장자리가 없으며 다스림 없이도 신령한데, 저절로 그러하다. 흔 기가 빈 구멍 속에서 알 수 없는 작용을 하는데 한밤중에도 보존되어 있다. 텅 비어야만 그것을 만날 수 있는데, 아무런 함이 없음보다도 먼저 있는 것이다"라고 말한다. 허정양의 「삼약가(三藥歌)」에서는 "마음을 보존하고 생각을 끊어서 결정이 엉기기를 기다린다"고 말하며, 『지현편』에서는 "입을 닫고 발을 내려서 조용하게 말 없이 엿본다"고 말한다. 이 모두가 그릇을 준비하여 감추어놓고 때를 기다리는 것에 대한 말이다.

아하! 때가 만약 이르렀는데 마음을 괴롭히지 않는다면 안에서 절로 서로 어우러져서 절로 맺혀 엉기게 되는 것이다.

배우고 익히기 위하여 방에 들어서 때를 살펴가며 반드시 기다리고 있으면 수레바퀴같이 둥근 햇빛 하나가 절로 둥실둥실 떠오른다. 어찌 그보다 먼저 무엇을 할 수 있단 말인가?

무릇 금단이라는 큰 약은 태어나기 전 상태에서 잉태하여 가지고 태어난 뒤의 상태에서 낳아지는데, 그 묘함은 태극이 나누어지려고 하면서 아직 나누어지지 아니한 사이이며, 변화와 움직임을 여의고 조용함이 이미 끝까지 갔으나 아직 움직임에 이르지 아니하였고, 양이 다시 나타나려고 하나 아직 음에서 떨어져 나오지 아니한 상태에 있다. 이때는 어둑어둑하기가 마치 저녁연기가 산을 덮은 것 같고 흐리멍덩하기가 마치 안개 기운이 물 위에 서린 것 같으며 구름 속 같고 마치 겨울에 쌓인 눈이 점점 얼어 들어가는 것 같고 침침하기가 마치 담가놓은 간장이 차차 가라앉으며

33) 굴원(屈原): 기원전 약 340~278. 시인으로 이름은 평(平). 시집인 『초사(楚辭)』를 지었는데, 그 가운데 「원유(遠游)」편에서는 기를 닦는 일에 관한 것을 다루고 있다.

맑아지려고 하는 때의 상태와 같다.

갑자기 가려움이 생기고 땀구멍과 팔다리가 솜과 같으며 마음은 어리둥 절함을 느끼고 양한 물건이 벌떡 일어선다. 이때에 양한 기가 통하고 하늘 의 소식이 이르니, 곧 "경옥으로 만든 종을 한 번 두드리니 옥으로 된 동 굴 둘이 열린다"는 것이다. 때가 이르면 기가 변화되고 약이 생겨나오면 신이 알아낸다. 땅이 벼락 치는 소리와 함께 흔들리고 손문(巽門)34)이 열리 고 용이 동쪽 못을 향하여 기쁜 듯이 뛰어온다. 이것이 바로 으늑한 진리 의 관문의 모습이 어리어 드러나는 때이고 깔끔한 황금이 광석으로부터 가려져 나오는 때이다.

소강절(邵康節)35)께서는 "어리둥절 멍멍한데 음과 양이 처음으로 변화되 니 기운이 가득 찬 하늘과 땅이 갑자기 빙글빙글 돈다. 그 사이에 일어나 는 몇 가지 멋진 광경은 어찌 배워 익혀서 말로 할 수 있겠는가?"라고 말 하였다. 백옥섬께서는 "북두칠성의 자루가 하늘 둘레를 운행하여 도는 것 을 보고 문득 신선 되는 묘한 방법을 깨달았다. 한 점의 참된 양이 감괘의 자리에서 생겨서 이괘의 궁궐에 있는 빈 곳을 메우는 것이다"라고 말하였 다. 옛 건과 곤으로부터 이러한 이괘와 감괘가 나와서 날마다 쉬지 않으니 올해 동지에도 매화가 예와 다름없이 눈송이처럼 맺힌다. 앞선 성인들께 서는 이 날 관문을 닫아서 오고 가지 못하도록 하였는데, 그 모두가 뭇 생 물들을 위하여 그렇게 하는 것이다.

물건마다 모두 낳고 기르고자 하는 뜻을 품고 있으니 자(子)의 처음이요 해(亥)의 끝이 되는, 바로 그때에는 조물주가 기척도 없는데 물 속에서 불

---

34) 손문(巽門): 단전의 다른 이름이다.
35) 소강절(邵康節): 1011~1077. 북송 시대 철학자로 범양(范陽)에서 태어나서 공성(共城: 현재 하남성 휘현)에서 어릴 때를 지내고, 소문산(蘇門山) 백원(百 源)에서 살다가 뒤에 낙양(洛陽)에서 살았다. 이름은 옹(雍), 자는 요부(堯夫). 사람들은 백원선생 또는 강절선생이라 부른다. 진단(陳摶)의 역학뿐만 아니라 내단 사상도 이어받아 상수역학(象數易學) 가운데 선천(先天) 수리(數理)의 대 가(大家)가 되었다. 『황극경세(皇極經世)』, 『이천격양집(伊川擊壤集)』을 썼다.

이 일어난다.

묘함이 허(虛)와 위(危) 방위에 있는 구멍에 있으니 마치 지금의 의식이 깨어지고 금 까마귀[36]가 두꺼비 굴[37]로 날아 들어가는 것과 같다. 이른바 허와 위 방위에 있는 구멍이라는 것은 땅의 문으로서 통행이 금지된 문이다. 그 구멍은 임맥과 독맥의 가운데에 있어서 위로는 하늘의 골짜기[38]에 통하고 아래로는 용천(湧泉)[39]에 이른다. 그러므로 앞선 성인께서는 "하늘 문은 언제나 열려 있는데 땅 문은 영원히 닫혀 있다"고 말한 적이 있다. 무릇 정과 기가 모이기도 하고 흩어지기도 하는 것이 언제나 이곳에서 그러하고, 물과 불이 일어나기 시작하는 것도 이곳에서이며, 음과 양이 변화하는 것도 이곳에서이고, 있음과 없음이 엇바뀌어 들어옴도 이곳에서이며, 아들과 어미가 태에서 나누어짐도 이곳에서이다. 『취허편』에서는 "아들과 어미가 태에서 나누어지는 하나의 길이 있는데, 묘함은 미(尾)·기(箕)·두(斗)·우(牛)·녀(女)[40]에 있다"고 말한다. 이 구멍은 배우고 익히는 일에 관계됨이 가장 크고 사람이 나고 죽는 언덕 기슭과 이어져 있다. 그러므로 선가(仙家)에서는 태어나기도 하고 죽기도 하는 굴이라고 이름 붙였다. 『참동계』에서 말한 "신령한 구슬을 단단히 쌓는다"거나 "금지된 문을 잠근다"는 것이며, 『황정경』에서 말한 "생명이 나가는 문을 닫아 막고 옥으로 된 도시를 보존한다"거나 "아들로 되는 정이 나가는 길을 막으면 오래 살 수

---

36) 금 까마귀: 금오(金烏). 태어나기 전부터 있은 으뜸 된 신을 가리킨다[『도추(道樞)』「진일편(眞一篇)」 참조].

37) 두꺼비 굴: 참된 양[眞陽]이 들어 있는 구멍을 가리킨다.

38) 하늘의 골짜기: 천곡(天谷). 상단전을 가리킨다.

39) 용천(湧泉): 발바닥을 세 등분하여 앞쪽으로 3분의 1에 해당하는 곳 가운데 움푹 들어가는 곳에 있는 족소음신경(足少陰腎經)의 한 경혈.

40) 미(尾)·기(箕)·두(斗)·우(牛)·녀(女): 하늘을 둘러 있는 28수(宿) 가운데 5별자리 이름이다. 28수는 다음과 같이 하늘을 둘러 있다.

남…… 정(井)·귀(鬼)·유(柳)·성(星)·장(張)·익(翼)·진(軫)
서…… 규(奎)·누(婁)·위(胃)·묘(昴)·필(畢)·자(觜)·삼(參)
동…… 각(角)·항(亢)·저(氐)·방(房)·심(心)·**미(尾)·기(箕)**
북…… **두(斗)·우(牛)·녀(女)·허(虛)·위(危)**·실(室)·벽(壁)

있다"는 것이다.

무릇 참된 양이 처음 생길 때에는 뜨거운 불과 같고 무더운 바람과 같은 것이 관문을 박차서 뚫고 나가려 하는데, 반드시 이 구멍을 지나도록 되어 있다. 이 구멍을 굳게 닫아 막아서 치고 나오는 놈에게 열어주지 않아야만 이 놈이 미려로 돌아가게 된다. 이어서 불꽃 같은 것이 하늘의 골목으로 향하여 달려 올라가서 세 관문을 두드려 열고 곧바로 정수리로 뚫고 올라간다. 그리하여 진리세계의 수은과 짝이 되어 합쳐져서 단 알갱이를 맺게 되는 것이다. 금지된 문을 잠그는 일의 보람이 아니고 무엇이겠는가?

없는 속에서 있음이 나오는 것은 단이 돌아오는 모습이고, 음 속에서 양이 생기는 것은 큰 진리의 터전이다. 이는 여순양 조사의 문집에 들어 있는 가르침 말이다.

지극히 맑고 비어 있음에 이르러 변화와 움직임을 두텁게 여의고 있으면 조용함 속에서 하나의 움직임이 있게 되어 양이 다시 살아난다. 이것은 이청암의 「화후가(火候歌)」[41]에 나오는 가르침 말이다.

한 점 가장 처음의 진리의 씨앗이 단전에 들어가게 되면 영원한 봄이 이루어진다. 이는 종리권의 『파미정도가(破微正道歌)』에 있는 가르침 말이다.

하나의 양이 움직이자 큰 단이 이루어지고 한 나절 배우고 익히는 일로 우주의 운행 변화가 신령해진다. 이는 백옥섬의 「만법귀일가(萬法歸一歌)」[42]에 나오는 가르침 말이다.

텅 빔이 지극하고도 또 텅 비면 태어날 때부터 있은 으뜸 되는 기가 엉기고, 변화와 움직임을 여의고 조용하고 또 조용하면 양이 다시 찾아온다. 이는 형섬자(瑩蟾子)의 「연허가(煉虛歌)」[43]에 나오는 가르침 말이다.

아득히 멀기는 하지만 물 속의 달을 붙잡고 분명하게도 거울 속의 꽃을

---

41) 「화후가(火候歌)」: 『중화집』의 한 편이다.
42) 「만법귀일가(萬法歸一歌)」: 『경관백진인집(瓊館白眞人集)』의 한 편이다.
43) 「연허가(煉虛歌)」: 『중화집』의 한 편이다.

꺾을 뿐이다. 이는 유해섬의 『환금편(還金篇)』에 있는 가르침 말이다.

어리둥절 어두컴컴한 속에 두 기(氣)가 깔끔하면 모든 모습을 생기게 하고 건과 곤에 합치할 수 있다. 이는 허정양의 『석함기(石函記)』에 나오는 가르침 말이.

어리둥절한 속에서 어떤 모습을 찾고 어두컴컴한 속에서 진리의 정을 찾는다. 이는 장자양의 『오진편』에 나오는 가르침 말이다.

해의 정이 만약 달의 빛과 합치면 저절로 진리세계의 납이 세상에 나온다. 이는 환양자(還陽子)[44]의 「견성편(見性篇)」에 나오는 가르침 말이다.

만약 진리세계의 납이 무엇이냐고 묻는다면, 두꺼비에서 나오는 빛이 종일토록 서쪽 냇물을 비추는 것이다. 이는 장용성의 『오진편』에 나오는 가르침 말이다.

진리세계의 납은 다섯 가지 쇠붙이 속에서는 나오지 않고 어두컴컴한 속에 생겨서 하늘과 땅보다 먼저 있는 것이다. 이는 『제진현오광집(諸眞玄悟廣集)』[45]에 나오는 가르침 말이다.

감괘의 수(水) 가운데 한 점 참된 것을 급히 반드시 잡아 가지고 이괘의 가운데를 향하여 모인다. 이는 이도순(李道純)의 「원도가(原道歌)」[46]에 나오는 가르침 말이다.

세 물건이 섞여서 녹고 세 성질이 합하며 하나의 양이 다시 오고 하나의 음이 사라진다. 이는 이청암의 『중화집』에 나오는 가르침 말이다.

이 아이가 하늘의 뿌리 되는 곳을 묻고자 하니, 답은 해(亥)와 자(子)의 가운데에서 가장 참된 것을 얻는다는 것이다. 이는 유봉진(劉奉眞)[47]의 『백룡동(白龍洞)』에 나오는 가르침 말이다.

44) 환양자(還陽子): 명나라 말 청나라 초의 무수(武修: 현재 하남성) 사람으로 성은 곽(郭), 이름은 정중(靜中). 『수진비지(修眞秘旨)』를 썼다.
45) 『제진현오광집(諸眞玄奧廣集)』: 명나라 주재위(朱載瑋)가 내단파 남종의 단학 경전들을 모아 편집한 책.
46) 「원도가(原道歌)」: 『중화집』의 한 편이다.
47) 유봉진(劉奉眞): 아직 미상(2004. 4. 15).

음교에서 니환까지 하나의 기가 돌고 돌며 아래로는 땅으로 내려가는 문을 뚫고 위로는 하늘로 올라가는 관문을 열어 없앤다. 이는 매지선(梅志仙)[48]의 『채약가(埰藥歌)』에 나오는 가르침 말이다.

일만 퉁소에 바람이 처음 일기 시작하고 일천 산봉우리에 달이 막 둥글어지자마자 급히 반드시 나라의 법령을 행하듯 하여야 하늘의 궤도를 돌 수 있게 된다. 이는 석행림의 가르침 말이다.

진리의 길이라 할 수 있으면 이미 변함없는 진리의 길이 아니고 배우고 익히는 일을 한다 하면 이미 바깥 것을 배우고 익히는 것이다. 이 놈의 참된 운행과 변화는 어리둥절하고 어두컴컴한 속에 있다. 이는 형섬자의 가르침 말이다.

약으로는 태어나기 전부터 있은 기를 취하고 불로는 태양의 정을 찾아서 약을 알고 불을 잡아 가지면 반드시 그 속에서 단이 이루어지는 것을 보게 된다. 이는 석득지(石得之)[49]의 가르침 말이다.

오래 사는 길을 찾고자 한다면 틀린 것을 없애고 본디의 으뜸 되는 것을 알아라. 모든 것이 하나의 약이 되지만 양하여 억센 길은 천 가지를 헤아린다. 이는 여순양의 가르침 말이다.

으뜸 되는 임금이 비로소 수은을 달이기 시작하고 신이 사는 방이 텅 빔으로 꽉 차며 검은 것과 흰 것이 금빛 사람을 생기게 하고 가장 처음의 것을 높이높이 세운다. 이는 『금벽경(金碧經)』의 가르침 말이다.

방법을 얻어 돌아와 시험 삼아 달여보니 용과 범이 잠시 동안 싸우고 아름답게 꾸며진 하늘 위의 분들이 알아주며 어느 하룻밤 바람과 천둥이 만산을 흔들어놓는다. 이는 팽학림(彭鶴林)[50]의 가르침 말이다.

범이 어떠한 놈인가를 말하기가 가장 어려운데, 찾아 얻어서 돌아오니

---

48) 매지선(梅志仙): 송나라 때 단주(檀州: 현재 북경 밀운현) 사람으로 흑산(黑山)에서 20여 년 수도한 결과 멀리까지 출신(出神)하여 노닐었다.
49) 석득지(石得之): 석태(石泰)의 자(字)이다. 호는 행림(杏林).
50) 팽학림(彭鶴林): 송나라와 금나라 때 도사로 백옥섬의 제자이다. 『해경문도집(海瓊問道集)』을 썼다.

으늑하고 또한 으늑하다. 하나의 양이 계(癸)라는 수(水)가 생기는 곳에서 처음 움직일 때, 이때를 이름 붙인다면 위대하다는 역(易)보다도 먼저이다. 이는 상양자의 가르침 말이다.

진리의 세계에는 수은 반 근과 납 반 근이 태극보다 먼저인 신령한 근원에 숨어 있다. 반드시 자시를 찾아내어 캐어 가지고 달여서 금 즙을 이루어 단전에 들어가게 하여야 한다. 이는 진니환의 가르침 말이다.

금의 정을 잡아내어 생명의 터전을 굳게 하고, 해의 얼은 동쪽, 달의 빛은 서쪽에 떨어져 있는 가운데에서 오래 사는 약을 달여 지어서 먹으니 하늘과 땅과 어깨를 나란히 하는 경지로 돌아온다. 이는 여순양의 가르침 말이다.

찬란한 금빛은 해와 달의 정이요 넘실넘실 흐르는 옥 즙은 건과 곤의 골수이다. 밤이 깊은데 우주는 아득히 티끌이 없고 오직 두꺼비 빛만이 신의 물을 비출 뿐이다. 이는 서신옹(徐神翁)[51]의 가르침 말이다.

태패의 금은 만 가지 보배인데 바로 서쪽에서 이루어지고 계수나무 같은 넋은 한가위보다 배나 밝은 듯하니 배우고 익힌 일을 잘 처리하여 캐어 가지고 텅 빈 가운데에서 하나의 양이 생겨 나오기를 기다린다. 이는 진묵묵(陳默默)의 가르침 말이다.

신의 물 한 줄기가 깊어서 화지(華池)에 가득하니 밤마다 못 가에는 흰 눈이 날리는데 눈 속에서 어떤 사람이 옥토끼를 잡으러 급히 달려가면서 밝은 달 위에 있는 찬 나무 가지를 가르치네. 이는 『현오집(玄奧集)』[52]에 나오는 가르침 말이다.

어두컴컴해져서야 하나의 실마리가 나타나는데 어리둥절하여 이것과 저것의 구별이 안 된다. 그 가운데에 이 놈이 있어 주재를 하니 바로 세상

---

51) 서신옹(徐神翁): ?~1110. 송나라 때 해릉(海陵: 현재 강소성 태주시) 사람으로 이름은 수신(守信). 『허정충화선생서신옹어록(虛靜沖和先生徐神翁語錄)』이 있다.

52) 『현오집(玄奧集)』: 아직 미상(2004. 4. 15).

사람들이 말하는 진리의 씨앗이다. 이는 진도남의 가르침 말이다.

오직 한 가지 물 속의 금을 잡아 가지고 텅 비어 아무것도 없으며 우주의 운행과 변화가 일어나는 굴 속에 거두어 넣으면 백 맥이 모두 뿌리로 돌아가게 된다. 맥이 머무르고 기가 멈추면 단이 비로소 맺힌다. 이는 진취허의 가르침 말이다.

태어나기 전부터 있는 혼 기를 진리세계의 납이라 부르니 길 잃은 무리들이 함부로 가리키고 전하는 것을 믿지 말라. 모든 변화는 무르익으면 그 이루어질 낌새가 나타나는 것이니 하나의 신령한 것이 날아가 버리지 않도록 묶어 가두어라. 이는 용미자(龍眉子)53)의 가르침 말이다.

입을 다물고 눈에 발을 내려서 고요히 말없이 들여다보고 있으면 하늘 가득히 흰눈이 흩날린다. 속으로 남모르게 거두어들여서 잃지 않도록 하여 달 위에 한 가닥 둥근 테가 둘러지는 때를 기다린다. 이는 종리권의 가르침 말이다.

하지 아니함이 없는 어떤 것으로써 하여 감괘 가운데에 흰 것이 있게 되면 이괘로 돌려보내야 하니 물의 근원이 처음으로 지극히 맑은 곳에 이르게 된다. 한 점 신령한 빛을 사람들은 알지 못한다. 이는 설도광의 가르침 말이다.

요지(瑤池)54) 소식이 드물다고 괴이쩍게 여기지 말라. 오직 사람의 일과 하늘의 기틀이 서로 막혀 있기 때문일 뿐이다. 만약 사람이 물 속의 불을 찾아 얻는다면 노란 옷 입은 한 어린이가 태미원(太微垣)55)에 서 있는 것을

---

53) 용미자(龍眉子): 송나라 때 사람으로 『금액환단인증시(金液還丹印證詩)』, 『금액환단인증도(金液還丹印證圖)』를 지었다.

54) 요지(瑤池): 상단전을 가리킨다. 이외에도 신선 특히 서왕모(西王母)가 사는 곳에 있는 정원의 왼쪽에 있는 못[집선전(集仙傳)]을 가리키기도 한다.

55) 태미원(太微垣): 내단 수련에서는 상단전을 가리킨다. 일반적으로는 중국 천문학에서 사용하는 별자리 이름이다. 사자자리 부근에 있으며 삼태성 여섯 별의 끝 별이 해당되어 있는 별자리이다. 자미원(紫微垣)·천시원(天市垣)과 더불어 삼원(三垣)이라 부른다.

보게 된다. 이는 여동빈의 가르침 말이다.

진리의 세계로 들어가는 관문을 뚫고자 한다면 배우고 익혀야 하는데, 묘함은 하나의 양이 다시 오는 때에 있으니 하늘의 물인 계(癸)가 생기게 되자마자 서둘러 손을 써야 한다. 캐내는 곳에서는 아주아주 삼가는 마음으로 조심함이 두터워야 한다. 이는 형섬자 이 노인의 가르침 말이다.

갑자기 한밤중에 한 소리 천둥이 치니 천만 집들의 문이 차례로 열리네. 만약 없음 속에 있음이 품어져 있는 모습을 알게 되면 그대가 직접 복희씨께서 오심을 보게 될 것이다. 이는 소강절(邵康節)의 가르침 말이다.

우주의 처음부터 있어온 감괘 가운데 금 한 가지는 스승의 전해줌을 얻지 못하면 마음만 쓸 뿐이다. 그대가 갑자기 많은 보배가 감추어진 곳을 두드려 열게 되는 것은 나무가 흙 없이 수풀이 될 수 없는 것과 같다. 이는 상양자의 가르침 말이다.

아버지의 정과 어머니의 피가 맺혀 태아를 이루니 여전히 저절로 저것의 모습이 나의 모습과 닮는다. 몸 안에서 나의 참된 어버이를 알게 되면 그제야 오행(五行)의 정을 붙잡을 수 있게 된다. 이는 진취허의 가르침 말이다.

서남쪽 길 위에 달빛이 밝으면 큰 약이 이곳으로부터 생겨서 돌아온다. 옛사람의 시 한 구절이 생각나는데, 꼬불꼬불한 강 위에 까치들로 이루어진 다리[56]가 가로놓여 있다는 것이다. 이는 진니환의 가르침 말이다.

단을 달이려면 배우고 익히는 일을 자세하게 처리하면서 밤낮으로 남모르게 속으로 약 달이는 화로를 지켜야 한다. 만약 하나의 양이 다시 일어나게 되면 반드시 어린 새싹과 같을 때에 캐어야 한다. 늦으면 말라 못쓰게 된다. 이는 『현오집』에 나오는 가르침 말이다.

부처께서는 텅 빔과 깨달음을 눈에 보이게 가리켜내셨고, 단양께서는 없음 속에 있음이 있음을 가르쳐버리셨다. 우주의 처음부터 있었던 저 한

---

56) 까치들로 이루어진 다리: 작교(鵲橋). 일 년마다 한 번씩 7월 7일 밤에만 견우와 직녀를 위하여 놓이는 다리.

점 참된 것을 붙잡으면 영원한 세월 동안 썩지 않으리. 이는 장삼봉(張三峰)의 가르침 말이다.

수라는 곳에서 나는 납은 오직 하나의 맛[57]인데, 이는 정도 신도 아니고 기 또한 아니다. 우주의 처음부터 있었던 본성과 생명의 뿌리로서 몸으로 이루어진 심장보다 먼저 있은 심장의 감괘 안에 들어 있다. 이는 『주옥집(珠玉集)』[58]에 나오는 가르침 말이다.

참으로 참으로 아주 묘하고 이상하여 말로 다할 수 없도다. 한가위 밤 하늘에 달이 둥글 때에 양이 생기니 급히 캐어서 늦지 않도록 하고, 위로 불이 올라가는 일은 위험한 때를 걱정하여야 한다. 이는 상양자의 가르침 말이다.

이괘와 감괘를 물과 불의 정이라 이름하는데 본래는 건과 곤 두 괘로부터 이루어진 것이다. 다만 감괘의 정을 가지고 이괘의 구멍에 넣으면 순수한 건괘로 되어 날아 흩어지는 경옥 구슬을 거두어 모을 수 있다. 이는 진니환의 가르침 말이다.

어리둥절한 가운데 지극히 깔끔한 것이 있고 용이 울고 범이 부르짖음을 듣기가 가장 참기 어려우며 진리의 으늑한 구슬이 곤륜산 꼭대기로 날아올라가고 밤낮으로 물 푸는 수레바퀴가 잠시도 멈추지 않는다. 이는 『현오집』에 있는 가르침 말이다.

삑삑 무슨 소리가 꼬리에 꼬리를 물고 일어날 때에 그를 따라가지 않으면 지혜가 탁 트이게 된다. 물 푸는 두레박 틀이 이야기를 다 하고 나면 새 노래는 들리지 않는데, 우물 밑에서 진흙을 덮어쓴 뱀이 산뽕나무 가지처럼 춤춘다. 이는 설자현(薛紫賢)[59]의 가르침 말이다.

본디로 돌아가고 근원으로 돌아와서 이미 건괘에 이르면 올라도 갈 수 있고 내려도 갈 수 있어서 나는 신선이라 부른다. 하나의 양이 생길 때가

---

57) 오직 하나의 맛: 다른 것이 섞이지 않았다는 뜻.
58) 『주옥집(珠玉集)』: 아직 미상(2004. 4. 15).
59) 설자현(薛紫賢): 설도광(薛道光).

힘든 일을 시작할 날이며 하늘 괘도를 아홉 번 다 도는 때가 진리를 얻는 해가 된다. 이는 허선평(盧宣平)[60]의 가르침 말이다.

해의 까마귀와 달의 토끼가 반원씩으로, 이 두 개가 합하여 둥글게 되는데 뿌리는 태어나기 전의 세계에 있기 때문에 캐어 가지기가 어렵다. 달이 밤에 둥글어졌을 때 캐어 가질 수 있으니 하늘의 얼과 땅의 넋이 신령한 단을 맺는다. 이는 진취허의 가르침 말이다.

하나의 기가 뭉쳐지면 다섯 물건이 참되게 되고 다섯 물건이 뭉쳐지면 하나의 물건이 신령해진다. 건과 곤으로부터 진리의 씨앗을 빼앗아오면 아들이 손자를 낳고 손자가 또 손자를 낳는다. 이는 『금단촬요(金丹撮要)』[61]에 나오는 가르침 말이다.

정과 신과 기와 피가 세 곳으로 돌아가고 동서남북이 한 집으로 합치며 하늘과 땅이 변하고 통하여 흰눈이 날리며 음과 양이 화합하여 황금 꽃을 생기게 한다. 이는 회곡자(回谷子)[62]의 가르침 말이다.

정과 기와 신이 약 만들기에 가장 친하여 이것을 가지고 단을 만들지만 아직 이것들만으로는 진짜 단이 될 수 없다. 단을 지으려면 반드시 건과 곤의 골수가 있어야만 되는데, 건과 곤의 골수는 바로 감괘와 이괘의 속 알맹이다. 이는 왕과재(王果齋)[63]의 가르침 말이다.

납과 수은이 대대로 전해져 왔지만 세상에는 드물다. 주사(硃砂)가 재료가 되었고 눈으로 옷을 입었는데 어둠침침한 달처럼 가려진 채로 그대의 집 안에 있어서 날마다 그대가 보지만 모르고 있을 뿐이다. 이는 진니환의 가르침 말이다.

태어나기 이전 세계의 지극한 이치는 묘하여 알아내기 어렵다. 납은 서쪽에서 나고 수은은 동쪽에서 나며 물과 불의 두 길이 위아래로 나누어져

---

60) 허선평(盧宣平): 당나라 때 신안(新安) 사람으로 성양산(城陽山)에 암자를 틀고 살았다.
61) 『금단촬요(金丹撮要)』: 아직 미상(2004. 4. 15).
62) 회곡자(回谷子): 아직 미상(2004. 4. 15).
63) 왕과재(王果齋): 아직 미상(2004. 4. 15).

있는데, 으늑한 진리의 관문이 그 가운데에 있다. 이는 이청암의 가르침
말이다.

물건들의 상태를 한가로이 살펴노라면 모든 것에 살고자 하는 뜻이 있
음을 보게 되고, 변화와 움직임을 여의고 조용히 하늘의 기틀을 깨우치노
라면 어두컴컴한 속으로 빠져들게 된다. 진리의 길은 험한 곳에도 있고 평
탄한 곳에도 있는데 있는 곳에 따른 즐거움이 있으니, 마음으로 생각하지
않으면 물고기와 새들이 저들대로 돌아다닌다. 이는 왕양명(王陽明)[64]의 가
르침 말이다.

하늘의 마음이 다시 살아나는 곳이 바로 마음이 없는 곳이니 마음은 때
없고 곳 없는 데 이르러 찾는 것이다. 만약 마음이 없다고 말한다면 곧 일
도 없다는 것이니 어찌된 까닭에 물 속에서 금이 생긴다 하는가? 이는 소
강절의 가르침 말이다.

수은을 달이고 납을 삶는 데에는 본래 때가 없으니 배우는 사람은 마땅
히 마음의 흐트러짐 없이 머무르는 속에서 밀고 나가야 한다. 떠돌아다니
는 티끌과 탐욕의 얼룩이 마음에 붙지 않으면 하늘의 계(癸)가 그제야 생기
게 되는데 신이 스스로 안다. 성품이 고요하여 금이 나와 본성의 근본으로
돌아가고 정이 엉겨 감괘의 것을 가져다가 남쪽의 이괘를 채우면, 두 가지
신령한 물건이 어우러져 합쳐진 뒤에 음이 다하고 양이 순수해지니 진리
를 바랄 수 있게 된다. 이는 이청암의 『중화집』에 나오는 가르침 말이다.

불을 조절하는 것이 어렵지 않으니 약이 멀리 있지 않아서 하늘의 계가
큰 바다의 밀물처럼 생긴다. 수은과 납 두 가지를 캐어 가짐을 알면 모든
물건에 대한 욕심이 한꺼번에 모조리 사라지고 만유(萬有)를 번쩍 들어 뒤
집어서 세 으뜸[65]에 합하여 여러 음을 모조리 달여버리니 다섯 기가 찾아

---

64) 왕양명(王陽明): 1472~1528. 명나라 때 여요(餘姚) 사람으로 유학(儒學) 특
    히 성리학 가운데 심학자(心學者)로 분류된다. 이름은 수인(守仁), 자는 백자
    (伯字), 시호는 문성(文成). 『문성공전서(文成公全書)』가 있고 『전습록(傳習錄)』
    이 특히 유명하다.
65) 세 으뜸: 삼원(三元). 하늘·땅·사람.

와 조아리게 된다. 열 달 일[66]을 익혀나가서 태를 벗어나면 단을 짓는 길이 끝나고 젖먹이 아기가 모습을 드러내서 신선들의 하늘에 올라가 뵙는다. 이는 이도순의 『중화집』 속에 들어 있는 가르침 말이다.

하늘의 기틀의 묘함을 빼앗아 가지고 한밤중에 북두의 자루를 살피다가 몇 개의 구슬 같은 이슬을 누군가 벼꽃 끝으로 옮길 때, 바로 그 가운데에서 캐어 가지니 뚜렷이 보이는 광경이 있다. 푸른 연꽃이 꽃술을 품고 물방울이 옥 같은 연못의 가을을 깨뜨리며 일만 퉁소에 처음으로 바람이 일기 시작하고 밝은 달 아래 갈매기 한 마리가 모래밭에 서 있다. 이는 진도남의 가르침 말이다.

이 모든 것이 여러 진인들께서 약을 얻고 나서 말로 전해준 뜻인데, 각각 몇 마디 말을 이끌어다가 분명하게 증명한 것들이다.

---

66) 열 달 일: 태아를 밴 어머니가 열 달 동안 기르는 일.

2. 불을 모으고 금을 싣는 그림[聚火載金圖]

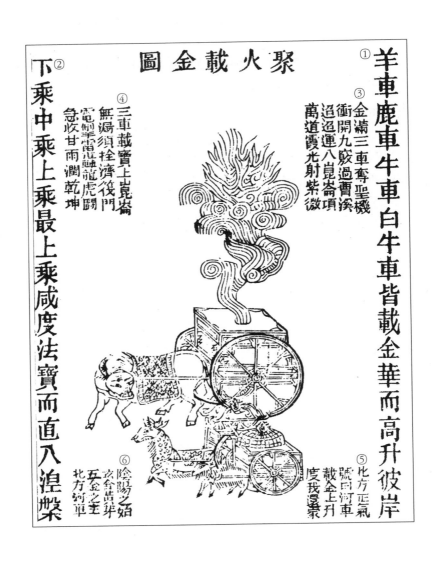

聚火載金圖

① 羊車鹿車牛車白牛車皆載金華而高升彼岸

② 下乘中乘上乘最上乘咸度法寶而直入涅槃

③ 金漁三車奪聖機
衝開九竅過曹溪
迢迢運八崑崙頂
萬道霞光射紫微

④ 三車載寶上崑崙
無漏須拴濟役門
電制雷電虎龍鬪
急收甘雨潤乾坤

⑤ 此方正氣
號同河車
載金上升
度我漫衆

⑥ 陰陽之姤
玄金峕坪
五金之主
北方河車

① 양이 끄는 수레, 사슴이 끄는 수레, 소가 끄는 수레, 흰 소가 끄는 수레 모두가 황금 꽃을 싣고 높이 저 언덕으로 올라간다.

② 성능이 낮은 탈 것, 중간 정도의 탈 것, 성능이 좋은 탈 것, 가장 좋은 탈 것 모두가 진리의 보배를 운반해 곧바로 열반으로 들어간다.

③ 세 수레에 황금이 가득 차면 성인의 기틀을 빼앗아 아홉 터널 입구를 쳐 열고 조계를 지나서 높이높이 곤륜 봉우리로 옮겨가니, 만 줄기 노을빛이 자미별을 쏜다.

④ 세 수레에 보물을 싣고 곤륜에 오르자면 새어나감이 없도록 뗏목을 만들어 건너야 한다.
번개가 번쩍이고 천둥이 우르릉거리며 용과 범이 싸울 때 급히 거두어들이니, 단비가 건과 곤을 적신다.

⑤ 북쪽의 바른 기를 두고 물 푸는 수레라고 부르는데, 금을 싣고 위로 올라가서 나를 건져서 집으로 돌아온다.

⑥ 음과 양의 비롯함이요 으늑한 암컷이요 노란 싹이며 다섯 쇠붙이의 주인이고 북쪽의 물 푸는 수레이다.

2-1. 불을 모으고 금을 싣는 방법[聚火載金訣法]

앞에서는 먼저 남쪽 이괘에 해당하는 궁궐에 있는 불을 가져다가 북쪽의 물 속에 있는 금을 달였는데, 이는 붉은 것을 검은 것에 던지는 것으로서 다름 아니라 신을 모아서 곤괘에 해당하는 배꼽으로 들어가게 하여 약을 생기게 하는 일이었다.

이제는 북쪽의 물 속에 있는 금을 옮겨서 남쪽의 불 속에 있는 나무를 다스리는 일이다. 이는 검은 것을 가지고 붉은 것을 보는 것으로서 다름 아니라 신을 모아서 건괘에 해당하는 정수리로 들어가서 단을 이루는 일이다. 그러므로 자양진인의 『오진편』에서는 "저 곤괘의 자리에서 생겨 이루어진 것에 의지하여서 건괘 집 안의 서로 어울려 느끼게 되는 궁전에 씨를 심는다"고 말하고, 최공의 『입약경』에서는 "곤에서 생겨나고 건에서 심는다"고 말한다.

건은 위에 있어서 솥이 되고 곤은 아래에 있어서 화로가 된다. 사납게 삶고 지극히 뜨겁게 하지 않으면 약이 화로에서 나올 수 없고, 길을 거꾸로 거슬러 돌지 않으면 약이 솥으로 올라갈 수 없다.

납이라는 것은 무거워 가라앉는 성질이 있는 물건인지라 만약 불을 얻지 못하면 날아올라갈 까닭이 없으며, 수은이라는 것은 날아 흩어지는 성질이 있는 물건인지라 만약 납을 얻지 못하면 맺힐 까닭이 없다. 그런 까닭에 불을 모으는 방법이 가장 절실하고 중요한 것이다.

어떤 것이 불을 모으는 방법인가?

이 방법은 다름 아니라 달마와 유해섬 두 분 조사께서 가르친 들이마시고 혀끝을 붙이며 항문을 조이고 문을 닫는 네 가지 방법이다. 들이마신다는 것은 코로 공기를 들이마심으로써 태어나기 전부터 있은 것에까지 이어지는 것이다. 혀끝을 붙인다는 것은 혀끝을 위 잇몸에 붙임으로써 단 이슬을 내려 받는 것이다. 항문을 조인다는 것은 항문과 직장 부위를 조여 올림으로써 밝은 달이 빛을 환하게 비추면서 정수리로 날아올라가게 하는 것이다. 문을 닫는다는 것은 입을 다물고 발을 내린 듯 눈을 내려감으면서 안에서 들려오는 소리를 들음으로써 오래되면 신령한 물이 황정에 떨어지게 되는 것이다. 그러므로 취호(翠湖)[67])께서는 "아래가 닫히지 않으면 불이

---

67) 취호(翠湖): 아직 미상(2004. 4. 15).

모이지 않아서 금이 올라가지 않고, 위가 닫히지 않으면 약이 엉기지 않아서 단이 맺히지 않는다"고 말하였다. 이렇기 때문에 불을 모으는 방법이 바로 약을 캐어 가지고 삶고 달이는 것보다 먼저 해야 할 일인 것이다.

그 어리둥절 멍멍한 것은 캐어 가져야 할 때가 된 것이며, 사납게 삶고 지극히 달이는 것은 캐어 가지는 일을 하는 것이고, 들이마시고 혀끝을 붙이고 항문을 조이며 문을 닫는 것은 또한 삶고 달이는 일을 확실하게 보여주는 것이다. 무릇 캐어 가지는 방법은 때를 아는 것을 귀하게 여긴다. 너무 빨라도 안 되니 너무 빠르면 약이 너무 연약하여 쉽게 올라가버린다. 또한 너무 늦어도 안 되니 너무 늦으면 약이 늙어서 물질로 이루어져버린다. 반드시 미련할 정도로 정성을 다하여 납 꽃이 흰빛을 내고 으늑한 구슬이 모습을 이루게 되어야 비로소 캐어 가지는 때가 매듭지어지는 것이다. 장자양께서는 "납이 계(癸)라는 것의 생겨남을 만나게 되면 반드시 급히 캐어야 하고 금이 먼 곳을 바라봄을 만나게 되면 맛조차 볼 시간이 없다"고 말하였다. 장삼봉께서는 "전기 빛이 번쩍이는 곳에서 진리의 씨앗을 찾고 바람 소식이 오는 때에 본디 으뜸 되는 것을 찾는다"고 말하였다. 전기 빛이 번쩍이는 곳이란 어두컴컴한 경지가 지난 뒤 어리둥절 멍멍한 사이에 하나의 양한 효가 움직이는 때요 구슬이 꽃 연못에 떨어지는 무렵이다. 이때에는 바로 『참동계』에 나오는 '금지된 문을 잡아 묶는' 방법을 써서 태어나기 전부터 있은 너무나 으늑한 길을 닫고 임맥을 막으며 독맥을 열어야 한다. 다시 말하면 풀무로써 그것을 북돋우고 공기 바람으로써 그것을 부치며 사나운 불로써 그것을 달구는 것이니, 불이 타오르면 물이 끓고 물이 끓으면 물 푸는 수레를 몰고 움직이며 금을 싣고 니환으로 올라가서 진리세계의 수은과 짝이 되어 합하며 수은도 납을 얻으면 내려오게 되어 그 또한 날아가 버리지 않게 된다는 것이다. 이와 같이 차차로 한 쪽에서 뽑다가 한 쪽에 보태어 나가노라면 차차로 엉기고 맺히게 되니 저절로 납이 날마다 줄어들고 수은이 불어난다. 오래되면 납이 다하고 수은이 절로 건괘를 이루며 음이 다하고 양이 절로 순수해진다. 이에 이르면 금단이라는 큰 약이 이루어지는 것이다.

이 큰 약을 지어내는 것에는 별다른 기술이 있는 것이 아니다. 그저 이 태어나기 전부터 있고 조상 같은 기[68] 한 점을 캐어 가지고 금단의 어미로 삼는 것일 뿐이다. 그것을 받은 스승께서는 "큰부처 세계의 조상 같은 기를 불리고 팔꿈치 뒤로 반짝이는 금을 날게 하며 흔 임금[69]의 묘한 모습을 보존하고 세 가지 재료[70]를 황정으로 돌려보낸다"고 말하였다. 이것이 말로 전해주는 가르침 가운데에서도 가르침이다.

학자들은 그저 납과 수은이 서로 결합하여 단으로 된다는 것만 알고 있지 캐어 가지거나 기름을 부어주거나 삶고 달이거나 하면서 불을 그때그때의 상황에 맞게 맞추어 나가는 일에 각각 차례와 순서와 법도가 있다는 것은 모른다. 무릇 캐어 가지는 것으로써 그 일의 처음을 삼고 한 쪽의 것을 뽑아다가 다른 쪽에 보태어줌으로써 그 일의 끝을 이루며 그러는 가운데 모든 일이 제대로 이루어져 나가도록 조정하는 일 모두가 불을 그때그때의 상황에 맞게 맞추어 나가는 일에 달려 있는 것이다. 그래서 장자양께서는 "주사와 흑연이나 제 나름으로 알고 불을 맞추는 일을 모르는 것은 할 일 없는 사람과 같다"고 말하였고, 주회암(朱晦庵)[71]께서는 "신선들이 『참동계』를 지어놓지 않았으면 불을 맞추는 일을 어디 가서 알 수 있겠는가?"라고 말하였으며, 설도광께서는 "성인께서는 약은 전해주셨지만

---

68) 조상 같은 기: 조기(祖氣). 태어나기 전부터 있어서 물려받은 진리세계의 흔 기를 가리키는 용어이다.

69) 흔 임금: 제일(帝一). 참된 뜻 곧 진의(眞意)를 가리킨다.

70) 세 가지 재료: 삼소(三素). 비(脾)의 기는 황소(黃素), 폐(肺)의 기는 백소(白素), 간(肝)의 기는 자소(紫素).

71) 주회암(朱晦庵): 1130~1200. 남송 때 휘주 무원(婺源) 사람으로 이름은 희(熹), 자는 원회(元晦)·중회(仲晦), 회암은 호이며 또한 자양(紫陽)이라고도 불렀다. 사상가·교육가로 분류되는 유학자인데, 특히 성리학의 집대성자로 유명하며 고정선생(考亭先生)이라 불렸다. 『주자어류(朱子語類)』, 『주자대전(朱子大全)』, 『사서집주(四書集注)』, 『주역본의(周易本義)』, 『역학계몽(易學啓蒙)』 등 많은 저술이 있다.

불은 전해주시지 않았기에 이제까지 불 맞추는 일은 아는 사람이 드물다. 큰 진리의 길을 아희들 놀이처럼 만들려 하지 말고 반드시 신선들과 함께 자세하게 헤아려보라"고 말하였다.

불을 맞추는 방법에는 문(文)도 있고 무(武)도 있으니 한 가락으로 하나같게 해서는 안 된다. 변화와 움직임을 여읜 가운데에서 양(陽)이 움직여 금이 광물로부터 떨어져 나오고 땅 밑에서 천둥치는 소리가 나면서 불이 금을 덮치는 것은 넷째 마디에서 나타나는 불의 상황이고, 약을 달이는 화로를 지키고 불을 살피는 일은 대충하고 다만 신과 숨을 편안히 하여 하늘의 운행대로 내버려둔다는 것은 여섯째 마디에서 불을 맞추는 일이다. 양에서는 문(文)으로 하고 음에서는 무(武)로 하여 잘못이 없도록 하거나 올라가고 내려오며 한 쪽의 것을 뽑아다가 다른 쪽에 보태는 일에는 말을 몰듯 모는 일과 잘 버티어내는 일을 하는데, 이는 다섯째 마디에서 불을 맞추는 일이다. 본성을 이루어 보존하고 보존한다는 것은 유가에서 불 맞추는 일을 가르치는 것이고, 실처럼 쭉 이어지면서 있는 듯 없는 듯하는 것은 도가에서 불 맞추는 일이며, 부지런하지도 않고 게으르지도 않게 하는 것은 불가에서 불 맞추는 일이다. '석 달 동안 어기지 않은 것'은 안자(顏子)[72]의 불 맞추는 일이었으며, '나는 하루에 세 번 되돌아본다는 것'은 증자(曾子)[73]의 불 맞추는 일이었고, '해는 그 사라지는 바를 알고 달은 그 할 수 있는 바를 잊지 않는다는 것'은 자하(子夏)[74]의 불 맞추는 일이었으며, '그 보이지 않는 곳에서도 삼가고 조심하며 그 들리지 않는 곳에서도 두려워하고 조심하는 것'은 자사의 불 맞추는 일이었다. '반드시 무엇인가 일하기는 하되 굳이 바르게 하고자 하지 말 것이니 마음은 잊지도 말고

---

72) 안자(顏子): 안연(顏淵).
73) 증자(曾子): 기원전 505~435. 춘추 시대 말기 노나라 남무성(南武城: 현재 산동성 비현) 사람으로 공자의 십대 제자의 하나이다. 이름은 참(參), 자는 자여(子輿). 『효경(孝經)』, 『대학(大學)』을 썼다.
74) 자하(子夏): 기원전 507~400. 춘추 시대 위나라 사람으로 공자의 제자이다. 성은 복(卜), 이름은 상(商), 자하는 자이다.

부추기지도 말도록 하라는 것'은 맹자의 불 맞추는 일이었고, '마음을 돋우어 일으켜서 밥 먹는 것도 잊는다는 것'은 공자의 무(武)로 맞추는 불이었고, '즐거움으로써 걱정됨을 잊는다는 것'은 공자의 문(文)으로 맞추는 불이었다. '늙어가는 것조차도 모르는 것 같은 것'[75)]은 지극히 정성되고 쉼이 없는 것이며 불 맞추는 일만에 순수한 것이다. 큰 단이 이루어지니 성인으로 되는 일을 끝마친 것이다.

---

75) 늙어가는 것조차도 모른다: 『논어』「술이(述而)」.

제2절 하늘과 땅을 어우르다

1. 건과 곤이 어우르는 그림[乾坤交媾圖]

건과 곤이 어우르는 그림 [乾坤交媾圖]

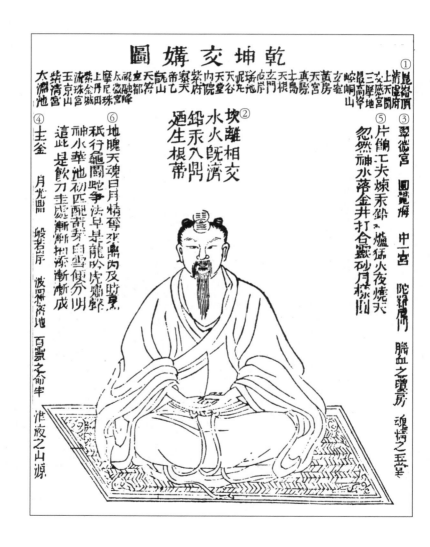

① 곤륜산 꼭대기, 맑고 빈 집, 하늘로 올라가는 관문, 어울려 감응하는 궁궐, 마음이 머물러 있는 땅, 가장 높은 봉우리, 공동산, 으늑한 집, 노란 방, 하늘의 궁궐, 진리의 틈, 흙 섬, 하늘의 뿌리, 으늑한 문, 저 언덕, 요지, 니환, 하늘의 골짜기, 천당, 안뜰, 자주색 집, 쓸쓸한 하늘, 제을(帝乙), 떡시루 같은 산, 하늘의 부절, 으늑한 도시, 축융봉, 태미궁, 마니 구슬, 윗단전, 자주색 금으로 된 성, 흐르는 구슬로 된 궁궐, 옥으로 된 서울의 산, 자줏빛 맑은 궁궐, 너무나 깊은 연못.

② 감과 이가 서로 어우르고
　　물과 불이 이미 서로 건너서 기제괘를 이루어
　　납과 수은이 솥으로 들어가니
　　뿌리가 되고 꼭지가 되는 것이 생기도다.

③ 비취색 아련한 궁궐, 원만한 깨달음의 바다, 가운데의 흰 궁궐, 다라니의 문, 뇌의 피가 들어 있고 경옥으로 된 방, 얼과 정이 들어 있고 옥으로 된 마루방.

④ 주된 가마솥, 달빛 솥, 반야가 있는 언덕, 바라밀의 땅, 백 가지 신령함이 있는 생명의 우리, 진액이 흘러나오는 첫 샘.

⑤ 밥 먹을 정도로 잠시 동안 앉아서 배우고 익힘으로써 수은과 납을 달이니 약 달이는 화로의 사나운 불이 밤에 하늘을 태우는데 갑자기 신의 물이 금으로 된 샘에 떨어져서 붉은 영사와 합쳐져 달처럼 둥글게 된다.

⑥ 땅의 넋과 하늘의 얼이 해와 달의 정인데 빼앗아 와서 솥 속에 넣고 때 맞춰 삶으며 그저 거북과 뱀이 엉켜 싸우는 방법을 행하니, 아침에 용이 울고 범이 부르짖는 소리가 나며 신의 물이 꽃 연못에 처음으로 똑똑

떨어지고 노란 싹과 흰 눈이 분명하도다. 이것이 바로 도규(刀圭)를 마시는 곳이니 점점 한 쪽에서 뽑아다가 다른 쪽에 보태며 점점 이루어져가도다.

1-1. 건과 곤이 어우르며 광석을 버리고 금을 남기다[乾坤交媾, 去鑛留金]

[묘(卯)와 유(酉)로 이어지는 궤도를 도는 방법을 안에 넣어두었다.]

나는 앞에서 본성과 생명이 그 가운데에서 거느리고 있는 것을 말했는데, 그것은 높은 등급의 수레에 해당하는 가르침이었다. 이제는 본성과 생명이 그 뿌리로 돌아가는 것을 말하고자 하는데, 이것은 가장 높은 등급의 수레에 해당하는 가르침이다.

본성과 생명이 그 가운데에서 거느리고 있는 것은 이 진리의 길의 텅 비고 쓸쓸함인데, 종리권과 여순양 이후로 그것을 아는 사람이 드물게 되었다. 하물며 본성과 생명이 그 뿌리로 돌아가는 것이야 말할 것도 없이 그것을 아는 사람이 더욱 드물기 마련인지라, 이 터널의 묘하고 깊음이나 본성과 생명의 아련함 같은 것은 만약 거듭거듭 말하지 않으면 배우는 사람들이 깨우쳐 들어가기 어렵다.

원래 사람이 어버이에게서 태어나기 이전의 본디 몸은 아주아주 텅 비어 있을 뿐이어서 이른바 무극이라는 것이었고, 어버이가 정을 어우른 뒤에는 한 점 신령한 빛일 뿐이어서 이른바 태극이라는 것이었다. 한 점 신령한 빛은 원래의 아주아주 텅 비어 있음으로부터 온 것으로 나의 태어날 때부터 있은 으뜸 된 신이다. 이로부터 기도 생기고 이로부터 모습도 생긴다.

사람들은 오직 이 눈에 보이는 모습과 기만을 알 뿐이라서 아름다운 옷을 입고 맛있는 것을 먹어서 이 몸을 받들어 기르며 세상일에 대한 구실과 이름과 재물과 지위로써 이 몸을 높이고 모신다. 이와 같이 살다가 이와 같이 죽으며 스스로 얻을 것을 얻었다고 여기니, 자사께서 이른 바 "하늘이 명한 본성이라는 것은 알 수 없어서가 아니고 알기를 원하지 않는 것이다." 그 알기를 원하지 않게 된 까닭이 어찌 맹자께서 이른 바 "알려 하여도 알 수가 없는 것은 그 본디 마음을 잃었기 때문이다"라는 것이 아니고 무엇이겠는가? 만약 알 수가 있다면 그것을 원인으로 하여 되돌아가서 찾아서 나의 아주아주 비어 있는 흔 기의 본디 처음이었던 한 점 신령한 빛의 옛 모습으로 다시 돌아갈 수 있을 것이니, 이 금단의 큰 진리의 길도 이룰 수 있는 것이 아니고 무엇이겠는가?

그러나 금단의 큰 진리의 길은 사람들이 모르게 숨겨져 있는데, 본성과 생명이라는 두 글자에 숨겨져 있다. 본성이라는 것은 하늘이라서 언제나 변함없이 정수리에 잠겨 있다. 그래서 정수리는 본성의 뿌리이다. 생명이라는 것은 바다라서 언제나 변함없이 배꼽에 잠겨 있다. 그래서 배꼽이 생명의 꼭지다. 경전에서 "본성은 하늘가에 있고 생명은 바다 밑에 가라앉아 있다"는 것이다.

하늘 가운데의 터널은 둥글고 본성을 갈무리하고 있으며 땅 속의 터널에 통할 수 있다. 그러므로 그것은 꿰뚫고 있으니 위에서부터 아래로 곧게 기르면 해로움이 없게 된다. 땅 속의 터널은 모나고 생명을 갈무리하고 있으며 하늘 가운데의 터널에 통할 수 있다. 그러므로 그것은 꿰뚫고 있으니 아래로부터 위로 곧게 기르면 해로움이 없다. 공자께서는 "슬기의 성품은 움직이니 하늘의 둥근 모습이고 어진 성품은 조용하니 땅의 모난 모습이다"라고 말하였다. 하늘이 둥글다는 것은 무엇인가 하면 이지러짐 없이 둥글둥글하다는 뜻이니 본성이 깃들여 생명의 뿌리가 된다. 땅이 모나다는 것은 무엇인가 하면 사방 한 치가 된다는 뜻이니 생명이 그에 매여 있어서 본성의 지도리가 된다.

본성과 생명은 섞여 있는 것이어서 참 모습은 두 개가 아니다. 하늘에 잠겨 있으면 하늘이 되고 땅에 잠겨 있으면 땅이 되며, 넉넉하고 넓고 넓으며 몸뚱이도 없고 방향도 없다. 눈에 있으면 본다고 하고 귀에 있으면 들린다 하고 코에 있으면 향을 가려낸다고 하고 입에 있으면 말을 주거니

받거니 하고 손에 있으면 쥐어잡고 발에 있으면 바삐 옮겨 다닌다. 무릇 부처의 성품이라는 것이 본성이니, 이른바 본성이라는 것이 어찌 나에게 본디부터 있어온 참된 성품이 아니고 무엇이겠는가? 참된 성품이라는 것은 하늘이 명한 본성이어서 그것은 어느 한 쪽으로 치우치지 않는다. 그러므로 가운데[中]라고 이른다. 그것은 흔이고 참되어 헛됨이 없으므로 정성되다고 이르며 그것은 물건들과 한 가지 바탕이므로 어질다고 이르며 그것은 지극히 높아서 마주 서는 것이 없으므로 홀로 있다고 이른다.

　소용돌이로 엉겨 있는 한 덩어리가 모자랄 것도 없고 남을 것도 없었는데, 태극이 한 번 나누임에 이르러 음과 양 두 조각으로 비로소 나누어진다. 가볍고 맑은 것은 올라가서 위에 있고 무겁고 탁한 것은 가라앉아서 아래에 있게 된다. 이에 이르러 감괘에 해당하는 궁궐에는 납이 있게 되고 이괘에 해당하는 궁궐에는 수은이 있게 된다. 이러한 방향으로 나가는 것이 이른바 한 물건이 이에 이르러 나뉘어 둘로 된다는 것이다. 그러므로 설자현의 「복명편(復命篇)」에서는 "한 물건이 나뉘어 둘로 되는데, 두 놈은 이름을 알 수가 있다"고 말한다. 이 두 놈의 이름을 단에 관한 경전들에서는 감히 바깥세상에 흘러나가게 할 수 없어서 교묘하게 여러 가지로 비유하고 있다. 만 가지 글자와 천 가지 이름으로 비유한 것을 이루 헤아릴 수 없을 정도이다. 예컨대 정수리 속에 있는 본성이라는 것을 말하려는 경우 비유하는 용어는 다음과 같다. 수은·용·불[火]·뿌리·해·얼·이괘·건괘·기(己)·하늘·임금·텅 빔·토끼·없음·주인·둥실 뜸·주사·해뜨는 곳[扶桑]·소녀·곤륜산 등이다. 또 배꼽 속의 생명이라는 것을 말하려는 경우 비유하는 용어는 다음과 같다. 납·범·물[水]·꼭지·달·넋·감괘·곤괘·무(戊)·땅·신하·꽉 참·까마귀·있음·손님·가라앉음·수은·화악(華嶽)·젖먹이·꼬불꼬불한 강 등이다. 나아가서 음 가운데 양을 품고 양 가운데 음을 감추게 됨에 이르러서는 천 마디 말과 만 가지 이론을 말하고들 있지만, 모두 이 두 놈의 이름을 비유를 이끌어다가 말하고 있는 것에 지나지 않는다. 그러므로 「원황결(元皇訣)」76)에서는 "납과 수은이 솥 안에 있으니 달여서 값을 알 수 없는 보물로 만든다. 이 두 글자를 모두 얻으면 만 가지 이론가의 책을 다 알아버리게 된다"고 말하였고, 종리권께서는 "납과 수은 두 가지 약을 빼 없애고 나면 그 밖의 것은 모두 미치거나 바보가 되거나 헷갈리게 되는 것이다"라고 말하였으며, 고상선(高象先)[77]께서는 "꿈에 서화 (西華)[77]여 신선을 뵙고 아홉 하늘 꼭대기로 오르니 진인께서 나에게『지현편(指玄篇)』을 주시더라. 그 속에 든 것은 간단하고 쉬웠으니 그저 사람들에게 납과 수은을 불리라는 것이었다"고 말하였고, 마단양께서는 "납과 수은이라는 것은 물과 불이다. 물과 불이라는 것은 용과 범이다. 용과 범이라는 것은 신과 기이다. 신과 기라는 것은 본성과 생명이다"라고 말하였다.

모든 것이 통틀어서 오직 이 두 글자에 지나지 않으며 이 두 글자는 근원을 따지면 오직 하나의 이(理)일 뿐이다. 그러므로 눈먼 채로 닦는 사람은 나누어서 둘이라 하지만 만약 참으로 닦는 사람이라면 합하여 하나로 합한다. 하나로 합한다는 것은 기를 불리고 신을 한 곳에 모이게 하는 것이며, 본성을 다하고 생명에 이르는 것이며, 납을 삶고 수은을 말리는 것이며, 감괘의 것을 가져다가 이괘를 채우는 것이다.

이괘 속에 있는 신령한 물건을 흘러다니는 구슬이라 부르는데, 그에 신이 깃들이면 바장이면서 어지럽게 생각을 일으키고 그에 정이 깃들이면 가득 차 넘쳐서 보존하기 어렵다. 그래서 갈현(葛玄)[78] 신선께서「유주가(流珠歌)」를 지어서 그것이 바른 길로 몰아가기는 어렵고 잃기는 쉽다는 것

---

76)「원황결(元皇訣)」: 아직 미상(2004. 4. 15).

77) 서화(西華): 서화금모(西華金母), 서왕모(西王母) 등으로 불리며 삼계 시방의 여자로서 신선이 되는 사람은 모두 그녀에게 예속된다.

78) 갈현(葛玄): 164~244. 삼국 시대 단양 사람으로 자는 효선(孝先). 갈홍의 종조부이다. 장생구시(長生久視)의 도를 좋아하여 좌자(左慈)를 따르다가『태청단경(太淸丹經)』,『구정단경(九鼎丹經)』,『금액단경(金液丹經)』을 얻었고, 정은(鄭隱)을 제자로 맞이하여 전수하였고, 다시 포박자 갈홍에게 전해졌다. 갈선공(葛仙公), 태극좌선공(太極左仙公)이라 부르며 송나라 때에 '충응부우진군(沖應孚佑眞君)'에 봉해졌다.『부려비조금화비결(浮黎鼻祖金華秘訣)』이 있다.

을 한탄하였던 것이다. 위백양께서 말한 것을 보지 않았던가? 그는 "태양하고 흘러다니는 구슬은 언제나 사람에게서 떠나고자 하지만, 문득 황금꽃을 얻으면 바뀌어서 서로가 원인이 된다." 또한 "물 위의 소녀가 신령하고 가장 헤아릴 수 없는데, 그것을 억누르고자 한다면 노란 싹을 뿌리로 삼게 된다"고 말하였던 것이다. 황금 꽃이니 노란 싹이니 하고 말한 것은 모두 진리세계의 납을 가리키는 것인데, 진리세계의 납이라는 것은 태음의 정이다. 흘러다니는 구슬이니 소녀니 하고 말하는 것은 모두 신령한 수은을 가리키는 것인데, 신령한 수은이라는 것은 태양의 기이다. 그러나 이 신령한 수은은 그 성질이 매우 사나워서 불을 보면 날아가버려 자취도 없어진다. 진리세계의 납을 얻지 못하면 어떻게 무릎 꿇릴 수 있겠는가? 그러므로 장자양께서는 "반드시 억눌러 무릎 꿇려야 하는데, 그렇게 하려면 금공(金公)79)을 찾아야 된다"고 말하였다.

금공이란 金+公, 즉 납 연(鉛)자와 같은 글자이다. 납은 꼬불꼬불한 강곧 항문으로부터 올라와서 척추를 끼고 있는 구멍을 뚫고 천주(天柱)80)라는 구멍 위에 있는 옥으로 된 도시도 지나서 기류(沂流)라고도 부르는 독맥을 타고 빙글 돌아 곧바로 니환으로 올라간다. 이를 두고 비록 납을 뽑아다가 수은에 보탠다고 비유하여 말하지만 알고 보면 정을 되돌아오게 하여 뇌를 보충하는 것이다.

단을 가르치는 경전에서는 "늙지 않기를 바라거든 정을 되돌아오게 하여 뇌를 보충하라"고 말하고, 『취허편』에서는 "하늘에는 일곱 별81)이 있

---

79) 금공(金公): 신장 사이에서 움직이는 기, 곧 납을 가리킨다. 이 외에도 ① 마음[『중양진인수단양24결(重陽眞人授丹陽24訣)』 참조], ② 약물[『환진집(還眞集)』 참조], ③ 하단전의 주인[『양명기관금단진결(養命機關金丹眞訣)』 참조], 등으로 쓰이는 용어이나 결국 같은 것을 가리킨다.

80) 천주(天柱): 목 뒤 뼈 아래쪽 끝의 오목한 곳 양 옆에 뼈가 계란처럼 튀어나온 곳의 승모근건(僧帽筋腱)의 바깥쪽에 있는 족태양 방광경에 속하는 경혈(經穴) 이름이다.

81) 일곱 별: 북두칠성.

고 땅에는 일곱 보물[82]이 있는데, 사람에게는 터널의 일곱 입구가 있어서 뇌로 돌아가고자 한다"고 말한다. 『태고집(太古集)』[83]에서는 "금단이 자리를 옮겨서 니환이라는 구멍에 이르기 전에 먼저 성과 이름을 옥으로 된 서울에 기록하게 된다"고 말하고, 『법보유주(法寶遺珠)』[84]에서는 "본래의 참 면목을 알아보게 되면 비로소 살고 죽음이 니환에 달려 있다는 것을 알게 된다"고 말한다. 『황정경』에서는 "니환의 백 마디 모두에 신이 있다"고 말하고, 또 "뇌의 신과 정의 뿌리가 니환이다"라고 말하는가 하면, 또 "어느 곳에 있는 신도 모두 니환을 대마루로 하고 있으며 니환의 아홉 진리의 궁궐 모두에 방이 있다. 사방 한 치와 지름 한 치 되는 곳이 이 가운데 있으니 다만 그 한 부분만 생각하여도 목숨이 다함없게 된다"고 말한다. 이른바 사방 한 치와 지름 한 치 되는 곳이란 바로 석가께서 정수리를 만지면서 장래 부처 될 것을 미리 알려준 곳이다. 이곳은 으늑한 가운데 으늑한 곳이며 하늘 가운데 하늘이고 많은 것이 모여서 마치 쑥이 빽빽하게 자란 돈대 같은 곳이며 옥으로 된 산 위에 있는 서울 도시이며 뇌의 피가 담긴 경옥으로 된 방이고 얼과 정이 있는 옥으로 된 방이며 백 신령이 사는 생명의 집이고 진액(津液)이 흘러나오는 산에 있는 첫 샘이다. 이곳은 바로 두 귀가 서로 통하는 구멍에 있는데, 앞에는 명당이 있고 뒤에는 옥침이 있으며 위로는 화개(華蓋)가 있고 아래로는 강궁(絳宮)이 있다. 북극의 너무나 깊은 연못 속에 있고 진리의 흔 으뜸 신이 살고 있는 방이다.

옛적에 황제께서 아미산[85]에 올라 옥으로 된 마루에서 천진황인(天眞皇

82) 일곱 보물: 금·은·유리·마노·호박·산호·진주. 선가(仙家)에서 장엄하게 장식할 때 쓴다.
83) 『태고집(太古集)』: 북칠진 가운데 한 사람인 금나라 때의 태고진인 학대통(郝大通)이 쓴 내단 수련 책. 4권으로 되어 있는데, 1권에는 『주역참동계』를 간결하게 풀어놓고 2,3권에서는 역학에 관한 여러 그림들을 설명하고 4권에는 금단에 관한 시(詩)를 실어놓았다.
84) 『법보유주(法寶遺珠)』: 아직 미상(2004. 4. 15).
85) 아미산: 사천성 아미현에 있는 산.

人[86]을 뵙고 참 ᄒ나인 진리의 길을 물었더니 황인께서는 답하였다. "이
는 도가에서 지극히 중요하게 여기는 것이다. 그 경전은 하느님께서 곤륜
산의 다섯 성 안에 남모르게 옥으로 된 함 속에 감추어놓고 금 글씨를 새
기고 자줏빛 흙으로 봉하고 가운데에다 도장을 찍어두었다. 내가 듣기에
그 경전에는 'ᄒ나가 북극의 너무나 깊은 연못 속에 있는데 앞에는 명당이
있고 뒤에는 옥침이 있으며 위로는 화개가 있고 아래로는 강궁이 있다. 높
디높은 화개에는 금으로 된 누각의 천장이 둥글고 왼쪽에는 천강(天罡)[87]
오른쪽에는 두괴(斗魁)[88]가 있으며 거센 파도가 빈 공간을 들어올리고 있
고 자줏빛 버섯이 벼랑에 가려 있으며 붉은색 풀이 어른어른하게 가려 있
고 흰 옥이 우뚝 솟아 있으며 해와 달이 빛을 내리고 불도 지나가고 물도
지나가며 검은 것도 거치고 노란 것도 건너며 성과 궁궐이 엇갈려 있고
장막에 아름다운 옥이 박혀 있으며 용과 범이 사납게 지키고 신 같은 사
람이 옆에 있다. 베풀지도 않고 더불어 있지도 않으며 ᄒ나가 그곳을 안정
되게 하고 늦지도 빠르지도 않게 ᄒ나가 그 방을 편안하게 한다. 능히 한
가하게 놀 수 있으면서도 ᄒ나가 달아나지 않고 ᄒ나를 지켜서 참을 보존
하니 ᄒ나가 신에 통하며 적게 바라고 아껴 먹으니 ᄒ나가 머물러 쉬고
번쩍이는 칼날이 머리에 내려와도 ᄒ나를 생각하니 삶을 얻는다. ᄒ나를
아는 것은 어렵지 않으나 끝까지 그것을 지켜서 잃지 않는 것이 어렵다.
그것을 지켜서 잃지 않으면 막힘이 없을 수 있게 된다.'" 이것이 진리인
ᄒ나의 남모르는 뜻을 간추려놓은 것이다. 그러므로 『도덕경』에서는 "하

---

86) 천진황인(天眞皇人): 도를 이룬 시기를 알 수 없는 선천(先天)의 진성(眞聖)
　　이다. 신장이 9척이며 한 자씩 되는 검붉은 털이 온 몸을 덮고 있는데, 황제
　　(黃帝) 시대에 푸른 옥으로 집을 짓고 황금으로 자리를 하고 있었다. 황제가
　　두 번 절하고 도를 물었더니 『오아삼일지문(五牙三一之文)』과 『태상령보무량
　　도인묘경(太上靈寶無量度人妙經)』을 주었다[『역세진선체도통감(歷世眞仙體道
　　通鑑)』 참조].
87) 천강(天罡): 북두칠성의 자루.
88) 두괴(斗魁): 북두칠성의 제1부터 제4의 별.

늘은 흐나를 얻어서 맑고 땅은 흐나를 얻어서 평안하며 신은 흐나를 얻어서 신령하고 골짜기는 하나를 얻어서 가득 차며 만물은 흐나를 얻어서 살고 왕과 제후는 흐나를 얻어서 세상을 바르게 한다"고 말한다. 이른바 "신으로써 앞으로 올 것을 알고 슬기로써 지나간 것을 갈무리한다"는 것이며, "그것을 크고 변화되게 하는 것을 신성함이라 하고 그것을 신성하게 하되 알 수 없는 것을 신이라 한다"는 것이다.

그것을 나누어 둘이 되니 음과 양의 뿌리요 바탕인 것이다. 그것을 나누어 다섯이 되기도 하니 오행의 지도리요 벼리이기도 하다. 또한 나누어 여덟도 되니 8×8＝64가 되고 하도(河圖)[89]의 수로도 된다. 또 나누어서 아홉도 되니 9×9＝81이 되고 낙서(洛書)[90]의 수로도 된다. 또 흩어져서 만이 되니 생기고 생기며 변화되고 변화되어 만물의 벼리가 되기도 한다. 복희씨와 문왕께서 그 흐나를 얻으니 『주역』이 일어났고, 우왕과 기자께서 그 흐나를 얻으니 홍범구주(洪範九疇)가 그어졌다. 주무숙(周茂叔)[91]께서 그 흐나를 얻은 것이 『태극도』였고, 소효부(邵曉夫)[92]께서는 그 흐나를 얻어서 『황극경세(皇極經世)』를 지었다. 노자께서 그 흐나를 얻으니 만 가지 일이 끝마쳐졌고, 석가께서 그 흐나를 얻으니 만 가지 가르침이 돌아오게 되었

89) 하도(河圖): 맹하(孟河)에서 나온 용마의 등에 그려져 있던 점무늬로 그것을 보고 복희씨가 8괘의 획을 그리게 되었다고 한다[『주역천진(周易闡眞)』, 『주역』「계사전」참조]. 그러나 오늘날 전해지는 하도가 복희씨가 보았던 하도와 같은 모습이었는지에 대하여는 확증이 없다. 오늘날 보는 하도는 송나라 때의 진단이 그린 용도(龍圖)에서 유래하였다고 한다.
90) 낙서(洛書): 우왕(禹王)이 치수사업을 할 때 낙하(洛河)에서 나온 신구(神龜)의 등에 새겨져 있던 무늬로, 그것을 보고 우왕은 물을 다스렸고 기자(箕子)는 홍범구주(洪範九疇)를 지었으며 문왕은 『주역』의 괘의 자리를 옮겼다고 한다[『주역천진』, 『문창대동선경(文昌大同仙經)』, 『주역』「계사전」참조]. 그러나 하도와 마찬가지로 오늘날 전해지는 낙서는 송나라 때 진단이 그린 용도에서 유래되었다는 견해도 있다.
91) 주무숙(周茂叔): 1017~1073. 북송 도주(道州) 영도(營道: 현재 호남성 도현) 사람으로 이름은 돈이(惇頤). 성리학자이며 사람들은 염계선생(濂溪先生)이라 부른다. 『태극도설(太極圖說)』, 『통서(通書)』 등을 썼다.
92) 소효부(邵曉夫): 소옹(邵雍).

다. '뿌리로 돌아간다'는 것이 바로 이리로 돌아간다는 것이고, '생명을 다시 한다'는 것이 바로 이를 다시 일으킨다는 것이다. 『서승경(西昇經)』[93]에서는 "사람이 능히 흐나를 지킬 수 있으면 흐나도 역시 사람을 지킨다. 흐나를 생각하다 배고픔에 이르면 흐나가 먹을 것을 주고 흐나를 생각하다 목마름에 이르면 흐나가 마실 것을 준다"고 말하였다. 『영추경(靈樞經)』[94]에서는 "하늘 골짜기의 으뜸 되는 신은 그것을 지켜서 스스로 참되게 된다"고 말하고, 또 "그대가 오래 살고자 한다면 흐나를 품고 밝음을 맞아야 한다"고도 말하며, 또 "흐나를 품고 참됨을 지키면 신이 스스로 통하여 신령해진다"고도 말한다.

사람이 능히 신을 붙잡아서 본디의 궁궐에서 지키고 있을 수 있으면 참된 기가 스스로 올라가고 참된 숨이 절로 안정되며 참된 정이 스스로 찾아와 조아리고 신령한 싹이 절로 자라며 하늘 문이 스스로 열리고 으뜸된 신이 스스로 나타난다. 정수리의 터널이 열리면 터널 입구마다 가지런히 열리고 으뜸 된 신이 자리 잡으면 신마다 명령을 듣는다. 신이 이미 그 터널에 자리 잡아서 흩어지지 않으면 사람이 어찌 죽을 수 있겠는가? 다름 아니라 『황정경』에서 이른 바 "그대가 죽지 않기를 바라거든 곤륜을 닦으라"고 말한 것이다. 그러므로 구처기께서는 "곤륜을 오래도록 보면서 진리의 흐나를 지키면 마니 구슬을 이지러지지 않고 붉게 지키게 된다. 맑고 텅 비고 넓디넓은 다라니의 문 안에 있는 사람들이나 일만 부처 일천 신선도 이로부터 나온 것이다"라고 말하였던 것이다. 『환원편』에서는 "진리의 길을 깨달음이 뚜렷하니 밝고 탁 트인 세상이 깔려 있는데 한가롭고 한가롭게 오롯이 앉아 하늘의 관문을 운행시킨다"고 말한다. 이것이 배우

---

93) 『서승경(西昇經)』: 『노자서승경(老子西昇經)』. 노자가 서쪽 관문에 이르러 이야기해 준 이론을 윤희(尹喜)가 기록하여 책으로 이루어진 것으로 전해지고 있다. 노자 철학을 이끌어다가 도교의 종교적 교리를 밝힌 것으로 조기도교(早期道教)가 이루어진 뒤, 『태현경(太玄經)』 계통의 중요 경전이 되었다. 갈홍의 『신선전』에 이미 언급이 있고, 송 휘종은 어명으로 주(注)를 달았다.

94) 『영추경(靈樞經)』: 『소문(素問)』과 함께 『황제내경(黃帝內經)』의 한 편이다.

고 익히는 일 가운데 근본 되는 것이며 학문 가운데 우두머리가 되는 것이며 하늘의 관문을 밀쳐 여는 수단이고 죽음의 인명부를 벗어나는 신령한 약초이다.

이 진리의 길은 저 높은 창천(蒼天)을 주관하시는 분이 남모르게 감추어둔 것이며 예부터 오늘까지의 신선과 부처께서 모두 감히 분명하게 말하지 못한 것이다. 참으로 이른바 천 사람 만 사람 가운데 한두 사람만 아는 것이다. 으늑하고 으늑하도다.

나아가서 말로 다하지 못한 가르침이 있기에 다시 한 번 간곡히 이르겠다. 그 진리세계의 납이 솥으로 들어올 때를 맞아서는 반드시 잡념을 쓸어없애고 정과 신을 빠르게 돋우어 일으키며 입을 다물고 눈으로 정수리의 문을 보면서 뜻이 나누어지지 않게 한다. 잠시 사이에 용과 범이 싸우고 어떤 운행 변화가 빠르게 일어나며 천둥 번개가 치고 건과 곤을 뒤흔들어 백 맥이 어쩐지 두려운 듯하며 아홉 궁궐에 완전히 사무치고 번쩍이는 금이 정수리로 흘러들며 은빛 물결이 하늘을 들이친다. 장자양께서 이른 바 "검은 것이 빨갛게 변화되고 하나의 솥에 구름 기운이 짙다"는 것이다. 조금 지나면 옥으로 된 솥에 담긴 국물이 따뜻해지고 금으로 된 화로의 불이 흩어지며 노란 싹이 온 땅에 퍼지고 흰 눈이 하늘에 가득해진다. 지아비가 부르면 지어미가 따르고 용이 울고 범이 부르짖으며 음이 양한 얼을 그리워하고 양이 음한 넋을 품으며 납의 정과 수은의 속 알맹이가 엉겨 맺혀서 구슬같이 된다. 백옥섬께서 이른 바 "지아비와 지어미가 늙어서 서로 만나니 은혜와 인정이 절로 그리움을 남기도다"라는 것이다.

이 무렵에 으늑한 구슬이 모습을 이루고 광석이 없어지고 금이 남으며 한 점 금 즙이 다시 황정 옛터로 떨어진다. 이때에는 한가롭기가 마치 산 구름이 하늘로 올라가는 듯하고, 자욱하기가 마치 가랑비가 언덕과 들에 덮여 내리는 것 같으며, 모르는 사이에 불어나기가 마치 봄비에 못이 차는 듯하며, 슬슬 풀어지기가 마치 강물이 녹으려 할 때와 같다. 백 맥이 푸근하여 온 몸에 확 퍼지니 참으로 이것이 "바로 푸드득 푸드득 날개를 치면서 가슴 가득 품은 것이 모두 봄이로다"라는 것이다. 이러한 보람이 나타남을 보거든 서둘러 묘(卯)에서 유(酉)로 이어지는 궤도를 도는 일95)을 행하여 양한 불96)을 올라가게 하고 음한 부절97)을 내려오게 하여서, 동쪽의 것과 서쪽의 것이 모여 합쳐지고 남쪽의 것과 북쪽의 것이 섞여 녹도록 한다. 그러면 사상(四象)98)과 오행이 하나의 솥에 묶여 있게 되고 신령함이 있는 것들을 하늘의 골짜기에 섞여 있게 하며 다섯 가지 기운99)을 니환에서 다스리게 된다.

고상선(高象先)께서는 말하였다.

"으늑한 구슬이 날아서 곤륜 위에 이르는데 그대가 만약 그것을 얻고자 한다면 모습 없는 모습에 힘입어라."

「하거가(河車歌)」100)에서는 말한다.

"두 물건을 잡아와서 한 화로에 집어넣으니 어떤 맑은 신의 물이 맺혀 진리세계의 연유(煉乳)가 된다."

『지현편(指玄篇)』에서는 말한다.

"동쪽 길과 서쪽 길을 만나게 하여 합치는 것을 반드시 알아야 하고 윗단전과 아랫단전을 따뜻이 조화시키는 것이 중요하다."

---

95) 묘(卯)에서 유(酉)로 이어지는 궤도를 도는 일: 묘유주천(卯酉周天). 하단전 → 배꼽 왼쪽 → 강궁(絳宮: 심장) → 강궁 왼쪽 → 왼쪽 겨드랑이 → 왼쪽 어깨 → 왼쪽 귀뿌리 → 왼쪽 눈 → 산근(山根) → 잠시 머물렀다가 → 오른쪽 눈 → 오른쪽 귀뿌리 → 오른쪽 어깨 → 오른쪽 겨드랑이 → 강궁 오른쪽 → 배꼽 오른쪽 → 하단전. 이러한 궤도를 불구슬[火珠]이 돌도록 하는 일이다[『요양전문답(蓼陽殿問答)』 참조].

96) 양한 불: 양화(陽火).

97) 음한 부절: 음부(陰符).

98) 사상(四象): 노양(老陽)·소음(少陰)·소양(少陽)·노음(老陰). 우주를 엮어가고 있는 네 가지 기본모습. 태극이 한 번 변하여 음과 양이라는 양의(兩儀)가 되고 두 번 변하여 사상이 된다.

99) 다섯 가지 기운: 수(水)=신(腎), 화(火)=심(心), 목(木)=간(肝), 금(金)=폐(肺), 토(土)=비(脾)의 기운.

100) 「하거가(河車歌)」: 아직 미상(2004. 4. 15).

진니환께서는 말하였다.

"백호를 이로부터 만나본 뒤로는 액체 구슬이 어찌 따르지 않을 수 있겠는가?"

단진인(段眞人)[101])께서는 말하였다.

"사상과 오행이 모여 묶이는 곳으로 건과 곤의 해와 달이 저절로 돌아간다."

『점오집(漸悟集)』[102])에서는 말한다.

"단이라는 약을 태우는 불꽃이 아래로 내려가기 때문에 황하(黃河)[103])의 물을 거슬러 흐르게 한다."

「순수음(純粹吟)」[104])에서는 말한다.

"자(子)에 있는 화로와 오(午)에 있는 화로 앞에서 나아가거나 물러남이 나누어지고, 건에 있는 솥과 곤에 있는 솥 속에서 뜨거나 가라앉음이 갈라지게 된다."

『현오집』에서는 말한다.

"금의 감정과 목의 성품이 서로 어우러져 합치면 검은 수은과 붉은 납이 절로 느껴서 통한다."

운방진인께서는 말하였다.

"북두의 자루를 몰아서 돌게 하면 으늑한 관문이 막힘없게 되고, 하늘의 관문을 빙글빙글 돌리면 모든 모습이 통한다. 잠시 사이에 범과 용이 쉴 새 없이 싸우던 것을 그치고 두 물건이 어우러지는 일이 눈 깜짝할 사이에 일어난다."

---

101) 단진인(段眞人): 아직 미상(2004. 4. 15).
102) 『점오집(漸悟集)』: 북칠진의 하나인 마단양이 쓴 책으로 출가하여 전진(全眞)을 수련하는 과정과 스승 및 벗들에게 준 시와 가사로 이루어져 있는데, 내단 수련에 관한 것이 대부분이다.
103) 황하(黃河): 독맥을 따라 양기가 올라가는 길을 가리킨다. 조계(漕溪)라고도 부른다.
104) 「순수음(純粹吟)」: 아직 미상(2004. 4. 15).

『지현편』에서는 말한다.

"기해로 급히 달려 돌아가는 것을 붉은 나귀라 부르고 니환으로 날아 들어가는 것이 흰 까마귀라는 것이다. 지난밤에 범과 용이 싸우던 것이 그 치니 눈 속에 어렴풋이 낚시 같은 달이 비껴 있구나."

「성안시(醒眼詩)」105)에서는 말한다.

"목과 금의 사이가 가로막혀 서와 동이 따로 떨어져 있고 구름이 일고 용이 우는데 범이 바람을 불어내다가 두 물건이 휑하니 비어버리고 쓸쓸 한데 하늘과 땅이 빙글 돈다. 다행히 무(戊)와 기(己)로 인하여 암컷과 수컷 이 모인다."

진니환께서는 말하였다.

"자(子)시에 기가 미려라는 관문에 이르고 척추를 끼고 있는 터널을 지 나서 물 푸는 수레가 떡시루 같은 산을 뚫고 오르면 한 알의 수정이 화로 안으로 들어가서 붉은 용이 수은을 물고 니환에 오른다."

『취허편』에서는 말한다.

"취하여 쓰러져 단잠 속에 꿈이 깊을 때 배 가득 보물을 싣고 조계(曹溪) 를 건넌다. 문득 단의 터전을 알아버린 뒤에는 가는 것은 놔두고 오는 것 은 거두어들이니 모든 것이 3인칭에 지나지 않는다."

「고선가(古仙歌)」106)에서는 말한다.

"수은 한 가지가 신선의 약이니 위에서부터 흘러 내려와서 불난리를 꺼 준다. 만약 물 푸는 수레를 만나면 보라색 가루가 되니 가루 같은 서리에 서 무엇인가 토해져 나와 금단으로 변화된다."

『현오집』에서는 말한다.

"북두를 옮겨 남쪽 별자리를 건너가고 두 손으로 둥근 해와 달을 받들 어 올리며 급히 날아서 곤륜산 위로 나가니 눈 깜짝할 사이에 하늘에 뜬 한 뭉치 구름으로 변한다."

---

105) 「성안시(醒眼詩)」: 아직 미상(2004. 4. 15).
106) 「고선가(古仙歌)」: 아직 미상(2004. 4. 15).

음장생(陰長生)[107]께서 말하였다.

"밤이 깊고 용이 울며 범이 부르짖을 때에 급히 물 푸는 수레를 조금도 쉬지 않도록 몰면서 흩날리는 정을 옮겨 곤륜산 봉우리로 올라가고 옥 화로에 불을 돋우어 삶으니 마치 눈 같은 것이 생긴다."

장원화(張元化)[108]께서 말하였다.

"기(沂) 강의 물이 곧바로 흘러 봉래에 올랐다가 감천(甘泉)에서 흩어져 아홉 땅덩이를 적시니 이 단전이 축축이 젖음으로부터 노란 싹이 온 누리에 동시에 피어난다."

「원도가(原道歌)」[109]에서는 말한다.

"단전을 묘하게 운용하려면 모름지기 위와 아래가 있어야 하고 한 덩이로 서쪽과 동쪽을 합할 줄도 반드시 알아야 한다. 몇 번이고 돌아와서 곤륜산 위를 웃으며 가리키니 척추를 끼고 분명히 어떤 길이 통한다."

『현오집』에서는 말한다.

"홀로 곤륜을 거닐며 어두움을 바라보노라면, 용이 울고 범이 부르짖음이 매우 분명하고 옥으로 된 못에는 음과 양의 골수가 언제나 방울방울 떨어지며 금 솥에는 때맞추어 해와 달의 정을 삶는다."

『군선주옥』에서는 말한다.

"한 점 단의 양을 얻는 일은 멀고도 별나다. 반드시 감괘 속에서 붉은 피를 찾아 붙잡아 와서 이괘 자리의 음한 정을 억누르고 짝 지워 합하고 조화롭게 하여야 하는데, 그렇게 하는 데에는 때가 있다."

『금단집(金丹集)』[110]에서는 말한다.

107) 음장생(陰長生): 동한 시대 사람으로 『금벽오상류참동계(金碧五相類參同契)』, 『주역참동계주(周易參同契注)』, 『음진군환단가결(陰眞君還丹歌訣)』, 『자원군수도전심법주(紫元君授道傳心法注)』, 『금석오상류(金石五相類)』 등을 썼다.
108) 장원화(張元化): 삼국 시대 도사로 갈현의 제자라고 전한다. 송나라 때 충묘선생(沖妙先生)에 봉해졌다.
109) 「원도가(原道歌)」: 아직 미상(2004. 4. 15).
110) 『금단집(金丹集)』: 아직 미상(2004. 4. 15).

"물 푸는 수레가 곤륜산 위로 실어 나르니 털끝도 까딱하지 않고 옥 관문에 이른다. 묘함은 여덟 문[111]을 굳게 닫아거는 데 달려 있으니, 그렇게 하면 음과 양의 흔 기운이 스스로 순환하게 된다."

「무일가(無一歌)」[112]에서는 말한다.

"이에 이르러 하나를 얻어서 다시 하나를 잊으면 우주의 으뜸 되는 운행 변화와 함께 나타났다 숨었다 할 수 있지만, 만약 하나를 붙잡고 잊지 못하면 바보 고양이가 빈 쥐구멍을 지키는 것과 똑같다."

백옥섬께서는 말하였다.

"수은은 마음이니 신을 불리면 붉은 용이라는 본성이 나오고 납은 몸이니 기를 엉기게 하면 흰 범이라는 생명이 된다. 안과 밖이 뒤섞여서 한 점 음도 없으면 만 가지 모습이 빛 속에 옥같이 맑은 거울을 세워둔 것과 같이 된다."

『순양문집(純陽文集)』[113]에서는 말한다.

"건과 곤의 조상을 훔쳐 얻으니 음과 양이 본디 종손이었다. 하늘의 얼은 흰 범을 낳고 땅의 넋은 푸른 용을 내놓으니, 이 보물을 니환으로 옮겨다가 머무르게 하고 정을 날려서 윗궁궐로 들어가게 한다. 어떤 사람이든 이 방법을 밝게 알면 만 년토록 어린이 모습일 것이다."

『포일자현도도(抱一子顯道圖)』[114]에서는 말한다.

"진리의 길을 걷는 일은 따지고 보면 어려운 것이 아니다. 그 일을 배우고 익히는 것은 다만 마음이 흐트러짐 없이 한 곳에 머무르고 치우침 없느냐 아니냐 하는 데 달려 있다. 음과 양은 위아래로 언제나 변함없이 오

---

111) 여덟 문: 두개골을 가리킨다.

112) 「무일가(無一歌)」: 아직 미상(2004. 4. 15).

113) 『순양문집(純陽文集)』: 여동빈(呂洞賓)의 『문집』을 가리킨다. 현재는 『여조전서(呂祖全書)』의 한 편으로 되어 있으나, 『여조전서』는 청나라 때 1740년 경에 편집되었다고 보므로, 이곳에 소개된 『순양문집』은 그 편집되기 전의 것이라고 추측된다.

114) 『포일자현도도(抱一子顯道圖)』: 아직 미상(2004. 4. 15).

르내리고 금(金)과 수(水)는 두루 흘러서 저절로 되돌아오곤 하며 자줏빛 집[115])에서는 푸른 용과 흰 범이 어우르고 으늑한 궁궐[116])에서는 땅의 축[117])과 하늘의 관문[118])이 합쳐지며 구름이 거두어지고 비가 흩어지며 신령한 태아가 이루어지니 남자가 아이를 낳는 것이 한가로운 이야기만은 아니다."

『현오집』에서는 말한다.

"으늑한 관문이 드러나는 곳을 알아내고자 하니 어린아이도 여인네도 가장 높은 봉우리를 웃으며 가리키는구나. 가장 높은 봉우리는 빼어나고 또한 세상에서 볼 수 없는 모습인데 그 언덕에는 비가 오듯 자욱한 속에 보랏빛 영지가 핀다. 이것이 바로 오래 사는 약인데 닦고 행하는 한없이 많은 사람도 모르고 있는 것이다."

허선평(許宣平)[119])의 『현주가(玄珠歌)』에서는 말한다.

"하늘 위의 해가 땅 밑으로 구르고 바다 밑의 아름다운 빛이 하늘 위로 날아오른다. 건과 곤과 해와 달은 본디 움직여 가는 것이 아닌데 모두 북두칠성으로 인하여 그 기틀이 굴러가도록 되어 있다. 사람의 마음이 만약 하늘의 마음과 합쳐지면 음과 양이 뒤집히는 것이 잠깐 사이에 멈추고 용과 범이 싸우던 것도 그쳐서 세 단전이 변화와 움직임을 여의고 조용해진다. 으늑한 구슬을 거두어서 진흙 속에 심는다."

『군선현주가(群仙玄珠歌)』[120])에서는 말한다.

"납은 수은을 그리워하고 수은은 납을 그리워하여 건과 곤의 운행 변화하는 권한을 빼앗으니 본성과 생명이 모두 그 두 글자에 들어서 단을 가르치는 경전 천만 편 속에 숨어 있다."

---

115) 자줏빛 집: 자부(紫府).
116) 으늑한 궁궐: 현궁(玄宮).
117) 땅의 축: 지축(地軸).
118) 하늘의 관문: 천관(天關).
119) 허선평(許宣平): 당나라 때 성양산(城陽山)에 숨어살던 도사.
120) 『군선현주가(群仙玄珠歌)』: 아직 미상(2004. 4. 15).

2. 하늘의 괘도를 도는 그림〔周天璇璣圖〕

周天璇璣圖

① 大道分明見此圖　璇璣卯酉法天然　由中道外中全外　自後推前後即前　陽火進來從左轉　陰符退去往西旋　雲時火候周天畢　煉顆明珠似月圓

② 復臨泰壯夬乾兮六陽從左而上下

③ 姤遯否觀剝坤兮六陰往右而迴旋

④ 虎西龍東建緯卯酉　刑德並會相見懽喜

⑤ 北斗南辰下眉毛眼底穿　灰心行水火定意探直鉛

⑥ 河魁臨卯天罡據酉　子南午北互為綱紀

⑦ 陰向鼻端滅陽從眼裏生　這般平易法因甚悮人行

① 큰 진리의 길이 분명하게 이 그림에 나타나 있다.

선기의 묘와 유가 하늘 생긴 대로 본받고 가운데 길로부터 바깥으로 모든 것을 온전하게 하니, 뒤로부터 앞으로 돌리면 뒤가 곧 앞이다.

양한 불은 나오는데 왼쪽으로부터 구르고, 음한 부절은 물러가는데 서쪽으로 돌아간다.

눈 깜짝할 사이에 불 조절하면서 하늘 괘도를 도는 일을 다 해 마치니 달여낸 밝은 구슬알이 마치 달과 같이 둥글다.

② 복괘로부터 임·태·대장·쾌·건괘로 여섯 양이 왼쪽에서 아래에서 위로 올라간다.

③ 구괘로부터 둔·부·관·박·곤괘로 여섯 음이 오른쪽으로 가서 둥글게 돈다.

④ 범은 서쪽으로, 용은 동쪽으로 묘와 유라는 날줄을 만들어 형벌과 덕이 나란히 즐거이 만난다.

⑤ 북의 북두성과 남의 남진성 아래에서 눈썹이 눈 밑을 찌른 채로 불 꺼진 마음으로 물과 불을 운행하며 뜻을 안정시켜 진리세계의 납을 찾는다.

⑥ 하괴(河魁)는 묘에 자리 잡고 천강(天罡)은 서쪽에 자리하고 있으며 자는 남, 오는 북으로 서로 벼리가 된다.

⑦ 음은 코끝으로 가면서 없어지고 양이 눈 속으로부터 생겨나는데, 이렇듯 쉬운 방법을 너무하다는 핑계로 실천하는 사람이 없도다.

2-1. 묘와 유의 괘도를 도는 일을 가르침[卯酉周天口訣]

앞 글에서 건과 곤이 서로 어우름을 말했는데, 이는 바깥의 약을 거두는 일이었다.

이 글에서는 묘와 유의 괘도를 도는 일을 말하니 이는 안의 약을 거두는 일이다.

밖에서 어우르는 경우는 뒤에서는 위로 앞에서는 아래로 한 번 올라가고 한 번 내려오는데, 안에서 어우르는 경우는 왼쪽으로 돌아가서 오른쪽으로 돌아오며 한 번 일어났다 한 번 엎드린다. 두 경우 모두 돌고 도는 모습이 마치 북두칠성의 선기(璇璣)[121]와 같다. 그래서 위백양께서는 "선기에 의지하여 돌면서 위아래로 오르고 내리며 여섯 효를 두루 흘러가는데 살펴보기가 어렵다"고 말하였다.

세상 사람들은 그저 건과 곤이 어우르는 줄만 알 뿐 묘와 유의 괘도를 두루 도는 일에 대하여는 알지를 못한다. 이는 마치 수레는 있으나 바퀴가 없는 것과 같고 배는 있으나 노가 없는 것과 같아서 먼 짐을 싣고 가고 싶지만 될 일이 아니다. 그러므로 『환원편』에서는 "옥 토끼와 금 까마귀 사이를 쳇바퀴 돌듯 돌면서 진리의 길이 사람의 몸에 있음을 사람들은 스스로 잃어버렸으니, 눈에 보이는 것 모두에서 물과 불을 조화시킬 줄 알면서도 눈앞에 닥쳐온 기회에 몇 번이나 동과 서를 알아낼 수 있겠느냐?"라고 말한다. 동이라는 것은 오행의 목으로서 본성에 해당하고, 서라는 것은 오행의 금으로서 정에 해당한다. 하나의 물건이 둘로 나누어져 그 사이에 동과 서로 가로막히게 된 것이다. 이제 북두칠성의 기(璣) 별이 둥글게 돌게 되면 목의 본성이 금을 사랑하고 금의 정이 목을 그리워하여 두 모습이 서로 어우러져 맺힌다. 다름 아니라 금과 목이 함께 어우러짐이다. 금과 목이 함께 어우러져야 비로소 수와 화의 구실도 온전해지는 것이니, 단에

---

121) 선기(璇璣): 북두칠성의 둘째와 셋째 별. 사람의 마음에 비유된다[『원시무량도인상품묘경내의(元始無量度人上品妙經內義)』 권2 참조].

관한 경전에서 말하는 '네 모습을 조화롭게 합한다'는 것이 바로 이것이다. 그러므로 장전일(張全一)122)의 『연화비결(鉛火秘訣)』에서는 "큰 약이 생기는 데는 시간의 마디가 있으니, 해의 끝이요 자의 처음인 한밤중이다. 정과 신이 서로 어우러져 밝은 빛을 합치니 어리둥절하게 밝은 달이 생겨나고, 어우름이 끝나면 아래로 흘러 내려가며 마치 거품을 내뿜듯 한다. 하나의 양이 다시 돌아오는 것이니 가벼이 새어나가게 하지 말라. 급히 반드시 아주 으늑한 관문123)에 닫아놓고 불로써 약을 몰아붙여 미려라는 구멍을 건너게 한다. 캘 때는 눈을 이용하는데, 니환을 지키는 것이다. 아래로 내려와서 왼쪽으로 올라가서 다시 엉기어 쉬는데, 이것을 '눈길을 따라 쭉 통하여 뇌로 으늑한 것이 올라간다'고 말한다. 오른쪽으로 내려놓여 아래로 내려왔다가 다시 꺾여 일어난다. 여섯에 여섯 수가 다 끝나면 약이 건괘의 곳에 오른다. 양이 꼭대기까지 가면 음이 생겨 오른쪽으로 옮겨가니 반드시 관문을 열어서 불을 물러나 내려가게 하여야 한다. (그리하여) 눈빛이 아래로 곤괘에 해당하는 단전을 지켜보면서 (이번에는) 오른쪽으로 올라가서 왼쪽으로 내려오게 되면 비로소 엉기어 머무르게 되니 셋에 여덟 수를 다해 마치면 하늘의 괘도를 한 바퀴 돈 것이다. 이것이 바로 타고난 그대로의 참된 불의 운행 상황이다. 저절로 오르고 내리며 스스로 뽑아내서 보태어주고 또한 그믐도 보름도 상·하현도 초하루도 없으며 또한 머리 감고 몸 씻음도 없이 하나로 긴 한 편의 이야기이다. 이상한 이름들을 잘라 내버리고 비유로 한 말들을 쓸어 없애라! 오직 이 두 구절만이 참다운 가르침이다"라고 말한다.

그 방법은 건과 곤이 어우른 뒤에 행하는 것이니, 다름 아니라 맺힌 금단을 흩어지거나 없어지지 않도록 하는 것이다.

먼저, 이 일에 쓰이도록 만든 기구124)의 위쪽으로 아주 으늑한 관문의

---

122) 장전일(張全一): 장삼봉(張三丰).
123) 아주 으늑한 관문: 태현관(太玄關).
124) 기구: 법기(法器). 법기에는 내단 수련을 돕기 위하여 만든 찐빵 모양의 물

입구를 막는다. 다음으로 기를 운행하며 주재하여서 아래로 곤괘에 해당하는 배꼽을 비추며 오래 있으면 천천히 왼쪽으로부터 위로 건괘에 해당하는 정수리를 비추게 되고 조금 멈추었다가 오른쪽으로부터 아래로 곤괘에 해당하는 배꼽으로 내려온다. 이것이 1도이다. 다시 곤괘인 배꼽으로부터 위로 건괘인 정수리로 올라가고 다시 정수리로부터 아래로 배꼽으로 내려온다. 이와 같이 36바퀴를 구르면 양한 불을 앞으로 나아가게 하는 일 36도를 끝내게 되는 것이다.

관문을 열어서 불을 물러나게 하는 일도 역시 아래로 곤괘에 해당하는 배꼽을 비추다가 오른쪽으로부터 위로 건괘인 정수리에 이르고 왼쪽 가장자리로 내려놓아 아래로 곤괘인 배꼽까지 내려온다. 이것은 1도이고 이와 같이 24바퀴를 구르면 음한 부절을 물러나게 하는 일 24도를 끝내게 되는 것이다.

그러므로 장자양께서는 "북두의 끝이 네 계절을 가리키니 여덟 절기가 순조롭게 따르지 않음이 없다"고 말하였다. 북두의 끝은 사실은 움직임 없이 우뚝한데 일곱 별 가운데 괴(魁)와 표(杓)가 스스로 옮겨가는 것이다. 단지 두 눈만을 희게 하여 위아래로 엇갈려 보내어 반드시 변화와 움직임을 여읜 가운데로 들어가도록 하여야 하고 바쁜 속으로 보내서는 안 된다.

두 눈을 희게 하여야 하는 이유는 무엇인가?

눈이라는 것은 양한 터널의 입구이다. 사람의 한 몸은 모두 음에 속하는데 오직 이 점만은 양하다. 나는 이 한 점의 양을 가지고 아래로부터 위로, 왼쪽으로부터 오른쪽으로 굴리고 또 굴려서 뭇 음들과 싸워 물리친다. 그러면 양의 길이 날로 자라나고 음의 길은 날로 자지러진다. 그러므로 『역』에서는 "용이 들에서 싸우니 그 피가 검고 누르다"고 말한다. 또한 참된 기로 하여금 위아래로 마치 하늘의 은하가 둥글게 도는 것처럼 돌 수 있도록 하기도 하니 그 눈의 구실이 '크다'고 말할 수 있다.

건을 가리킬 때도 있고, 도교 의식(儀式)을 행하는 경우에 사용하는 여러 가지 악기를 가리킬 때도 있다.

사람이 처음 태로 맺힐 때에는 하늘의 1이 수(水)를 생기게 하는 이치로 먼저 검은 알이 생기니 눈동자는 신장에 속하며, 땅의 2가 화(火)를 생기게 하는 이치로 두 눈초리가 생기니 심장에 속하고, 하늘의 3이 목(木)을 생기게 하는 이치로 검은 알이 생기니 간장에 속하며, 땅의 4가 금(金)을 생기게 하는 이치로 흰 알이 생기니 폐에 속하고, 하늘의 5가 토(土)를 생기게 하는 이치로 위아래의 눈꺼풀이 생기니 비장에 속한다. 이로 말미암아 볼 것 같으면 다섯 장부의 순수한 알맹이가 모두 눈에서 피어나고 있는 것이다.

스승의 가르침을 받은 뒤에 사람이나 소·말의 낙태한 것과 닭이 품던 알을 보니까 모두 두 눈이 먼저 생기고 오장육부는 아직 생기지 않았다. 나는 비로소 눈이야말로 태어나기 전부터 있는 신령함인 으뜸 되는 신이 놀고 있는 집이라는 것을 알게 되었다. 『황극경세서(皇極經世書)』125)에서는 "하늘의 신은 해에 깃들이고 사람의 신은 눈에서 피어난다"고 말한다. 훌륭하다! 사람의 신은 눈에서 피어나는 것이니, 몸이 생길 경우 이 물건이 하늘과 땅보다 먼저 생기고 몸이 없어질 경우 이 물건이 하늘과 땅보다 먼저 없어진다. 수·화·목·금·토 오행이 이에 묶여 모이고, 간·심·비·폐·신 오장이 이에다 신령한 씨앗을 심고, 침·눈물·정액·진액·기운·피·기타 액체의 일곱 물건의 빼어난 것이 이에서 맺힌다. 그것이 크게는 하늘과 땅도 품을 수 있고 적게는 터럭 끝도 받아들이지 않는다. 이 어찌 나의 몸 속에 있는 큰 보배가 아니겠는가?

『내지통현결(內指通玄訣)』126)에서는 "으늑하고 미묘한 방법은 여러 말 많이 할 것 없고 그저 눈앞에 있을 뿐인데, 사람들이 살피지 않는다"고 말하고, 『숭정편(崇正篇)』에서는 "실어 옮기는 구실이 있어서 밤낮으로 이어

---

125) 『황극경세서(皇極經世書)』: 북송 소옹이 그의 선천상수역학(先天象數易學)에 의거하여 지은 역학에 관한 책이다. 1권부터 6권에서 『주역』의 64괘로써 세상의 다스려짐과 어지러워짐을 설명하고, 7권부터 10권에서 음악이론인 율려(律呂)를 말한 다음, 11권부터 12권 「관물편(觀物篇)」에서 그의 선천상수역학의 이론체계를 펼치고 있다.
126) 『내지통현결(內指通玄訣)』: 아직 미상(2004. 4. 15).

지고 빙글빙글 도는 지극한 묘함은 선과 기라는 별을 본받고 있다"고 말한다.

『화후가(火候歌)』에서는 "으늑하고 으늑함을 뚫고자 한다면 반드시 혼자 있어도 조심하는 일을 배워야 하는데, 혼자 있어도 조심하는 일을 배우는 것은 그 기틀이 눈에 달려 있다"고 말한다.

진니환께서는 "참된 음 참된 양이 참된 진리의 길인데, 바로 눈앞에 있거늘 어찌 먼데 것을 말하는가?"라 말하였고, 설도광께서는 "분명히 바로 눈동자 앞에 있으니 이를 좇아서 사람들은 하늘을 찾는다"고 말하였다.

유해섬께서는 "내려오고 올라가며 바퀴의 축과 살을 따라 돌고 왼쪽으로 돌고 오른쪽으로 되돌아가며 북두칠성에 합한다"고 말하였고, 왕자진(王子眞)[127]께서는 "어제 밤에 소녀가 신령한 사립문을 열어주어 신선들이 자미에 모이는 것을 엿보았더니, 북두와 남신(南辰)[128]이 앞뒤로 벌려 있고 둥근 해와 달 두 바퀴가 날아서 오고 가더라"고 말하였다.

소자허께서는 "용이 구슬을 기르듯 언제나 스스로 살피고 닭이 알을 품듯 언제나 스스로 품으면 금 즙이 돌아와 단을 이루는 것[129]도 눈앞에 있게 되거늘, 알지 못하는 사람은 많고 아는 사람은 적다"고 말하였고, 진취허께서는 "등불 빛도 햇빛도 달빛도 별빛도 아닌데 약이 신령해지면 저절로 평소와는 달리 밝아진다. 발을 내린 듯이 하고서 오래도록 빛 밝은 곳을 보노라면 구슬 한 알이 당당하게 본디 진리를 드러낸다"고 말하였다.

『취허편』에서는 "금단의 일을 한가롭다 말하지 말라. 반드시 절실하게

---

127) 왕자진(王子眞): 아직 미상(2004. 4. 15).

128) 남신(南辰): 북두에 대조적으로 사용한 용어로 보인다. 내단 수련에서는 이 괘(離卦) 가운데의 음효 곧 태어날 때부터 있는 으뜸 된 신을 가리킨다(『금선증론』「풍화경」 참조).

129) 금 즙이 돌아와 단을 이루는 것: 금액환단(金液還丹). 임독맥을 통한 뒤에 금 즙이 단전으로 돌아 내려가서 단을 이루는 경우, 으뜸 되는 신과 폐의 기가 어우러져 황정으로 되돌아오는 경우, 폐의 진액이 단전으로 돌아오는 경우 등을 가리키는 용어이나, 이곳에서는 처음의 뜻으로 풀었다.

부지런하고 괴롭고 힘들게 모으고 갈아야 하며 겸손한 태도로 꾸준하게 스승과 더불어 이야기를 나누어 도움을 받아야 한다. 눈앞에 다른 길이 있지 않다"고 말한다.

『현오집』에서는 "푸른 소를 탄 사람[130]이 떠난 지 많은 세월이 지났건만 이 진리의 길은 눈앞에 분명하게 있도다. 눈앞에 있는 참된 곳을 알아내고자 하니 덩그런 마루에 바람이 차게 부는데 달이 아름답구나"라고 말한다.

진니환께서는 "큰 진리의 길이 분명하게 눈앞에 있건만 요즘 사람들은 알아내지를 못하고 죽음의 길로 잘못 들어서기만 한다. 누런 싹이라는 것은 본디 건과 곤의 기요 신비한 물의 뿌리와 터전은 수은과 이어져 있는 것이다"고 말하였다.

『현학통종(玄學統宗)』[131]에서는 "몇 번이고 손을 털고 곤륜을 찾아 오르며 북두칠성의 선과 기를 움직여 돌리니 우주의 운행과 변화가 나누어지도다. 밤낮으로 돌고 또 처음으로 돌아와서 다시 시작하니 갓난아이가 이를 좇아 생명을 오래 보존하도다"라고 말한다.

『관오판혹가(觀吾判惑歌)』[132]에서는 "이 골동품이 아주 오묘한데 언제나 변함없이 그 터널의 입구를 살피고 있으면 묘함이 생기게 되는 것이다. 이 터널의 입구는 눈앞에 분명하게 있지만 훌륭하지 못한 선비는 듣고도 크게 웃어버린다"라고 말하고, 『금단부(金丹賦)』[133]에서는 "용이 내쉬고 범이 들이마시며 얼이 삼키고 넋이 내뱉으며 남과 북이 물과 불에서 서로 어우르고 묘와 유가 굴러서 자와 오로 돌아온다. 건과 곤에 포함된 수를 통틀어 모아 잡고 변화의 주인은 한가롭기만 하며 어미와 아들은 휑하니

---

130) 푸른 소를 탄 사람: 노자(老子)를 가리킨다. 노자께서 함곡관을 지나 서쪽으로 떠날 때 푸른 소를 타고 있었다.
131) 『현학통종(玄學統宗)』: 아직 미상(2004. 4. 15).
132) 『관오판혹가(觀吾判惑歌)』: 아직 미상(2004. 4. 15).
133) 『금단부(金丹賦)』: 금나라 때 마리소(馬莅昭)가 주(注)를 단 책인데, 『금단부』 자체는 누가 썼는지 모른다.

넓고 빈곳에 둘러싸여 있는데 솥과 가마에 힘을 입어서 기르고 자라게 된다"고 말한다.

『군선주옥』에서는 "깨달음 속에서 깨닫고 깨우침 가운데 깨우치니 한 점 신령한 빛이 가로막힘도 보호됨도 없이 탁 열려 사나운 불꽃이 사바세계를 비춘다. 진리의 세계만이 가로 세로 모습을 드러내는데, 이러한 소식은 아주 깊고도 어렴풋하다. 나무 허수아비가 멀리 흰 구름 돌아가는 곳을 가리키는 이러한 으늑한 터널의 입구는 입으로 말하기 어려운 것이고 눈 앞에 보고도 곧 잊어버린다"라고 말한다.

남곡자(南谷子)[134])께서는 "지극한 진리의 길은 멀리 있지 않고 눈 앞에 있으니 하늘과 땅의 기틀을 훔쳐서 신선의 태를 닦고 이루어라"라고 말하였고, 순양자께서는 "어떤 사람이 나에게 닦아 행하는 방법을 묻기에 멀리 하늘가의 둥근 해와 달을 가리켰다"고 말하였다.

앞에서 본 여러 선인들의 아름다운 말들은 모두 기를 운행하는 일을 주재하는 뜻을 밝힌 것이다.

이 절에서 배우고 익히는 일은 모두 제4편과 마찬가지 이치로 앞의 것을 이어받고 아래로 이어지며 마치 구슬을 꿰듯이 깔끔한 것이다.

꼬불꼬불한 강 아래[135])에서 약물을 캐어서 불을 모아 그것을 싣고 건괘에 해당하는 곳으로 올라가서 아홉 궁궐의 위에서 건과 곤이 어우러지고 하늘의 궤도를 두루 옮겨 돌아서 솥에 이르러 엉겨 맺히는 일인 것이다. 장자양께서는 "모두 모아서 잠시 동안 배우고 익히니 다함없는 한가로움과 즐거움을 영구히 갖게 된다. 가볍고 맑은 것은 니환에 엉기고 무겁고 탁한 것은 아랫배의 기가 모이는 구멍으로 흘러 들어간다"고 말하였다.

---

134) 남곡자(南谷子): 원나라 때 안휘성 채석(采石) 사람으로 성은 두(杜), 이름은 처일(處逸), 자는 도견(道堅). 인종(仁宗)이 '융도충진숭정진인(隆道沖眞崇正眞人)'에 봉하였다. 『통현진경찬의(通玄眞經贊義)』, 『주도덕현덕원지(注道德玄德原旨)』, 『술현경원지발휘(述玄經原旨發揮)』 등의 저서가 있다.

135) 꼬불꼬불한 강 아래: 곡강(曲江)의 아래 곧 하단전.

날마다 이와 같이 뽑아다가 채우고 이와 같이 어우르면 수은이 차차 많아지고 납이 점점 적어진다. 오래되면 납이 없어지고 수은은 건괘와 같이 순수한 양의 상태가 되어 한 알의 마니 구슬을 맺는다. 이것이 바로 금 즙이 큰 괘도를 돌아 단전으로 돌아와 단을 이루는 것이다. 그러므로 마의보(馬宜甫)136)께서는 "물 속의 금을 거두게 되면 보리의 알맹이를 캐게 되고 곤륜에 부는 바람을 돌리게 되면 오래 살고 나고 죽음이 없어진다"고 말하였다.

무릇 감괘 가운데의 납은 본디 그 아버지의 참된 정이고, 이괘 가운데의 수은은 본디 그 어머니의 참된 피다. 처음 건괘의 몸이 한 차례 깨어짐으로써 두 물건이 반달처럼 두 쪽으로 나누어지고 보통사람들은 그로부터 날로 멀어지고 날로 나누어지다가 나누어짐이 다하면 죽는다. 그렇기 때문에 지극한 사람은 건과 곤의 바탕을 본받고 감과 이의 작용을 배워서 신의 구실을 빼앗고 하늘의 명함을 고친다. 감 가운데의 납을 얻어서 이 가운데의 수은을 억누르고 감 가운데의 양을 얻어서 이 가운데의 음에 채운다. 음이 다하고 양이 순수해지면 다시 건괘의 으뜸 상태인 본디의 바탕을 이루는 것이다. 그러므로 장자양께서는 "감괘의 자리 중심에 차 있는 것을 가져다가 이괘의 궁궐 속에 있는 음을 바꾸어놓는다. 이로부터 변하여 건괘의 튼튼한 몸으로 이루어지는데, 가라앉아 숨거나 뛰어올라 날거나 모든 것이 마음에 말미암는다"고 말하였다.

---

136) 마의보(馬宜甫): 북칠진의 하나인 마단양.

제3절 신선·부처를 내 몸에 배다

1. 신령한 단이 솥으로 들어가는 그림[靈丹入鼎圖]

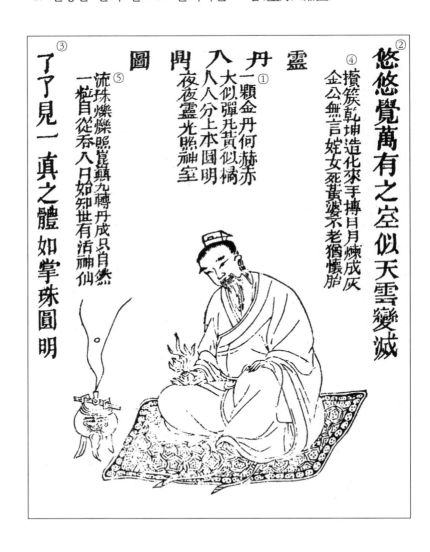

① 한 알의 금단은 어떤 모양으로 붉게 빛나는가? 마치 큰 탄환 같고 귤 빛같이 누르다.

사람마다 나누어 가지고 있는데, 본래 둥글게 밝아서 밤마다 신령한 빛이 신이 사는 방을 비춘다.

② 모든 존재의 공(空)함은 마치 하늘의 구름이 변하고 없어지고 하는 것과 같음을 하염없는 가운데 깨우친다.

③ 분명하게 흔 진리의 바탕이 드러나니 마치 손바닥의 구슬이 둥글고 밝은 것 같다.

④ 건과 곤을 묶어 모아서 우주의 운행 변화를 일게 하고 손으로 해와 달을 뭉쳐 불려서 재를 만드니 금공(金公)은 말이 없어지고 소녀는 죽는다. 누런 할머니는 늙지 않아서 마치 아이를 밴 듯하다.

⑤ 흐늘흐늘한 구슬이 곤륜산 꼭대기를 번쩍번쩍 비추고 아홉 바퀴를 굴러 단이 이루어짐도 다만 저절로 그러할 뿐이다.

한 알이 스스로 따라옴에 입으로 삼키니 비로소 세상에 살아 있는 신선이 있음을 알게 된다.

1-1. 신령한 단이 솥으로 들어가니 신선·부처 될 성스런 태아를 길러 키운다[靈丹入鼎, 長養聖胎]
(불을 조절하는 일도 함께 실었다.)

원래 처음에는 저 깔끔한 금도 광석 속에 섞여 있었는데, 불로 밀어붙임으로 인하여 마침내 건괘에 해당하는 궁궐에 오른다. 차차로 캐어서 차차로 쌓으며 불로 태우고 녹여서 줄이고 줄이면서 불리는 일을 거듭하여 연기도 없어지고 불도 꺼질 때까지 이르면 광석이 다 없어지고 금만 순수하게 되는 것이다. 이렇게 되고서야 비로소 한 알의 용과 범으로 된 금단이 이루어지는데, 둥글둥글하고 힘차게 펄떡거리는 것이 이슬 같고 전기 같으며 안개도 아니고 연기도 아니면서 눈부신 빛으로 번쩍거리며 곤륜에 빛난다. 놓여나면 하늘과 땅의 터널을 열어젖히고 돌아오면 취미궁(翠微宮)137)에 들어가 숨는다.

이때에 약은 생기지 않고 수레바퀴도 구르지 않으며 줌은 내려가지 않고 불은 타오르지 않는다. 다섯 기가 모두 위의 양한 곳에 모이고 세 빛이 모두 건괘에 해당하는 정수리에 모인다. 양이 순수해지고 음이 다 없어지며 단은 여물고 구슬은 신령해진다. 장자양께서는 "뭇 음이 다 떨어져 없어지면 단이 이루어져 여물고, 펄쩍 뛰어 둥지를 벗어나면 목숨이 만 년 간다"고 말하였다.

그래서 당나라 송나라 때의 시해(尸解)를 할 줄 알게 된 여러 선인들이 이곳에서 길을 갈라서게 되었던 것이다. 뜻대로 몸에 태어나고 나왔다 들어가기를 자유롭게 하면서 백 자 장대 꼭대기에서 한 발 더 나아갈 일이 있음을 인정하지 않는다. 그러므로 지어진 일곱 가지 세계를 떠나지 못하게 된다는 허물이 있고 아무런 열매도 없는 공간으로 떨어질 잘못을 저지르게 되는 것이다. 이들은 모두 나의 본성과 생명을 거듭나게 하고 나의 건과 곤을 다시 만들어내서 본성의 씨앗을 변하게 하여 부처의 본성으로 되게 하며 의식의 신을 변화시켜서 으뜸 된 신으로 이루어지게 하는 저절로 그러한 운행과 변화의 묘함을 모르는 것이다.

만약 생명 닦기를 주로 배우고 익히는 사람이 스스로 우주의 운행 변화를 이루는 까닭을 모른다면, 그는 마른 나무처럼 앉아만 있으며 옆길로 빠지는 사람이니 도인들은 그를 도인이 아니라 한다. 만약 본성을 깨닫는

137) 취미궁(翠微宮): 상단전을 가리킨다.

것을 주로 배우고 닦는 사람이 스스로 우주의 운행 변화를 이루는 이치를 모른다면, 그는 공(空)을 위한 공만에 굳게 매달려 바깥 길을 걷고 있는 사람이니 부처의 가르침을 따르는 사람들이 그를 스님이 아니라 한다.

이 가르침은 참된 신선과 부처를 이룬 윗분들이 깊이 감추어두었던 것으로서 이미 금나라 원나라 때로부터도 진리의 길을 배워온 사람들 가운데 이를 아는 사람이 적었던 것이었다. 오직 나의 스승이신 윤 선생님께서만 "솥 가운데 보물이 있으나 이는 참된 보물이 아니다. 신령한 태아를 거듭 이루어야 이것이 바로 성인 되는 태아인 것이다"라고 말씀하셨던 것이다.

그러나 구슬은 곤륜에 있는데 어찌하여 아래에서 성인 되는 태아를 맺는가?

반드시 신의 오두막을 빌리고 신령하고 양하며 참된 기를 훔쳐서 그것을 몰아세우고 아주아주 양한 진리의 불로써 그것을 밀어붙여야 되는 것이다.

몰아세우고 밀어붙이기를 오래 하노라면, 때가 되면 신령한 단이 툭 떨어져서 입 안으로 삼켜져 들어가서 금 즙으로 변화되고 단을 가두어두는 방안으로 곧게 쏘아져 들어간다. 눈 깜짝할 사이에 구름이 일고 비가 내리며 천둥이 치고 번개가 번쩍거린다. 잠깐 동안 죽기 아니면 살기의 싸움을 하고 나면 한 몸의 음한 찌꺼기들이 모조리 자지러지니, 마치 수레바퀴의 바큇살이 축과 통으로 모이듯 마치 물이 큰 곳으로 모이듯 백 가지 신령함과 일곱 가지 보물[138]이 모두 이곳으로 모인다. 옛적에 무상원군(無上元君)[139]께서 노자께 "신비한 단이 입으로 들어가면 목숨이 다

---

138) 일곱 가지 보물: 칠보(七寶). 정(精)·혈(血)·기(氣)·수(髓)·뇌(腦)·신(腎)·심(心)을 가리킨다. 이외에도 ① 많은 종류의 보물, ② 선가에서 장엄을 꾸미는 색, ③ 기타 물질적이거나 정치적으로 중요하고 귀한 보물 일곱 가지, ④ 성(性)·명(命)·음(陰)·양(陽)·신(神)·기(氣)·정(精), ⑤ 안(眼)·이(耳)·비(鼻)·구(口)·배꼽·생식기·항문, ⑥ 7이 돌아오는 공부를 하는 경우에 그 돌아온 기 등을 가리키기도 한다.

함없게 된다"고 말하였다. 그러므로 노자께서는 그것을 닦아서 이 진리의 길의 첫 스승이 되었던 것이다.

허선평(許宣平)께서는 "신이 터널 속에 살면 천 가지 지혜가 생기고 단이 솥 안으로 들어가면 만 가지 종류로 변화된다"고 말하였고, 진허백(陳許白)[140]께서는 "내가 처음 성인의 태아를 엉겨 맺었을 때에는 백 맥이 모두 멎고 기도 달리지 않았다"라고 말하였다.

시견오(施肩吾)[141]께서는 "하늘과 사람은 기가 같은 하나라서 이것과 저것이 느껴서 통한다. 공중으로부터 양이 와서 내 속의 주인어른을 품는다"고 말하였다. 그러면 나는 이미 신령한 단이 솥으로 들어간 경지를 얻은 것이다.

그리고서 안과 밖을 엇갈려 닦으며 달이고 또 달여 나가면 반드시 하늘과 땅의 덕에 합하는 경지에 이르게 되고 아주 텅 빈 속에 저절로 한 점의 참된 양이 생겨서 나의 신령한 단과 합하여 하나가 된다. 무릇 나의 몸 속의 신령이 하늘과 땅의 신령을 느끼게 되면 안으로는 참되고 밖으로는 응하게 되어 완전히 섞여서 합쳐진다. 『금벽경』에서 "자석이 쇠를 끌어당기듯 가로막힌 것이 알지 못하는 사이에 통한다"고 말한 것이 이와 아주 같은 뜻이다.

이러한 배우고 익힘은 변화와 움직임을 지극히 여의는 일에 완전히 달려 있다. 노자께서는 "사람이 언제나 변함없이 맑고 깨끗할 수 있으면 하늘과 땅이 모두 돌아온다"고 말하였다.

139) 무상원군(無上元君): 태상노군의 어머니라고 전해진다[『역세진선체도통감(歷世眞仙體道通鑑)』 참조].
140) 진허백(陳許白): 원나라 때 사람으로 이름은 충허(沖虛). 『규중지남(規中指南)』을 썼다.
141) 시견오(施肩吾): 당나라 때 목주(睦州) 분수(分水: 현재 절강성 동로 서북쪽) 사람으로 자는 희성(希聖), 호는 동재(東齋), 화양자(華陽子) 또는 서진자(栖眞子). 『황제음부경해(黃帝陰符經解)』, 『태백경(太白經)』, 『서산군선회진기(西山群仙會眞記)』, 『종려전도집(鍾呂傳道集)』, 『서산집(西山集)』 등을 썼다.

그 두 양이 막 합쳐지는 때에 성인 되는 태아가 비로소 엉기니 반드시 언제나 변함없이 깨어서 비추면서 조심조심 보호하고 지켜야 된다. 마치 어린 용이 막 구슬을 기르게 된 듯하고 어린 여자가 처음 아이를 밴 듯하니 신이 사는 방문을 굳게 닫아 새나가지 못하게 하여야 된다. 그러므로 태백진인(太白眞人)[142]께서는 "확실하게 건너가면 태가 새는 일이 없고 변화는 눈 깜짝할 사이에 일어난다"고 말하였다.

나아가서 모든 때에 앉거나 서거나 걷거나 눕거나 간에 언제든지 비추어 살피고 생각생각 이에서 떨어지지 않으며, 모든 것이 뒤섞여 소용돌이치는 가운데 마치 어머니의 태 안에 들어 있듯이 종일토록 멍청해 있으면서도 어긋나지 않고 눈 깜짝할 사이도 끊어짐이 없어야 된다.

갈선옹(葛仙翁)께서는 "숨마다 가운데로 돌아와 끊어짐이 없으면 타고난 참된 것이 태 안에 절로 엉기어 굳는다"고 말하였고, 장용성께서는 "한 알의 신령한 단이 뱃속으로 삼켜지니 비로소 나의 생명이 하늘로 말미암은 것이 아님을 알겠더라"고 말하였다.

석득지(石得之)[143]께서는 "손바닥 위에 노을빛이 번쩍이거든 뱃속으로 삼켜 넣으면 가운데 궁전[144]이 새로워진다"고 말하였고, 조연독(趙緣督)께서는 "신비한 단이 황금 방으로 날아 떨어지고 젖먹이 아기가 극락 나라에 태어난다"고 말하였다.

여순양께서는 "도규(刀圭)를 먹어버리면 단학에 관한 책이 내려오고 티끌 둥지를 뛰어나가 아홉 하늘 위로 오르게 된다"고 말하였고, 주문공(朱文公)[145]께서는 "도규가 한 번 입으로 들어가면 대낮에 날개가 생긴다"고 말

---

142) 태백진인(太白眞人): 당나라 때 사람으로 성과 이름은 왕원정(王元正), 또 다른 호는 청허자(淸虛子). 『태백환단편(太白還丹篇)』, 『신선양생비결(神仙養生秘訣)』을 썼다.
143) 석득지(石得之): 석태(石泰).
144) 가운데 궁전: 중궁전(中宮殿). 중단전을 가리킨다. 이외에 하단전 또는 비장(脾臟)을 가리킬 때도 있다.
145) 주문공(朱文公): 아직 미상(2004. 4. 15).

하였다.

이청암께서는 "한 알의 보배 구슬이 뱃속으로 삼켜지면 완전한 진리의 선인들과 한 식구가 된다"고 말하였고, 진희의께서는 "겉으로는 아무런 발자취도 남김 없이 단을 가두어두는 방으로 돌아가니, 깊이 가라앉아 있는 어떤 장치에 성인 되는 태아가 맺힌다"고 말하였다.

설자현께서는 "음과 양의 노와 소[146]를 모두 끌어안고서 무(戊)와 기(己)로 돌아가서 힘겹게 조심조심 열 달 만에 아기를 낳는다"고 말하였고, 『오진편』에서는 "과일이 가지 위에 생겨나서 마침내 익는 것과 아들이 태 속에 있는 것에 어찌 다름이 있겠는가?"라고 말한다.

『취중음(醉中吟)』[147]에서는 "보배 구슬이 웃고 춤추며 하늘 골짜기를 떠나 비로소 아기집을 벗어나더니 또 다시 태 속으로 들어간다"고 말하고, 장자양께서는 "젖먹이란 태어나기 전의 진리의 기를 한 조각 품은 것인데 열 달 동안 태아가 원만해지고 성인의 터전에 들어서게 된다"고 말하였다.

여순양께서는 "하늘이 하나의 물건을 낳아 하늘과 땅과 사람이 변하고 음과 양이 서로 느껴서 성인 되는 태아를 맺는다"고 말하였고, 백옥섬께서는 "닭이 알을 품으면 언제나 마음으로 들을 줄 알고 매미가 모양이 이루어지면 껍질이 갈라지게 된다"고 말하였다.

유석간(兪石澗)[148]께서는 "범이 한 소리 부르짖으니 용이 굴을 나오고 난(鸞)새가 날고 봉(鳳)새가 춤추며 금으로 지은 성으로 들어간다"고 말하였고, 『군선주옥』에서는 "조그만 것 한 알을 먹으니 하늘과 땅만큼 오래 살 수 있게 되어 죽음이 삶을 어찌하지 않고 태어남이 죽음을 간섭하지 않는다"고 말한다.

---

146) 음과 양의 노와 소: 사상(四象) 곧 노양(老陽)·노음(老陰)·소양(少陽)·소음(少陰).
147) 『취중음(醉中吟)』: 마단양의 글(이 책 제2편 제2절 「태어나기 전의 세계」의 1-1, 233~234쪽 참조).
148) 유석간(兪石澗): 유염(兪琰).

장자양께서는 "서로 삼키고 서로 마셔서 서로 친해지니 비로소 남자가 아이를 밴다는 사실을 알게 된다"고 말하였고, 종리 어른께서는 "태안에 아기가 이루어지면 조심조심 따뜻이 기르는 일을 해야 하니 끊임없이 단을 가두어두는 방을 비추면서 황중(黃中)을 지켜야 한다"고 말하였다.

진니환께서는 "남자가 아이를 배니 태선(胎仙)이라 할 수 있는데, 오직 두꺼비가 내쏘는 빛이 밤마다 둥글 뿐이다. 하늘의 참된 운행 변화의 기틀을 빼앗으니 몸 속에 절로 옥청(玉淸)149) 하늘이 생긴다"고 말하였고, 진포일(陳抱一)150)께서는 "큰 진리의 길은 사사로움이 없으면 느껴져 오게 되는 것이라는 신선들의 이 말이 어찌 헛말이겠는가? 진실로 매달리는 뜻 없이 수은과 납을 구하여 전쟁을 치르는 듯한 가운데 하늘의 기틀을 깨달으면 성인 되는 태아를 맺게 된다"고 말하였다.

『현오집』에서는 "신선의 정원에서 반도(蟠桃)가 절로 익을 때 따다가 먹는 일을 때늦지 않게 가르치라. 여러 번 남몰래 훔쳐내는 일을 실행해야 되는 곳은 한없이 많은 신선들일지라도 모두 다 알고 있는 것은 아니다"고 말하고, 용미자(龍眉子)께서는 "크기는 참새알 같은 것이 동글동글하고, 한가롭기는 검은 용이 물고 있는 구슬 같은 것이 둥근 알을 이루고 있는데, 용 새끼가 태를 벗어날 때 입 속으로 삼키면 이 몸은 이미 땅 위에 사는 신선을 보여주게 된다"고 말하였다.

자허진인(紫虛眞人)151)께서는 "처음에 단을 돌아오도록 달이는 일을 하려면 반드시 방에 들어앉아야 하니, 여인이 아이를 밴 것과 다를 바가 없다.

---

149) 옥청(玉淸): 원시천존이 다스리는 성스런 경계(境界). 태청(太淸)·상청(上淸)과 함께 삼청(三淸)이라 부른다.

150) 진포일(陳抱一): 송나라 때 사람으로 이름은 현미(顯微). 『문시진경언외지(文始眞經言外旨)』, 『주역참동계주(周易參同契注)』, 『주역참동계해(周易參同契解)』, 『입성편(立聖篇)』, 『현미치언(顯微巵言)』, 『문시진경해(文始眞經解)』 등을 썼다.

151) 자허진인(紫虛眞人): 최희범(崔希范).

성인 되는 태아가 엉겨 맺혀서 원만하게 이루어진 뒤에는 들고나고 행동하고 안하고 간에 걸릴 것이 없다"고 말하였고, 백자청(白紫淸)[152]께서는 "다만 무와 기를 가지고 단을 달이는 화로를 만들어 붉은 알을 불려 얻고 옥 같은 젖을 변화시키며 느긋하게 불 맞추는 법칙대로 300일을 지켜서 한 알의 야명주(夜明珠)를 만들어낸다"고 말하였다.

장진인께서 백룡동주(白龍洞主)에게 준 노래에서 "이로부터 뿌리와 싹이 차차 자라나니 때맞춰 물을 대주며 참된 정을 품고 있어서 열 달 만에 태를 벗어날 때 입 속으로 삼키게 되면 느끼지 못하는 사이에 이 보통사람의 몸에 신령함이 깃들인다"고 말하고, 백옥섬께서는 "괴상한 일로 사람들을 가르치니 몇 번이고 웃어버리는데, 남자도 이제는 아이를 밸 줄 안다는 것이다. 제 몸 안에 있는 정과 피가 스스로 어우러지니 몸 속에 있는 지아비 지어미가 묘한 것이다"고 말하였다.

황원길께서는 "솥 안의 금단이 눈부신 빛을 번쩍거려도 집어다가 가운데의 누런 방으로 보낼 길이 없더니, 갑자기 밤중에 부는 하늘의 바람 편에 신령한 아이를 고향으로 불어 보낸다"고 말하였고, 진취허께서는 "진리의 길의 요점은 아무것도 없는 가운데에서 아이를 길러 이루어내는 것인데, 그 가운데에는 따로 진리의 실마리라 할 것이 있다. 그 외의 모든 여건은 복잡하거나 어려울 것이 없고 묘한 것은 하늘의 기틀인데, 단을 가르친 여러 책에 흩어져 있지만 쉽게 그 비밀을 새어 내보내려 하지들 않는다"고 말하였다.

왕중양께서는 "하염없는 가운데 우연히 천태(天台)[153]에 이르니 갑자기 노을빛이 다섯 색으로 퍼짐을 보게 되었다. 이것이 금단의 처음 변화라 생각하고 잡아 가지고 솥 안으로 돌아오니 어린아이가 맺혔다"고 말하였고, 상양자께서는 "만약 단을 무엇으로 이루느냐고 묻는다면 옥황께서도 초승달 같은 화로 속에서 끄집어내서 쓴다고 답하리라. 온 세상을 치달리는 영

---

152) 백자청(白紫淸): 백옥섬.
153) 천태(天台): 코를 가리킨다(『황정내경경』「천중(天中)」참조).

웅이 한 알을 삼키면 남자가 일 년 동안 태아를 배게 되는 것이다"고 말하였다.

진치허께서는 "배고프면 먹고 목마르면 물 마시고 피곤해지면 잠자는 가운데 큰 진리의 길은 분명하고 바탕은 저절로 그러하다. 열 달 동안에 성인 될 태아가 완전히 이루어지고 나면 한 소리 벼락을 치면서 단전을 나온다"고 말하였다.

불교가 사람들을 가르친 것도 역시 이에서 벗어나지 않는다.

『능엄경』에서는 "(이 경지에서는) 사람이 지어내는 일이 부처와 같아서 부처의 기운을 나누어 받는다. 마치 이승도 저승도 아닌 세계에 머물러 있는 몸154)이 스스로 제 태어날 어버이를 찾는 것과 같은 모양으로 무엇인가 지음이 있는 소식이 어두움 속에 통해서 여래의 씨앗으로 되어 들어가는 것이며 생귀주(生貴住)155)라 부른다"고 말한다.

진리의 태아가 놀기 시작하고 나면 어버이가 부처 아들을 섬기듯 하는데, 이는 마치 사람의 태아가 이루어지고 나면 사람 모습에 모자라는 점이 없는 것과 같다. 이 단계를 방편구족주(方便具足住)156)라 부른다.

생긴 모습만 같을 뿐 아니라 마음의 모습도 역시 같은 단계를 정심주(正心住)157)라 부른다.

몸과 마음이 합쳐져서 날로 자라고 커지는 단계를 불퇴주(不退住)158)라 부르고, 열 가지 몸159)의 신령한 모습이 한 때에 모두 갖추어지는 단계를

---

154) 이승도 저승도 아닌 세계에 머물러 있는 몸: 중음신(中陰身).
155) 생귀주(生貴住): 보살이 수행하여 부처로 되어가는 자리에 52단계가 있는데, 그 11단계로부터 20단계까지를 십주(十住)라 부르고, 십주의 네 번째 경지를 생귀주라 부른다.
156) 방편구족주(方便具足住): 생귀주 다음 단계.
157) 정심주(正心住): 방편구족주 다음 단계.
158) 불퇴주(不退住): 정심주 다음 단계.
159) 열 가지 몸: 화엄경에는 열 가지 몸을 가리키는 두 가지 경우가 있다. 모든 세계를 통틀어 보면 중생신(衆生身)·국토신(國土身)·업보신(業報身)·성문신(聲聞身)·독각신(獨覺身)·보살신(菩薩身)·여래신(如來身)·지신(智身)·법신

동진주(童眞住)[160]라 부른다.

몸뚱이가 완성되어 태를 나오게 되면 스스로 작은 부처가 되니 이 단계를 법왕자주(法王子住)[161]라 부르고, 법왕자가 겉으로 나가서 어른으로 되면 마치 옛 인도의 임금이 여러 나랏일들을 태자에게 나누어 맡기던 것처럼 하게 되는데, 그 임금들이 세자가 자라서 어른으로 되면 관례에 맞게 벌여 놓고 정수리에 물을 부어주는 의식을 행하던 것처럼 정수리에 물을 부어주는 단계를 관정주(灌頂住)[162]라 부른다.

여래의 씨앗으로 들어갔다는 것은 본성의 씨앗 단계의 것으로서 여래의 씨앗이 되고 그럼으로써 스스로 운행 변화하여 여래가 되었다는 것이다. 그러므로 진리의 태라 부르고 아기 부처라고도 부른다. 그것과 어머니의 어린아이와 도교(또는 현문)의 태선(胎仙)이라는 것과도 무엇이 다르겠는가? 몸의 모습이 이루어져서 태를 나와 스스로 작은 부처가 되니, 이것이 어찌 진리 자체인 사람이 나타나서 보이게 되는 큰 신통이 아니겠는가?

이로부터는 하늘의 신선들께서 서로 축하해줌을 받을 수 있게 된다.

무릇 단을 가르친 책이나 범어로 된 경전에는 모두 차례가 있고 그에 맞추어 실천에 쓰이도록 가르친 말들이 있는데, 사람들이 알지 못하여 눈여겨보지 않고 지나쳐 버린다. 이것이야말로 구슬이 길가에 놓여 있는데 사람이 줍지 않는 것이다. 안타까워서 내가 여기에 옛 분들의 옳았던 것을 인용하여 이 몇 가지를 나타내 놓고 오늘날 사람들의 잘못을 증명하고자 하는 것이다.

(法身)·허공신(虛空身)이 있다. 그리고 여래신을 다시 나누어보아 보리신(菩提身)·원신(願身)·화신(化身)·역지신(力持身)·상호장엄신(相好莊嚴身)·위세신(威勢身)·의생신(意生身)·복덕신(福德身)이 있고, 여기에 지신·법신을 합쳐 열 가지 몸이라 하기도 하는데, 이 책에서는 뒤의 경우를 뜻하고 있다고 푼다.

160) 동진주(童眞住): 불퇴주 다음 단계.
161) 법왕자주(法王子住): 동진주 다음 단계.
162) 관정주(灌頂住): 법왕자주 다음 단계이며 십주의 마지막 단계.

2. 불을 조절하고 바름을 높이는 그림[火候崇正圖]

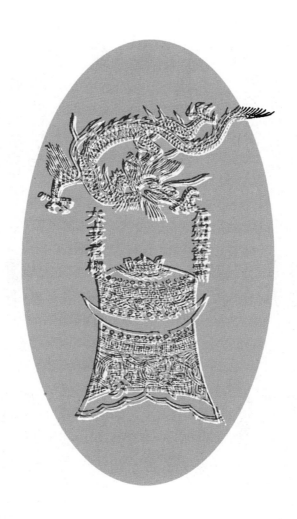

불을 조절하고 바름을 높이는 그림〔火候崇正圖〕

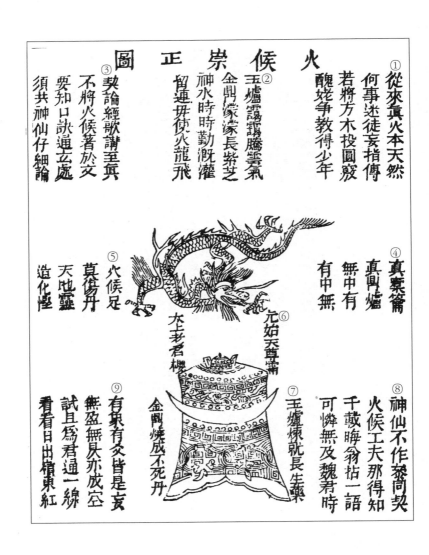

① 從來眞火本天然
何事迷徒妄指傳
若將方木投圓竅
醜姥爭教得少年

② 玉爐霧譪騰雲氣
金鼎濛濛長紫芝
神水時時勤沍灌
智蓮旣使火龍飛

崇

候

火

③ 圖 正
熱論經歌講至眞
不將火候著於文
要知口訣通玄處
須共神仙仔細論

④ 眞鉛篇
眞鉛爐
無中有
有中無

⑤ 火候足
莫傷丹
天地靈
造化慳

太上老君槻

元始天尊槻

⑥ 金鼎燒成不死丹

⑦ 玉爐煉就長生藥

⑧ 神仙不作虆同契
火候工夫那得知
千載晦翁拈一語
可憐無及魏君時

⑨ 有凜有爻皆是妄
無盈無朒亦成空
試且爲君通一線
看看日出嶺東紅

① 예부터 진리의 불은 본디 사람의 손길이 닿지 않은 상태의 것인데, 무슨 일로 길 잃은 무리들이 헛되이 가리키고 전하는가?

만약 모난 나무를 둥근 구멍에 넣을 때가 되면 못생긴 할미가 가르침을 앞 다투어 소년을 얻는다.

② 옥 화로에서는 아련하게 구름 같은 기운이 피어오르고 금 솥에서는 무엇인가 자욱한 가운데 자줏빛 약초가 자란다. 신의 물을 때맞추어 부지런히 대주고 불용을 날아가지 못하게 잡아 머무르게 하라.

③ 계(契)니 논(論)이니 경(經)이니 가(歌)니 하는 것들이 지극한 진리를 기리고 있지만 불 조절만은 글로 쓰려 하지 않았다.

실천할 수 있게 가르친 말을 알아내어 으늑한 곳을 통하려 한다면 반드시 신선과 함께 자세히 의논하여야 한다.

④ 진리세계의 풀무, 진리세계의 솥과 화로, 없음 속의 있음, 있음 속의 없음.

⑤ 불 조절이 족하면 단을 다치게 하지 말라.

하늘과 땅이 신령하되 우주의 운행 변화를 아껴둔다.

⑥ 태상노군, 원시천존.

⑦ 옥 화로는 오래 사는 약을 달여 이루고 금 솥은 죽지 않는 단을 익혀 낸다.

⑧ 신선께서 『참동계』를 지어놓지 않았더라면 불 조절하는 일을 어디에서 알 것인가? 천 년 뒤에 회(晦) 어른께서 한 마디를 집어들었지만 안타깝

게도 위(魏) 선생님 때에 이르지 못하는구나.

⑨ 모습이 있고 꼬투리가 있는 것은 모두 헛것이니 참도 없고 기욺도 없이 역시 텅 빔을 이룬다.

다시 한 번 그대가 한 선을 통하는 일을 해보아서 동쪽 고개 위로 붉은 해 올라옴을 살펴보아라.

2-1. 불 조절을 행하는 방법[行火候法]

불 조절은 가장 비밀로 하는 것이라 성인께서도 전하지 않았는데, 이곳에 드러낸다.

약은 불이 아니면 생겨나지 않으며 약이 익으면 불이 다른 것으로 변화된다. 불은 약이 아니면 생기지 않는데 불이 이르면 약이 이루어진다. 그리고 불이 조절되는 모습은 깊숙이 감추어져 있어서 한 줄기로 말할 수 없다. 그러므로 아직 단을 얻지 못하였을 때에는 거센 불[163]의 힘을 입어 엉기도록 하여야 하고 이미 단을 얻은 뒤에는 반드시 온화한 불[164]의 힘을 입어 길러야 한다.

온화한 불이란 열매를 맺는 불이다. 그것을 기르는 방법은 그 차고 더운 소식을 알맞게 조절하는 것이다. 그러므로 『참동계』에서는 "때를 엿보고 또한 부지런하며 조심하면서 깊이 살펴 차고 더움을 가려낸다"고 말한다. 그 불이 아직 타오르지 않음을 보았을 때에는 반드시 거센 바람[165]으로 불어야 하며 그 불이 이미 타오름을 보았을 때에는 반드시 신 물[神水][166]

---

163) 거센 불: 무화(武火).
164) 온화한 불: 문화(文火).
165) 거센 바람: 손풍(巽風).
166) 신 물[神水]: 수은을 납으로 들어가게 한 경우[『근단사백자(金丹四百字)』 참조]를 가리킨다. 이외에도 ① 사람 몸 안에 있는 넓은 의미의 액체 성질[『영

을 대주어서 부드럽게 하여야 한다. 만약 너무 지나치면 덜어내고 너무 모자라면 보태서 지나치지도 모자라지도 않게 조화를 얻어 불이 급히 타거나 차게 식는 잘못이 일어나지 않게 하여야 한다. 무릇 불이 급히 타거나 식는 것은 오로지 뜻과 생각으로부터 끄트머리가 시작되는 것이다. 진허백(陳虛白)께서는 "생각이 일어나서는 안 되니, 생각이 일어나면 불이 급히 타오른다. 뜻이 흩어져서도 안 되니 뜻이 흩어지면 불이 식는다. 오직 한 생각도 일어나지 않고 한 뜻도 흩어지지 않으며 말 없는 가운데 빛을 품고 참된 숨이 명주실 풀어지듯 이어지고 둥글며 밝은 것이 깨우쳐지면서 비추며 언제나 변함없이 절로 깨어 있다. 이것이 성인 되는 태아를 키우는 참된 불의 조절이다"고 말하였다.

그러므로 백옥섬께서는 "움직이지 않는 가운데 약을 캐고 함이 없는 속에서 불 조절을 행한다"고 말하였다. 장삼봉께서는 "말 없음과 부드러움으로써 불의 본성을 보존하고 잊지도 않고 부추기지도 않음으로써 신령한 태아를 기른다"고 말하였고, 유해섬께서는 "하염없이 홀로 오롯이 앉아 지극한 보물을 녹이고 아른아른 부드러운 불로써 물 속에 가라앉아 있는 용을 기른다"고 말하였다. 장자양께서는 "타고난 진리의 불이 타는 때가 저절로 나타나게 되니 구태여 장작과 석탄을 태우고 바람을 불지 않아도 된다"고 말하였고, 또 "약 화로를 지키며 불을 살피는 일은 우습게 보아도 되지만 다만 신과 숨을 안정시켜 타고난 대로 되도록 하여야 한다"고 말하였다. 이 네 분은 여러 선인들 가운데에서 뛰어난 분들인데 모두들 타고난 대로의 진리의 불과 저절로 그러한 묘한 작용으로써 위없이 지극한 진리의 길로 삼았던 것이다. 어찌 주역의 괘(卦)니 효(爻)니 하는 것이나 무게를 다는 근(斤)이니 양(兩)이니 하는 것이나 연월일시 같은 것들을 사용했겠는가?

오늘날 사람들은 선인이신 스승들의 본디 뜻을 잘못 이해하여 그 상징

───────────────

원대도가(靈源大道歌)』 참조], ② 입 안에 생기는 침 곧 진액, ③ 외단을 달이는 경우에 쓰이는 수은 또는 초(醋) 등 여러 의미로 쓰이는 말이다.

하는 바에 파묻히고 문자에 집착하여 손가락을 달이라 알아듣고는 빠짐
없이 괘의 책(策)[167]을 셈하여 따지고 괘의 획이 음인가 양인가에 따라 그
에 맞아떨어지도록 하려고 한다. 나는 그들이 죽을 때까지 애쓰고 힘써도
그 보람을 이루는 것을 보지 못하고 덧없이 지쳐버려 죽어서 돌아갈 곳도
알지 못할까 걱정이다. 다음과 같은 말들을 보지 못하는가?

장평숙께서는 "이 가운데서 뜻을 이루려면 반드시 모습을 잊어버려야
한다. 만약 무리 지어 있는 괘의 효를 파고들게 되면 헛되이 감정만 못살
게 구는 꼴이 된다"고 말하였고, 고상선(高象先)께서는 "낮과 밤으로 둔(屯)
과 몽(蒙)괘의 이치를 따르는 방법이란 저절로 그렇게 되는 것이다. 어찌
애쓰고 힘써서 불의 조절됨을 살피겠는가?"라고 말하였다. 진충소(陳沖
素)[168]께서는 "불에 조절의 때가 있기는 하지만 반드시 시각이 정해진 것
은 아니다. 어떤 설치가 되어 있어서 내가 절로 안다"고 말하였고, 팽진일
(彭眞一)[169]께서는 "예부터 진리의 불은 모습이 없어서 스승의 전하여주심
을 얻지 못하면 크게 어렵다"고 말하였다. 소자허께서는 "약물이 어우러지
고 조절됨은 깨닫고 보면 매우 쉽지만 불이 조절되는 소식은 실천해내기
가 매우 어렵다" 말하였다.

열 달 동안 배우고 익히는 일은 어둡고 어두운 가운데 명주실을 뽑듯 이
어지는 숨에 달려 있고, 삼만 년 동안 기가 이루어내는 수(數)는 오고 가고
오고 가는 사이에 있는 것이다. 그 이치를 따라서 단전의 보물을 기르는
데, 이 보물이 오래 보존되면 단의 솥에 들어 있는 구슬을 빼앗아 얻게 되

---

167) 괘의 책(策): 괘는 50개의 점대[蓍]를 가지고 정해진 방법대로 나누어가면
서 계산을 하여 얻게 되는데, 이때 사용하는 점대를 책이라 한다. 64괘는 각
각 6효(爻)로 되어 있는데, 효는 음 아니면 양이다. 1음효는 24책, 1양효는 36
책이다. 따라서 순 양으로 된 건괘는 36×6=216책, 순 음으로 된 곤괘는
24×6=144책이고 그 밖의 괘들은 144~216 사이의 책을 갖는다.
168) 진충소(陳沖素): 아직 미상(2004. 4. 15).
169) 팽진일(彭眞一): 오대 시대 영강(永康: 현재 사천성 숭경현 서북) 사람으로
이름은 효(曉), 자는 수천(秀川). 『주역참동계분장통진의(周易參同契分章通眞
義)』, 『주역참동계정기가명경도(周易參同契鼎器歌明境圖)』를 썼다.

고, 그 구슬이 돌아오면 물 푸는 수레바퀴가 움직여 돌아서 티끌 세상에 해당하는 미려의 바다를 떠나서 하늘 골짜기로 옮겨 곤륜이니 봉래니 하는 산을 오르게 된다. 이 몇 구절은 단을 지어내는 때를 말한 것이다. 태를 벗어났다가 입 안으로 들어가는 일은 아직 말하지 않았는데, 두 구절로 말하면 "보람을 이룬 뒤에는 태를 벗어나서 껍질을 나온다"고 할 수 있다. 그 사이에 다시 "어린 구슬을 따뜻이 기른다"는 말과 "성인 되는 태아를 키워 기른다"는 두 말이 더 있다.

장삼봉께서는 "연월일시란 알고 보면 내용이 없고 괘니 효니 근(斤)이니 양(兩)이니 하는 것들도 어설픈 것이다. 만약 명주실 뽑듯 이어지는 숨을 보존할 줄 안다면 이것이 바로 때를 잊지도 부추기지도 않는 것이다"라고 말하였고, 백자청(白紫淸)[170]께서는 "속세를 떠돌아다니는 얕은 지식인이나 배움이 부족한 보통사람들이 어찌 원시천존(元始天尊)[171]이니 하늘의 신선이니 땅의 신선이니 하는 분들이 날마다 약물 캐기를 그치지 않아도 약물은 캘수록 다함이 없다는 것을 알 것이며, 또한 산과 물과 대지와 꿈틀거리는 신령한 것들이 때마다 불의 조절을 실천하여 잠시도 쉬지 않되 불 조절은 하면 할수록 마르지 않는다는 것도 어찌 알겠는가?"라고 말하였다.

신이 엉기면 정과 기가 모인다. 그리고 백 가지 보물이 합쳐진 것이 태아를 맺는 약물이고, 참된 숨이 오고 가면서 이제까지 조금도 끊어지지 않은 것이 따뜻이 기르는 일에서의 불 조절이다.

진허백께서는 "불 조절의 요점은 참된 숨에서 구해야 마땅하고 마땅하다"고 말하였고, 구장춘께서는 "한 생각이 사방 한 치 되는 곳을 떠나지 않는 것이 참된 텅 빔인데, 이것이 태를 기르는 진리의 불이다"고 말하였다.

---

170) 백자청(白紫淸): 백옥섬.
171) 원시천존(元始天尊): 옥청원시천존(玉淸元始天尊). 도교에 받드는 신 가운데 가장 높은 신이 셋 있는데, 상청(上淸)의 영보천존(靈寶天尊), 옥청의 원시천존, 태청(太淸)의 도덕천존(道德天尊)이 그것이다. 원시라는 말은 만물이 생기기 이전이라는 뜻이고, 천존이라는 말은 가장 높은 하늘을 맡아 다스린다는 뜻이다.

진리의 불이란 나의 신이고 하늘과 땅의 신이나 허공의 신과 같은 신이다.

참된 때라는 말이 있는데, 그것은 나의 숨이고 하늘과 땅의 숨과 허공의 숨과 같은 것이다. 좌원방(左元放)[172]께서는 "불 조절의 낌새는 함이 없이 저절로 그러함에 맞고, 저절로 그러함은 진리의 불로써 태아인 신선을 기른다. 다만 신과 숨을 단을 가두어두는 방에서 살도록 보존하고 불로써 태어나기 이전과 태어난 뒤를 이어지게 조화시키는 일만은 하여야 한다"고 말하였고, 왕중양께서는 "성인 되는 태아가 이미 엉기고 나면 부드러운 불로써 기르니, 신을 안정시키고 숨을 흩어짐 없이 자리 잡게 하여 그것이 스스로 그러한 대로 내버려두라"고 말하였다.

이것이 헤아릴 수 없는 느낌을 하면 저것이 헤아릴 수 없는 반응을 하는 것이 하늘의 기틀이 묘하게 작용하는 모습인데, 그것은 저절로 그러한 것이다. 이에 우리는 신과 숨이라는 것이 불의 조절을 가리키는 것임을 알 수가 있다. 맹자께서 이른 바 "잊지도 말고 부추기지도 말라"는 말이나, 노자께서 이른 바 "명주실을 뽑듯이 보존하라"는 말이나, 석가께서 이른 바 "부지런하지도 말고 게으르지도 말라"는 말 모두가 신과 숨의 저절로 그러함을 말한 것이고 불 조절의 숨겨진 뜻을 말한 것이다. 그러므로 "신선들은 분명한 말을 하려 하지 않지만 분명하게 말하고 있으니, 그 알듯 모를 듯한 미소(微笑)가 사람을 죽이는 무서움이다"라는 말이 있다.

---

172) 좌원방(左元放): 후한 시대 여강(廬江) 사람으로 이름은 자(慈). 천주산(天柱山)에서 공부하였으며 신통변화를 잘하였고 조조(曹操)와 인연이 있었다[『신선전』참조]. 방중술을 익히 알았다거나 200세 이상 살았다는 기록도 있다 [장화(張華)의 『박물지(博物志)』참조].

3. 신선·부처 될 태아를 길러 키우는 그림[長養聖胎圖]

신선·부처 될 태아를 길러 키우는 그림 [長養聖胎圖]

조그만 방 안에 사리를 감추고 겨자씨가 수미산을 담는다.

이 세상에서 태어남이 없는 몸을 불리어 뒷날 그곳에 돌아갈 곳이 있음을 알게 된다.

만약 본성과 생명을 둘 다 닦으려는 사람이라면 반드시 처음의 소용돌이를 다시 펼쳐놓고 아기집과 태아를 다시 세워서 스스로 이 성품과 목숨을 운행 변화시켜야 한다.

성품과 목숨이 이미 운행 변화되고 나면 마치 어머니 뱃속에서 나의 성품과 목숨이 이루어지는 것과 같이 어버이의 성품과 목숨 가운데에서 저절로 한 점 성품과 목숨이 길러져 나와서 나의 성품과 목숨이 된다.

이미 나의 성품과 목숨이 되고 나면 저절로 나의 성품과 목숨 가운데에서 나에게 아무것도 없는 세계를 돌아오게 하여 나의 태허(太虛)가 된다.

이미 나의 태허가 이루어지고 나면 저절로 나의 허공 가운데에서 다시 건과 곤을 만들어 나의 참된 본성과 생명이 된다.

이미 나의 참된 본성과 생명이 되고 나면 저절로 나의 본성과 생명 가운데에서 끄트머리를 드러내어 내가 본디부터 타고난 으뜸 된 신이 된다.

『원각경』에서 노래하기를 “금강을 감추어두려면 마땅히 여래의 적멸 본성이 시작도 끝도 없다는 것을 알아야 한다”고 한다.

만약 윤회를 두고 말한다면 마음과 생각이 돌고 또 돌기는 하지만 그 돌 때에 부처의 바다에는 들어가지 못한다. 마치 금 광석을 녹여도 금은 타지 않는 것과 같아서 돌고 돌아도 본디부터의 금은 결국 이루어지는 것이다.

한 번 참된 금덩이를 만들어내면 다시 금 광석이 되지는 않으니 금 광석은 금이 아니다. 녹인 뒤에 금이 된 것은 금의 성질이 있다는 것이다.

깨달음을 여는 씨앗이 되는 성품[種性: gotra]이 부처는 아니니, 그것을 불러서 부처를 이룬다는 것은 부처의 본성이 있기 때문이다.

제**4**편

신선·부처를 이루다 [貞集]

제1절 괴로움의 바다를 벗어나다

1. 젖먹이 신선이 모습을 드러내는 그림[嬰兒現形圖]

① 누에 같은 벌레가 나나니벌 새끼를 배고서 그 아끼는 마음씨를 전해 주고 그 정(精)을 어우르며 그 기를 섞고 그 신을 조화시키니, 그 놈이 작 거나 크거나 간에 모두 그 참됨을 얻도다.

② 이때에 단이 익으니 다시금 자애로운 어미로서 젖먹이를 아껴야 하 도다.

③ 그러던 어느 날 구름이 흩날리면, 그제야 진리세계의 사람이 하느님 을 뵙는 것을 보게 되도다.

④ 기의 구멍을 불교에서는 무진장이라 이름지어 부르는데, 장(藏)은 터 널에 품어져 있고 터널은 공(空)에 품어져 있다.
"공 가운데 그대가 누구인가?" 물으니, "너의 주인어른이로다" 답하 노라.

⑤ 잠겨 있던 용이 이제는 이미 나는 용으로 변했으니, 여러 가지로 나 타나는 신통이 막힐 수가 없다.
하루아침에 구슬 빛의 밖으로 뛰어나오고 몸을 솟구쳐 곧바로 자미궁에 이르노라.

⑥ 걷거나 서거나 앉거나 눕거나 수컷을 품고 암컷을 지키며 가늘고 길 게 끊임없이 있는 듯 마는 듯하면서 이 일을 한다는 생각을 잠시도 잊지 않는다.

⑦ 신 물이 녹은 즙을 뿌리와 줄기에 대주니, 안과 밖에 티끌이 없어지 고 신선·부처 될 성스런 태아를 키워 기른다.

1-1. 신선·부처 될 젖먹이가 모양을 드러내서 괴로움의 바다를 벗어나다[嬰兒現形, 出離苦海]
(이 안에 진리의 텅 빈 속에서 모양을 불리는 법칙을 붙여놓는다.)

앞에서 이미 불을 조절하는 일이 모자람 없이 이루어져 신선·부처 될 성스런 태아가 이지러짐 없이 되었다. 그러니 마치 맺힌 열매가 반드시 익듯이 아이가 반드시 태어나는데, 열 달을 지나서 그 아기집을 벗고 나온다. 석가께서는 이것을 법신(法身) 곧 진리의 몸이라 실상(實相) 곧 참된 모습이라 불렀고, 현가(玄家)의 문 안에 있는 사람들은 적자(赤子) 곧 벌거숭이니 영아(嬰兒) 곧 젖먹이라고 불렀다. 젖먹이는 아기집을 옮기고 솥을 바꿀 때가 되면 그곳을 펄쩍 뛰어나와서는 기의 구멍 사이에 깊이 가라앉아 살게 되는데, 이렇게 되면 다시 한 번 어떤 소용돌이가 시작된다. 이 구멍은 본디 신선이 태아를 키우며 머물러 쉬는 마을이요 벌거숭이가 몸을 안정시키고 생명을 튼튼히 하는 곳이므로, 이 경지가 무르익으면 거슬림 없이 길을 따라 이곳으로 돌아오게 되는 것이다.

젖먹이가 고요한 방 안에 편히 앉아서 진리를 닦는 도량[道場]에 흔들림 없이 있게 된 다음에는 반드시 으늑하고 으늑하게 감추어두고 말없이 말없이 지켜야 한다. 처음에는 곤괘에 해당하는 어미와 노란 싹의 힘을 얻어 기르다가 나아가서는 하늘과 땅의 만물을 생기게 하는 뜻을 모아서 젖을 먹이게 된다. 이것은 느끼고 저것은 응하며 가까이에서 피어나고 멀리에서 나타난다. 그런 가운데 절로 호흡을 하고 절로 열리고 닫히며 스스로 움직이다가 움직이지 않음이 아무 거침없이 이루어진다. 마치 신선이 무어라 말할 수 없는 마을을 한가로이 거니는 듯하고 여래가 죽은 듯 고요한 바다에서 마음을 흐트러짐 없이 한 곳에 머물러 있는 듯하다.

이미 이러한 아주 편안하고 즐거운 곳에 이르고 나면, 이제는 반드시 관원(關元)¹⁾을 틈 없이 지켜서 바깥의 환경이나 여섯 티끌이나 마적(魔賊)이

1) 관원(關元): 단전을 가리킨다. 배꼽 아래 3치에 있으며, 모나기는 한 변이 1치

쳐들어오지 못하게 하여야 하고, 안으로 괴로움이 맺히거나 간사한 신하가 어지럽히지 못하게 하여야 한다. 앉아 있거나 누워 있거나 언제나 훤히 빛나고 맑아지는 일을 시행하면서 때로는 멈추고 때로는 가면서 힘써 널리 닦아 지키면, 마침내 여섯 문으로 새나감이 없고 한 길만이 언제나 통하게 되어 진리의 몸이 틀림없게 되고 단의 터전이 영원히 다져지는 것이다. 낮이나 밤이나 이와 같이 감싸 보호하고 이와 같이 보살피기를 마치 용이 구슬을 키우듯 어미가 아이를 기르듯 하여 눈 깜짝할 사이도 잊지 않고 한눈팔지 않아야 한다.

종리 노인께서는 "아이가 어려서 아직 어른이 되지 못하였을 때에는 반드시 어미의 길러주는 은혜를 입어야 한다"고 말하였고 또 "이미 하염없고 거침없이 스스로 있는 마음을 증명하였으면 다시 반드시 따뜻이 길러 완전한 진리의 결정을 보존하여야 한다"고 말하였다.

이청암께서는 "단은 달이지 않는 달임 가운데 달여지고 진리는 행함이 없이 행하는 곳에서 행해지니, 생각도 끊고 빌미도 끊어서 대대로 물려받은 본디 기를 조화롭게 하고 듣는 것도 잊고 보는 것도 잊어서 젖먹이를 기른다"고 말하였다.

여순양께서는 "뱃속의 젖먹이가 자라서 크고 나면 다시 시내에 살면서 미운 정 고운 정 잠시 즐기다가 느닷없이 사람들이 이러쿵저러쿵 추측하는 말만 수없이 남기고는 흰 구름 깊은 곳으로 들어가 버린다"고 말하였다. 이것이 모두 젖먹이를 따뜻이 길러 키우는 일이요 신선을 이루는 하나의 큰 일이다.

만약 길러 키움이 제대로 되지 못하면 젖먹이가 껍질을 버리고 둥지를 떠나는 변이 생긴다. 이때에는 확실하게 둑을 쌓아 막아서 가볍게 멋대로 하지 못하게 하여야 하니, 한 번이라도 벗어나버리기만 하면 길을 잃고 집

요, 둥글기는 지름이 1치이며, 사람 몸에서 아래로나 위로나 사방으로나 가장 중심이다. 이외에도 ① 배꼽(『황정내경경』 참조), ② 임맥과 발의 3음경맥(陰經脈)이 만나는 곳에 있는 경혈을 가리키기도 한다.

을 잃게 되어 돌아오지 못한다. 그러므로 백옥섬께서는 "다시 한 번 낚싯대를 바로잡아야 하고 가을 대나무 마디가 우는 소리를 들어야 한다"고 말하였고, 상양자께서는 "이미 9가 돌아오고 7이 돌아간 경지에 이르렀으면, 이는 곧 목과 금과 3과 5와 1이 하나가 되어2) 기는 온전해지고 신은 힘차게 된 때이니, 젖먹이를 비추어 보호하여 멀리 나가지 못하게 하여야 한다"고 말하였다. 막아서 보호하는 방법으로는 세 가지 중요한 것을 샐 틈 없이 단단히 하는 것이 급한 일이다. 『참동계』에서는 "귀 눈 입 세 보물을 닫아 막아서 피어나가 통하지 못하게 하고 진리세계의 사람이 깊은 못 속으로 잠기며 둥실둥실 떠 있는 듯하면서 둥근 가운데를 지킨다"고 말하였다. 그 방법은 다름 아니라 눈으로 눈을 살피고 귀로 귀를 듣고 코로 코를 숨쉬고 입으로 입을 막아서 날뛰지 못하게 깊이 가라앉혀 놓고 바르고 하나인 마음에 머물러 있는 것이니, 그렇게 하면 밖으로는 소리나 색이나 냄새나 맛의 끌어당김이 없어지고 안으로는 고집이나 '나'라는 주장 같은 허물이 없어져 저절로 마음자리가 비고 밝아지며 모든 빌미들이 깨끗이 사라지니, 나의 본래의 벌거숭이가 기쁜 몸가짐으로 그 속에 편안히 자리 잡게 되는 것이다.

비록 그렇게 밖으로 세 가지 중요한 것을 단단하게 하였다고 할지라도 또 다시 안에서 세 가지 해로운 것을 쫓아내야 한다. 세 가지 해로운 것이란 사특한 생각, 괴롭거나 어지러운 마음, 노여움이다. 그러므로 도각선사(道覺禪師)3)께서는 "이 나쁜 짓을 하지 말라는 계율과 마음을 흐트러짐 없

---

2) 이미 9가 돌아오고……1이 하나가 되어: 『하도』의 수(數)와 오행의 관계를 가리키고 있다. 그림으로 그리면 이와 같다.

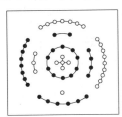

이 한 곳에 머무르게 하는 선정과 진리를 바로 살피는 지혜를 닦아서 저 노여움과 탐욕스러움과 어리석음을 끊어라"고 말하였다. 탐욕스러움과 어리석음은 눌러 무릎 꿇리기 쉽지만 노여움이라는 독만은 무릎 꿇리기가 어렵다. 『성태결(聖胎訣)』[4]에서는 "노여움의 불이 한번 붙으면 태아같이 자리 잡은 진리가 말처럼 달려가 버린다. 불이 꺼지고 연기가 사라지고 나서야 비로소 우리로 돌아온다"고 말하고, 송나라의 선비께서도 역시 "노여움의 불을 억누르지 않으면 반드시 넓은 들에 불이 붙을 근심이 있고 탐욕의 물을 가두어놓지 못하면 냇물의 둑을 무너뜨리는 재앙이 있게 된다"고 말하였다. 『원각도량수증의(圓覺道場修證儀)』[5]에서는 "한 생각 노여움이 일어나면 팔만 가지의 가로막는 문이 생긴다"고 말한다.

이제 노여움을 없애는 방법을 바란다면, 오직 노자께서 가르친 '날로 덜어나가는 일'과 『주역』에 있는 '노여움을 억누르는 일'과 세존께서 가르친 '깨우쳐서 비추는 일'을 좇을 뿐이다. 높은 스님 묘보(妙普)[6]께서는 "노여움의 불이 한참 타고 있을 때 내가 깨우쳐 비추면, 마치 끓는 물에 얼음이 녹듯이 분명하면서 분별이 없어지게 된다"고 말하였다. 이 노여움의 불로 말미암는 것은 참된 바탕이 있는 것이 아니니, 모두가 근본 어두움으로부터 오는 것이다. 마치 『보적경게(寶績經偈)』[7]에서 읊고 있는 것과 같으니, "만약 나무를 비벼 불을 일으키려면 여러 가지 조건들의 힘을 빌려야 되는데, 만약 조건들이 화합되지 않으면 끝내 불이 일어나지 못한다." 이 일은 뜻이나 소리를 기뻐하여 따르지만 않으면 마침내 아무것도 있을 수 없게 되는 것이다. 소리의 성질이 비어 있는 까닭을 알면 노여움 또한 다시 살아나지 않을 것이니, 노여움은 소리에 들어 있지도 않고 몸 속에 살

---

3) 도각선사(道覺禪師): 아직 미상(2004. 4. 15).
4) 『성태결(聖胎訣)』: 아직 미상(2004. 4. 15).
5) 『원각도량수증의(圓覺道場修證儀)』: 당나라 때 『원각경(圓覺經)』에 관하여 종밀(宗密)이 쓴 여러 주석서 가운데 하나로 18권에 이른다.
6) 묘보(妙普): 아직 미상(2004. 4. 15).
7) 『보적경게(寶績經偈)』: 아직 미상(2004. 4. 15).

고 있지도 않으며 조건들이 맞아떨어지는 까닭으로 일어나는 것일 뿐이다. 조건들을 떠나서는 조건들이 생기지 않으니, 마치 우유라는 조건이 있는 까닭에 녹아 뭉쳐져 버터가 생기는 것과 같이 노여움은 제 스스로의 성질로 일어나는 것이 아니라 거칠고 언짢은 일 때문에 일어나는 것이다. 어리석은 사람은 그 일을 마쳐버리지 못하니, 괴로움과 어지러움이 절로 타오른다. 마땅히 이와 같이 알게 되면 마침내 아무것도 있을 것이 없다. 노여움의 성질은 본디 고요하여 움직임을 여의고 있건만, 거짓 이름일망정 있다고 여기면 노여움이 바로 참으로 있는 것이 되니, 있는 그대로의 모습이 일어남에 의지하여서 법계(法界)와 같이 다 알아 마치는 것을 가리켜 노여움에 마음을 묶어두어 진리를 깨닫는 방법이라 부른다. 『보적경』에서는 또한 "저절로 그러한 지혜를 얻으려면 근본 어두움의 껍질을 깨어버려라. 그러면 근본 어두움이 변하여 지혜의 횃불이 될 것이고 노여움의 불이 변하여 마음의 등불이 될 것이다. 노여움의 한 독이 스러지고 나면 팔만 사천의 괴로움과 어지러움도 없어진다"고 말한다.

불경에서는 "여러 마군이 모두 평등한데 괴로움과 어지러움이 앞장서 있다"고 말하고, 또 "현재 보살의 경지에 머물러 있으면 괴로움과 어지러움이 있을 곳이 없다"고 말하며, 또 "지혜로운 사람은 괴로움이나 즐거움에서 마치 텅 빈 공간과 같이 움직이지 않는다. 괴로움과 어지러움을 잘 살펴보면 나와 나에게 소속된 모든 것이 떨어져나간다"고 말하고, 또 "가로막힘 없는 큰 자비로 뭇 중생들을 살피니, 그에 있는 괴로움과 어지러움이 모두 헛되고 거짓되며 별난 것을 그리는 생각으로부터 생기는 것이로구나. 여러 괴로움과 어지러움의 본바탕 성질이 저절로 떨어져 나가는 것임을 알고 이와 같이 따라서 깨치면, 이것이 바로 보리(菩提)다. 괴로움과 어지러움의 바탕인 본성이 바로 다름 아닌 깨달음의 지혜의 본성인 것이다"라고 말하며, 또 "괴로움과 어지러움의 경계가 부처의 경계이니, 괴로움과 어지러움의 바탕인 본성이 비어 있음을 살피는 것이 바르게 닦아나가는 일이다"라고도 말하며, 또 "괴로움과 어지러움을 없애려면 마땅히 바른 생각을 가지는 일을 하여야 한다"고도 말한다.

4조(祖)께서도 역시 "모든 괴로움과 어지러움으로 짓는 장애는 본래 비고 고요한 것이다. 부처와 조사의 경전에서 가르치는 뜻을 자세히 살피면, 한마디로 괴로움과 어지러움의 성질은 빈 것이니 그에 가로막히지 말고 꿈 속의 헛것처럼 보아서 마음에 남겨놓지 말라는 것들이다. 비록 경치에 느낌을 갖게 되어 감정이 움직이더라도 마치 메아리가 소리에 응하듯이 응함이 지나고 나면 바로 그쳐라. 이와 같으면 괴로움과 어지러움으로 마음을 더럽히고 피곤하게 하는 것들이 굳이 끊지 않아도 절로 없어진다. 태아로 맺혀 있는 진리나 벌거숭이는 가짜로 닦아서는 절로 신령해지지 않는다"고 말하였다.

또 어떤 경전에서는 "지혜의 검으로 괴로움과 어지러움이라는 도적을 깨뜨리고 지혜의 칼로써 괴로움과 어지러움이라는 망을 찢어버리며 지혜의 불로써 괴로움과 어지러움이라는 장작을 태워버린다"고 말한다.

원조(圓照)스님8)께서는 "괴로움과 어지러움이라는 마군을 마주 서 다스리니, 맑고 조용하여 언제나 기쁨이로다"라고 말하였고, 방거사(龐居士)9)께서는 "흙과 물과 불과 바람으로 된 몸이 본디 빈 것임을 깨달음을 가지고 살피면 괴로움과 어지러움이 어느 곳에 편히 다리를 뻗을 수 있겠는가?"라고 말하였다.

조문원(晁文元)10)께서는 "몸은 꿈속의 헛것과 같아서 참으로 있는 것이 아니고 일은 바람과 구름 같아서 오래 머무르는 것이 아니다. 이미 훤하게 깨달아버렸으면 굳이 끊을 필요가 없고 괴로움과 어지러움의 마는 빈 것

---

8) 원조(圓照): 당나라 때 승려로서 현종의 명으로 역경(譯經)에 종사하였다. 『정원신정석교목록(貞元新定釋教目錄)』을 썼다.

9) 방거사(龐居士): 당나라 때 형주 형양현 사람으로 이름은 온(蘊), 자는 도현. 석두와 마조에게 선을 묻기도 하였다.

10) 조문원(晁文元): 송나라 청풍(淸豊) 사람으로 이름은 형(逈), 자는 명원(明遠), 문원은 시호. 『한림집(翰林集)』, 『도원집(道院集)』, 『법장쇄금집(法藏碎金集)』 등이 있다.

이므로 지나고 나면 그만이다"라고 말하였고, 장자양께서는 "올라간 진리의 길이 높다고 말할 수 있는 정도면 용과 범이 무릎을 꿇고 이루어놓은 덕이 무거울 정도라고 말할 수 있으면 귀신이 우러러본다. 이미 목숨이 영원히 하늘과 땅과 가지런함을 알았으면 괴로움과 어지러움이 더 이상 마음에 남아 있을 까닭이 없다"고 말하였다.

『육조단경』에서는 "보통사람이 곧 부처이고 괴로움과 어지러움이 곧 깨달음의 지혜이다. 앞의 생각이 길을 잃고 헤매면 보통사람이고 뒷생각이 깨달아버리면 바로 부처이다. 앞의 생각이 경계에 붙어 있으면 괴로움과 어지러움이고 뒷생각이 경계를 떠나면 바로 깨달음의 지혜인 것이다"라고 말한다. 그러므로 『영락경(瓔珞經)』[11])에서는 "부처께서는 말씀하셨다. 내가 본래부터 하나의 이치도 얻지 않고 끝내 뜻을 흐트러짐 없이 한 곳에 머무르게 하여 비로소 이른바 생각이 없다는 상태를 알았다. 만약 생각이 없는 상태를 얻은 사람이라면 모든 이치를 살펴서 모든 것이 형체가 없음을 알게 된다. 이로 인하여 위없고 바르고 참된 진리의 길을 이룰 수 있게 된다"고 말하고, 또 "세상 사람들 가운데 진리의 길을 이루지 못하였으면서도 나고 죽음을 벗어났다는 것은 헛된 생각을 함으로 말미암아 윤회의 씨앗을 만든 것에 틀림없다"고 말한다.

헛된 생각이 일어난 곳이 바로 생겼다 없어지는 그 자체요 헛된 생각이 그친 곳이 바로 진리의 첫 출발 그 자체이다. 그러므로 도교의 사람들은 생각을 그쳐 머무르는 것을 근본으로 삼고, 불교에서는 생각이 없는 것을 첫째 가르침으로 삼는다. 생각이 없다는 것은 사특한 생각이 없다는 것이지 바른 생각조차 없다는 것이 아니다. 있음을 생각하고 없음을 생각하곤 하는 것이 사특한 생각이고, 있고 없고를 생각하지 않는 것이 바른 생각이다. 선함을 생각하고 악함을 생각하곤 하는 것을 사특한 생각이라 부르고,

---

11) 『영락경(瓔珞經)』: 『보살영락본업경(菩薩瓔珞本業經)』. 10신(信)·10주(住)·10
　　행(行)·10회향(廻向)·10지(地)·무구지(無垢地)·묘각(妙覺)으로 된 42자리의 보
　　살 경계를 설명하고 있다.

선과 악을 생각하지 않는 것을 바른 생각이라 부른다. 나아가서 괴롭고 즐겁고 생기고 없어지고 잡아서 내버리고 원망하고 친하고 미워하고 사랑하고 하는 것들도 마찬가지로 사특한 생각이라 부르고, 괴롭고 즐겁고 하는 것들을 생각하지 않는 것을 바른 생각이라 부른다. 다만 일이 찾아와도 받아들이지 않고 어느 곳에서도 마음을 일으키지 않으면 이것이 바로 생각이 없는 것이다. 생각 없는 생각을 일러 바른 생각이라 하는 것이다. 불경에서는 "착한 원인을 쌓아놓은 사나이들아! 나는 생각이 없는 상태를 이루는 방법 속에 마음이 어둡지도 않고 흩어지지도 않고 머물러 이와 같은 금색으로 빛나는 서른두 가지 모습을 얻고서 크고 밝은 빛을 놓아 아무것도 남겨놓은 것이 없는 세계를 비춘다"고 말한다.

고봉선사(高峰禪師)[12])께서는 "성이 자씨인 미륵보살께서는 일생에 부처를 이루는 일을 받았지만, 한 생각도 생김이 없는 본성의 바다를 벗어나지 않았다"고 말하였고, 지상선사(智常禪師)[13])께서는 "사물의 있는 그대로의 본바탕에는 생각이 없고 그 본바탕은 생각이 아니라는 가르침은, 사물의 있는 그대로의 참다운 모습이란 생겨남이 없음이 그 생겨남이라는 마음의 단계에 오르게 할 수 있고, 생각과 분별을 뛰어넘어 있으면서 계속해서 생각과 분별을 함에 이를 수 있는 것은 곧 생각의 참다운 본바탕이며, 끝없이 태어나고 또 태어남이 없어진 경지에 이를 수 있는 것은 사물의 있는 그대로의 참다운 모습에 태어나는 것이다"라고 말하였다.

이지재(李之才)[14])께서는 "(마음을 하늘의 이치와 욕심으로 나누어볼 때) 생각에서 하늘의 이치에 해당하는 것은 밝은 달이 공중에 뜬 것에 해당하고, 생각에서 욕심에 해당하는 것은 뜬구름이 해를 가리는 것에 해당한다"고 말

---

12) 고봉선사(高峰禪師): 원나라 때의 스님. 참선하는 사람들의 길잡이가 되는 『선
　　요(禪要)』, 『고봉록(高峰錄)』을 썼다.
13) 지상선사(智常禪師): 당나라 때 노산(廬山) 귀종사(歸宗寺)의 고승으로 시호
　　는 지진선사(至眞禪師).
14) 이지재(李之才): 송나라 때 사람으로 자는 정지(挺之). 『역』과 역법(曆法)을
　　잘하였다.

하였고, 한산자(寒山子)[15]께서는 "건(乾)을 돌게 하고 산을 무너뜨려 언제나 움직임과 변화를 여의도록 눌러놓고 한 생각으로 만년토록 영원히 옮기지 않는다"고 말하였다.

천은자(天隱子)[16]께서는 "보지 않고 듣지 않으면 부처의 본성을 보존하고 생각하지 않고 따지지 않으면 신선 될 태아를 기른다"고 말하였고, 『보적경(寶積經)』에서는 "보살이 머무르는 바 없는 생각에 편히 머물러 기억하지도 잊지도 않아서 편안히 머무르는 생각을 이름하여 법계(法界)라 부른다"고 말한다.

이로부터 우리는 위로 부처나 조사, 성인이나 신선 같은 분들이 모두 마음을 어둠 속에 감추고 생각을 그침으로써 묘한 진리의 길을 얻었음을 알 수가 있다. 그러므로 『상서』에서는 "미친 사람이라도 생각을 이기면 성인이 된다"고 말했던 것이다. 그러나 생각을 이기는 일은 반드시 몸을 던져 실천을 하여야 비로소 앞으로 나아가게 되는 것이지, 그렇지 못하면 한 조각 태허에 이르는 길이 멀고도 멀어서 한 걸음만 모자라도 이르지 못한다. 옛 분들이 말하는 이른바 배우고 익히는 일이 네모나고 둥글고 하는 경지에 이르지 못하였다는 것이다. 배우고 익히는 일이 만약 지극한 곳에 이르게 되면 저절로 생각 없는 상태로 들어간다. 이미 생각 없는 상태의 참답

---

15) 한산자(寒山子): 당나라 때 사람으로 이름은 알 수 없고, 언제나 천태 시풍현(始豊縣) 서쪽 70여 리에 있는 한암(寒巖)의 깊은 토굴에 있었으므로 한산(寒山)이라 불렀다. 미친 사람처럼 행동하였으나 말이나 시는 깊은 진리를 포함하고 있었다. 『한산시(寒山詩)』가 있다.

16) 천은자(天隱子): 647~735. 당나라 때 하남성 사람으로 성과 이름은 사마승정(司馬承禎), 자는 자미(子微), 법호는 도은(道隱)이었으며 스스로 백운자(白雲子)라 하였다. '수심(收心)'과 '수정(收靜)'을 주로 하였으며 북송 주돈이(周惇頤)의 사상형성에 영향을 많이 주었다고 한다. 현종의 명을 받아 전서체(篆書體)·예서체(隸書體)·해서체(楷書體)로 『노자』를 간행했다. 『천은자(天隱子)』, 『좌망론(坐忘論)』, 『수진비지(修眞秘旨)』, 『도체론(道體論)』, 『태상승현소재호명묘경(太上升玄消災護命妙經)』, 『상청천궁지부도경(上淸天宮地府圖經)』, 『상청시제신동백진인진도찬(上淸侍帝晨桐柏眞人眞圖讚)』, 『상청함상검감도(上淸含象劍鑒圖)』, 『수진정의잡론(修眞精義雜論)』, 『복기정의론(服氣精義論)』 등이 있다.

고 언제나 변함없음을 얻고 나면 진리의 으늑한 터널의 젖먹이를 기르는
샘물이 죽은 듯이 고요하여 흔들릴 걱정이 없게 되는 것이다.

유허곡(劉虛谷)[17])께서는 "큰 일의 보람은 삼천 날을 완전할 수 있으며 묘
한 작용은 열두 시진에 이지러짐이 없다"고 말하였고, 진조원(陳朝元)[18])께
서는 "아기를 배어서 품고 기르기 위하여 열 달이요 젖먹이를 젖 먹여 키
우기 위하여 삼 년이다"라고 말하였다. 니환 어른께서는 "잠시 동안 배우
고 익히는 일을 닦으면 나타나지만 원만하게 이루려면 삼 년을 지나야 한
다"고 말하였다.

삼 년 동안 익혀 나가야 할 일이 완성되고 나면 따뜻이 기르는 일은 끝
나니, 『오진편』에서 이른 바 "잠시 동안 불꽃이 휘날리고 나면 진리세계
의 사람이 스스로 나타난다"는 것이다. 진리세계의 사람이 나타나고 나면
반드시 아주 으늑한 곳으로부터 하늘 골짜기로 올라가게 된다.

여기서 다시 마음을 잠재워 모든 것을 털어 없애버리는 일을 익히게 되
면 신령함에 통하고 변화를 일으키는 묘한 일이 일어나게 된다. 유해섬께
서는 "주역의 괘의 이치대로 불 조절을 행하여 하늘의 궤도를 돌고 나면
젖먹이를 배어 아랫단전을 누르게 되었다가, 벼락 치는 한 소리에 땅으로
부터 일어나서 하늘 문을 젖혀 열고 만 리에 빛을 밝히더니, 몸을 뒤집어
아주 으늑한 진리의 관문을 치고 나온다. 이렇게 돌아오면 비로소 참다운
신선이시다"라고 말하였다.

17) 유허곡(劉虛谷): 송나라 때 강서성 사람으로, 주희와 더불어 『역(易)』과 환단
(還丹)을 논하였으며 청우동(靑牛洞) 꼭대기에서 단정히 앉아 서거하였다. 『환
단편(還丹篇)』을 썼다.
18) 진조원(陳朝元): 아직 미상(2004. 4. 15).

2. 참다운 텅 빔 속에서 몸을 불리는 그림 [眞空煉形圖]

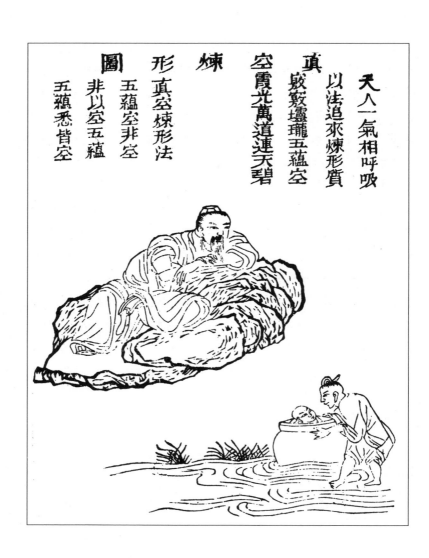

天人一氣相呼吸
以法追求煉形質

眞
皎皎壞瓏五蘊空

空霞光萬道連天碧

煉
形真空煉形法

圖
五蘊空非空
非以空五蘊
五蘊悉皆空

하늘과 사람은 흔 기운으로서 서로 숨을 들이마시고 내쉰다.
법칙을 세워서 따르며 몸과 바탕을 불리니
터널 구멍마다 오온(五蘊)[19]이 쌓여 눈부시지만 또한 텅 빈 것은
노을빛이 만 갈래로 하늘에 이어져 푸른 것이로다.

참다운 텅 빔 속에서 몸을 불리는 법칙은
오온이 텅 빈 것이로되 또한 빈 것이 아니라는 것인데
오온을 쏟아버려 비우는 것이 아니라
오온이 이미 모두 비었다는 것이다.

2-1. 눈에 보이는 것을 불리는 일을 설명함[煉形說]

『보조불심(普照佛心)』[20]에서는 "코끝에 흰 곳이 있는데, 나는 그것을 살
피며 사람들이 항아리 속에 틀어 앉음을 따르는 것을 한숨짓는다. 가장 높
고 하나뿐인 방법은 함축하고 있는 뜻이 멀기는 하지만 으늑한 터널을 따
라서 하늘의 넓음을 찾으면 되는 것이다"라고 말한다.

무릇 참다운 텅 빔 속에서 몸을 불리는 방법은 마치 항아리를 옮기는 것
과 같으니, 만약 항아리 속에 들어 있다면 어찌 그것을 옮길 수 있겠는가?
반드시 항아리 밖에 있어야 되는 것이다. 몸이 항아리 밖에 있다는 것은
다름 아니라 석가께서 이른 바 "그 몸을 잊어버려서 그것을 텅 비게 한다"
는 것이다. 그러므로 노자께서는 "그 몸을 제쳐놓아야 몸이 보존되고 그
모습을 잊어야 모습이 보존된다"고 말하였으며, 설도광께서는 "만약 사람

---

19) 오온(五蘊): 색(色: 물질)·수(受: 감각)·상(想: 지각)·행(行: 의지)·식(識: 마
   음)이라는 다섯 가지가 하나로 뭉쳐 쌓인 것이라는 뜻. 오음(五陰)이라고도
   부르며 범어 panca-skandha에 해당한다.
20) 『보조불심(普照佛心)』: 아직 미상(2004. 4. 15).

이 이 환상에 지나지 않는 몸을 비운다면 성스런 스승님의 진리의 길잡이를 직접 주겠다"고 말하였던 것이다.

장전일(張주一)께서는 "태허가 나이니 먼저 그 몸을 비우라. 그 몸이 비고 나면 하늘과 땅도 역시 빈다. 하늘과 땅이 비고 나면 우주도 역시 빈다. 빈 바 없는 텅 빔이 참다운 빔이다"라고 말하였으며, 『청정경』에서는 "안으로 그 마음을 살피되 마음에 그 마음이 없고, 밖으로 그 몸을 보되 몸에 그 모습이 없다. 몸에 그 모습이 없는 것은 몸이 비었다는 것이고, 마음에 그 마음이 없다는 것은 마음이 비었다는 것이다. 마음이 비어서 걸릴 것이 없으면 신이 불려질수록 신령해지고, 몸이 비어서 가로막힘이 없으면 몸을 불릴수록 맑아진다. 곧바로 나아가서 몸과 신이 서로 푹 젖어서 몸과 마음이 하나가 되는 경지까지 불리게 되면 그제야 비로소 몸과 신이 모두 묘해져서 진리에 완전히 합쳐지게 되는 것이다"라고 말하였다.

옛 신선께서는 "몸은 진리의 길을 감으로써 온전해지고 생명은 꾀를 써서 늘린다"고 말하였다. 이 꾀라는 것은 바로 끝없는 본디의 기를 훔쳐서 한계가 있는 몸뚱이를 이어내는 것이다. 끝없는 본디의 기란 하늘과 땅의 음과 양이요 오래 살게 되는 참다운 정(精)이며 신령한 아버지와 성스런 어머니의 기이다. 한계가 있는 몸뚱이란 음과 양이 짧고 급하고 탁하고 어지러운 보통 아버지와 보통 어머니의 기이다. 그러므로 진리세계의 어버이의 기를 가지고 보통 어버이에게서 받은 몸을 변화시켜서 양만으로 순수하고 참다운 정으로 이루어진 몸이 되면 하늘과 땅과 더불어 나이를 같이 할 수 있는 것이다.

손다라난타(孫陀羅難陀)[21] 존자께서는 "세존께서 나에게 코 끝의 흰 곳을 살피라고 가르치시기에 나는 처음에 정신을 집중하여 살폈다. 삼칠일이 지나자 코 속의 기가 들고나는 것이 마치 연기같이 보였다"고 말한 것을 생각해 본다. 몸과 마음이 안으로 밝아서 둥글고 훤한 세계가 텅 비고 맑

---

21) 손다라난타(孫陀羅難陀): 부처님 제자의 한 사람. Sundarananda. 염희(艶喜)라고도 한다.

아지면 마치 유리 같아진다. 연기 같은 것이 차차 없어지고 코로 쉬는 숨이 희어지고 마음이 열리며 새어나감이 다하여 모든 들고나는 숨이 밝은 빛으로 변화되어 시방세계를 비추며 아라한을 이루게 된다는 것이다. 주원회께서도 "코 끝에 흰 곳이 있으니, 나는 그것을 살핀다"고 말하였으며, 막인진(莫認眞)[22]께서는 "평생 동안 아름다운 모습과 음악으로 풍류를 즐기며 수없는 웃음 속에 사람들이 밖으로 찾는다. 천 가지 만 가지 차별을 찾을 길이 없는 곳에서 으뜸 되는 것을 얻으니, 그곳은 뾰족한 코 끝에 있도다"라고 말하였다.

무릇 사람이 아직 태어나기 전에는 한 번 내쉬고 한 번 들이마시는 기가 어머니와 통해 있다가 태어난 뒤에는 그것이 하늘과 통하게 된다. 하늘과 사람은 하나의 기로 이어져 흐르고 통해서 서로 마시고 서로 내쉬기를 마치 밀고 당기는 톱과 같이 한다. 하늘이 내놓은 것을 내가 가질 수 있으면 그 기를 얻어서 기가 왕성해지고 살아갈 수 있지만, 하늘이 내놓은 것을 하늘이 다시 가져가서 그 기를 잃어버리면 기가 끊어지고 죽게 되는 것이다. 그러므로 성인께서는 하늘의 길을 살펴서 하늘의 운행대로 행할 때마다 해가 아직 해 돋는 골짜기를 올라오지 않았을 때에 신을 엉겨 모으고 변화와 움직임을 여의고 조용히 앉아서 텅 빈 상태로 기다렸다. 안으로는 뜻과 생각을 버리고 밖으로는 만 가지 여건을 버려서 하늘과 땅조차 훌쩍 잊어버리고 몸뚱이를 흩날려 버리니, 저절로 태허 가운데에 마치 이슬 같고 전기 불꽃 같은 한 점의 양이 생겨나서 힘찬 모습으로 진리의 으늑한 문으로 들어간다. 긴 골짜기를 뚫고 곧게 니환으로 올라가서 단이슬로 변화되어 다섯 내장으로 내려오면 나는 즉시 코로 쉬는 호흡을 하여 그것을 받아들인다. 그것으로 하여금 세 관문과 아홉 터널의 입구에 있는 사특한 것을 물리치게 하고 오장육부에 있는 때를 씻어내리게 하여 몸을 불사르

---

22) 막인진(莫認眞): 아직 미상(2004. 4. 15).

고 몸의 바탕을 불린다. 찌꺼기를 태워버리고 흙비 온 것을 닦아버리며 몸
뚱이에서 더럽고 탁한 것을 모두 뽑아버려서 양만으로 순수한 몸으로 변
하여 바뀌기를 자꾸만 하여 오래 쌓이면 몸 모습이 변화되어 선인이 되는
것이다.

　진취허께서는 "몸은 비치고 금빛이요 뼈에서는 향기가 나고 금으로 된
힘줄과 옥으로 된 뼈가 순수하게 양이 된다. 붉은 피를 불려서 희게 되고
음한 기가 닳아 없어지니 몸이 절로 튼튼해진다"고 말하였으며, 구장춘께
서는 "다만 숨마다 언제나 서로 본래 있던 곳으로 돌아갈 수만 있다면 몸
뚱이를 모조리 바꾸게 되고 옥 즙이 흐르게 된다"고 말하였다.

　장자양께서는 "하늘과 사람은 하나의 기로써 본래 같은데, 몸뚱이가 생
겨 막히고 통하지 않게 된 것이다. 몸과 신이 보이지 않는 가운데 합쳐지
는 경지까지 불리면 그제야 색과 모양이 바로 참으로 비었음을 알게 된다"
고 말하였고, 설복명(薛復命)[23])께서는 "기라고 부르는 것이 무엇인지 알지
못하지만 얻은 뒤에는 저절로 참답게 된다"고 말하였다. 동한순(董漢醇)[24])
께서는 "금은 광석을 가지고 녹이고 몸은 기로 말미암아 불린다"고 말하
였다.

　몸을 불리는 방법에는 모두 여섯 가지 문이 있다.

　㉠ 옥 즙으로 몸 불리기.

　㉡ 금 즙으로 몸 불리기.

　㉢ 태음으로 몸 불리기.

　㉣ 태양으로 몸 불리기.

　㉤ 안으로 살펴 몸 불리기.

　㉥ 이와 같은 것은 모두 텅 비고 아무것도 없는 큰 진리의 길이 아니므
로 끝내 태허와 같은 바탕이 될 수는 없다. 그러할 수 있는 오직 하나의

───────────────

　23) 설복명(薛復命): 『복명편(復命篇)』을 지은 설도광을 가리킨다고 본다.
　24) 동한순(董漢醇): 원나라 때 사람으로 『군선요어찬집(群仙要語纂集)』을 썼다.

방법은 '참다운 텅 빔으로 몸을 불리는 것'이다.

비록 지음이 있는 것을 말하지만 그 내용은 아무런 함도 없는 것이며, 비록 몸을 불림을 말하지만 그 내용은 신을 불리는 것이다. 이는 바깥을 닦되 안도 아울러 닦는 것이다.

방법대로 백 날 동안 불리면, 일곱 가지 넋25)의 모습이 없어지고 세 가지 벌레26)가 자취를 감추며 여섯 가지 도적27)이 가라앉아 감추어지고 열 가지 마군28)이 멀리 숨어버린다.

천 날을 불리면, 네 가지 큰 물질들29)로 이루어진 한 몸이 마치 수정 탑과 같아져서 겉도 속도 눈부시게 빛나고 안과 밖이 훤하게 비치며 마음의 빛이 번쩍거리고 신령한 빛이 분명하게 드러난다. 신령한 빛이란 지혜의 빛이다. 그러므로 "지혜의 빛이 생기는 곳에 깨우침의 꽃이 핀다"고 말한다. 무릇 지혜의 깨우침의 꽃이 피는 것은 몸을 불리어 알아보기 힘든 경지로 들어가서 나도 모르는 가운데 진리와 더불어 하나가 되지 않고는 이와 같을 수 없는 것이다. 그러므로 『생신경(生神經)』30)에서는 "몸과 신이 함께 하나가 되면 참다운 몸이 된다"고 말한다. 몸과 신이 합쳐지면 모습이 그를 따르게 되어 진리의 길을 통한다. 보이지 않을 때에는 모습이 신 속에서 움직이지 않고 드러날 때에는 신이 기에 합쳐진다. 그렇기 때문에 물과 불을 밟아도 걸림이 없고 해와 달을 마주하고 있어도 그림자가 없어

---

25) 일곱 가지 넋: 칠백(七魄). 몸 안에 있는 탁한 귀(鬼)이다. 시구(尸狗)·복시(伏屍)·작음(雀陰)·탄적(吞賊)·비독(非毒)·제예(除穢)·취폐(臭肺).

26) 세 가지 벌레: 삼시(三尸).

27) 여섯 가지 도적: 육적(六賊). 색(色)·성(聲)·향(香)·미(味)·촉(觸)·법(法), 곧 여섯 가지 티끌을 가리킨다.

28) 열 가지 마군: 십마(十魔). 진리의 길을 닦는 일에는 열 가지 마군의 방해가 있다. 육적(六賊)·부(富)·귀(貴)·육정(六情)·은애(恩愛)·환난(患難)·성현(聖賢)·도병(刀兵)·안락(安樂)·여색(女色).

29) 네 가지 큰 물질들: 사대(四大). 흙·물·불·바람.

30) 『생신경(生神經)』: 아직 미상(2004. 4. 15).

지며 내가 없어짐이 나에게 달려 있게 되어서 들고남에 틈이 없게 된다. 때로는 몸을 남겨 세상에 머무르고 때로는 몸을 이루고 있는 물질들을 벗어나서 신선 세계로 올라간다. 대낮에 죽은 몸뚱이가 날아간 사람은 황제(黃帝)요, 몸을 남겨 세상에 머무른 사람은 팽조(彭祖)다. 명을 받아 하늘의 직책을 지킨 사람은 장천사(張天師)31)요, 집째로 뽑아 올라간 사람은 허정양이다. 병을 드러내 보여주고 일생을 마친 사람은 왕중양이요, 관직에 들어가 신하가 된 사람은 동방삭(東方朔)32)이다. 노자는 국립도서관장 같은 직책에 있었고, 신형(辛鈃)33)은 대부(大夫)라는 벼슬을 했고, 윤희는 관문을 지키는 수령이었으며, 백구(伯矩)34)는 경상(卿上) 벼슬이었다. 『당전(唐典)』에 보면 비능이라는 곳에 숨어살았던 자휴(子休)35)는 칠원을 다스렸고, 유후(留侯)36)는 황제의 스승이었으며, 사호(四皓)37)는 한나라를 도왔고, 혜구생(惠仇生)38)은 은나라의 관직에 있었으며, 보광(輔光)39)은 한나라의 벼슬을

---

31) 장천사(張天師): 34~156. 동한(東漢) 시대 강소성 풍현(豊縣) 사람으로 본명은 장릉(張陵)인데 뒤에 도릉(道陵)이라 불렀다. 도교의 조기 형태인 정일교(正一敎) 창시자이며 제1대 천사(天師)이다. 용호산에서 구천신단(九天神丹)을 달이고 다시 촉으로 들어가 학명산에서 수도하여 태상의 감응을 입어 정일맹위지도(正一盟威之道)를 받고 도교를 창립하였으며, 노자를 교조로 받들었고 『노자오천문(老子五千文)』에 대한 『노자상니주(老子想爾注)』를 썼다고 전해진다. 당나라 때에 삼천부교태법사(三天扶敎太法師)에 봉해졌고, 송나라 때에 정일정응현우진군(正一靜應顯佑眞君)을 더하였으며, 도교도들은 조천사(祖天師), 태현상상(泰玄上相), 항마호도천존(降魔護道天尊) 등으로 높여 부른다.

32) 동방삭(東方朔): 기원전 154~93. 한나라 때의 선인. 『동명기(洞冥記)』에 의하면 어릴 때 이름은 만천(曼倩)이라 하였다 한다. 한 무제가 선술(仙術)을 좋아하였으므로 신선술의 여러 가지를 설명해 주고 펼쳐 보이기도 하다가 어느날 아침, 용을 타고 어디론가 날아가 버렸다[『한무제내전(漢武帝內傳)』 참조]. 일반적으로 삼천갑자 동방삭이라 한다.

33) 신형(辛鈃): 아직 미상(2004. 4. 15).

34) 백구(伯矩): 아직 미상(2004. 4. 15).

35) 자휴(子休): 장자 곧 남화진인 장주(莊周)의 자.

36) 유후(留侯): 장량(張良)의 벼슬 이름.

37) 사호(四皓): 한나라 고조 때 상산(商山)에 숨어살았고 눈썹과 수염이 모두 흰네 노인. 동원공(東園公)·기리계(綺里季)·녹리선생(甪里先生)·하황공(夏黃公).

38) 혜구생(惠仇生): 아직 미상(2004. 4. 15).

살았고, 마단(馬丹)[40]은 진나라 해섬(海蟾)은 연나라의 벼슬을 살았으며, 정양은 관직을 버렸고, 순양(純陽)은 과거를 보았으며, 상유(常有)[41]는 채찍을 잡았고, 금고(琴高)는 홀을 잡았다. 이와 같은 사람들이 너무 많아서 하나하나 들 수가 없다.

아! 저 신선들의 숨고 나타나고 떠나가고 머무름을 어찌 세상의 보통사람들이 헤아릴 수 있을 것인가! 더욱이나 허공을 바람을 타고 난 열자(列子)[42]나 띠풀을 꺾어서 밟으며 강을 건넌 달마(達磨)[43] 같은 분들의 경우를 예로 든다면, 몸뚱이를 이루는 물질들을 가지고 도자기를 굽듯 몸을 불로 불리는 일을 힘들여 행하지 않고서야 어찌 그와 같이 가볍게 몸을 들어 올릴 수 있었겠는가? 이 신과 몸이 함께 묘해지는 길은 앉아서 몸을 벗어나고 서서 죽는 정도의 사람이 알아낼 수 있는 것이 아니기 때문에 몸을 버리거나 몸으로 들어가는 잘못을 면할 수 없게 된다. 그러므로 신선·부처를 배우는 무리들이 만약 신을 불리는 것만을 묘하다 하고 몸을 불리는 것이 중요함을 모른다면, 그는 이른바 신령이 맑고 착해진 귀신일 뿐이다. 어찌 높은 신선들과 비교할 수 있겠는가?

무릇 따뜻이 기르며 몸을 불리는 일에는 이것과 저것이라는 분별이 없

---

39) 보광(輔光): 아직 미상(2004. 4. 15).

40) 마단(馬丹): 아직 미상(2004. 4. 15).

41) 상유(常有): 아직 미상(2004. 4. 15).

42) 열자(列子): 전국 시대 정(鄭)나라 사람으로 이름은 어구(御寇) 또는 위구(圉寇)·오구(圄寇). 관윤자(關尹子) 등에게 도를 물어 얻어서 바람을 타고 날아다녔다 한다. 정확한 시대에 대해서는 학설이 나뉜다. 당나라 때에 충허진인(沖虛眞人)에 봉해졌으며 『열자(列子)』를 지었다고 하고, 송나라 때에는 치허관묘진군(致虛觀妙眞君)에 봉해졌다.

43) 달마(達磨): 범어로는 Bodhi-Dharma. 중국 남북조 시대에 남인도 향지국의 셋째 왕자로 태어나 대승불교의 승려가 되어 반야다라(般若多羅) 존자의 법통을 이어받았다. 그 뒤 중국으로 들어가 소림산에서 9년 면벽하고 중국 선종을 열었다. 뒷날 죽어서 관에 담겨 묻힌 뒤에 관 속에는 신발만 남겨놓고 갈대를 밟으며 강을 건너 인도로 돌아가는 것을 인도에서 돌아오던 송운(宋雲)이 보았다는 설화도 있다.

다. 비록 밝게 피어나는 것이 두 곳에서 이루어진다고 할지라도 그것을 참으로 알고 보면 하나의 이치로 쭉 통하는 것이어서 안과 밖을 함께 닦는다는 것이 서로 어긋나는 것이 아니다.

　만약 열흘 동안 조금도 끊어짐 없이 몸을 불리는 일을 계속하여 [마음이 흐트러짐 없이 한 곳에 크게 머무르는 대정(大定)] 경지에 이르게 되면, 이때가 바로 낭떠러지 끝에서 손을 털고 할 일을 다 끝내는 때이니, 저절로 말과 글로는 나타낼 수 없는 경지가 이루어지고 마음과 생각의 길이 끊어진다. 능동과 피동 둘 다 없어지고 색과 공이 함께 사라지며 막힘도 없고 걸림도 없으며 물들지도 않고 달라붙어 있지도 않는다. 몸이 마치 날아가는 기러기와 같아서 조롱 속에 가둘 수 없게 되고, 마음은 마치 연꽃과 같아서 물이 묻지 못한다. 빛나고 빛나며 깨끗하고 깨끗하며 맑고 맑으며 둥실둥실 움직이는 대로 맡겨둔다. 움직이는 대로 맡겨두어 둥실둥실 떠오르니, 하나의 일 없고 하염없으며 걸릴 것 없이 자유롭게 거닐며 노는 세상에서 잊혀진 사람이 되는 것이다. 이럴 즈음이 되면 진리의 젖먹이가 차차로 그 모습을 드러내는데 사람과 다를 것이 없다. 반드시 빛나는 꽃을 머금고 빛나는 별을 숨겨서 마음 밭을 가라앉히고 내리눌러 놓아야지, 만약 기쁘고 즐거움을 일으키게 되면 바로 마(魔)의 경계에 붙어버리게 된다. 마치 진니 환께서 "내가 지난날 배우고 익히는 일을 일 년 동안 하였더니, 여섯 경맥이 그치고 나서 기가 뿌리로 돌아가고 어떤 젖먹이가 단전에 나타났는데, 나의 생긴 모습과 같았다"는 것과 같은 경지이다.

　젖먹이가 자란 뒤에는 구멍 속에 머물러 있을 수 없어서 저절로 터널 입구를 찢고 나와서 정수리를 뚫고 올라간다. 이 경지를 일러 괴로움의 바다를 벗어나서 저편 언덕으로 넘어가는 경지라고 한다. 영명(永明) 수선사(壽禪師)[44]께서는 "몸이 괴로움의 바다 속에 있을 때에는 이 쇠로 빚은 나한

---

　44) 영명(永明) 수선사(壽禪師): 904~975. 북송 시대 임안부 여항 사람으로 천태 덕소(德韶)국사에게서 선의 뜻을 깨닫고 법안종(法眼宗) 제3대 조사가 된

(羅漢) 같은 몸에 힘입지만 괴로움의 바다를 벗어난 뒤에는 뗏목을 버리고 저편 언덕에 오르게 된다"고 말하였으며, 진관오(陳觀吾)[45] 진인께서는 "이편 언덕의 파도를 벗어난 뒤에는 저편에 이르러 목숨이 늘어날 수 있음을 알게 된다. 한 번 돌아오면 마땅히 영원히 돌아오게 되어서 강을 건넌 뗏목이 하늘을 오르는 사다리가 된다"고 말하였다.

다. 영명사에 있었으므로 영명이라 부르기도 하며, 법호는 연수(延壽)인데 지각선사(智覺禪師)라고도 부른다. 『종경록(宗鏡錄)』, 『만선동귀집(萬善同歸集)』, 『유심결(唯心訣)』, 『영명심부주(永明心賦注)』 등을 썼다.

45) 진관오(陳觀吾): 진치허(陳致虛).

3. 괴로움의 바다를 벗어나는 그림[脫離苦海圖]

괴로움의 바다 속에는 업(業)이라는 물이 아득하고
애욕의 강에는 거센 소용돌이 거품이 떠 흐르건만
신선·부처의 지혜의 빛이
가도 끝도 없이 비치고
신령한 젖먹이가 나타나거든
마음 흐트러짐 없이 한 곳에 크게 머물러
신령함을 얻되 마음 흔들림 없어서
저편 신선·부처의 세계로 넘어가거라.

제2절 신선의 세계에서 다시 닦는다

1. 단정히 손을 모으고 마음을 잠재우는 그림[端拱冥心圖]

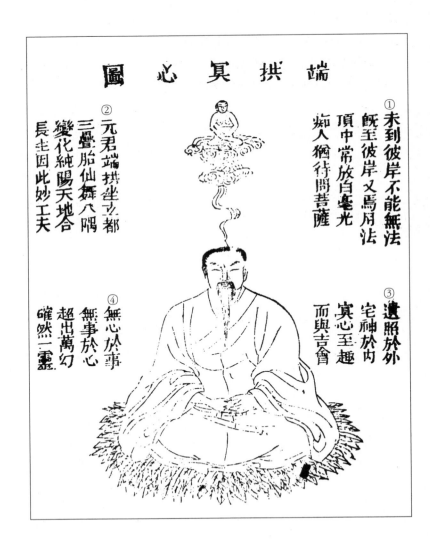

① 저편 언덕에 이르기 전에는 방법을 없앨 수 없지만, 저편 언덕에 이른 뒤에야 어찌 또 다시 방법을 쓰리오

정수리 가운데에서 언제나 흰 빛살을 쏘아내면서 바보가 마치 보살에게 물어보듯 한다.

② 임금께서 진리의 서울에 단정히 손을 모으고 앉으시니, 세 겹 신선의 태아가 여덟 구석에서 춤춘다.

순수한 양만으로 변화되고 하늘과 땅이 합쳐지니, 오래 사는 것이 이 묘한 일 닦음으로 인하여 이루어지도다.

③ 바깥을 비추면서 신은 안에 사니, 마음을 잠재우는 지극한 뜻이 좋은 결과를 가져온다.

④ 일에 마음이 없고 마음에 일이 없어 만 가지 헛것을 뛰어넘어 벗어나니 틀림없는 하나의 신령이로다.

1-1. 안뜰로 신을 옮기고 단정히 손을 모아 마음을 잠재운다[移神內院, 端拱冥心]

처음에는 지음이 있고 하는 일이 있다는 것은 약을 캐어 단을 맺음으로써 명(命)에 관한 일을 다해 마치는 것이요, 끝에는 지음이 없고 하는 일이 없다는 것은 혼을 품고 마음을 잠재우는 것이다. 『오진편』에서는 "지음이 있는 가운데 시작을 하니 사람들이 '깨달음에 못 미친다' 하더니, 하는 일이 없어짐에 이르러서야 비로소 알아보는구나. 다만 하는 일 없음이 진리의 길의 묘함인 줄만 알았지 지음이 있는 것이 뿌리요 기틀인 줄 모르는 것이다"라고 말하고, 『증도가(證道歌)』에서는 "하는 일이 없으면서도 하는

일이 없지 않은 경지에 이르러야 비로소 우리의 길이 곧 들어도 들리지 않고 보아도 보이지 않는 그것[46]인 줄 알게 된다"고 말한다.

오늘날 가정을 가진 보통사람이나 집을 나왔으나 바깥 길을 걷는 사람들은 그저 이쪽에 있는 도리를 아는데 그치고 저쪽에 있는 경계는 모르며 이 사이에 있는 묘함을 알 뿐 저 언덕의 으늑함은 모르는가 하면, 일 없는 것을 알 뿐 드물게 있는 일에 대하여는 모르고 하는 일이 없는 것만 알 뿐 하는 일이 있는 이치는 모른다. 이러한 것은 하나는 알아도 둘은 모르는 것이요 그 본성은 닦아도 그 생명은 닦지 않는 것이다. 그러므로 낮은 경지에서 배우는 하는 일이 있는 것을 단의 길을 이루기 전에 미리 알지 못하여 텅 빈다는 말에만 붙어 있으면, 이는 바로 공(空)에 떨어진 사나이라고 부르게 된다. 그런가 하면 높은 경지에 이르러서는 하는 일이 없음을 알지 못하여 단의 길을 이룬 뒤에도 모습에 붙어 있으면, 이는 바로 시체를 지키고 있는 귀신이라고 부르게 된다. 석행림께서는 "어떤 물건이 있어서 물건이 없는 것이 아니며 하는 일이 없는 것이 하는 일이 있는 것과 합쳐진다"고 말하였고, 진니환께서는 "앞서 가신 여러 성스런 스승님들께서는 하는 일이 없는 속에서 하지 않음이 없으셨다고 나는 들었다"고 말하였으며, 음장생께서는 "정해진 자리 없는 진리세계의 사람께서 윗세계에 사시니 텅 비고 쓸쓸히 고요하여 티끌이 가로막을 수는 더구나 없는 일이다"라고 말하였다.

하는 일이 있는 경지의 일을 이루고 나면 다시 하는 일이 없는 경지가 되는데, 하는 일이 없는 경지에서도 정신을 다하여 익히는 일이 있는 것이다. 이른바 진리세계의 사람이 윗세계에 산다는 것은 다름 아니라 성스런 젖먹이가 괴로움의 바다를 벗어나서 하늘 골짜기로 옮겨 사는 때이고, 이른바 텅 비고 쓸쓸히 고요하게 마음을 잠재운다는 것은 다름 아니라 여조(呂祖)께서 말한 '어두움을 향하고 숨을 편안히 하여 마음을 잠재워서 진리

---

46) 그것: 『도덕경』 제14장에 나오는 희이(希夷)의 뜻을 가리킨다.

의 길에 합하는 방법'이다. 시견오(施肩吾)께서는 "달마께서는 9년을 벽을
마주하여 안뜰의 담47)을 뛰어넘으셨고, 세존께서는 6년 동안 마음을 잠재
워 새장48)을 벗어나셨다"고 말하였다.

　무릇 마음을 잠재운다는 것은 조용한 방에 깊이 들어가서 말 없는 가운
데 단정한 자세로 손을 모으고 배우고 익히는 것이다. 한 티끌도 묻지 않
고 만 가지 걱정을 다 잊으며 생각 없고 하는 일 없으며 움직이는 것이 있
으면 그대로 내버려두고 보지 않고 듣지 않으며 신을 품음으로써 변화와
움직임을 여의고 안도 없고 밖도 없으며 가는 것도 없고 오는 것도 없으
며 모습도 여의고 빈 것도 여의며 길 잃음도 없고 헛됨도 없으면서 몸으
로 텅 빈 고요함에 합하여 언제나 변함없이 깨어서 밝아 있되, 다만 이 마
음을 잠재우면 모든 이치가 혼으로 돌아간다. 그러면 젖먹이가 맑고 신령
한 경계에 편안히 몸을 담아 움직이지 않는 자리에 머물러 살게 된다. 색
(色)도 그것을 가로막지 못하고 텅 빔도 그것을 얽매지 못한다. 몸이 마치
허공과 같이 편안하고 걸림 없어서 자유롭다. 그러므로 달관선사(達觀禪
師)49)께서는 "색도 얽매지 않고 공도 가로막지 않는다. 숨을 편안히 하고
마음을 잠재워 걸림 없는 자유로움을 살피면, 모든 세계의 모든 것들이 없
어지고 마니 세계가 허물어지는 시간에도 그것은 허물어지지 않는다"고
말하였고, 담장진(譚長眞)50)께서는 "젖먹이가 상단전으로 옮기면 단정히 앉
아서 손을 모으고 마음을 잠재워 자연에 합한다. 닦고 익혀나가는 일이 삼
천에 이르면 그에 힘입어 부처도 되고 신선이 되어 올라가기도 한다"고
말하였다. 이 경지는 잡것이 섞이지 않은 순수한 혼을 익히는 곳이니, 어

---

47) 안뜰의 담: 내원(內院) 곧 상단전을 가리킨다.
48) 새장: 번롱(樊籠). 몸을 가리킨다.
49) 달관선사(達觀禪師): 아직 미상(2004. 4. 15).
50) 담장진(譚長眞): 1123~1185. 금나라 때 산동성 모평(牟平) 사람으로 이름은
　옥(玉), 자는 백옥(伯玉) 또는 통정(通正), 장진은 호이다. 전진교 북칠진의 하
　나로서 원나라 때에 장춘운수온덕진인(長春雲水蘊德眞人)에 봉해졌다. 『운수
　집(雲水集)』이 있다.

찌 털끝만한 감정이나 생각이라도 있을 수 있겠는가? 그럼에도 불구하고 신선·부처가 되는 마음을 일으키면 바로 나고 죽음이 들어 있는 터널 속으로 떨어져서 나올 수가 없게 된다. 그래서 관윤자께서는 "만약 나고 죽음을 싫어하는 마음이 있으면 나고 죽는다는 마음을 뛰어넘어야 한다. 이름에 매이면 마음이 홀리고 이름을 짓지 않으면 진리 자체가 된다"고 말하였다.

무릇 맑고 깨끗한 몸 속은 텅텅 비고 밝고 맑아서 하나의 것도 있지 않고 모든 것이 머무르지 않는다. 그러므로『심요결(心要訣)』51)은 "마음을 잠재우는 것은 머무르지 않음에 근본을 둔다"고 말한다. 머무름이 없으면 마음의 바탕이 둥글고 거침없으며 헤아리기 어려워서 마치『금강경』에서 말한 "색에 머물러 마음을 생기게 하여서도 안 되고 소리·향기·맛·느낌·이치에 머물러 마음을 생기게 해서도 안 된다. 마땅히 머무름이 없는 마음을 생기게 하여야 한다"는 것과 같다. 금강제보살(金剛齊菩薩)52)께서는 "나는 머무름이 있음에 의지하지 않고 머무르는가 하면 머무름이 없음에도 의지하지 않고 머무른다"고 말하였다. 이와 같이 머무는 것을 승조(僧肇)53)께서는 "성인의 마음은 머무르는 바 없는 머무름에 머무른다"고 말하였다.『좌망론(坐忘論)』54)에서는 "하나의 방법에도 의지하지 않고 마음이 언제나 변함없이 머무른다"고 말하고,『요심경(了心經)』55)에서는 "마음에 머무르

51)『심요결(心要訣)』: 아직 미상(2004. 4. 15).
52) 금강제보살(金剛齊菩薩): 밀교에서 말하는 대일여래(大日如來)의 지혜의 덕을 나타내는 세계를 금강계(金剛界)라 하는데, 이 금강계에 있는 보살의 한 자리.
53) 승조(僧肇): 384~414. 당나라 때 장안 사람으로 현학(玄學)을 좋아하였고 뒤에 구마라집의 제자가 되어 불경 번역에 종사하였다. 구마라집 문하의 4철인(哲人)의 한 사람이다.『반야무지론(般若無知論)』,『보장론(報障論)』,『열반무명론(涅槃無名論)』등을 썼다.
54)『좌망론(坐忘論)』: 당나라 사마승정(司馬承禎)이 쓴 책. 도가적 인생관과 처세철학에 입각한 논술이고 상당 부분은 수련에 대한 깊은 경험을 담고 있다.
55)『요심경(了心經)』: 아직 미상(2004. 4. 15).

는 바가 없고 머무름에 마음 쓰는 바가 없으며 다해 마침에 붙어 매달리
지 않으니, 머무름이 없어서 참되게 된다"고 말하며, 『정명경(淨名經)』56)에
서는 "모든 가르침은 머무름이 없음으로써 근본을 삼는다"고 말한다. 하는
일이 없음에 편안히 머무는 것을 이름하여 머무름이라 하고 방향도 자리
도 없는 곳에 머무는 것을 머무름이 없다고 부른다.

머무름이 없는 마음이라는 것이 참된 마음이다. 『선원집(禪源集)』57)에서
는 "마음이라고 말하는 것은 마음의 이름일 뿐이고 앎이라고 말하는 것이
마음의 바탕이다"라고 말하고, 하택(荷澤)58)께서는 "마음의 바탕에 아는 능
력이 있으니, 아는 것은 바로 마음이다. 마음의 근본은 텅 비고 고요하며
지극히 비고 지극히 신령하다"고 말하였다. 텅 비고 고요하며 신령함으로
말미암아 안 것은 미리 안 것이 되고, 텅 비고 고요하며 신령함으로 말미
암아 깨친 것은 먼저 깨친 것이 된다.

생각으로 헤아림 없이 깨치는 것을 바른 깨침이라 말하고, 생각하지 않
고 아는 것을 참된 앎이라 한다. 그러므로 조사께서는 "텅 비고 고요한 바
탕 위에는 본디의 슬기와 아는 능력이 절로 있는 것이다"라고 말하였다.
이 텅 비고 고요한 앎이라는 것이 바로 달마께서 전해준 맑고 깨끗한 마
음이라는 것이다. 마음이 언제나 변함없이 고요하다는 것이 바로 자성(自
性)59)의 바탕이요, 마음이 언제나 변함없이 알고 있는 것이 바로 자성의
작용이다. 그래서 육조께서는 "모든 법(法)60)은 자성과 떨어지지 않는데,

---

56) 『정명경(淨名經)』: 『유마힐경(維摩詰經)』을 가리킨다.
57) 『선원집(禪源集)』: 규봉(圭峰) 종밀(宗密)이 저술한 『선원제전집(禪源諸詮集)』
  을 가리킨다.
58) 하택(荷澤): 당나라 때 낙양 하택사(荷澤寺)에 주석하였던 신회(神會)를 가리
  킨다. 육조의 문하인데, 육조가 입적한 뒤 남북으로 갈라진 돈점(頓漸) 양 종
  파에 관한 『현종기(顯宗記)』를 저술하였다.
59) 자성(自性): 모든 진리 그 자체의 변하지 않고 바뀌지 않는 존재성, 다시 말
  해 본성(本性).
60) 법(法): ① 모든 존재, ② 진리의 가르침, ③ 속성(屬性) 등의 뜻으로 쓰이나,
  이곳에서는 모든 존재의 뜻으로 쓰였다.

자성은 스스로 알고 스스로 보며 스스로 깨닫고 스스로 건너간다. 자성을 깨닫는 것은 오히려 쉬워도 마음을 다해 마치는 것은 매우 어렵다"고 말하였다. 그러므로 마음을 다해 마친다는 것은 이 마음을 다해 마치는 것이다. 마음을 다해 마치면 마음에 그 마음이라는 것이 없다. 마음이 없는 마음을 참된 마음이라 하는데, 참된 마음은 바로 자성이요 참된 자성은 바로 마음이다. 태상께서는 "마음을 다해 마친 것이 참된 본성이고 본성을 다해 마친 것이 참된 마음이다. 텅 빔 속에 빈곳이 없으니, 참됨조차 다해 마칠 곳이 없다"고 말하였다.

이는 참된 텅 빔은 비지 않은 것이라는 말이다. 텅 빔 속에 빈 바가 없는 것이 바로 본디 마음을 다 드러내보아 마친 것이다. 방거사(龐居士)께서는 "시방에서 함께 모여 저마다 하는 일 없음을 배우는 것이 부처를 뽑는 도량이다. 마음이 텅 비면 합격을 하여 사람들과 더불어 텅 빈 것을 깨침이 지극히 원만한 경지로 가니, 텅 빈 곳에서 텅 빈 것이 사라지는 것이 바로 본성을 드러내보는 일을 다해 마치는 것이다"라고 말하였고, 『화엄경』에서는 "모든 존재의 본성은 본디 텅 비고 고요하여 잡을 것도 없고 보일 것도 없다. 본성이 텅 빈 것이 곧 부처인데, 생각하고 헤아려서 얻을 수 있는 것이 아니다"고 말한다. 원래 본성의 바탕은 텅 빔을 근본으로 하고 마음의 바탕은 흐트러짐 없이 한 곳에 머무름을 근본으로 한다. 텅 빔이 없고 텅 빔이 없는 것도 없으니 곧 더 이상 생각할 수 없는 텅 빔[61]이라고 이름하며 한 곳에 머무름 없고 한 곳에 머무름 없음도 없으니 참으로 있는 그대로의 흩어짐 없이 머무름[62]이라고 이름한다. 비록 텅 빔을 닦을지라도 텅 빈 것으로 증명하지 않고 텅 비었다는 생각을 하지 않아야 참된 텅 빈 것이요, 비록 흩어짐 없이 한 곳에 머무름을 얻을지라도 흩어짐 없는 머무름으로 증명하지 않고 흩어짐 없이 머물렀다는 생각을 하지 않아야 참으로 마음이 흐트러짐 없이 한 곳에 머물렀다고 말할 수 있

---

61) 더 이상 생각할 수 없는 텅 빔: 18공(空)의 하나인 필경공(畢竟空)을 가리킨다.
62) 참으로 있는 그대로의 흩어짐 없이 머무름: 진여정(眞如定)을 가리킨다.

는 것이다.

텅 비고 흩어짐 없는 머무름이 참으로 지극하여 가로막힘 없이 두루 통하면, 어느 날 아침에 하늘의 기틀이 뚫고 나와 모습을 드러내며 슬기의 성품이 신령하게 통하고 마치 연꽃이 피듯이 알지 못하는 사이에 꿈에서 깨듯이 어리둥절하게 문득 건괘의 으뜸 경계를 드러내놓는다. 위로는 하늘 아래로는 땅에 가득 차니, 다함없이 갈무리하고 있는 것63)이라고 한다. 이것이 바로 마음과 본성이 언제나 변함없이 밝다든가, 불이 맑고 밝아서 어둡지 않다든가, 우주를 빛나게 밝히고 예부터 오늘까지를 뚫어지게 비춘다든가, 변화가 정해진 곳이 없고 신비롭고 묘함을 헤아릴 수 없다든가 하는 것이다.

비록 살덩이로 된 눈을 갖추고 있을지라도, 슬기의 눈을 떠서 그 광명으로 보통사람으로서의 마음을 빛나게 바꾸어버리면 부처의 마음으로 알고 보는 것과 같아지게 되니 바로 본성을 보는 것인데, 뚫어지는 곳을 만나면서 닦아 나아가서 뚫어지지 않는 곳에 이르는 것이다. 그러므로 흔 본성이 이지러짐 없이 밝고 여섯 신통이 단박 모자람 없게 되는 것이다. 무엇을 여섯 신통이라고 하는가? 옥양(玉陽) 큰 스승의 말에 따르면 다음과 같다.

앉아서 변화와 움직임을 여의고 조용한 때에 이르면 갑자기 마음의 빛이 피어 나타나서 안으로는 허파가 훤히 보이고 밖으로는 눈썹과 수염이 절로 보이며 슬기의 신이 솟구쳐 나와서 하루에 만 마디 글을 외우고 묘하고 으늑한 이치를 설명해 말하기를 막힘없고 다함없이 하게 되니, 심경통(心境通)이다.

띠 집을 나서지 않고도 앞으로 다가올 사정을 미리 알고 방 안에 있으면서 또한 담장이 가로막혀 있지만 물건을 알아볼 수 있게 되니, 신경통(神境通)이다.

앉아 있는 동안에 문득 괴로운 듯하면서 소용돌이쳐 분간을 할 수 없다

---

63) 다함없이 갈무리하고 있는 것: 무진장(無盡藏)을 가리킨다.

가 곧 마음의 터널이 환하게 열려서 땅의 산과 물의 이치가 손금을 보듯 하게 되니, 천안통(天眼通)이다.

시방의 소리를 마치 귓전에서 나는 것처럼 들을 수 있고 태어나기 전의 일을 마치 눈앞의 일처럼 기억해 낼 수 있게 되니, 천이통(天耳通)이다.

때로는 낮에 때로는 밤에 크게 머무르는 일을 익히는 가운데, 위로는 천당을 보고 아래로는 지옥을 보며 수없는 겁을 지내오면서 숙명(宿命)이 바뀌어온 것을 꿰뚫어 살필 수 있게 되니, 숙명통(宿命通)이다.

신과 통하여 변화를 일으키며 들어가고 나오기를 마음대로 하고 뭇 사람들의 속을 훤히 들여다보아서 남의 마음속에 숨어 있어 알 수 없는 일을 알아낼 수 있으므로, 남이 비록 뜻이나 생각을 일으키지 않았을지라도 분명하게 미리 알아내고 남이 비록 뜻이나 생각을 싹틔우지 않았을지라도 분명하게 미리 깨치게 되니, 타심통(他心通)이다.

자사께서는 "마음의 정(精)과 신(神)을 성(聖)이라고 말한다"고 말하였다. 그러므로 마음이 흐트러짐 없이 한 곳에 머무르면 슬기로울 수 있고, 마음이 죽은 듯 고요하면 느낄 수 있으며, 마음이 변화와 움직임을 여의고 조용하면 사물을 알 수 있고, 마음이 텅 비면 신령할 수 있으며, 마음이 정성되면 밝을 수 있고, 마음에 들어 있는 것이 없으면 깨칠 수 있는 것이다. 4조 도신(道信)64)께서는 "모든 신통의 작용은 스스로의 마음이 느껴서 나타나는 것이다"고 말하였고, 『영락경』에서는 "신을 하늘의 마음이라 부르고 통함을 슬기의 성품이라 부른다. 타고난 그대로의 슬기가 가로막힐 것 없이 꿰뚫어 비추므로 신통이라 부른다"고 말한다.

신통이 모두 모자람 없이 갖추어졌으면 그럴수록 더욱 말없이 빛나게 하여 빛과 슬기를 감추고 사용하지 말아야 한다. 만약 뿔을 드러내면 사특한 마가 붙을까 두렵다. 옛날에는 "진리의 길이 한 자 높아지면 마는 한 길 높아진다"고 말하였다. 마음이 흐트러짐 없이 한 곳에 머물러 있는 일

___

64) 도신(道信): 580~651. 14살에 승찬(僧璨)을 스승으로 섬기기 시작하여 중국 선종의 제4대 조사가 되었다. 시호는 대의선사(大醫禪師)이다.

을 익히고 있는 때에 때로는 이러저러한 선과 악의 소리를 듣고 때로는 나를 따르거나 거스르는 이러저러한 경계를 보게 되지만, 이것이 모두 마의 가로막음인지라 그것에 붙어 있어서는 안 되는 것이다. 반드시 내 한 몸의 모든 요소를 돌이켜 살펴서 결국 모두가 가짜들이 임시로 합쳐진 것이어서 꿈 같고 환상 같으며 통틀어 참된 것이 아니라는 사실을 깨달아야 한다. 다만 이 마음만 바로잡히면 마는 절로 자지러져 없어진다. 옛말에 "괴이한 것을 보아도 괴이타 하지 않으면 괴이함이 절로 없어지고 마를 보아도 마라 하지 않으면 마가 스스로 사라진다"는 것이 있다. 때로는 뇌 속에서 벼락치는 소리가 나고 때로는 눈 속에서 금빛 별이 찬란하게 빛나며 때로는 정수리 아래에 붉은 노을이 휘감고 때로는 눈썹 사이에서 둥근 빛이 쏟아져 나오기도 하지만, 이것은 모두 헛된 경치이다. 마음이 그것을 받아들이지 않고 오직 진리의 길을 가는 일만 익혀갈 뿐 효험을 증명해 내려고 하지 않아야 한다. 그렇기 때문에 옛 신선께서는 "목 밑에서 빛이 나더라도 헛것 같은 것이요 구름이 발 아래 생기더라도 아직 신선은 아니다"라고 말하였다.

또한 변화와 움직임을 여의고 조용한 가운데 문득 누각 같은 집이 나타나서 비취 구슬로 발을 내리고 여자들이 아름다운 소리 나는 악기를 타는 경치와 보지 못하던 이상한 풀과 꽃들이 눈에 그림과 같이 느껴지는데, 그곳에 있는 사람들은 나를 못 알아보는 경우가 생기기도 한다. 이것이 내 몸의 상단전임에도 불구하고 그런 줄 모르고 이것을 하늘나라의 궁궐에 이른 것이라고 생각하여 참된 경치로 인정해 버리면 그대로 따라가게 되어 나오지도 들어가지도 못하게 된다. 이때에는 반드시 허공을 살피는 방법을 써서 그 상태를 더욱 넓히고 채워야 한다. 그러면 나의 하늘 골짜기의 신이 태허로 올라가 들어가서 흔으로 합쳐지게 된다.

그 허공을 살핀다는 것은 스스로의 마음의 마땅한 모습을 살피는 것이다. 마음은 본디 생겨나는 것이 아니고 자성이 이루어지는 것이어서 본래는 텅 비고 죽은 듯 고요하며 밝은 빛이 마치 허공처럼 두루 비춘다. 비치듯이 환하고 맑으며 깨끗하고 널리널리 두루두루 퍼지며 둥글고 티 하나 없이 희게 밝은 채로 큰 달덩이 같은 모습을 이루니, 크기는 허공과 같아서 끝닿는 곳 없이 넓게 들어찬다. 다시 스스로의 몸의 마땅한 모습을 자세히 살피니, 마음의 허공이 몸의 허공에 통하여 있고 몸의 허공이 하늘과 땅의 허공에 통하여 있으며 하늘과 땅의 허공이 근원적인 태허의 허공에 통하여 있다. 텅텅 비어 서로 통하여 함께 한 덩어리가 되니, 어찌 태허와 더불어 하나로 섞이지 않겠는가?

처음에는 그 마음을 비우는 것인데, 그리하여 몸도 이미 비고 하늘과 땅도 또한 비어버리면, 비되 빈 것이 없고 빈 것이 없되 비게 된다. 비었다는 것도 알지 못하고 빈 것이 없음도 알지 못하는 상태가 되면, 나의 양신(陽神[65])이 빈 속에서 뚫고 나왔다 들어갔다 하되 가로막힘이 없게 된다. 그런 뒤에야 비로소 하늘과 땅과 더불어 덕을 합치고 근원적 태허와 같은 몸이 되어서 비었다고 불리는 사람들과 섞이게 되는 것이다. 이곳에서는 단지 태허에 이르는 단계만을 말하고 참으로 태허에 들어간 경지는 아직 말하지 않았으니, 신을 불리는 경지라고 말할 수 있으나 신이 밖으로 나오는 경지라고는 말할 수 없다.

하느님의 나라로 높이 솟아오르고자 한다면 반드시 골짜기의 신을 더욱 넓게 불려서 언제나 변함없이 신령한 지능을 가지고 고요하게 비추어야 한다. 그리하여 마음이 허공이 되고 한 곳에 붙어 있음이 없이 살피며 근본을 품고 으뜸 되는 곳으로 돌아가서 다시 태극으로 돌아간다. 이로부터 앞으로 앞으로 그치지 않고 나아가서 위없는 위요 으늑하고 또 으늑함이요 모습 없는 모습이요 그렇지 않은 그러함이라고 할 수 있는 경지에 이르면, 흔 신령하고 묘한 것이 모든 사물의 세계에 널리 이지러짐 없이 통

---

65) 양신(陽神): 내단 수련을 통하여 만나게 되는 태어나기 전부터 있은 으뜸 된 신에 해당하는데, 정과 기가 모여 변화되어 이루어진 신이다. 때로는 그러한 신을 이루어 숨고 나투고 변하고 바뀜을 헤아릴 수 없는 능력을 갖춘 신선을 가리키기도 한다.

하게 되고 구름과 은하를 꿰면서 높이 올라서 저 하늘과 한 덩이로 합쳐
진다. 이것이 하늘 골짜기에 있던 태어날 때부터 있은 으뜸 되는 신이 더
나아갈 곳 없고 지극히 묘한 경지까지 불려진 것이다. 그러므로 장사렴(章
思廉)66)께서는 "태극을 온전히 얻으면 태어나기 전의 본래면목을 보게 된
다. 태어나기 전의 흔 점이 참된 것이요 태어난 뒤의 것은 그 껍질에 지나
지 않는다"고 말하였고, 형섬자께서는 "양신을 불려서 양신이 밖으로 나오
는 일을 다해 마치고 색의 세계로부터 색이 없는 세계로 넘어간다. 이미
묘한 진리의 길을 이루어 증명하였으면 반드시 빛을 감추고 세속에 섞여
야 한다"고 말하였다.

비록 티끌 세상에 몸을 담고 있어도 세속과 함께 휩쓸리지 않고 흐린 물
과 같은 세상을 살면서도 나타나 일하고는 숨어버리는 것을 헤아릴 수 없
다. 몸을 녹여 자취를 감추고 오직 날마다 드러나지 않은 보람을 쌓고 정
성된 마음을 열어서 진리의 젖을 베풀며 후학들을 끌어모으고 뭇 살아 있
는 것들을 널리 저 언덕으로 건너게 하여 위로는 부처의 은덕을 갚고 아
래로는 그 많은 살아 있는 것들을 살린다. 『금강경』에서는 "나는 살아 있
는 모든 것들 곧 알에서 태어나는 것, 태에서 태어나는 것, 습기에서 태어
나는 것, 갑자기 생겨나는 것이나 색이 있는 것, 색이 없는 것, 생각이 있
는 것, 생각이 없는 것, 생각이 있는 것도 아닌 것, 생각이 없는 것도 아닌
것들을 모두 남김 없는 열반으로 들어가게 하여 나고 죽음과 번뇌를 건너
게 한다. 이와 같이 양도 수도 끝도 없는 모든 살아 있는 것들을 건네주되
알고 보면 어느 것도 건넘을 얻은 것은 없는 것이다"라고 말한다. 이러한
이치가 있는 까닭에 세존께서 진리의 길을 이룬 날 아침에 모든 살아 있
는 것들을 널리 건네줄 자비를 일으키고는 "먼저 살아 있는 모든 것들을
건네준 뒤에 부처가 되겠다"고 말하였던 것이다. 승조법사께서는 "본성은
본디 생겨나는 것이 아니다. 그러므로 또한 사라짐도 없다"고 말하였다.

---

66) 장사렴(章思廉): 송나라 때 절강성 수창(遂昌) 사람으로 이름은 거간(居簡).
    수광궁(壽光宮)에서 도사가 되어 『도인경(度人經)』을 읽고 깨달았다.

이것이 참으로 수많은 성인들께서 다같이 가지고 있는 참된 마음이다. 모든 살아 있는 것들이 다 건너고 난 뒤에 비로소 열반으로 들어가는 것이 또한 모든 성인들께서 함께 돌아가는 참 모습이었다. 왕방평(王方平)67)께서는 "난학(鸞鶴)이 날아올 때에 자줏빛 안개를 타고 옥황의 칙령을 받아 신선의 길을 오른다. 석가처럼 따르는 사람들을 모두 하늘로 올려보내고 저 많은 살아 있는 것들을 모두 건네주고 나서야 스스로 건너는 것이다"라고 말하였다.

옛 부처 높은 신선들께서 마음 쓰신 것이 얼마나 넓은지 한 번 살펴본다면, 안타깝도다! 오늘날 사람으로서 한 개의 가르침이나 한 개의 방법을 안 사람이 그것을 비밀로 하여 보물처럼 감추어두고 행여나 새어나갈까 걱정하는 것과 옛 분들과를 비교하여 보노라면 부끄러워 죽을 지경이 아니겠는가? 나도 잡된 생각이 없어진 지는 오래되었으나 다만 스스로를 건네기 전에 먼저 남을 건네주어야 한다는 한 생각이 마음에 남아 있어서 쉽게 풀어버릴 수 없다가 이제 이 글을 지어 하늘의 기틀을 모조리 드러내 놓는 것이다.

오직 맨 끝의 한 가지는 아직 밝혀내지 못하였는데, 이제 다시 그것을 말하겠다. 진리의 길에 대한 책에는 "음한 신은 능히 사람을 볼 수 있고 양한 신은 능히 사람들로 하여금 저를 볼 수 있게 한다"는 말이 있다. 하나의 물건만 닦는 사람이 내놓는 것은 어디까지나 음한 신이다. 음한 신은 그림자는 있되 눈에 보이지는 않으니, 세상에서 말하는 귀선(鬼仙)이라는 것이다. 만약 본성과 생명을 함께 닦는 사람이라면 그가 내놓는 것이야말

---

67) 왕방평(王方平): 한나라 때 산동성 강소(江蘇) 사람으로 이름은 원(遠). 관직에 있다가 산으로 들어가 수도하여 진리의 길을 이루었고, 이름이 드러나 환제(桓帝)의 부름을 받았으나 나가지 않고 태위(太尉) 진탐(陳耽)의 집에서 40여 년 살았다. 죽은 뒤에 곤륜산을 다스리며 나부산과 괄창산을 오간다고 전한다.

로 양한 신이다. 양한 신은 그림자도 있고 눈에도 보이니, 세상에서 말하는 천선(天仙)이라는 것이다. 그러므로 "진리의 길은 모습 없는 것을 근본으로 삼고 신선은 모습이 눈에 보이는 것을 귀하게 삼는다"고 말한다. 그러나 신이 너무 이르게 바깥으로 나오는 것을 단에 관한 경전들에서는 매우 나무라는 바이다.

이미 그 어미를 얻고 난 다음[68]에는 마땅히 그 처음으로 되돌아가서 하늘 골짜기에 변함없이 머무르며 젖먹이와 같은 상태로 되돌아가야 한다. 무엇을 인식도 하지 않고 감지(感知)도 하지 않으며 오직 깊이 들어가서 죽은 듯 고요하여 양한 빛이 새어나감이 없으면 점점 넓어지고 커지며 점점 멀리까지 빛난다. 저절로 변화를 일으켜 신을 낳는데, 낳고 또 낳아서 다함이 없으며 변화되고 변화되어 막힘이 없다. 아들이 손자를 낳곤 하여 백이요 천이요 만에 이른다. 장자양께서는 "첫해에 아이들을 낳으니, 아이들마다 학을 탈 줄 안다"고 말하였고, 진니환께서는 "첫해에 태에서 한 아이를 낳고 아들이 손자를 손자가 또 가지를 친다"고 말하였으며, 백옥섬께서는 "한 몸이 많은 곳에 널려 있는 것이 마치 밝은 달이 천 가지 물에 그림자를 나누어내는 것과 같고, 많은 몸이 하나로 들어가는 것이 마치 밝은 거울이 만 가지 모습을 그 안에 비추는 것과 같다"고 말하였다. 이것을 선가에서는 몸을 나눈다고 말하고, 불가에서는 몸을 나툰다고 말한다. 마치 세존께서 보리수 아래를 떠나지 않고도 하늘 궁전에 두루 올라가서 이치를 말하는 것과 같고, 선재(善財)[69]께서 사라림(莎羅林)을 나서지 않고도 110개의 성을 돌면서 여러 벗을 두루 찾아본 것과 같다. 동화제군(東華帝君)[70]께서는 "진리의 몸은 강하고 커서 하늘과 땅을 통하며 참된 본성은 둥글고 밝아서 예와 오늘을 꿴다. 만약 정수리의 문이 열리지 않아 진리의

---

68) 어미를 얻고 난 다음: 양한 신이 바깥으로 나온 다음을 가리킨다고 생각된다.
69) 선재(善財): 범어 sudhana. 『화엄경』「입법계품(入法界品)」에 나오는 구도의 보살 선재동자를 가리킨다.
70) 동화제군(東華帝君): 왕현보(王玄甫).

눈을 뜨지 않았거든 그림자를 흩어버리는 일과 모습을 나누는 일은 가르치지 말라. 모습을 나누거나 그림자를 흩어버리는 일이 묘하지 않은 것은 아니나 몸뚱이 속으로 돌아올 일이 어렵다"고 말하였다. 아직 경지를 넘어서서 벗어나지 못한 상태에서 천으로 만으로 변화를 일으키려 한다면 어찌 도리어 본디 몸을 상하지 않겠는가?

곧바로 아홉 해를 지나 익히는 일이 완성되고 순수함도 모자람 없어지면, 갑자기 오행의 밖으로 튀어나가 무극의 처음으로 되돌아가서 모든 것의 있는 그대로의 참 모습이 묘하고도 묘하다는 것을 증험하여 진리를 얻는 일을 온전하고 온전하게 얻어서 금강같이 무너지지 않는 몸을 이루고 만년토록 죽지 않는 사람을 만들어내게 된다. 스스로도 깨치고 남도 깨치게 하며 부처의 씨앗을 이어받아 융성하게 하면서 삼천 가지 구실이 다 차면 흰 학이 맞으러 오고, 몸과 입과 뜻으로 짓는 팔백 가지 일이 원만해지면 하늘에서 붉은 글씨로 부른다. 금으로 된 궁궐에 날아올라가서 하늘나라의 관직으로 돌아가는 것이다. 종리 노인께서는 "아홉 해에 일이 이루어지면 사람으로서의 일은 다하는 것이다. 하늘과 땅을 가로 세로 돌아다니되 어버이로부터 받은 몸이 아니다"라고 말하였고, 소자허께서는 "익히는 일이 이루어지면 반드시 신을 내보내는 일을 겪어야 한다. 상단전 안뜰의 무성하고 화려함에 몸을 더럽히지 말고 옛 신선들의 뛰어넘어 벗어나던 가르침들을 주워모아서 바람에 날리듯 학을 타고 올라가 삼청(三淸)의 천존(天尊)71)들을 뵙는다"고 말하였다.

여러 신선들께서 껍질을 버린 모습들은 각각 다르다. 어떤 분은 보물 탑으로부터 벗어나고 어떤 분은 붉은 누각으로부터 뛰어나오고 어떤 분은 달을 보며 솟아나오고 어떤 분은 거울을 마주 보다가 벗어나고 어떤 분은 정수리의 문을 두드려서 솟아나오니, 『현오집』에서는 "황천 가는 길은 막히고 끊어져 있는데, 자부(紫府)의 문을 두드려 연다. 해섬 어른께서는 어떻

---

71) 삼청(三淸)의 천존(天尊): 도교의 최고신인 옥청원시천존(玉淸元始天尊), 상청영보천존(上淸靈寶天尊), 태청도덕천존(太淸道德天尊)을 가리킨다.

게 학으로 변하여 니환을 벗어났을까?"라고 말하고, 『중화집』에서는 "일을 이루어내면 정수리의 문에 한 터널이 열리는데, 그 속이 또 다른 하나의 우주이다"라고 말한다.

정수리의 문에 있는 하나의 터널이 어찌 쉽게 열리겠는가? 먼저 마음을 흐트러짐 없이 한 곳에 머무르게 하여 얻은 불로써 그것을 뚫는데, 뚫어지지 않으면 다음으로 태양한 불을 거두어 모아서 그것을 들이친다. 틈을 비집으며 두 가지 불로써 하늘을 찌를 듯이 공격하기를 그치지 않노라면 문득 붉은 빛이 누리에 두루 퍼지고 자줏빛 불꽃이 하늘에 가득해지며 벼락치는 한 소리에 정수리 문이 열린다. 그러므로 여순양께서는 "아홉 해 불 조절을 바로 거치고 나면 갑자기 너의 하늘 문인 정수리 가운데가 갈라지고 진리세계의 사람이 나타나서 크게 신통력을 가진다. 이로부터 천선들과 서로 축하를 나눌 수 있게 된다"고 말하였다.

진리세계의 사람이 나타나서 구름 같은 기를 타고 나는 용을 몰아서 옥경(玉京)에 올라 하느님의 궁궐을 거닐고 구름 사이에 나부끼며 하늘을 난다. 봉황과 전서(篆書)를 금으로 수놓은 옷을 입고 아홉 하늘의 궁전에 가서 조례(朝禮)를 하고 일만 성인들의 잔치자리에 올라 반도(蟠桃)와 옥 즙을 먹는다. 싫어하지 않으면 난 새가 앞에서 수레를 끈다. 구름에 오르면 용이 멘 가마가 앞에 이른다. 자부나 별궁(鱉宮)도 가려는 마음만 먹으면 머리 위에서 학이 춤추며 나오고 단대(丹臺) 경원(瓊苑)도 가서 놀 생각만 일으키면 발 아래에 구름이 일어난다.

우주를 태울 만한 불이 깡그리 태워버리니 나는 진리 그대로의 경계에서 한가로이 노닐고, 뽕밭이 변하여 바다가 되니 나는 극락의 하늘에서 하염없이 거닌다. 모이면 눈에 보이는 모습을 이루고 흩어지면 기로 변하여 숨었다 드러났다 함이 헤아릴 수 없고 변화가 막힘이 없다. 물이나 불에 들어가도 빠지거나 타지 않으며 해와 달을 거닐어도 눈에 보이지도 않고 그림자도 없으며 칼과 창이 해칠 수 없고 범과 짐승이 상처를 낼 수도 없으며 음과 양이 변하게 하거나 옮겨놓을 수 없고 오행이 주물러 만들 수도 없으며 염라대왕이 그 죽음을 다스릴 수도 없고 제석천왕이 그 삶을 주관할 수도 없다. 가로도 세로도 막을 것이 없고 들고나는 것을 자유롭게 한다. 참으로 그 말이 옳구나! 자양께서 "한 알의 신령한 단을 삼켜서 뱃속에 넣으면 비로소 나의 생명이 하늘로 말미암지 않는다는 것을 알게 된다"고 하신 말이…….

이것이 대장부가 바라던 일을 이룬 때요 보람을 이루고 이름이 남게 되는 날이다. 사람의 생애가 이에 이른다면 어찌 통쾌하지 않으랴! 상양자께서는 "보통 세상의 허다한 영웅들이 모두 힘을 다하여 이룬 보람과 이름은 어느 하나도 빠짐없이 밑 빠진 독에 물을 부은 것이지만 오직 금단만은 가장 신령하고 묘하여 가장 넓고 높은 하늘에 올라 신통을 드러낸다"고 말하였다.

2. 다섯에서 다섯으로 몸을 변화시키는 그림[化身五五圖]

3. 봉(鳳)새를 타고 하늘을 건너는 그림[跨鳳凌霄圖]

4. 양신(陽神)이 밖으로 나타나는 그림[陽神出現圖]

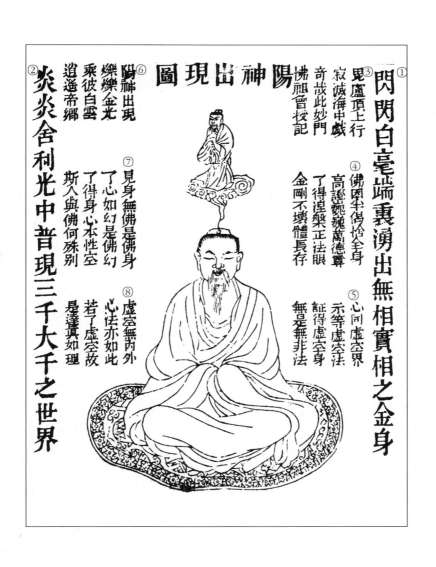

陽神出現圖現

① 閃閃白毫端裏湧出無相實相之金身

③ 見盧頂上行
寂滅海中戱

④ 佛因牛得悅全身
高謌巍巍萬德尊
了得涅槃正法眼
佛祖曾校記
金剛不壞體長存

⑤ 心同虛空界
示等虛空法
証得虛空身
無是無非法

⑥ 陽神出現
爍爍金光
乘彼白雲
逍遙帝鄕

⑦ 見身無佛是佛身
了心如幻是佛幻
了得身心本性空
斯人與佛何殊別

⑧ 虛空無內外
心法亦如此
若了虛空故
是達眞如理

② 炎炎舍利光中普現三千大千之世界

① 번쩍번쩍 빛나는 눈썹 사이 속에서 모습 없는 참 모습의 금빛 몸이 솟아나오고,

② 이글거리는 사리 빛 속에서 삼천대천의 세계가 두루 나타나도다.

③ 빛나는 부처님 몸이 정수리 위에서 거닐고 바다 속에서 깨달음의 경지가 펼쳐지니, 기묘하도다 이 묘한 문이여! 부처께서 일찍이 알려주셨네.

④ 부처께서는 설산에서 나머지 게송을 마저 듣고자 몸을 버리심으로써 높고 높은 일만 대덕의 윗자리를 증명하시고 열반과 바른 진리의 눈을 다 이루시니, 금강같이 부서지지 않는 몸이 길이 보존되도다.

⑤ 마음이 허공 세계와 같아서 허공을 가르치며 허공의 몸을 증험하여 얻으니 옳고 그름이 없는 진리로다.

⑥ 양신이 밖으로 나타나면 금빛으로 번쩍거리며 저 흰 구름을 타고 하늘나라에서 노닌다.

⑦ 몸에 부처 없다고 보면 그것이 곧 부처 몸이요 마음이 헛것 같다고 알아버리면 그것이 곧 환상을 깨달음이다. 몸과 마음의 본디 자리가 비었음을 깨달으면 이 사람과 부처가 무엇이 다르리오.

⑧ 허공에는 안도 밖도 없는데, 마음의 이치도 이와 같도다. 허공이 허공인 까닭을 알아내면 그것이 바로 진여의 진리에 이른 것이다.

제3절 허공에 흩뿌려 큰 진리에 합한다

1. 본바탕이 텅 비었으니 모든 경계를 넘어선다[本體虛空, 超出三界]

목판으로 만들어진 『화서(化書)』[72]를 보니, 다음과 같은 말이 있다.

"나는 벼슬을 하고 있었는데, 세속 밖의 말을 듣게 되어서 영화로움을 버리고 진리의 길로 들어서서 숨은 분을 만나니 마음으로 찍어 전해줄 바를 가리키고 바른 방법을 베풀어주셨다. 말씀하시기를 '이것은 서쪽의 큰 성인께서 죽은 듯 고요함으로 돌아가신 가르침이다. 그대가 이것을 외우고 익힐 수 있으면 나고 죽음을 건널 수 있고 죽어도 망하는 것이 아니요 끝내는 바른 깨침을 얻을 것이다. 만약 중간에 그친다 하더라도 땅을 가려가며 몸을 둘 수 있어서 신선은 될 수 있을 것이다'라고 하셨다."

이에 내가 한나라·당나라의 여러 신선들을 두루 살펴보니, 많은 분들이 이 경지에 이르자 그만 뛰어넘어 벗어나가고 있었다. 어찌 『화서』에서 이른 바 중간에 그친 경우가 아니겠는가?

또한 『용아송(龍牙頌)』[73]을 보니, "진리의 길을 배우는 것은 마치 나무를 비벼 불을 일으키는 것과 같아서 연기가 날 때에는 아직 그만두어서 안 되는 것이다"라고 말하고 있었다. 이에 내가 송나라·원나라의 여러 신선들을 두루 살펴보니, 많은 분들이 이곳에서 몸 껍질을 벗어버리고 떠나고 있었다. 어찌 『용아송』에서 이른 바 연기가 나는데 그만두는 것이 아니겠는가?

비록 신선으로 되어 떠났다고는 하나 마지막 한 단계 일을 익히지 않았

---

72) 『화서(化書)』: 오대 때 담초(譚峭)가 쓴 철학사상이 풍부한 수련 도서(道書). 온전한 이름은 『담자화서(譚子化書)』이고 『제구자(齊丘子)』라고도 부른다.

73) 『용아송(龍牙頌)』: 아직 미상(2004. 4. 15).

기 때문에 끝내는 무엇인가 빠진 곳이 있게 마련이다. 마치 부대사(傅大士)께서 "8만 겁을 넘게 지나도 끝내 헛된 곳에 떨어지고 만다"고 말한 것과 같다. 이것도 역시 수명에 한계가 있어서 닦지 못한 경우인지 아니면 이 가르침을 얻지 못하여 닦을 수 없었던 것인지 모를 일이다. 생명을 중심으로 닦아온 사람은 단지 정을 불려서 기가 되고 기를 불려서 신이 되며 신을 불려서 빈 상태로 돌아가서는 그치고 마니, 끝내 빈 상태를 불려서 진리 자체에 합쳐지는 한 단계를 남겨놓게 되는 것이다. 그래서 위없으신 스승께서는 "금단을 길러 달처럼 둥글어졌어도 둥근 달은 다시 이지러지지 않을 수 없으니, 어찌하면 붉은 해와 같은 것을 불려서 모든 생명들이 굴러가고 있는 세계의 모든 곳을 깡그리 비출 수 있을 것인가?"라고 말하였던 것이다. 성인들의 닦음에 이른 경지가 모두 지극하지만 이곳으로부터 한 단계를 그만 얻지 못하고 만 것은 단에 관한 경전이나 스승들의 책에서 일찍이 맨 끝의 한 수를 말한 것이 없었기 때문이다.

　오직 이청암만이 이 단계에 대하여 말하고 있다. 그에게서 배우는 사람이 "태아의 경지를 벗어난 뒤에도 변화의 이루어짐이 있습니까?"라고 묻자, 청암께서는 "변화의 이루어짐이 있다. 성인들의 말을 보면 몸 밖에 몸이 있다고 하나 이것으로는 특별나다고 하기에 못 미친다. 텅 빈 하늘에 흩뿌려 버려야 비로소 온전한 진리를 드러내게 된다. 그렇기 때문에 태아의 경지를 벗어난 뒤에 바로 몸을 진짜 땅에 붙이고 몸이 텅 빈 하늘과 같아질 때까지 기다려서 그렇게 되어야만 비로소 모든 것을 다 이루었다고 할 수 있다"고 말하였고, 또한 "그 위에 빈 상태를 불리는 한 수가 더 남아 있는데, 말을 떠나서 찾아야 한다"고도 말하였다. 그 보신 바와 뜻을 두신 바가 여러 신선들을 넘어서 있다고 말할 수 있을 것이다. 그러나 어떻게 하는 것이 빈 상태를 불리는 것이고 어떻게 하면 그렇게 되는지에 대하여는 알 수 있게 말하려 하지 않았기 때문에 결국은 스스로 흐리멍덩해져버려서 아무 내용 없이 지난 사람들과 같아지고 말았다. 이것도 역시 조사의 뜻을 이해하지 못하여 설명을 못한 것인지 아니면 하늘의 기틀을 새어나가게 하는 것이 두려워서 감히 말을 못한 것인지 모르겠다. 그러므로 수구자(水丘子)[74])께서는 "텅 빈 하늘을 때려부수고 억 겁이라는 시간을 사라지게 하여 저 언덕이라는 곳으로 오르고 나면 타고 간 배와 뗏목은 버리는 것이다. 단에 관한 경전 몇만 권을 모두 보아도 맨 끝의 한 구절을 설명한 사람이 없구나"라고 탄식하였다.

이 남모르게 감추어놓고 마음에서 마음으로 찍어 전해주는 것은 모든 부처들이 주고받았으며 조사에서 조사에로 서로 이어져서 육조에까지 이르렀다가 그 전함이 그치고 전해지지 않게 되었다. 모든 부처들께서 남모르게 감추어둔 것이 이에서 막혀버리고 그 뒤로 내려오면서는 아는 사람이 드물게 되었다. 그러므로 "칠조부터는 사람이 없었고 곧바로 나의 스승이신 윤 선생님이라는 분이 나옴에 이르렀던 것이다"라고 말하는 것이다. 그 분은 일찍이 신령한 뿌리를 심었고 또한 가르침 밖에 따로 전해주는 뜻을 얻었으므로 문득 어느 날 아침에 마지막 관문을 뚫어 환하게 통하게 되니, 일천 부처께서 남몰래 감추어두었던 것을 오늘에 다시 열게 되었던 것이다. 그래서 진리를 깨달은 게송을 읊었다.

이 의심 덩어리 때려 부술 때
일천 부처 마음 꽃이 여기로구나!
아래로 장대 끝 두고 또 발 내딛으니
허공이란 참 주인이
하늘과 사람의 스승이로다!

나도 이제 스승의 가르침을 받아 이 이치를 얻으니, 마치 값을 말할 수 없는 보배 구슬을 얻은 듯하다. 검남화상(劍南和尙)[75])께서는 "이 밝은 구슬

---

74) 수구자(水丘子): 송나라 때 강소성 의정현(儀征縣) 사람. 송 휘종 때에 서문 중(徐文中)이라는 사람을 깨닫게 한 일과 천경정사(天慶精舍)의 나무 위에서 세상을 떠났다는 기록이 『역세진선체도통감(歷世眞仙體道通鑒)』 권50에 실려 있다.

에 대한 설명을 듣고부터는 제석도 범천도 전륜왕(轉輪王)도 모두 필요 없게 되었다"고 말하였다. 그러나 부처의 경지는 너무 높아서 반드시 텅 빈 본바탕에 이르러야 하는데, 본바탕이 텅 비고서야 비로소 위없고 다름없고 바른 깨달음[76]을 이루어 열반에 들어가게 되는 것이다. 그러므로 소강절께서는 "성인은 태허와 바탕을 같이하고 하늘·땅과 작용을 같이한다"라고 말하였다. 오늘날 사람들은 그 뜻을 찾아 나서기는 하지만 얻지를 못하고는 자기 나름대로 생각하여 "바탕은 태허의 바탕으로써 바탕으로 삼고 작용은 하늘·땅의 작용으로써 작용으로 삼는다"고 말하나, 이는 창을 닫아 놓고 해를 보는 것과 아주 비슷한 일이라서 그 빛과 그림자만을 볼 뿐이다. 만약 바탕은 태허의 바탕으로써 바탕으로 삼는다고 말하게 되면, 태허라는 어떤 것이 존재하여 바탕에 붙어 있는 꼴이 되니 어찌 아주아주 비어 있을 수 있겠는가? 만약 작용은 하늘·땅의 작용으로써 작용으로 삼는다고 말하게 되면, 하늘·땅이라는 어떤 것이 존재하여 작용에 붙어 있는 꼴로 되니 어찌 하늘·땅일 수 있겠는가? 그런가 하면 태허는 그 바탕을 알고 있는가 모르고 있는가? 하늘·땅은 그 작용을 알고 있는가 모르고 있는가? 태허는 바탕을 몰라도 하늘·땅의 작용이 태허한 바탕에 존재하고 하늘·땅은 작용을 몰라도 태허한 바탕이 하늘·땅의 작용에 존재한다. 그 바탕 되는 바를 이루는 것은 그 작용되는 바를 이루는 것이요 그 작용되는 바를 쓰는 것은 그 바탕 되는 바를 쓰는 것이다.

나아가서 텅 빈 하늘에 흩뿌려야 비로소 할 일을 다해 마친다는 것은 무슨 까닭인가? 무릇 본바탕은 본디 텅 비어 있으니, 만약 텅 빈 것이라는 모습에 집착하면 바로 본바탕이 아니다. 텅 빈 상태는 본디 모든 것이 흩뿌려져 있는 상태이니, 만약 흩뿌린다는 마음이 있으면 이미 텅 빈 상태가 아니다. 그러므로 텅 빈 것이 있다는 것을 알지 못하게 된 뒤에야 비로소

---

75) 검남화상(劍南和尙): 아직 미상(2004. 4. 15).
76) 위없고 다름없고 바른 깨달음: 무상정등정각(無上正等正覺). 곧 부처의 깨달음을 가리킨다.

태허니 하늘·땅이니 하는 본바탕을 말할 수 있고 흩뿌림이 있다는 것을 알지 못하게 된 뒤에야 비로소 태허니 하늘·땅이니 하는 텅 빈 상태를 말할 수 있는 것이다.

마지막으로 이에 이르러 이미 텅 빈 상태의 본바탕을 엿보게 되었어도 아직은 텅 빈 가운데에다 본바탕을 확실히 안정시킨 것은 아니다. 『화엄경』에서 "모든 존재의 본성은 마치 텅 빈 하늘과 같은데, 여러 부처님들께서 가운데에 살고 계신다"고 말한 것이 이것이다. 이곳에 이르게 되면, 텅 빈 상태가 본바탕이요 본바탕은 텅 비어 있다는 것을 스스로 알게 된다. 그리고는 반드시 다시 익히는 일을 더하여 위로 위로 올라가야 하는데, 나아가고 나아가기를 그치지 않아서 물이 끝나고 산이 없어지는 경지에 이르러 높디높은 장대 끝에서 몸을 변화시켜야 한다. 그래서 생기고 없어짐이 없는 근원에 반드시 이르러야 하고 반드시 생김도 없고 없어짐도 없는 깨달음의 언덕에 앉은 뒤에 끝내야만 비로소 지극한 이치가 가운데에 있는 곳이 된다. 이곳은 다른 곳이 아니다. 내가 빈 상태로 되돌아가고 내가 아무것도 없는 상태에서 다시 시작한다는 것에 지나지 않을 뿐이다.

되돌아가고 다시 시작한다는 것은 처음 출발했던 순간으로 되돌아간다는 것이다. 그러므로 "한 생각이 처음 출발했던 순간으로 돌아가면 근본을 얻은 것이나 마찬가지다"라고 말하는 것이다. 깊이 파고들어가 보면, 사람은 본디 그 근원이 텅 비고 아무것도 없는 속으로부터 시작하여 텅 빈 것이 변화하여 신이 되고 신이 변화하여 기가 되고 기가 변화하여 눈에 보이는 모양이 되는 길을 따라 내려와서 사람으로 생겨나는 것이다. 이제는 눈에 보이는 모양이 되돌아가서 다시 기가 되고 기가 되돌아가서 다시 신이 되고 신이 되돌아가서 다시 텅 비게 되는 것이다. 내려왔던 길을 거슬러 올라가면 신선이 되는 것이다.

옛 큰 스승께서는 "어떤 것이 하늘보다 높은가? 하늘을 생기게 하는 것이다. 어떤 것이 허공보다 크냐? 허공을 움직이는 것이다"라고 말하였다. 큰 진리는 텅 빈 우주의 어버이요 텅 빈 우주는 하늘·땅의 어버이요 하늘·땅은 사람과 물건의 어버이다. 하늘과 땅은 넓고 커서 만물을 생기게 할 수 있고 텅 빈 우주는 끝나는 곳이 없으므로 하늘·땅을 생기게 할 수 있는 것이다. 빈 가운데 비지 않았으므로 텅 빈 우주를 생기게 할 수 있는 것이니, 하늘·땅을 생기게 하고 만물을 생기게 하는 것은 모두 빈 가운데 비지 않은 무엇이 있어서 주장하는 것이다. 그 빈 가운데 비지 않음으로써 하기 때문에 만물의 본성 속으로 깊이 들어가서 만물을 주장하여 경우에 따라 변할 수가 있으나, 그대는 빈 가운데 빈 것이 만물의 본성 속으로 깊이 들어가서 만물을 주장하여 경우에 따라 변할 수 있다고만 말하지 말라. 그것은 또한 하늘·땅의 본성 속으로도 깊이 들어가서 하늘·땅을 주장하여 경우에 따라 변할 수도 있다. 그대는 빈 가운데 빈 것이 하늘·땅의 본성 속으로 깊이 들어가서 하늘·땅을 주장하여 경우에 따라 변할 수 있다고만 말하지 말라. 그것은 또한 텅 빈 우주의 본성 속으로도 깊이 들어가서 텅 빈 우주를 주장하여 경우에 따라 변할 수도 있다. 무릇 빈 가운데 비지 않은 것이 참으로 빈 것이다. 참으로 빈 것이 바로 큰 진리요 그 길이다.

이곳에서 신을 불려 텅 빈 상태로 돌아간다 하는 것은 두 번째 경지에 떨어지는 것이고 노자의 위없고 지극히 참된 진리에는 이르지 못하는 것이다. 텅 빈 것을 불려서 진리에 합치는 것이야말로 성스런 하느님의 더없는 근본 뜻이니 석가의 위없고 오직 하나뿐인 가르침이다. 『화엄경』에서는 "비록 미래라는 시간을 다 없애고 여러 부처의 자리로 놀러 다니지 않는 곳이 없을지라도 이 묘한 가르침을 찾지 않으면 끝내는 깨달음[菩提]을 이루지 못한다"고 말한다.

이 가르침이란 다름 아니라 양신을 다시 불려서 모든 것을 두루 비추는 빛으로 된 나의 본성의 바다로 되돌아가는 것일 뿐이다. 그렇기 때문에 눈 앞에서 모습이 나누어지고 그림자가 흩어지는 신을 모아서 본바탕으로 돌아가고 또 본바탕의 신을 녹여서 하늘 골짜기로 돌아가고 또 하늘 골짜기의 신을 물러 내려서 태어날 때부터 있는 터널 속에 감추어두고는 마치 용이 얼굴 밑에서 구슬을 기르듯 학이 둥지 속의 알을 품듯 조심조심 보호하고 지킨다. 다시 밖으로 나오지 못하게 하면서 앞에서 닦은 바와 증험한 것들과 함께 아울러 동시에 떨쳐버리고는 생겨남이 없는 나라 안으로 향하여 들어간다. 들어가서는 마음과 마음의 작용을 모두 여의고 크게 안정하는 방법에 의지하면서, 마치 석가께서 마갈타[77]에서 진리를 깨달은 뒤에 입을 다무셨던 것과 같고 유마거사께서 비야리[78] 나라에서 입을 막고 있던 것과 같이 하여 헤맴을 떠나서 영원한 깨달음으로 들어간다. 이는 그 저절로 일어나는 운행 변화로 말미암아 다시 본성과 생명이 살아나고 텅 빈 상태가 시작되기 때문인데, 다시 살아난다든가 다시 시작된다는 말은 옳지 않고 '다시 본성과 생명 자체가 되고 텅 빈 상태 자체가 된다'고 하여야 한다.

이에 이르기까지 이미 다섯 고비의 변화가 있었으나 변화가 다한 변화가 아니었고 신령함에 통하는 변화의 지극한 신이 아니었다. 그러므로 신은 백 번 불릴수록 더욱 신령해지고 금은 백 번 불릴수록 더욱 깔끔해지는 것이다. 불리고 또 불리노라면 한 화로의 불꽃이 텅 빈 상태를 태워서 눈에 보이지 않는 티끌로 변화시키고 기장쌀알만한 얼음 호롱들이 한없이 넓게 퍼져 세계를 비춘다. 조금 지나면 신의 빛이 구멍에 가득 차고 밝은 불꽃이 공중으로 올라가 안에 있는 터널로부터 밖에 있는 터널에 이른다. 밖에 있는 큰 터널은 아홉인데, 아홉 터널 속은 터널마다 모두 신의 빛이 비추고 있다. 작은 터널은 8만 4천 개인데, 8만 4천 터널 속도 터널마다 모두 신의 빛이 비추고 있다. 안으로 밖으로 정수리로 발 아래로 뚫고 비추니, 있는 것마다 모두 신의 빛이 비추게 된다. 마치 백 천 개의 등불이 하나의 방을 밝게 비추듯이 등과 등이 서로 비추고 빛과 빛이 서로 엇갈린다. 사람도 사람 밖의 것도 신의 빛 속에서 빛을 받아 번쩍거리지 않는

---

77) 마갈타: 석가가 태어난 나라.
78) 비야리: 석가 당시 마갈타 나라와 갠지스 강을 사이에 두고 마주 보는 중인도의 나라. 유마힐이 살고 있었다.

것이 없다. 그러나 이는 이에서 그칠 뿐 그 지극함은 아니다. 그래서 하늘·땅 사이를 틀어막을 수가 없으니, 동쪽 노나라의 성인[79]께서 말한 '건이라는 으뜸이 하늘을 거느리는' 크기를 다 채울 수가 없다.

다시 신을 거두어들이고 빛을 가두어 태어날 때부터 있는 터널 속으로 녹아 돌아가서 조금도 잡된 것에 물들지 않고 마음과 마음의 작용을 모두 여의고 크게 안정하는 방법에 의지함으로써 헤맴을 떠나서 영원한 깨달음으로 들어간다. 죽은 듯 고요하고 아무것도 없어진 상태가 오래되면, 신 빛이 마치 구름 사이에 번개가 치듯이 가운데 터널을 따라 위의 터널로 꿰어 올라간다. 큰 터널 작은 터널, 터널마다 모두 신의 빛이 비춘다. 밝은 빛이 온통 번쩍거리고 시방을 뚫어 비춘다. 위로는 하늘 세계 아래로는 땅 세계 가운데로는 사람 세계를 뚫어 비추니, 세 세계 안이 곳마다 신의 빛이다. 마치 진시황의 거울[80]들이 서로 비추고 최고의 보배 구슬인 제청(帝靑)[81]끼리 서로의 속에 서로가 들어 있듯이 겹겹으로 빛이 엇갈리면서도 또록또록 한꺼번에 나타나니, 신이든 귀신이든 신 빛 속에서 빛을 받아 번쩍거리지 않는 것이 없다. 묘하기는 하되 묘함은 묘함에 그칠 뿐 그 이상의 지극함은 아니다. 그래서 티끌 같고 모래같이 많은 존재의 세계 모두에 두루 들어갈 수는 없어서 서쪽 천축 나라 성인의 빛이 모든 경계를 두루 비추는 크기를 다 채울 수는 없는 것이다.

또 다시 신을 거두어들이고 빛을 가두어 태어날 때부터 있는 터널 속으로 녹아 돌아가서 조금도 잡된 것에 물들지 않고, 마음과 마음의 작용을 모두 여의고 크게 안정하는 방법에 의지함으로써 헤맴을 떠나서 영원한 깨달음으로 들어간다. 죽은 듯 고요하고 아무것도 없어진 상태가 오래되면, 여섯 용의 변화가 온전해져서 신 빛이 변화되어 사리의 빛이 된다. 마

---

79) 동쪽 노(魯) 나라의 성인: 공자를 가리킴.

80) 진시황의 거울: 진시황이 궁중에 걸어놓았던 거울로 사람의 뱃속을 비출 수 있었다고 전해진다.

81) 제청(帝靑): 불교에서 보주(寶珠)로 여기는 것으로 제석보(帝釋寶)라고도 부른다. 청색 나는 것이 가장 좋은 것이므로 제석청(帝釋靑)이라고도 부른다.

치 둥근 해처럼 밝게 빛나는데, 태어날 때부터 있은 터널 속으로부터 한 번 솟아나와 만에 만 가닥의 빛살이 되어 곧바로 아홉 하늘 위로 꿰어 올라간다. 마치 백 천 개의 밝은 해들이 큰 빛을 쏟아내어 천의 천의 천 세계를 차별 없이 비추는 것과 같다. 성인이니 현인이니 삼라만상이니 하는 것들이 하나같이 사리의 빛 속에서 드러나지 않는 것이 없다. 그러므로 대각선사(大覺禪師)[82]께서는 "한 알 사리의 빛이 맑고 밝게 억만의 끝없는 겁(劫)토록 모조리 비춘다"고 말하였다. 천의 천의 천 세계가 통째로 돌아와 의지하고 서른셋 하늘이 모조리 다스려져서 사리의 빛이 천의 천의 천 세계 안에 이미 꽉 찼다고 할지라도 아직 그 크기가 다 끝난 것은 아니다.

천의 천의 천 세계 속으로부터 또 다시 크기를 알 수 없는 보배 빛이 쏟아져 나와 곧바로 극락세계를 가득 채운다.

그런 다음에는 또 다시 가사당(袈裟幢)이라는 세계로 올라가고 또 다시 음성륜(音聲輪)이라는 세계로 올라가고 다시 곧바로 연화장(蓮華藏)보다 위의 세계로 치고 올라가서 현승여래(賢勝如來)[83]와 만나게 된다. 처음조차 없던 때에 갈라져 떨어진 뒤로 이제야 비로소 만나게 되어 서로의 사리가 빛을 어우르고는 꼭 맞게 한 몸으로 합쳐져서 진리에서는 모든 것이 차별 없이 서로 같고 또 같음을 증명하니, 저절로 넓기가 가없게 된다. 그래서 부처님 말씀을 읊은 노래 가운데 "여러 부처님네는 둥근 거울 하나 같고 내 몸은 마니 구슬 같네. 여러 부처님 진리의 몸은 내 몸으로 들어오고 내 몸은 언제나 부처님 몸 안에 있네"라는 것이 있다. 오조(五祖) 홍인(弘忍)께서는 "한 부처 두 부처 천만 부처 모두가 스스로의 마음이지 다른 것이 아니다. 접때 몸소 선의 뿌리를 심었더니 오늘 어김없이 큰 힘을 얻었다"고 말하였고, 하택선사(荷澤禪師)께서는 "본래 타고난 모습이 바로 있는 그대

---

82) 대각선사(大覺禪師): 부처를 가리키는 말이다.
83) 현승여래(賢勝如來): 『화엄경』 「입법계품」에 보면 선재동자가 진리의 길을 얻기 위하여 문수(文殊)의 지도를 받아 비구·장자·선인·동자·거사·보살·신·우바이·천녀 등 53선지식들을 만나는데, 그 45번째 만난 현승(賢勝) 우바이를 가리키고 있다고 본다.

로의 참 모습인데, 사리 빛 속에서 그것을 알아내니 만 겁 동안이나 길 잃
고 헤매던 실마리를 이제야 비로소 깨닫고서 자성이 스스로 문수(文殊)임
을 안다"고 말하였다.

자성은 맑고 조용하니 바로 때 묻지 않은 부처요 자성은 모든 이치의 바
탕으로서 차별이 없으니 바로 걸림 없이 자유로운 부처다. 자성은 어둡지
않으니 바로 빛 밝은 부처요 자성은 단단하여 부서지지 않으니 바로 허물
어지지 않는 부처다. 여러 이름의 부처를 스스로의 몸에 모두 갖추고 있으
니 그에 대한 설명도 역시 다함이 없을 것이지만 결국은 흔 본성일 뿐이
다. 본성은 바로 마음이요 마음은 바로 부처이다.

지금 세상의 부처는 예전에 이미 이루어진 것으로 그때부터 두 바탕으
로 나누어진 적이 없으니, 그 오랫동안 닦고 익힌 보답으로 받은 몸[84]을
가지고 진리의 몸을 이루는 것은 마치 거푸집으로부터 어떤 모습을 꺼내
는 것과 같아서, 모습은 본디 예전에 이미 이루어졌던 것으로 하나의 바탕
이요 서로 다른 것이, 없다. 이 세상에서 새로 이루어진 것[85]과 예전의 부
처도 역시 두 모양이 있는 것이 아니니, 진리의 몸을 가지고 오랫동안 닦
고 익힌 보답으로 받는 몸을 이루어내는 것이 마치 금을 가지고 어떤 모
습을 만들어내는 것과 같아서 접때 아직 모습을 이루지 못하였던 금이므
로 이제 모습을 이룸으로써 끝맺음을 하는 것이다. 여러 부처들은 이미 모
습을 이룬 금선(金仙)과 같고 모든 살아 있는 것들은 아직 모습을 이루지
못한 금광(金鑛)과 같아서 이루었음과 아직 이루지 못하였음이 마치 (동전
이) 앞뒤로 나누어짐과 같을 뿐이다. 금의 바탕은 처음부터 끝까지 조금도
차별이 없는 것이다. 그러므로 『원각경』에서는 "이미 금을 이루고 나면
거듭 광석으로 돌아가지는 않으니, 끝없는 시간을 지날지라도 금의 성질

---

84) 오랫동안 닦고 익힌 보답으로 받은 몸: 보신(報身). 전형적인 예를 석가모니
의 몸을 들 수 있는데, 32가지 드러난 모습과 80가지 드러나지 않은 좋은 점
을 갖추고 있어서 인간이 진리를 갖출 수 있는 가장 완벽한 모습의 몸이다.
진리의 몸을 뜻하는 법신(法身)은 보신을 통해서만 구현될 수 있다고 한다.
85) 새로 이루어진 것: 보신(報身)을 가리킴.

은 허물어지지 않는다"고 말하였다.

원래 이 금 성질은 사람마다 본디 가지고 있는 것으로서 어느 것에나 없는 곳이 없으니, 시방의 모든 살아 있는 것들이 모두 나의 금강불의 본성이고, 하늘과 땅의 만물이 모두 나의 여래의 진리의 몸을 가두어두고 있는 것이다. 이 경지에 이르면 비로소 하늘과 땅이 나와 더불어 흔 뿌리이고 만물이 나와 더불어 흔 바탕임을 알게 된다. 모든 존재의 세계가 바로 여래를 갈무리하고 있는 곳이며, 모든 누리가 바로 법왕(法王)86)의 몸이다. 정말로 과거·현재·미래의 부처와 차이가 없이 한 시기에 진리를 이루니, 참으로 텅 비고 평등하여 열 가지 종류의 생명체와 함께 같은 날에 열반에 든다.

진리의 몸은 큰 것이어서 허공도 그 몸뚱이를 가두어두기 어렵고 참된 마음은 묘한 것이어서 신과 귀신도 그 기틀을 헤아릴 수 없다. 미래의 시간이 끝날 때까지를 하나의 낮과 밤으로 삼고 세상 모든 것을 분자로 분해한 수만큼의 누리와 바다가 없어지는 것을 한 생각이 일어나는 순간으로 삼으니, 앞으로는 옛적부터 뒤로는 오늘에 이르기까지 이것이 도맡아 지니지 아니함이 없고 위로는 하늘로부터 아래로는 땅에 이르기까지 이것이 가득 채우고 있지 아니함이 없다. 이조(二祖) 혜가(慧可)께서는 "둥글둥글하여 이것을 이루니, 세상세상마다 생겨나고 생겨나도 변하거나 바뀌지 않는다"고 말하였다. 그래서 태상께서는 "하늘·땅은 허물어짐이 있어도 이것은 허물어지지 않는다"고 말하였다.

이것이야말로 참된 나[眞我]요 참으로 영원히 변하지 않는 것[眞如]이요 참된 본성과 생명[眞性命]이요 참된 본바탕[眞本體]이요 참으로 텅 빈 공간 [眞虛空]이요 진리의 참된 모습[眞實相]이요 부처가 깨달음을 이룬 도량[菩提道場]이요 번뇌의 불이 꺼진 깨달음의 참된 자리[涅槃實地]이다. 이것이야말로 때 묻지도 않고 깨끗하지도 않음[不垢不淨]이요 물질이 있는 존재도

---

86) 법왕(法王): 부처를 가리킴.

아니면서 참된 본바탕이 없는 것도 아님[非色非空]이다. 이것이야말로 스스로 깨달아 이룩하는 대일여래(大日如來)의 슬기의 빛[自覺聖智]이요 위없는 진리의 수레바퀴[無上法輪]이다. 이것이야말로 자성은 본바탕이 없이 비었으나 본바탕 없이 비었음이 참된 바탕이라는 것이요 참된 마음은 과거·현재·미래에 언제나 변함이 없으나 마음을 따라 걸림 없이 자유로움이다. 이것이야말로 부처의 묘한 작용은 마음과 몸의 즐거움이 헤아릴 수 없이 많다는 것이요 번뇌로 말미암아 선과 악을 짓게 되는 생활을 깨끗이 하니 본디부터 텅 비고 고요하다는 것이다. 이것이야말로 모든 원인과 결과가 모두 꿈이나 헛것을 본 것과 같다는 것이요 생기고 없어짐을 없애버리니 길 잃고 헤맴을 여의고 즐거움을 찾는다는 것이다. 이것이야말로 금강과 같이 변하지 않고 허물어지지 않는 참된 바탕이요 시작이 없고 생겨나지도 없어지지도 않는 으뜸 된 신이다. 이것이야말로 훌륭한 일을 배우고 익힌 결과로 얻는 크기를 잴 수도 무게를 달 수도 생각으로 헤아릴 수도 없고 가없는 힘이요 맑고 깨끗한 진리의 몸이요 오랫동안 닦은 보답으로 얻게 되는 모자람 없이 원만한 몸이요 천백억으로 나투시는 부처의 몸이요 비로자나 부처이다.

　그러므로 읊어 말하기를,

　하늘 위 하늘 아래
　부처 같은 것 없으나
　시방 세계
　또한 부처의 몸이로다.
　시간과 공간에 있다는 것
　나
　모조리 보았으나
　어느 것에도
　부처 같은 것 없더라.

2. 모든 경계를 넘어서는 그림[超出三界圖]

3. 닦음은 끝나고 빛이 두루 비추는
   깨달음의 자리를 얻다[毘盧證果因]

찾아보기

풀어옮긴이 **이윤희**

1945년 출생. 서울대학교 법과대학 졸업. 隱居 心性修練. 귀향하여 營農.
사단법인 국제퇴계학회 사무국장 및 사단법인 퇴계학연구원 간사장 등을 역임했다.
내단 및 인격수련에 대한 고전들의 번역·해설에 주력하며 퇴계학 연구 분야에 발자취
를 남기고 2015년 4월 3일 향년 70세의 일기로 타계했다.

영국 IBC의 *Who's Who of International Intellectuals*(11th edition)에 등재(1994),
영국 IBC의 '20th Century Award for Achievement' 수상(1995).

역주로『참동계천유』,『혜명경』,『태을금화종지』,『퇴계철학입문』,『활인심방』,『퇴계
선생언행록』등이 있고, 편저로『성인의 길을 밟는다』,『소설 노자』,『심각한 농담』,『퇴
계 선생에게서 배우는 인생의 지혜』,『퇴계가 우리에게』등이 있으며,

그 외 논문·수필로「易의 原理와 最高善」,「周易參同契와 中國道敎의 연관과정 小考」,「七
眞年譜의 소개」,「退溪까지의 易學史 槪觀」,「退溪的理數易學」,「道敎內丹家의 三敎一致
觀 硏究의 필요성」,「韓國道敎와 現代社會」,「『啓蒙傳疑』역주 1·2」,「退溪先生言行錄
중 일부」,「古鏡重磨方」,「退溪先生年譜補遺」,「인격수양의 한 개념」,「전통적 가정윤리
와 인격수양」,「도교적인 정」,「오묘한 마음, 스스로 보고 깨달을밖에」,「퇴계 선생 관
계자료」,「도란 우주의 길을 따라가는 것」,「16세기 道學者關係」가 있다.

氣의 연구 1

性命圭旨

ⓒ 이윤희, 2005

지은이 | 尹眞人의 제자
엮은이 | 이 윤 희
펴낸곳 | 한울엠플러스(주)

편집책임 | 김경아

초판 1쇄 인쇄 | 2005년 7월 20일
초판 5쇄 발행 | 2023년 5월 10일

주소 | 10881 경기도 파주시 광인사길 153 한울시소빌딩 3층
전화 | 031-955-0655
팩스 | 031-955-0656
홈페이지 | www.hanulmplus.kr
등록번호 | 제406-2015-000143호

Printed in Korea.
ISBN 978-89-460-4326-8 93150

* 가격은 겉표지에 표시되어 있습니다.